JN458014

ORANGE for Artificial Intelligence and Data Analysis

인공지능과 데이터 분석을 위한

오렌지

| 김계수 지음 |

한 경 사

〈저자〉 **김계수**

경희대학교 경영학과 졸업, 고려대학교 대학원 경영학 석사, 그리고 경희대학교 경영학 박사를 취득하였다. 세명대학교 경영학과에서 교수로 재직하고 있으며 데이터프로그래밍(R, Python), 데이터 기반 품질경영, 서비스운영관리 분야를 가르치고 있다.

연구실: 043-649-1242

e-mail: gskim@semyung.ac.kr

인공지능과 데이터 분석을 위한

오렌지

저 자	김계수
발 행 일	2024년 4월 30일 1쇄
발 행 처	**한경사**
발 행 인	이계남
등록사항	제10-1951호 2000년 4월 14일
주 소	서울시 마포구 신수로 59-1 3층
전화번호	02_717_7264~5
팩스번호	02_717_7226
홈페이지	hankyungsa.co.kr
전자우편	hankyungsa@hanmail.net
I S B N	978-89-6844-490-6 (93000)
가 격	35,000원

■ 이 책의 일부 혹은 전체 내용을 한경사의 허락 없이
복사, 복제 및 전재하는 것은 저작권법에 저촉됩니다.

인공지능과 데이터 분석을 위한 **오렌지**

머리말

인공지능은 더 이상 선택이 아닌 필수이다. 개인으로부터 민간 기업과 공공 부문에 이르기까지 인공지능 전환(AIX)이 화두이다. AI는 선택이 아니라 생존 차원의 문제다. 생존에서 뒤쳐지지 않고 탁월한 품질 수준으로 가치창출을 위해서는 인공지능을 제대로 이해하고 제품과 서비스에 적용해야 한다. 이를 게을리했을 때 개인과 조직의 경쟁력의 하락은 불 보듯 뻔하다. 인공지능은 본원적 경쟁력을 강화하기 위한 수단이자 우리에게 당면한 난제를 해결하고 비전을 실현하는 수단이 되어야 한다. 앞으로 AI를 완전히 활용하는 개인과 기업 그렇지 못해 도태하는 부류로 구분되는 것이기 때문에 AI 환경이 급변하는 상황에서 자신들의 인공지능 기술의 지속적인 업데이트는 생존의 필수 사항이다. 세계적인 베스트 셀러 작가이자 역사학자인 유발하라리 교수가 "창의적인 일자리부터 인공지능에 먼저 대체될 것이다."라고 말한 내용을 되새겨 봐야 한다. 인공지능을 두려움의 대상이 아닌 컨설턴트로 여기고 현명하게 사용하는 것이 중요하다. 나(조직)와 인공지능(AI)으로 더 나은 나(조직)를 만들어야 한다.

인공지능(AI)은 테크 기업만의 관심사가 아니다. 패스트푸드, 신용카드, 은행 등 전통산업에서도 AI를 도입하려는 움직임이 본격화하는 모양새다. 디지털 생태계 발달에 발맞춰 각종 데이터 단위로 연결 운영을 용이하게 하고 소비자와 직원들의 경험도 개선해야 한다.

이 책은 오픈 소프트웨어인 **오렌지(Orange)**를 활용하여 인공지능 초보자도 쉽게 머신러닝과 딥러닝 모델을 제작할 수 있는 가이드북이다. 인공지능의 역사뿐만 아니라 지도 학습, 비지도 학습, 머신러닝, 딥러닝의 기본 개념과 알고리즘, 회귀분석과 ARIMA 모델, 머신러닝의 심화 내용, 그리고 자연어 처리, 이미지 학습, 지도 그리기, ChatGPT 정보 분석까지 다양한 이론과 실습을 접할 수 있다. 머신러닝, 딥러닝, 알고리즘, 텍스트 마이닝, 감성분석을 이해하고 기초부터 심화까지 다양한 예제로 오렌지 프로그래밍 실습을 하면서 인공지능 모델을 다뤄 볼 수 있다. 이 책을 접하는 독자는 코딩지식이 없이도 손쉽게 데이터분석을 넘어 인공지능 관련 분류, 예측, 추천 등 다양한 지식을 습득할 수 있다. 오렌지를 잘 사용하면 누구나 또 다른 혁신을 만들어 낼 수 있다.

〈대상 독자〉

- 오렌지 프로그래밍과 관련한 기본 내용에 궁금한 사람
- 딥러닝, 머신러닝, 인공지능에 흥미가 있는 사람
- 머신러닝, 딥러닝을 업무에 활용하고 싶은 사람

분석을 하는 이유는 과거를 이해하고 현재를 받아들이고 미래 준비에 있다. 예를 들어 다양한 변수를 고려해 지하철 이용객 수를 예측하는 문제가 대표적인 예라고 할 수 있다. 지하철 이용객 수와 날짜, 휴일 여부, 기온, 강수량, 강설량, 수집 시간 등 변수를 주고 이를 이용해 특정 날짜, 시간에 지하철에 탑승한 사람을 예측하는 인공지능(AI) 모델을 만드는 것이 목표가 될 수 있다. 이를 위해서 가장 먼저 할 일은 데이터를 정리하고 데이터를 탐색해야 한다. 이 데이터 전처리는 확보한 데이터의 특성과 패턴 등을 파악하는 과정이다. 오렌지 프로그램을 이용하면 다양한 형식(CSV, 엑셀, 텍스트) 등 데이터 파일을 업로드하는 것만으로 손쉽게 데이터를 분석할 수 있다. 문자형, 수치형 등 데이터의 타입을 파악하고 데이터가 비어 있는 결측값의 유무도 확인해야 한다. 박스차트, 히트맵 등을 이용해 데이터를 시각화는 물론 각 변수 간 상관분석은 물론 예측분석까지 가능하다.

올바른 데이터 수집에 이어 데이터 전처리를 마치면 AI 모델을 만들 수 있다. 오렌지 프로그램은 복잡한 코딩을 몰라도 딥러닝·머신러닝·인공지능을 쉽게 할 수 있다. 전처리를 마친 데이터를 선택한 뒤 탑승객 수를 아웃풋(target variable)으로 지정한다. 나머지 변수는 아웃풋에 영향을 주는 특성변수(feature variable)로 지정한다. 최초의 AI 모델인 '기본 모델'을 만들어 기준이 되는 성능을 도출하고 추가로 파라미터 조정이나 피처 엔지니어링을 통해 개선된 모델을 구축하는 과정을 거치게 된다. 최종적으로 만들어진 모델은 실제로 특정한 상황에서 결과값이 얼마일지를 예측하게 된다. 또한 인공지능을 이용해 고객 집단을 세분화함으로써 전략가들은 자신들의 서비스를 이용하는 고객에 대해 더 상세한 정보를 포착해 낼 수 있으며. 이를 통해 통계적인 특성 분석을 뛰어넘어 구매율 높은, 좀 더 가치 있는 고객을 타겟팅

할 수 있다. 이를 기반으로 홍보 캠페인 활동을 맞춤화하고 고객의 니즈를 더 효과적으로 충족시킬 수 있다.

오렌지 이용으로 쉽게 데이터를 정리하고 웹 크롤링, 시각화, 데이터 전처리 그리고 모델링까지 다양한 작업을 할 수 있다. 그러나 최근 오렌지만 잘 하면 인공지능과 데이터 과학을 잘 응용할 것이라고 착각하는 사람들을 자주 본다. 오렌지 프로그램을 잘 사용하기 위해서는 Why-What-How를 지속적으로 생활화해야 한다. 왜라는 질문을 끊임없이 해야 한다. 왜 이런 문제가 발생했지? 왜 고객은 만족을 못하는 것이지? '왜' 고객은 떠나가고 있는 것일까? 올바른 질문을 던져야 의미를 부여할 수 있다. 올바른 질문에 이어 질문에 대해서 답을 할 수 있는 분석방법 적용을 모색해야 한다. 정확한 분석 이후에 올바른 처방이 나올 수 있다. 올바른 질문, 이에 합당한 분석 방법과 시각화 그리고 마지막으로 경쟁상대를 이길 수 있는 차별적인 전략이 어우러질 때 경쟁력이 배가될 수 있다. 따라서 깨어있을 때 지속적으로 훈련을 해야 하는 이유가 여기에 있다.

우리는 인간 수준의 일을 처리하는 범용인공지능(AGI)이 더 발전할 수록 더 많은 준비와 학습을 해야 하고 낯선 일에 대해 깊이 생각할 시간이 필요하다. 블랙박스적 특성을 갖는 인공지능을 신비의 대상으로 바라볼 것이 아니라 AI가 내린 결론이 어떤 추론 과정을 거쳤고 설명을 할 수 있는지 거꾸로 문의할 수 있어야 한다.

이 책을 준비하는데 많은 분들의 도움을 받았다. 특히 도서출판 한경사 이계남 대표님과 이준범 과장의 후원 없이는 탁월한 책이 출간이 되지 못했을 것이다. 가족의 사랑은 가장 큰 힘이었다. 정말 감사한 일이다.

어디선가에서 탁월한 인재를 꿈꾸며 이 책을 접하는 분들께도 미리 감사말씀을 전한다.

2024. 4.

김계수 드림.

이 책에서 사용된 데이터 파일은
한경사 홈페이지(www.hankyungsa.co.kr)의
공지사항 게시판에 업로드되어 있다.

▲ **한경사** 홈페이지 바로가기

인공지능과 데이터 분석을 위한 오렌지

차례

2부 지도학습

3부 비지도학습

4부 시각화와 인공지능

제1부 기본과정

제1장 오렌지 설치 가이드

제1절 오렌지 설치와 장점

1.1 오렌지 프로그램 설치

인공지능과 데이터 분석을 위해서 오렌지(Orange) 프로그램을 설치한다. 오렌지 프로그램은 데이터 마이닝, 머신러닝, 데이터 시각화를 위한 오픈 소스 도구이다. 오렌지는 슬로베니아의 류블랴나 대학(University of Ljubljana)에서 1996년에 개발하여 지속적으로 업데이트가 이루어지고 있는 프로그램이다.

오렌지는 기계 학습 모델을 개발 및 테스트하고 탐색적 데이터 분석 및 시각화를 수행하는 데 사용할 수 있다. 오렌지는 직관성, 사용 용이성이 탁월하다. 위젯을 드래그 앤 드롭방식으로 연결하여 워크 플로우를 생성할 수 있다. 그래픽 사용자 인터페이스가 있으며 파이썬(Python) 라이브러리를 사용하고 있어 추가 기능을 통해 다양한 기능을 확장할 수도 있다.

[1단계] 오렌지 사이트(https://orangedatamining.com/)를 방문한다. 여기서 Orange 3.36.2 for Windows을 클릭한다.

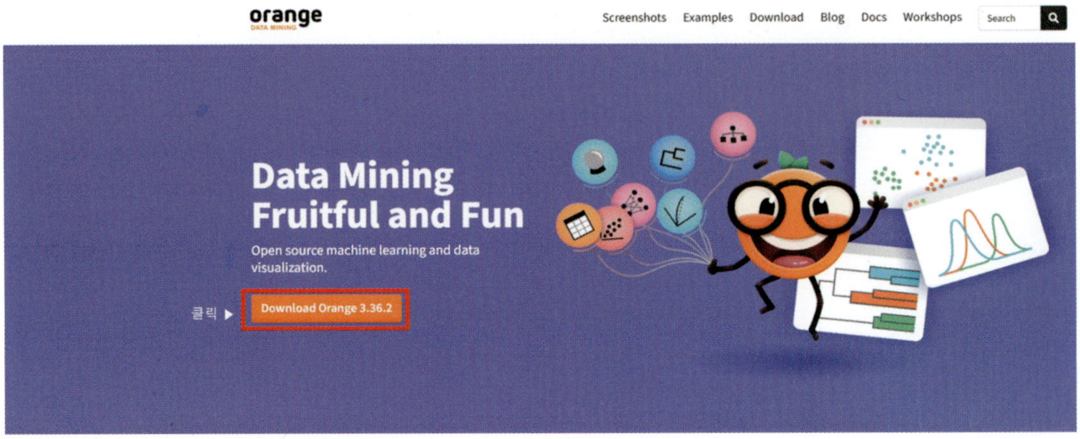

〈그림 1-1〉 오렌지 홈페이지

[2단계] Window의 PC 보호 화면에서 **추가정보**를 누르고 [실행] 단추를 누른다.

〈그림 1-2〉 Window의 PC 보호

[3단계] 〈그림 1-3〉에서 설치 진행 단추를 누른다.

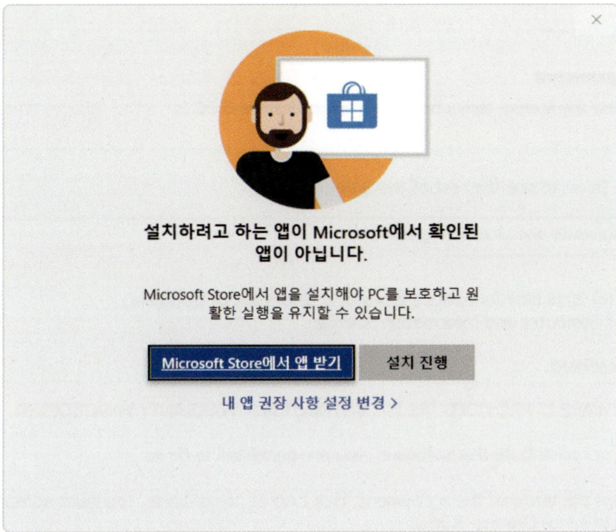

〈그림 1-3〉 설치진행 화면

[4단계] Welcome to Orange-3.36.2 Setup 화면에서 Next > 단추를 누른다.

〈그림 1-4〉 오렌지-3.36.2 Setup

[5단계] 라이선스 동의(License Agreement)란에서 동의(I Agree)를 누른다.

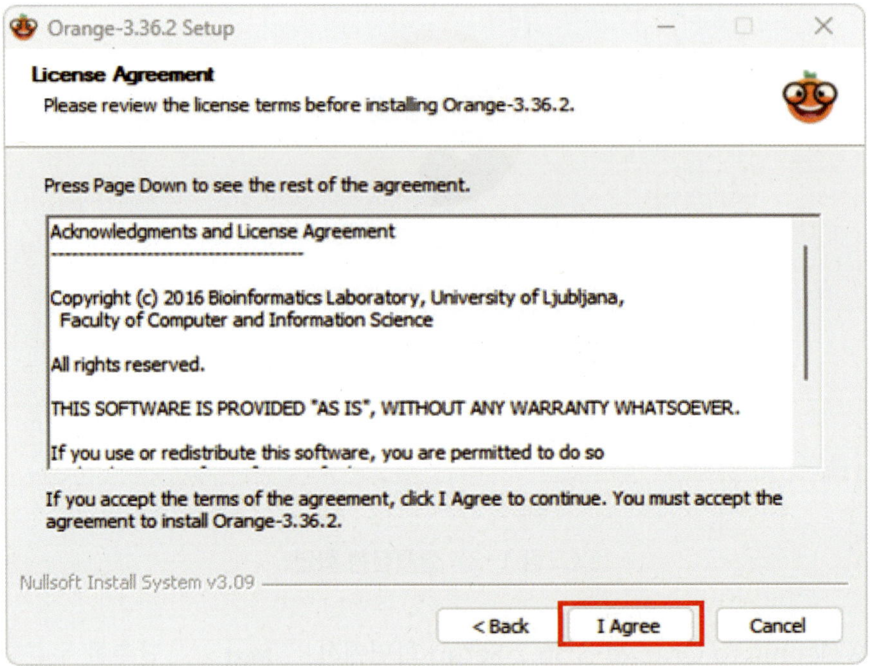

〈그림 1-5〉 License Agreement

[6단계] Choose Users에서 Install for anyone using this computer를 누른다. 물론 Install just for me로 설치해도 되는데, 컴퓨터 사용자이름이 한글일 경우는 설치가 안 될 수 있다. Install for anyone using this computer 를 선택하면 문제 없이 설치된다.

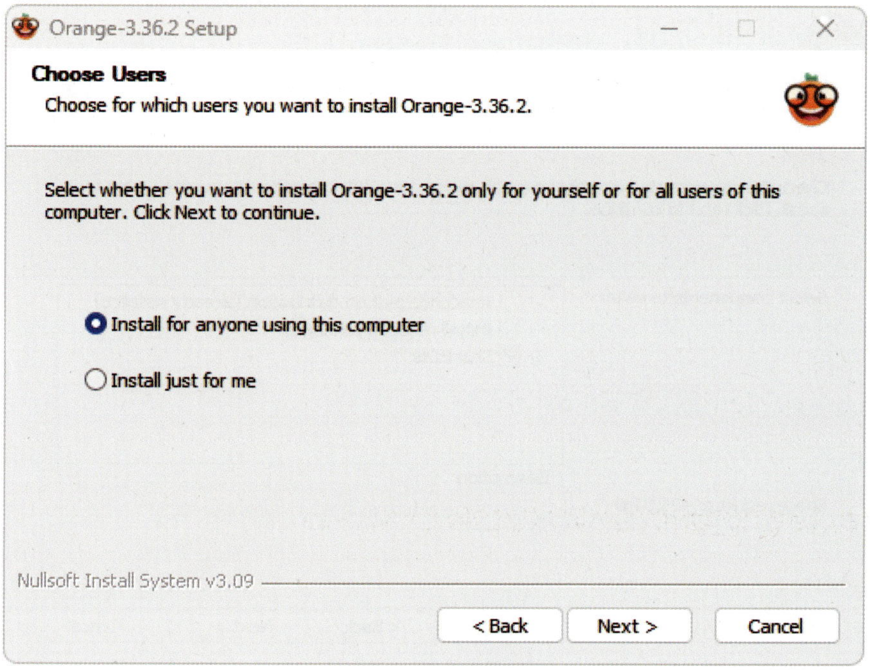

〈그림 1-6〉 설치방법

[7단계] Shortcuts를 지정하고 Next > 단추를 누른다. □ Anaconda python distribution(already installed)는 Anaconda가 설치되어 있지 않은 경우 설치하는 과정을 말한다. 저자는 이미 Anaconda 프로그램을 설치하였다(already installed).

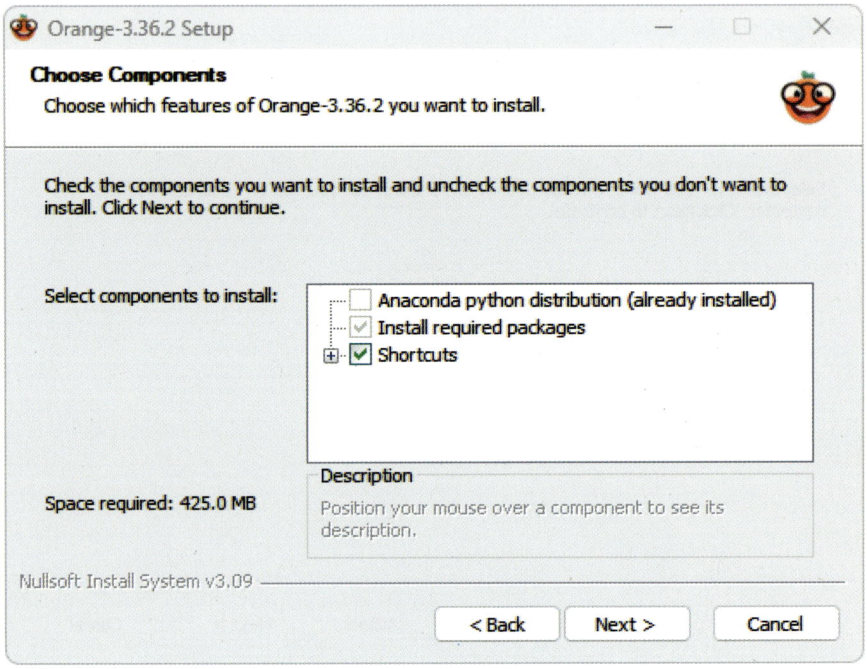

〈그림 1-7〉 설치구성 선택

[8단계] Next 단추를 누른다. 설치경로를 확보한다. 여기서는 C:\Program Files\Orange 이다. 설치경로가 기본으로 나타나는데 특별한 이유가 있지 않다면 설치 폴더를 변경하지 않고 바로 Next > 단추를 누른다.

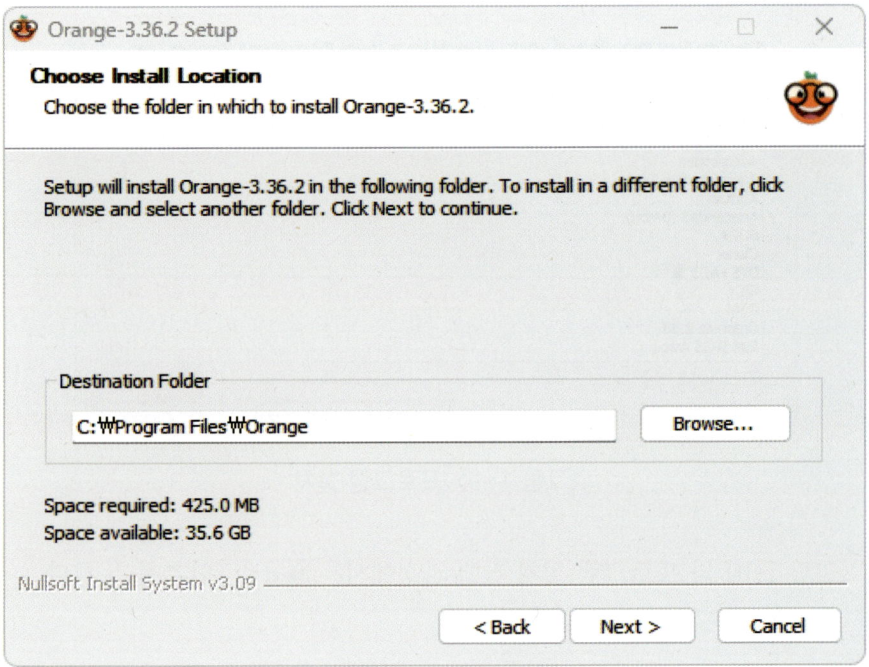

〈그림 1-8〉 설치경로

[9단계] Install 단추를 누른다.

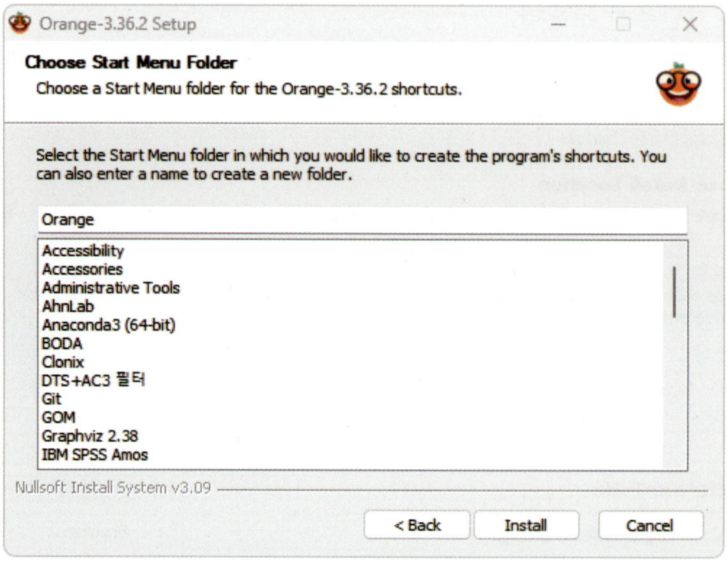

〈그림 1-9〉 프로그램 설치

[10단계] 〈그림 1-10〉의 프로그램 설치 진행 과정에서 Next > 단추를 누른다.

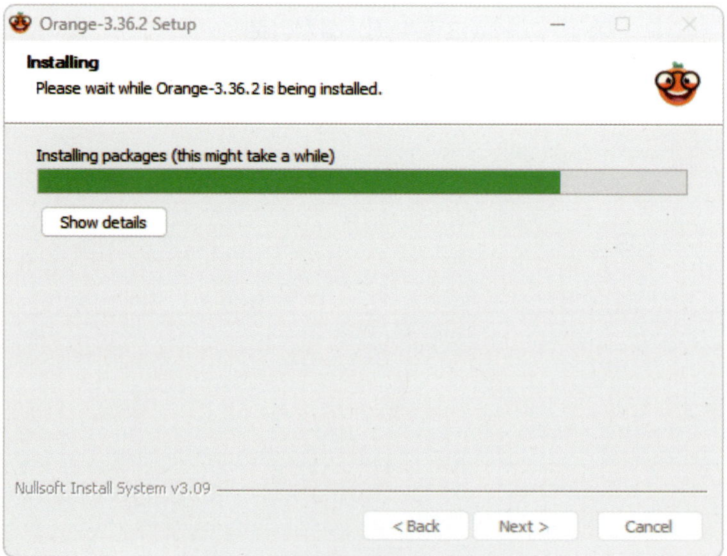

〈그림 1-10〉 프로그램 설치 진행과정

[11단계] Finish 단추를 누른다. 그러면 오렌지 프로그램이 설치된다.

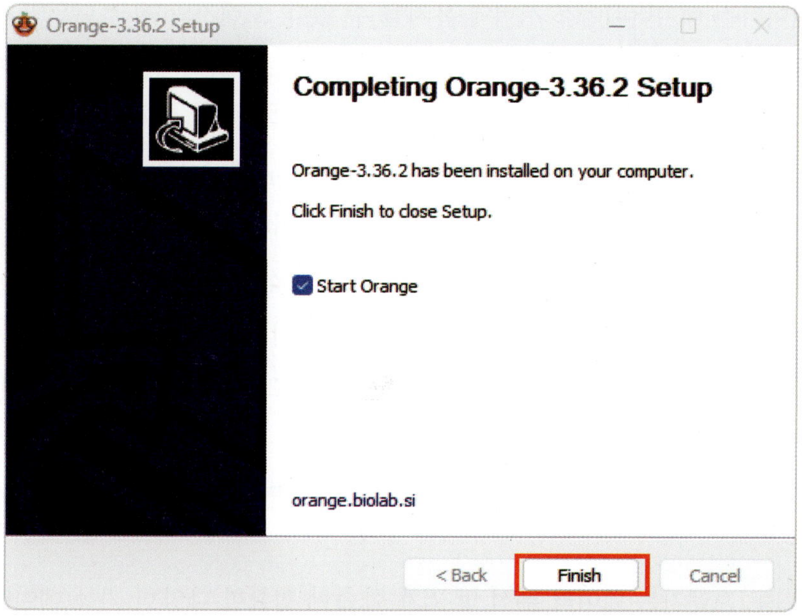

〈그림 1-11〉 프로그램 설치 완성

1.2 오렌지의 장점

오렌지의 주된 특징은 파이썬3로 전환하여 C++ 구성 요소를 없애고 대신 NumPy, SciPy 및 scikit-learn과 같은 핵심 파이썬 라이브러리를 사용하는 것이다. 오렌지는 현재 향상된 시각화 및 추가 기능을 갖춘 공식 배포판을 유통하고 있다. 오렌지 프로그램은 데이터 불러오기, 데이터 분석 및 기계 학습에 대한 강력하고 사용하기 쉬운 도구이다. 특히, 노코딩 접근, 다양한 기능, 시각화 및 확장성으로 인해 초보자부터 전문가까지 다양한 사용자에게 적합하다. 오렌지의 특장점은 다음과 같다.

① 구글시트 불러오기 가능: 오렌지는 구글(Google) 스프레드시트를 읽을 수 있다. 오렌지의 새로운 뛰어난 기능은 URL을 통해 온라인 데이터로 작업할 수 있는 기회를 제공하고 있다. Google Drive와 같은 클라우드 서비스의 사용이 증가함에 따라 오렌지에서는 이제 Google Sheets를 사용할 수 있다. 이는 이메일을 통해 파일을 보내거나 장치에 다운로

드할 필요 없이 데이터 세트를 공유하고 결과를 비교하는 데 매우 효율적이다. 자세한 내용은 데이터 관리 내용에서 소개할 것이다.

② SQL: 데이터는 데이터베이스 서버에 유지될 수 있다. 오렌지의 계산 단위인 위젯은 더 이상 서로에게 데이터를 전달하는 것 없이 쿼리 작업도 가능하게 한다. 첫 번째 위젯은 데이터베이스와의 연결을 설정하고 초기 쿼리(테이블, 뷰 또는 수동으로 생성된 쿼리)를 설정한다. 데이터베이스에서 sql-database-on-server 데이터를 가져오는 대신 다운스트림 위젯은 이 쿼리를 수정하고 필요한 경우에만 데이터를 검색한다. 따라서 작업 흐름이 끝날 때 상자 그림을 그리거나 베이지안 분류기를 구성하여 분포를 검색할 수 있다.

③ 데이터에 색상 지정: 팔레트에서 색상을 설정하는 것이 가능하다.

④ 데이터 전처리 개선: 데이터 전처리의 잘못된 사용으로 인해 과적합 문제를 개선하기 위해서 노력하고 있다.

⑤ 노코딩 접근: 특별히 코딩 능력이 없이 노코딩으로 머신러닝이나 인공지능 분석이 가능하다.

⑥ 다양한 기능: 오렌지는 데이터 분석 및 기계 학습에 필요한 다양한 기능(데이터 탐색, 데이터 전처리, 머신 러닝 모델 구축 및 평가 등이 포함됨)을 포함하여 다양한 데이터 분석 및 기계 학습 작업에 사용할 수 있다.

⑦ 시각화: 오렌지는 데이터를 시각화하는 강력한 기능을 제공하고 이를 통해 사용자는 데이터를 더 잘 이해하고 분석 결과를 더 쉽게 해석할 수 있다,

⑧ 확장성: 오렌지는 커뮤니티에서 제공하는 다양한 플러그인과 확장을 지원하고 있어 사용자는 오렌지의 기능을 사용자 지정하고 확장할 수 있다.

제2절 오렌지 프로그램 이해

컴퓨터 바탕화면에서  단추를 누른다. 그러면 〈그림 1-12〉와 같은 오렌지 초기화면을 얻을 수 있다.

〈그림 1-12〉 오렌지 프로그램 첫 화면

오렌지 프로그램 관리창에는 File, Edit, View, Widget, Window, Option, Help 기능이 있다.

〈표 1-1〉 오렌지 프로그램 관리창

버튼	설명
File	데이터 불러오기, 저장 기능 수행
Edit	워크 플로우(work flow) 편집 기능
View	화면 크기 및 화면 구성 방법 제공
Widget	오렌지 프로그램에서 화면을 구성하는 요소를 제공하고 사용자와 커뮤니케이션하는 기능을 제공
Window	위젯(Widget) 설정기능 제공
Option	오렌지 프로그램 속성, Add-on(분석프로그램 추가)기능 제공
Help	도움말 기능과 워크 플로우(work flow) 예제 및 기본 동영상 제공

화면 왼쪽에 Data, Transform, Visualize, Model, Evaulate, Unsupervised창이 있다.

〈표 1-2〉 버튼 설명

버튼	설명
Data	데이터 파일 불러오기, 변수(variable)과 속성(Feature)의 기술통계량 확인 기능 제공
Transform	데이터 변환 및 관리 기능 제공
Visualize	각종 시각화 기능 제공
Model	다양한 머신러닝 분석방법(Liner SVM, Regression, kNN, Tree, Random Forest, Gradient Boosting, Naive Bayes, AdaBoost, Neural Network, Stochastic, Gradient Descent)을 제공함
Unsupervised	다양한 비지도 학습 방법 수행 기능 제공

〈표 1-2〉에 제시된 Data, Transform, Visualize, Model은 데이터 분석의 기본 순서로 오렌지는 이 순서에 따라 위젯(widget)을 배열하여 누구나 쉽게 이용할 수 있다.

제3절 오렌지 프로그램 입문

3.1 Add-ons 설치

[1단계] 오렌지 프로그램에서 기본 기능에 새로운 기능이나 분석 방법을 추가하기 위해서는 Add-ons 기능을 선택한다. 오렌지를 실행하고 Options → Add-ons 메뉴를 선택하고 이어 [OK] 단추를 누른다.

[참고사항] Install for Anyone..으로 설치하고 그냥 실행하면 〈그림 1-13〉과 같은 메시지가 나올 수도 있다. 이때는 Add-ons를 설치하고 오렌지를 다시 실행해도 Add-on이 보이지 않는다. 이런 경우 관리자 권한으로 실행하고 Add-ons를 설치하면 된다.

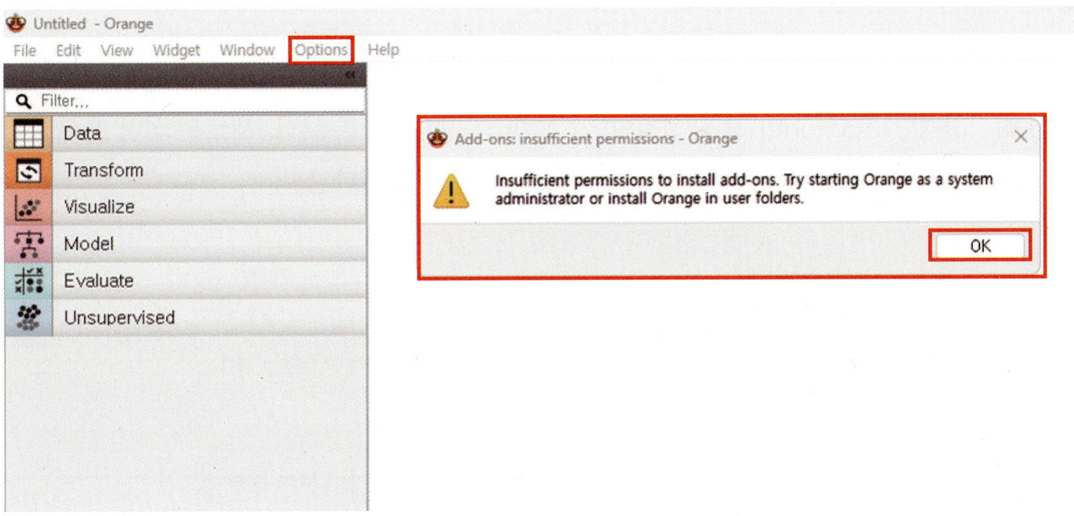

〈그림 1-13〉 부가 추가 기능(Add-ons) 화면

[2단계] 이어 Geo, Image Analytics, Network, Text, Textable, Timeseries를 누른다. 프로그램을 설치하는데 시간이 걸리기 때문에 인내심이 필요하다.

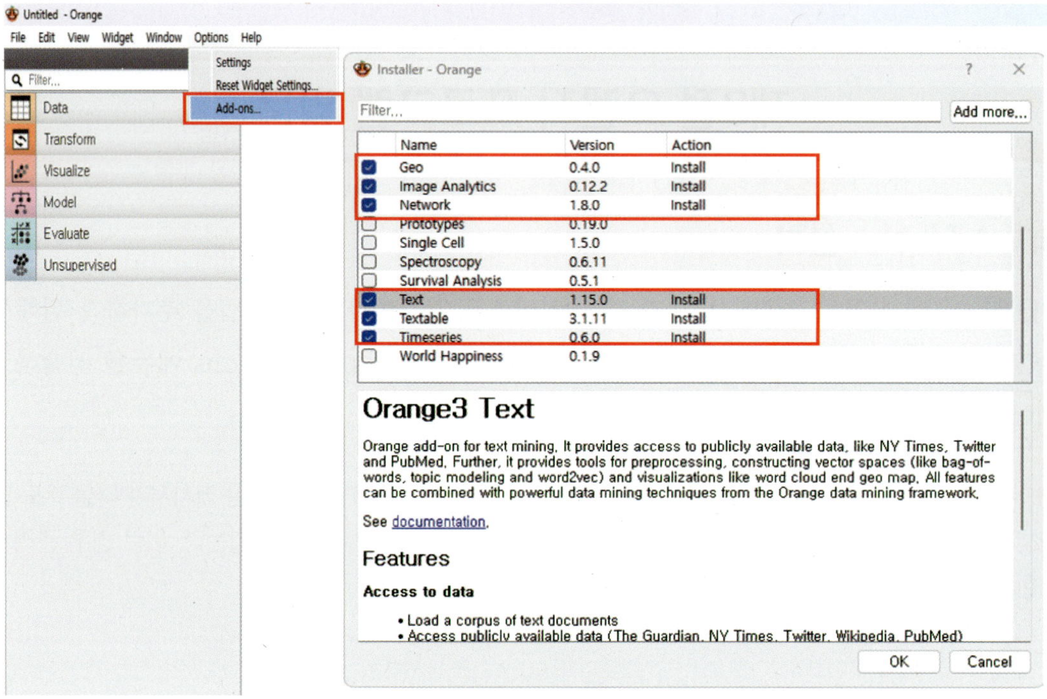

〈그림 1-14〉 부가 기능 추가(Add-ons) 화면

[3단계] 선택한 Add-on이 모두 설치되면 [Ok] 버튼을 누른다. 새로운 설치 프로그램이 효과를 발휘하기 위해서는 다시 시작해야 한다는 문구가 나타난다.

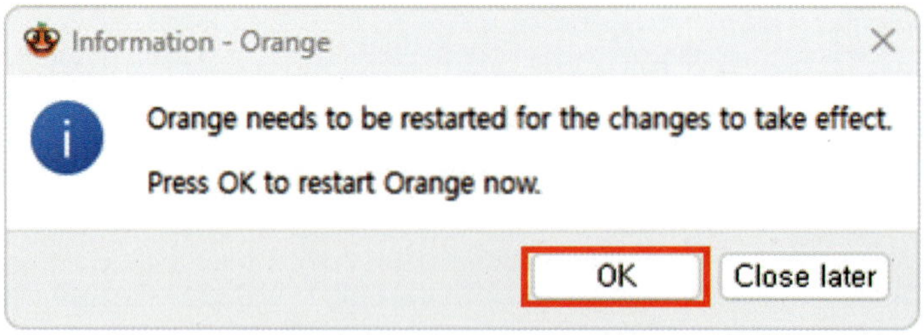

〈그림 1-15〉 재실행 권고 화면

[4단계] 오렌지를 종료했다가 다시 실행하면, 새로운 위젯(Image Analytics, Network, Text Mining, Textable, Timeseries)이 추가되어 있는 것을 확인할 수 있다.

[참고사항] 만일 삭제하고 싶은 Add-on이 있다면 Options → Add-ons창에서 선택을 해제한다.

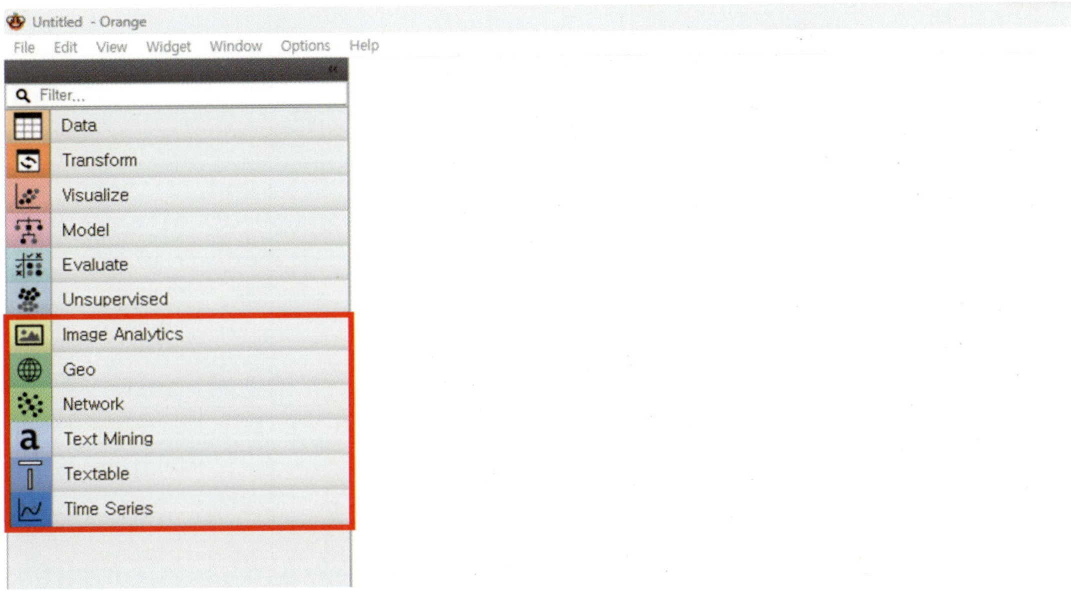

〈그림 1-16〉 프로그램 설치 확인 화면

3.2 위젯 보여 주기

분석자는 Options → Settings → Categories에서 화면에 어떤 내용을 보여줄지를 선택할 수 있다.

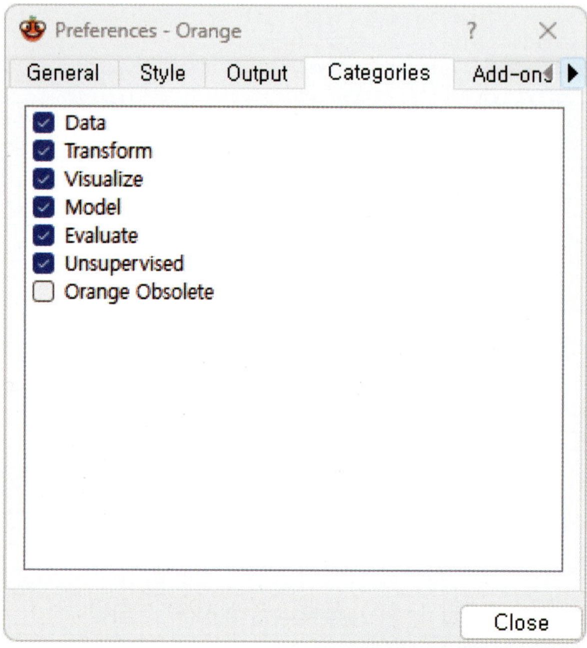

〈그림 1-17〉 위젯 화면

제4절 프로그램 실행 예제

[예제] 다음 자료는 10개 지점을 둔 커피 전문점의 x(청결도)와 y(체류시간)의 관련성을 조사한 데이터 일부이다. 데이터를 이용하여 두 변수 간의 산포도를 그리고 관련성을 언급해 보자.

〈표 1-3〉

x(청결도)	y(체류시간, 분)
1.88	15.98
3.98	57.97
2.08	15.37
3.66	44.70
3.45	50.01
3.81	44.96
4.10	34.30
0.98	19.83
4.07	40.40
0.71	30.44
2.17	25.57

[1단계] 데이터를 엑셀 프로그램에서 입력하고 ch1.csv로 저장한다. 확장자를 csv(쉼표로 분리)로 하는 이유는 저장 용량이 덜 차지하기 때문이다.

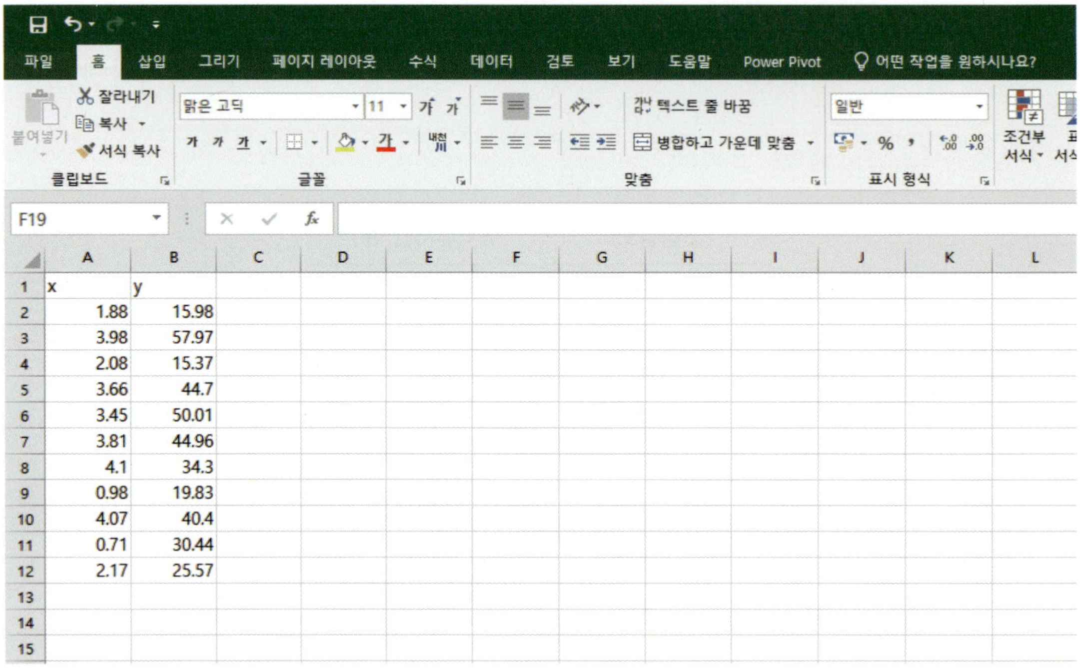

	A	B
1	x	y
2	1.88	15.98
3	3.98	57.97
4	2.08	15.37
5	3.66	44.7
6	3.45	50.01
7	3.81	44.96
8	4.1	34.3
9	0.98	19.83
10	4.07	40.4
11	0.71	30.44
12	2.17	25.57

[데이터] ch1.csv

〈그림 1-18〉 CSV형식 데이터 저장

[2단계] 바탕화면에서 Orange 프로그램을 실행한다. 이어 화면에서 Data 란을 마우스로 누른다. Data란에서 CSV File Import 드래그하여(끌어당겨) 오른쪽 빈 공간에 옮긴다.

〈그림 1-19〉 Data 파일 선택

[3단계] 이어 CSV File Import를 눌러 앞에서 저장했던 파일(ch1.csv)을 찾아 지정한다.

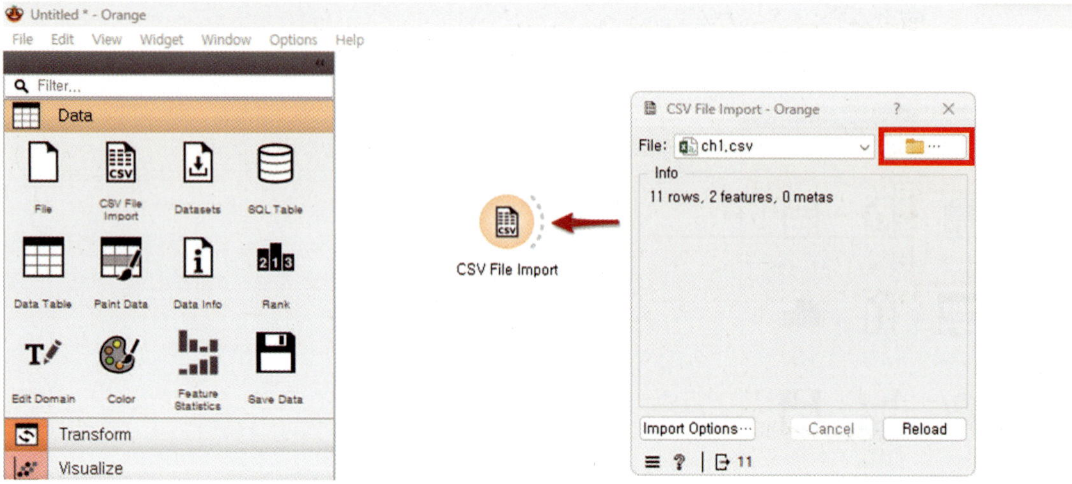

〈그림 1-20〉 Data 파일 지정

[4단계] CSV File Import 파일의 형태를 확인하기 위해서 Data에서 을 지정하여 오른쪽 창으로 옮긴다.

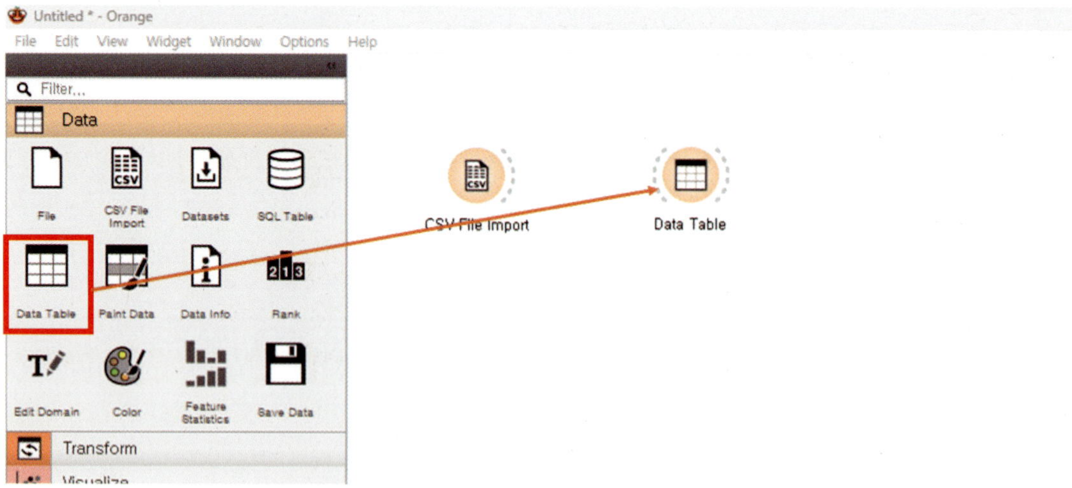

〈그림 1-21〉 Data Table

[5단계] CSV File Import와 Data Table을 마우스로 연결한다.

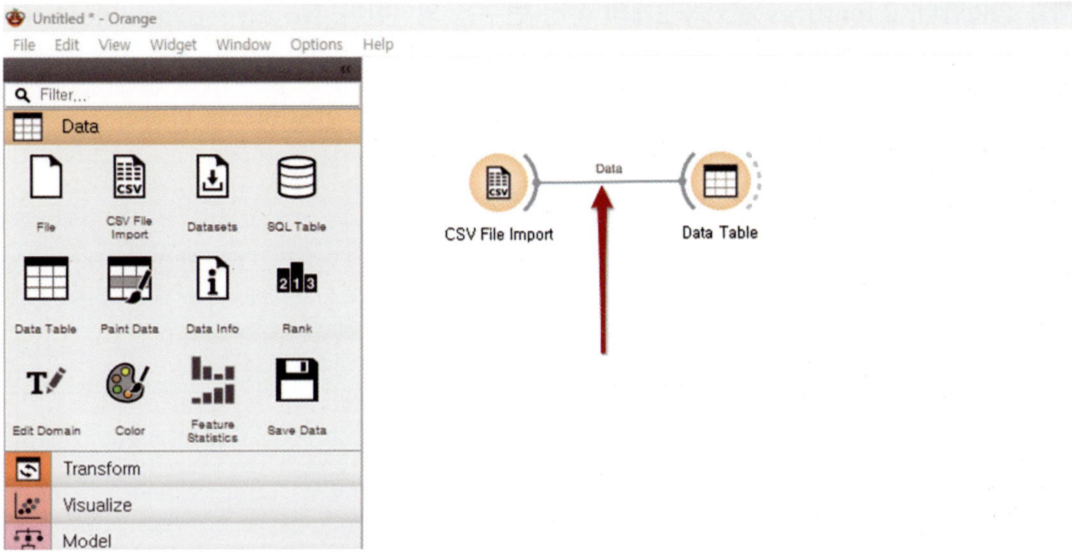

〈그림 1-22〉 Data Table 연결

[6단계] Data Table를 연속해서 더블 클릭하면 〈그림 1-23〉과 같은 창을 얻을 수 있다. 여기서 Info는 정보를 나타낸다. 11 instances(no missing data)는 무응답이 없는 11개의 개체를 의미한다. 2 features는 x, y 2개의 속성 변수를 의미한다. No target variable과 No meta attributes는 각각 종속변수와 메타 속성이 없음을 나타낸다. 여기서 메타 속성은 모델링에 사용되지는 않지만 위젯에서 인스턴스 레이블로 사용할 수 있는 변수를 말한다.

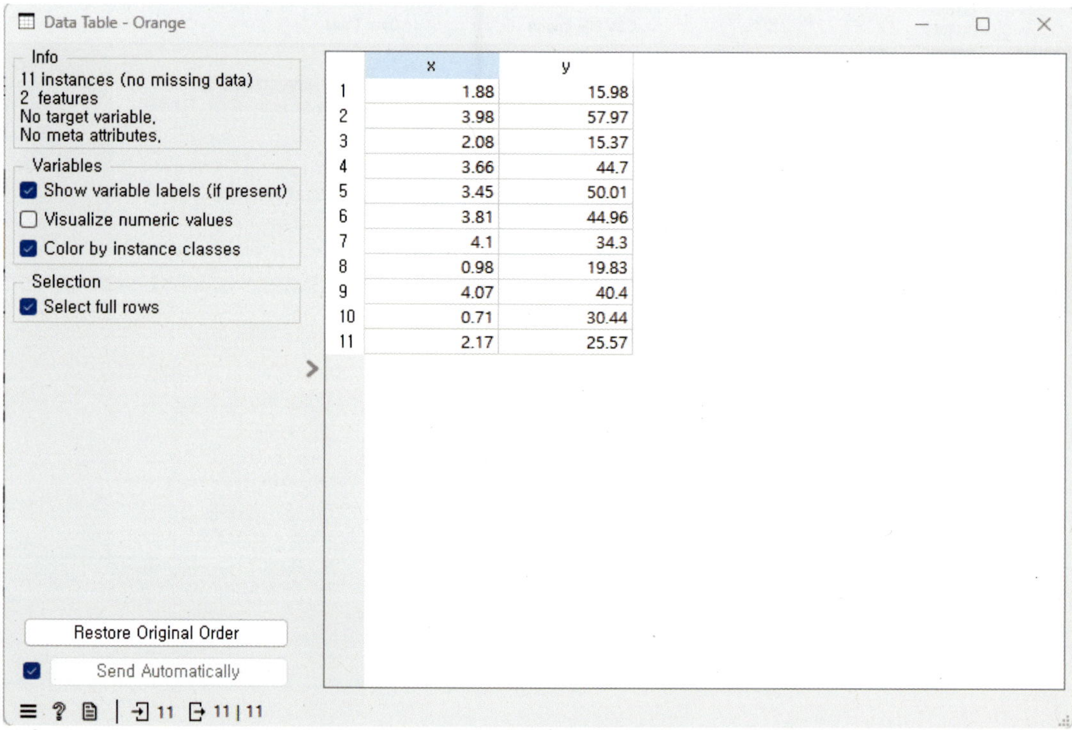

〈그림 1-23〉 Data Table 내용

[7단계] 이어 Visualize 란을 누른다. 여기서 Scatter plot(산점도)를 드래그해서 오른쪽 창에 옮긴 다음 CSV File Import와 Scatter plot를 마우스로 연결한다.

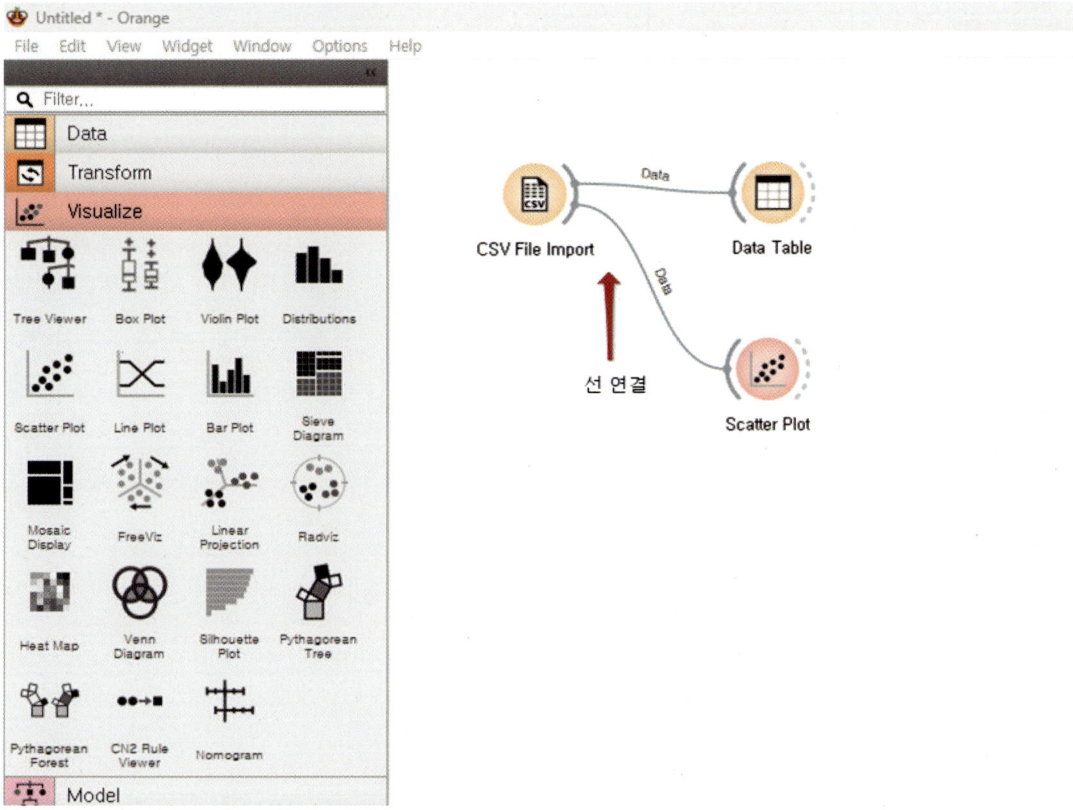

〈그림 1-24〉 Scatter Plot 연결

[8단계] Scatter Pilot 버튼을 마우스로 더블 클릭하면 다음과 같은 결과를 얻을 수 있다.

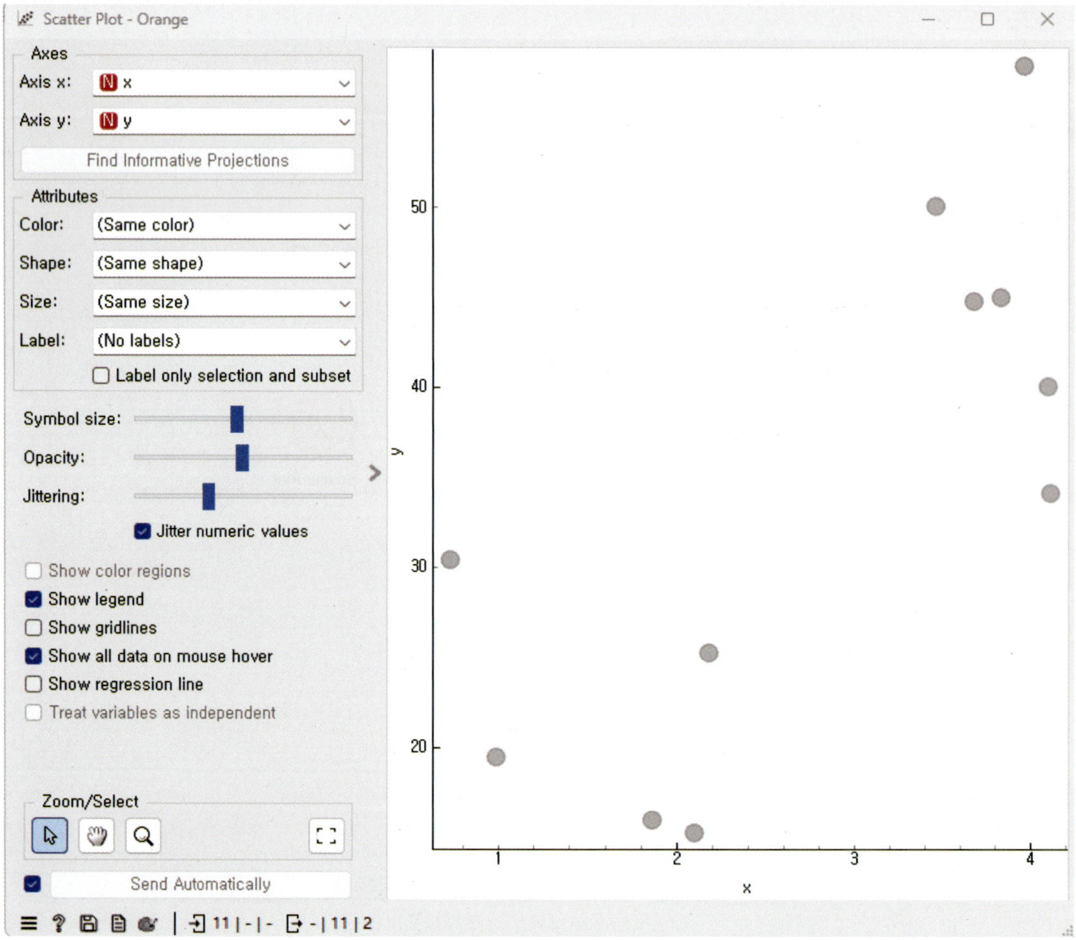

〈그림 1-25〉 Scatter Plot

[결과설명] 커피 전문점의 x(청결도)와 y(체류시간)의 관련성의 개략적인 관계를 확인할 수 있다. 즉, x(청결도)가 좋을수록 y(체류시간)이 높아짐을 알 수 있다.

[9단계] Show regression line을 누르면 〈그림 1-26〉과 같은 결과를 얻을 수 있다.

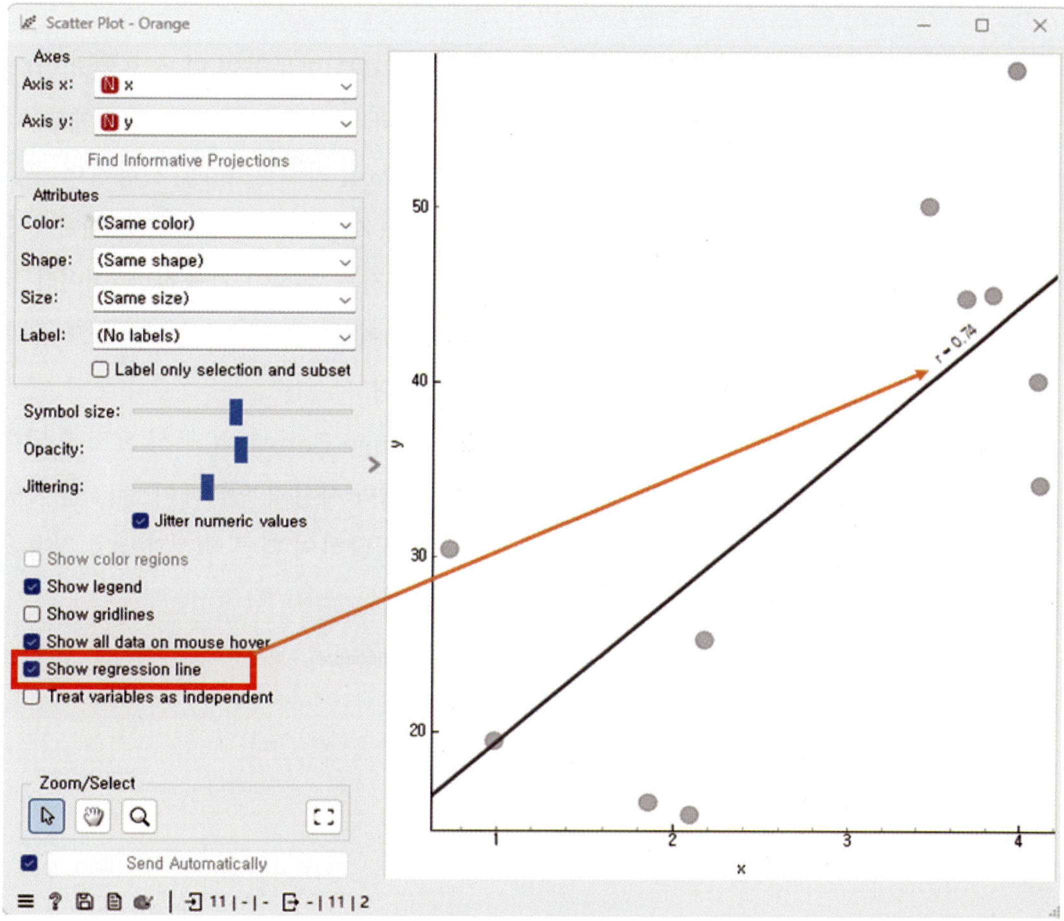

〈그림 1-26〉 추정회귀선

[결과설명] 추정 회귀식을 구할 수 있고 x(청결도)와 y(체류시간)의 관련성이 0.74임을 알 수 있다. x(청결도)와 y(체류시간)의 관련성은 강한 상관성이 있음을 알 수 있다.

[10단계] 지금까지 작업한 워크 플로우를 File란의 Save as(다른 이름으로 저장)를 눌러 ch1.ows로 저장한다.

정리

- 오렌지 프로그램 설치: 오렌지 사이트(https://orange.biolab.si)를 방문하여 다운 후 설치한다.
- 오렌지의 장점: 오렌지의 주된 특징은 파이썬3로 전환하여 C++ 구성 요소를 없애고, 대신 NumPy, SciPy 및 scikit-learn과 같은 핵심 Python 라이브러리를 사용하여 구글 시트 불러오기가 가능하고, SQL 기능과 결과에 색상을 지정이 가능하다. 또한 데이터 전처리가 용이하고, 노코딩 접근으로 머신러닝이나 인공지능 분석이 가능하다. 데이터 분석 및 기계 학습에 필요한 다양한 기능(데이터 탐색, 데이터 전처리, 머신 러닝 모델 구축 및 평가)이 가능하며, 강력한 시각화 툴을 보유하고 있다.
- 오렌지 위젯: 오렌지의 시각적 프로그래밍 환경인 Orange Canvas의 구성 요소를 말한다. 위젯(Widget)은 일부 자체 포함 기능을 나타내며 그래픽 사용자 인터페이스(GUI)를 제공하며 위젯은 서로 통신하고 통신 채널을 통해 개체를 전달하여 다른 위젯과 상호 작용을 하는 기능을 한다.
- 오렌지에서는 데이터(Data), 변환(Transform), 시각화하기(Visualize), 모델(Model) 절차로 분석을 진행하면 된다.

연습문제

1. 오렌지 프로그램의 장점은 무엇이라고 생각하는지 정리해 보자.

2. 다음은 출근시간(x, 단위: 분)와 직장만족도(y) 간의 관계를 알아보기 위해서 조사한 자료의 일부이다.

x	y
50	3
30	5
20	5
70	2
100	2
90	3
50	4
35	5
25	5
38	4

[데이터] ex1.xlsx

(1) 오렌지 프로그램을 이용하여 산점도를 그려보자.
(2) 상관계수를 구하고 추정 회귀직선을 그려보자.
(3) 분석결과에 대한 올바른 해석을 해 보자.

제2장 인공지능과 데이터 분석 기초

제1절 인공지능을 위한 머신러닝 절차

인공지능을 위한 머신러닝의 절차는 문제정의, 데이터 준비, 학습모델 선택, 모델 평가, 전략 및 시사점 도출 순서로 진행하면 된다.

문제정의는 연구의 출발점이다. 문제정의가 명확하지 않으면 데이터 분석 과정은 흔들릴 수밖에 없다. 문제정의는 왜(why)라는 질문을 끊임없이 던지는 과정에서 도출된다. 개인이나 조직이 함께 하는 고객이나 이해관계자가 느끼는 아픈 곳, 소위 통점(pain point)을 해결해 주거나 지속적으로 개선하기 위한 우선과제가 여기에 포함된다. 왜(why)라는 질문을 계속 던져야 어떻게(how)에 해당하는 방법이 도출되고 무엇(what)에 대한 전략안과 방법론을 도출할 수 있다.

데이터 준비는 분석의 원자재이나 연료를 채우는 과정이다. 분석자는 데이터베이스 파일을 적재하고 입력데이터를 구성해야 한다. 올바른 데이터에서 정확한 결과가 도출되기 때문에 올바른 데이터를 준비하는 것에 소홀함이 없어야 한다. 데이터 준비과정이 연구나 프로젝트 진행 전체 비중(100%)에서 80% 이상을 차지 하는 이유는 데이터 준비가 그만큼 어렵기 때문이다. 데이터 준비과정에서 행(row)과 열(column)이 함께 하는 관계형 데이터베이스로 관리하는 방법이 가장 이상적인 방법이라고 할 수 있다. 데이터는 척도(scale)로 구성된다. 명목척도와 서열척도로 구성된 측정값의 대표 단어인 변수(variable) 중에서 질적변수라고 부른다. 등간척도

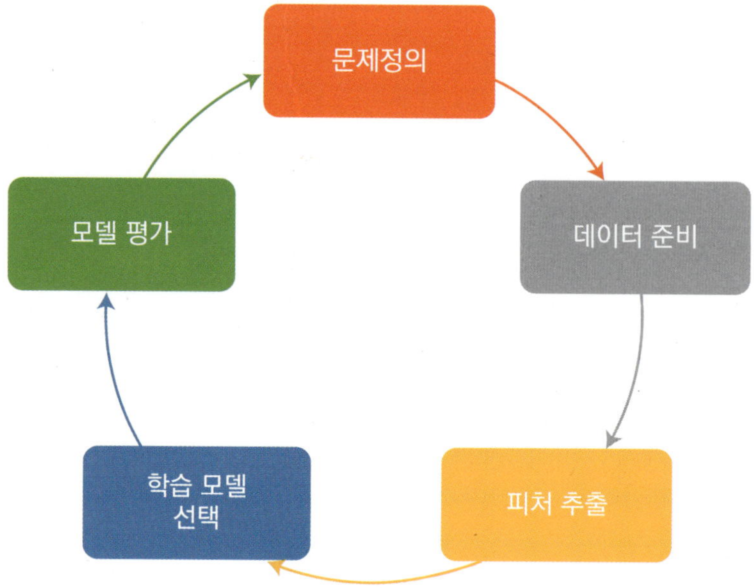

〈그림 2-1〉 머신러닝 절차

와 비율척도로 구성된 변수를 양적변수라고 부른다.

피처 추출은 분석의 방향을 결정한다. 피처(feature)는 〈표 2-1〉에서 설명한 변수 중에서 종속변수(dependent variable)에 영향을 주는 독립변수(independent variable)를 말한다. 영향을 받는

〈표 2-1〉 데이터 구성

구분	자료	설명	분석방법	예
질적 데이터 (변수)	명목척도 (nominal scale)	분류나 구분을 위한 척도	빈도분석, 교차분석	성별(예: 여성 1, 남성 2), 집단구분, 성공여부(성공, 실패)
	서열척도 (ordinal scale)	대소 및 순서가 있는 척도	서열상관분석, 비모수통계	선호도, 소득수준
양적 데이터 (변수)	등간척도 (interval scale)	등간격에 의미가 있는 척도	모수통계	온도, 인지도, 선호도
	비율척도 (ratio scale)	비례에 의미가 있는 척도	모수통계	학점, 매출액, 소득, 나이

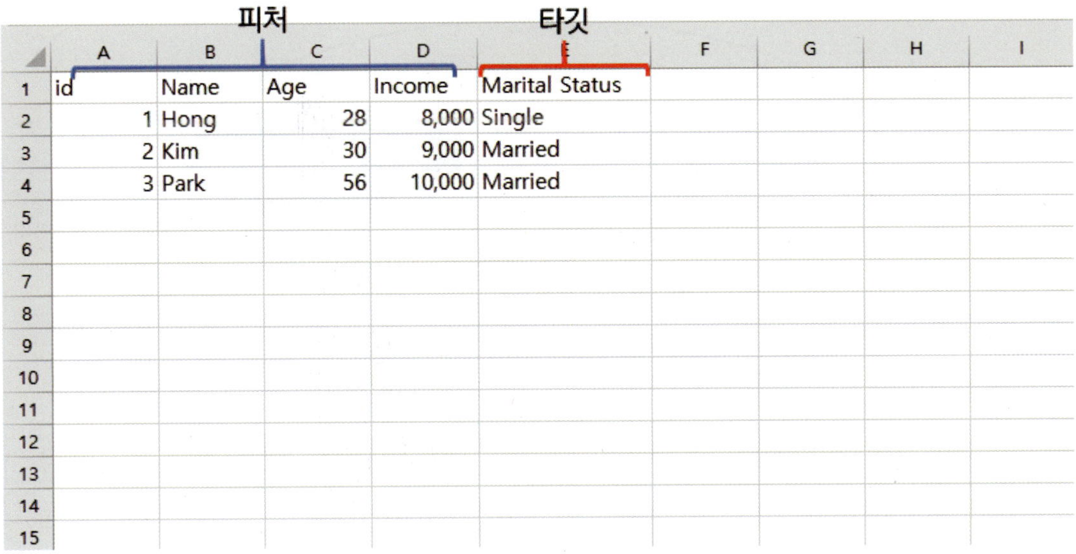

	A	B	C	D	E	F	G	H	I
1	id	Name	Age	Income	Marital Status				
2	1	Hong	28	8,000	Single				
3	2	Kim	30	9,000	Married				
4	3	Park	56	10,000	Married				
5									
6									
7									
8									
9									
10									
11									
12									
13									
14									
15									

〈그림 2-2〉 피처와 타깃

변수를 목표변수(타깃, target)라고 부른다. 피처와 타깃의 정확한 구분은 이론과 경험을 배경으로 하는 시간우선(time order)에 대한 분변력이다. 시간적으로 투입(input)요소에 해당하는 것은 피처이다. 이 피처에 영향을 받는 성과적인 것은 타깃이다. 다음은 데이터 파일에서 피처와 타깃을 예로 나타낸 것이다. 엄밀하게 이야기하면 변수(varible)를 수치의 대표단어라고 한다면 피처(속성)는 변수의 조합을 말한다.

학습모델을 구축하는 과정도 중요하다. 머신러닝, 딥러닝, 인공지능에서 학습이 중요하다. 우선 인공지능, 머신러닝, 딥러닝은 데이터를 학습하여 데이터에 잠재되어 있는 패턴을 발견하는 것이다. 개발자들의 특징은 프로그램이나 알고리즘 구성능력이 뛰어날 뿐만 아니라 자신이 개발한 알고리즘의 브랜드 네이밍에도 탁월한 능력을 발휘하기 때문에 딥러닝, 머신러닝, 인공지능이라고 구분한 것일 뿐이며, 인공지능(AI: Artificial Inteligence)은 사람의 두뇌를 닮아 학습하고 추론하는 기계를 말한다고 생각하면 된다.

인공지능으로서의 머신러닝은 지도학습, 비지도학습, 강화학습으로 나눈다. 지도학습(supervised learning)은 데이터에 사전에 붙어 있는 정답 라벨을 이용하여 카테고리를 분류하거나 예측하는 경우에 해당한다. 목표변수(target variable)가 질적변수인 경우는 분류문제를 다루고 목표변수가 양적변수인 경우는 예측문제에 해당한다.

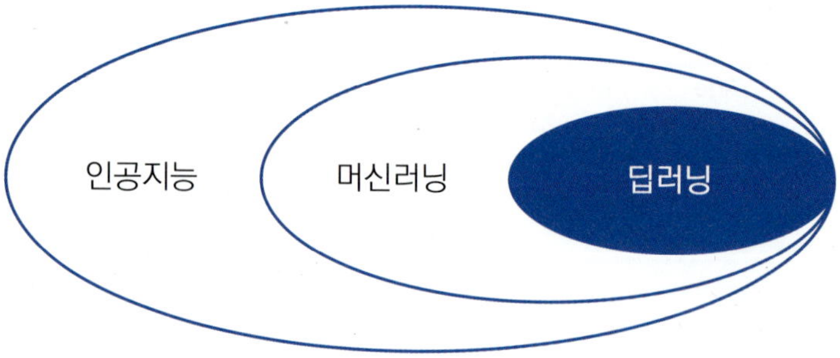

〈그림 2-3〉 딥러닝, 머신러닝, 인공지능의 관계

비지도학습은 정답라벨이 없어 선택 데이터에서 규칙이나 패턴을 발견하게 해 주고 인사이트를 준다. 비지도학습은 지도학습과 달리 정답인지 오답인지 사전 정보가 없다는 특징이 있다. 비지도학습은 데이터 파일에서 패턴이나 규칙을 찾아내는 목적이 강하기 때문에 추천상품이나 메뉴를 알려 줄 수 있고 차원을 축소해 주는 차원감소나 데이터를 압축시켜 주는 주성분 분석에 주로 사용한다. 예를 들어, 분석자는 결과 변수군 $\{y^{(1)}, \cdots, y^{(m)}\}$과 관련있는 $\{x^{(1)}, \cdots, x^{(m)}\}$ 데이터에서 x로부터 y를 예측하기를 원한다. 예측은 〈표 2-2〉와 같이 구분할 수 있다. 예측 모델의 유형을 판별 모델과 생성형 모델로 구분할 수 있다(표 2-3 참조).

강화학습은 에이전트(agent)와 환경(environment)이 상호작용하여 환경은 에이전트에 보상하고 에이전트는 환경에 행동하는 것이다. 강화학습의 대표적인 예는 바둑과 장기 인공지능, 로봇동작의 시뮬레이션이 해당한다.

모델평가는 다양한 학습모델의 성능을 검증하고 평가하는 과정이다. 이 과정에서 세부 통계량을 확인한다. 머신러닝 모델 평가는 머신러닝 모델의 개발과 사용에서 중요한 과정이

〈표 2-2〉 예측 유형

방법 / 변수	회귀	분류
종속변수	연속형(양적변수)	구분
예	선형회귀	로지스틱회귀, SVM, Naive Bayes

〈표 2-3〉 모델 유형

구분 \ 방법	판별모델 (Discriminative model)	생성형 모델 (Generative model)
목표	직접적으로 P(y\x) 추정	P(y\x)을 추정하기 위해서 P(x\y)계산
학습	의사결정 영역	데이터의 확률분포
그림	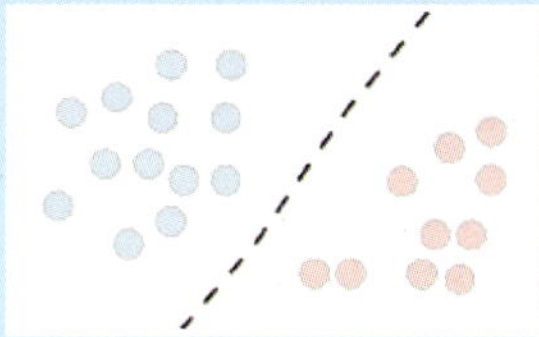	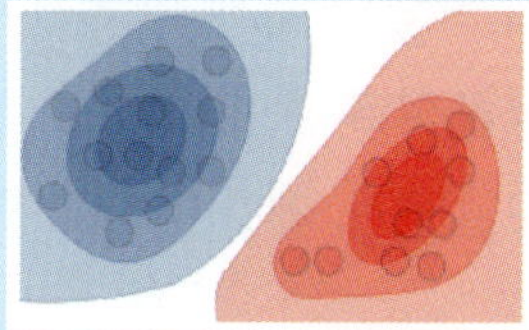
예	회귀, SVMs	GDA, Naive Bayes

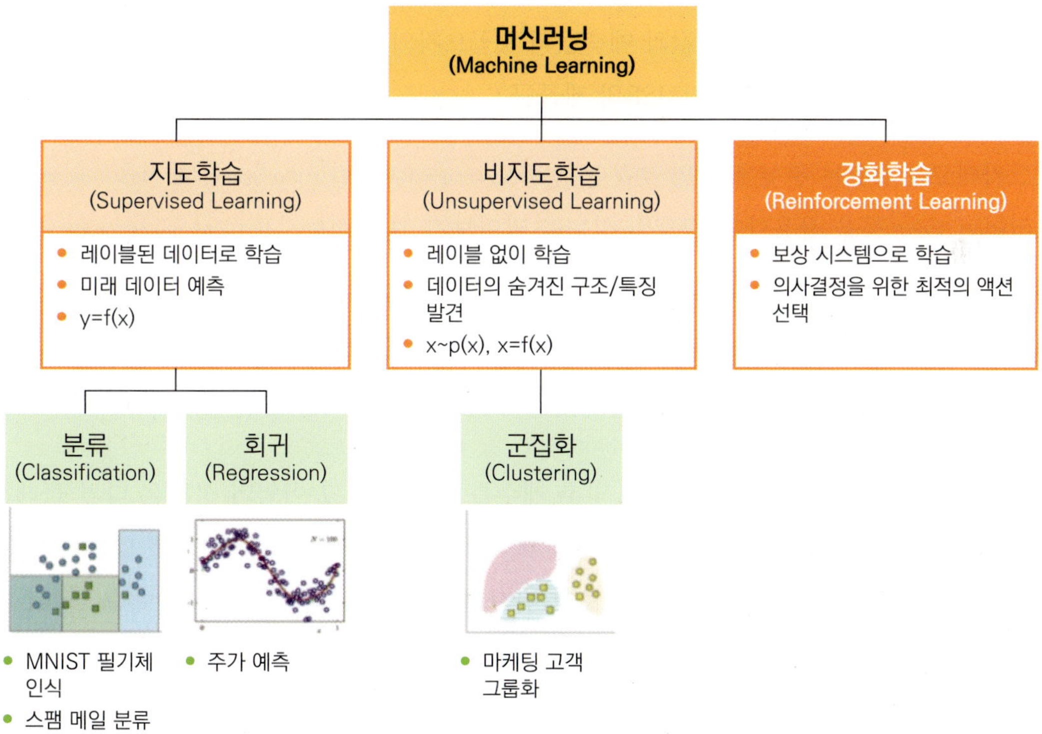

〈그림 2-4〉 머신러닝 구분

출처: https://ittrue.tistory.com/35

다. 모델 평가를 통해 머신러닝 모델을 보다 효과적으로 사용할 수 있다. 머신러닝 모델 평가는 머신러닝 모델의 성능을 측정하는 과정이다. 모델의 성능은 모델이 실제 데이터에 얼마나 잘 적용될 수 있는지를 나타낸다. 모델 평가는 모델의 설계, 학습, 배포의 모든 단계에서 중요하다. 모델 평가는 일반적으로 다음과 같은 단계로 수행한다.

- 데이터 세트 분할: 데이터 세트를 훈련 세트와 테스트 세트로 분할한다. 훈련 세트는 모델을 학습하는 데 사용되고, 테스트 세트는 모델의 성능을 평가하는 데 사용된다.
- 모델 학습: 훈련 세트를 사용하여 모델을 학습한다.
- 모델 평가: 테스트 세트를 사용하여 모델의 성능을 평가한다.

모델 평가에 사용되는 지표는 모델의 유형에 따라 다르다. 회귀 모델의 경우는 일반적으로 결정계수(R^2)와 함께 다음과 같은 지표를 사용한다.

- MAE(Mean Absolute Error): 실제값과 예측값의 절대오차의 평균
- MSE(Mean Squared Error): 실제값과 예측값의 제곱오차의 평균
- RMSE(Root Mean Squared Error): MSE의 제곱근

카테고리가 있는 분류 모델의 경우는 정확도(Accuracy), 정밀도(Precision), 재현율 (Recall), F1 스코어(F1 Score) 등을 사용한다. 모델의 성능을 알아보기 위한 성능지표(Performance metrics)를 계산하기 위해서 〈표 2-4〉와 같은 혼동행렬(confusion matrix)로 나타낼 수 있다. 혼동행렬은 각 테스트 데이터에 대한 예측 결과물을 참 양성(True Positive), 참 음성(True Negative), 거짓 양성(False Positive), 거짓 음성(False Negative)의 네 가지 관점에서 분류하고 각각에 해당하는 예측 결과의 개수를 정리한 표이다.

혼동행렬에서 대각선 x_{ij}는 제대로 맞춘 개수를 나타내고 그 이외의 성분은 다른 클래스로 오판한 경우의 수를 말한다. 위와 같은 분류표에서 판별결과에 대한 평가를 할 때 정밀도(적합률), 정확도, 재현율 그리고 F값을 보고 판단한다. 정확도(실제 클래스와 예측 클래스의 일치하는 비율), 정밀도(예측 클래스가 양성일 때 실제 클래스가 양성인 경우의 확률), 재현율(실제 클래스가 양성일 때 예측 클래스가 양성으로 분류될 확률), F값(정밀도와 재현율의 조화 평균) 모두 0과 1 사이의 값을 갖는데 1에 가까운 값을 보면 진단의 성능이 우수하다고 평가한다. 정밀도와 재현율은 수치가 높을수록 성능이 좋을 것으로 판단되며, 정밀도와 재현율

〈표 2-4〉 혼동행렬

실제결과 \ 예측결과		예측 클래스 P(양성)	예측 클래스 N(음성)
실제 클래스	P(양성)	TP (True Positive, 참 양성)	FN (False Negative, 거짓 음성, 2종 오류)
실제 클래스	N(음성)	FP (False Positive, 거짓양성, 1종 오류)	TN (True Negative, 참 음성)
전반적인 퍼센트			

은 한 쪽의 지표가 높아지면 다른 쪽의 지표가 낮아지는 상쇄관계(trade off)가 있다.

- 정밀도(Precision) = $\frac{TP}{TP + FP}$
- 정확도(Accuracy) = $\frac{TP + TN}{TP + FP + FN + TN}$
- 재현율(Recall) = $\frac{TP}{TP + FN}$
- F값(F1 score) = $\frac{2 \times Recall \times Precision}{Recall + Precision} = \frac{2TP}{2TP + FN + FP}$
- 위양성율(fall-out) = $\frac{FP}{FP + TN}$

모델 평가를 수행할 때는 평가지표, 데이터 세트, 과적합 등을 고려해야 한다.

- 평가 지표: 평가 지표는 모델의 성능을 측정하는 데 적합해야 한다.
- 데이터 세트: 데이터 세트가 충분히 크고 다양한지 확인해야 한다.
- 과적합: 모델이 훈련 세트에만 과도하게 적응하지 않도록 주의해야 한다. 즉, 데이터의 분산이 크다면 과적합 문제에 봉착하게 된다. 과적합은 데이터가 너무 적은 경우나 모델에 비해 해결할 문제가 너무 복잡한 경우에 발생한다.

머신러닝 모델 평가에 자주 사용하는 방법으로 교차 검증, 앙상블 학습이 있다.

- 교차 검증(cross-validation): 교차 검증은 데이터 세트를 여러 개의 하위 세트로 분할하고, 각각의 하위 세트를 테스트 세트로 사용하여 모델을 평가하는 방법이다. 교차 검증은 과적합을 방지하고 모델의 성능을 보다 정확하게 평가하는 데 도움이 된다. 과적합은 기계 학습(machine learning)에서 학습 데이터를 과하게 학습(overfitting)하는 것을 말한다.
- 앙상블 학습(ensemble learning): 앙상블 학습은 여러 개의 모델을 결합하여 하나의 모델을 만드는 방법이다. 앙상블 학습은 일반적으로 단일 모델보다 더 나은 성능을 보인다.

이어 분석자는 모델 평가 과정을 거쳐 최종 모델을 튜닝하고 세부 프로파일을 정의하고 분석결과를 기반으로 전략과 시사점을 마련하면 된다.

제2절 오렌지 분석

2.1 군집화

[예제] 커피문화가 일상이 되었다. Scoffee는 그간 쌓은 데이터를 토대로 변화를 시도할 부분을 다각도로 분석하고 있다. 전략기획팀에서는 최근 고객에 대한 성향에 근거하여 고객들을 군집하려 하고 있다. 최근 조사자료를 가지고 연구 결과를 근거로 하여, 20명의 고객 성향을 군집화하기 위해서 6개의 변수를 분석하기로 하였다.

〈표 2-5〉 설문조사 시트

id(　　　　　)	설문척도						
문항	적극 동의 안 함			보통임			적극 동의
(x1) 밀크티와 커피 마시기를 즐겨함	①	②	③	④	⑤	⑥	⑦
(x2) 커피 마시는 것은 사치라고 생각함	①	②	③	④	⑤	⑥	⑦
(x3) 매장에서 커피 음료를 마시며 스터디도 하고 다양한 베이커리도 즐김	①	②	③	④	⑤	⑥	⑦
(x4) 커피음료 주문시 신중하게 메뉴를 선택함	①	②	③	④	⑤	⑥	⑦
(x5) 커피를 마시면 잠이 잘 오지를 않아 커피를 즐겨 마시지 않음	①	②	③	④	⑤	⑥	⑦
(x6) 음료 결제시 쿠폰 및 할인카드를 자주 사용함	①	②	③	④	⑤	⑥	⑦

〈표 2-6〉 데이터

id	x1	x2	x3	x4	x5	x6
1	6	4	7	3	2	3
2	2	3	1	4	5	4
3	7	2	6	4	1	3
4	4	6	4	5	3	6
5	1	3	2	2	6	4
6	6	4	6	3	3	4
7	5	3	6	3	3	4
8	7	3	7	4	1	4
9	2	4	3	3	6	3
10	3	5	3	6	4	6

id	x1	x2	x3	x4	x5	x6
11	1	3	2	3	5	3
12	5	4	5	4	2	4
13	2	2	1	5	4	4
14	4	6	4	6	4	7
15	6	5	4	2	1	4
16	3	5	4	6	4	7
17	4	4	7	2	2	5
18	3	7	2	6	4	3
19	4	6	3	7	2	7
20	2	3	2	4	7	2

[데이터] coffee.csv

고객데이터의 군집화를 위해서 다음과 같이 진행한다.

[1단계] Data 란에서 CSV File Import를 이동시켜 coffee.csv 파일을 연결한다. 이어 Data Table 를 연결하여 데이터의 특성을 파악한다.

[2단계] 왼쪽 Unsupervised 란에서 샘플 데이터 간의 거리를 계산하기 위해서 Distances 를 연결한다.

[3단계] Unsupervised 란의 Distance Map 으로 이용해 히트맵(heat map)을 그린다.

[4단계] Unsupervised 란에서 Hierarchical Clustering 를 선택하여 계층적 군집화(Hierarchically cluster)를 실시한다.

[5단계] 계층적 군집화 이후에 Data 란의 데이터 테이블이나 Visualize 란의 박스 플랏으로 정보로 전달할 수 있다. 여기서는 Data Table 과 Box Plot 으로 확인해 본다.

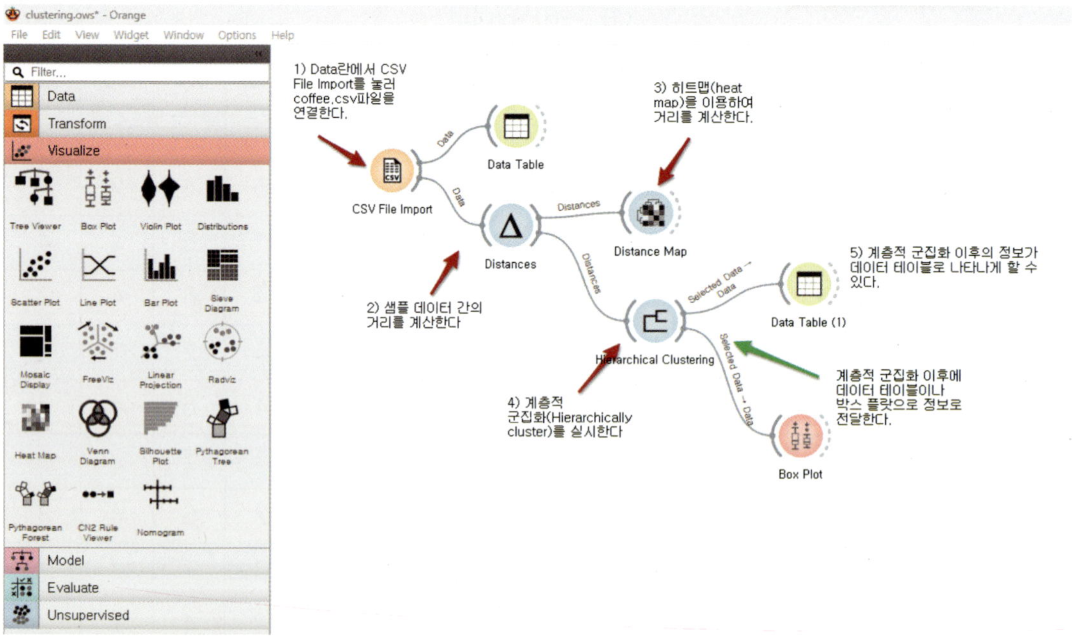

[데이터] clustering.ows

〈그림 2-5〉 군집화 워크 플로우

2.2 결과

앞의 clustering.ows에서 Data Table를 마우스로 더블 클릭하면 〈그림 2-6〉과 같은 결과가 나온다.

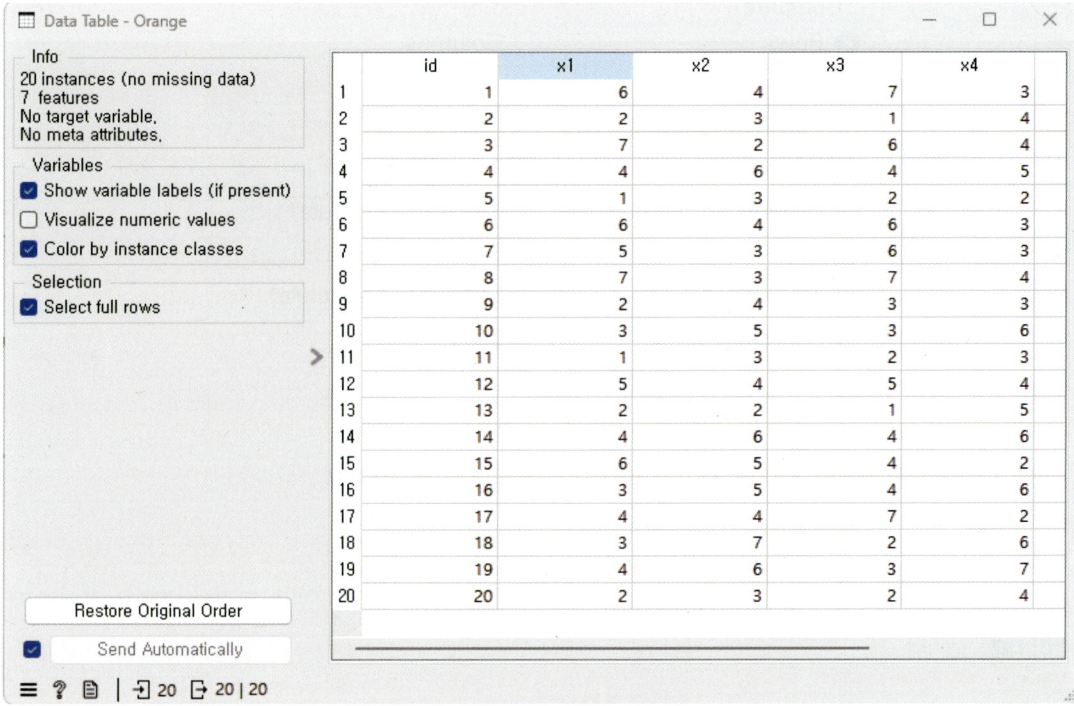

	id	x1	x2	x3	x4
1	1	6	4	7	3
2	2	2	3	1	4
3	3	7	2	6	4
4	4	4	6	4	5
5	5	1	3	2	2
6	6	6	4	6	3
7	7	5	3	6	3
8	8	7	3	7	4
9	9	2	4	3	3
10	10	3	5	3	6
11	11	1	3	2	3
12	12	5	4	5	4
13	13	2	2	1	5
14	14	4	6	4	6
15	15	6	5	4	2
16	16	3	5	4	6
17	17	4	4	7	2
18	18	3	7	2	6
19	19	4	6	3	7
20	20	2	3	2	4

〈그림 2-6〉 데이터 테이블

[결과설명] Info란에는 무응답치가 없는 20명, 피처(feature, 변수)가 7개로 구성된 데이터임을 나타내고 있다. 이 데이터는 목표변수(target variable)가 없고 메타 속성(meta atrributes)도 없다. 여기서 메타 속성(meta atribute)은 학습 모델링에는 사용되지 않지만 단순히 참고만 하기 위한 데이터로 위젯에서 인스턴스 레이블로 사용할 수 있는 것을 말한다.

워크 플로우에서 

버튼을 누르면 다양한 거리 계산방법을 알 수 있다.

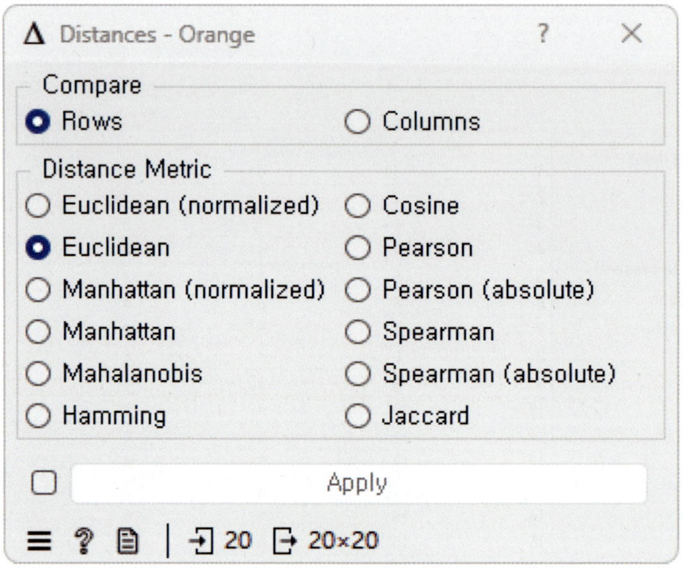

〈그림 2-7〉 거리 계산

[결과설명] 여기서는 기본적인 거리 계산방법인 유클리디안 거리를 사용하였다. 관련한 내용은 차후에 자세히 다룰 것이다.

을 누르면 〈그림 2-8〉과 같은 결과가 나타난다.

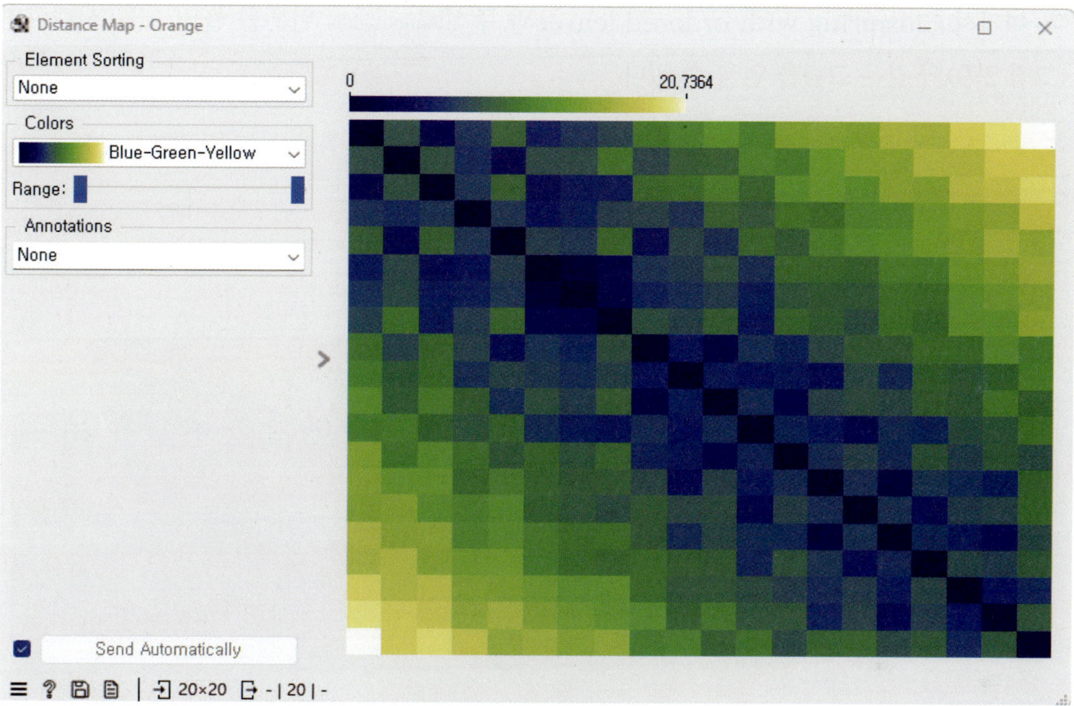

〈그림 2-8〉 Distance Map

[결과설명] 인스턴스별 거리가 나타나 있다. 자기 자신의 거리는 0이기 때문에 짙은 파란색으로 나타나 있고 인스턴스마다 거리가 멀수록 초록색과 노란색으로 변한 것을 알 수 있다.

Element Sorting의 경우 드롭버튼을 눌러 Clustering, Clustering with ordered leaves를 선택하여 확인할 수 있다. Range: 버튼의 막대를 이용하여 가까운 거리와 먼 거리를 표시할 수 있다. 막대를 좌우로 이동시켜 색상을 인스턴스 거리를 색상으로 확인할 수 있다. 여기서 Clustering with ordered leaves와 주석(Annotations) 버튼을 눌러 id를 선택하면 〈그림 2-9〉와 같은 그림을 얻을 수 있다.

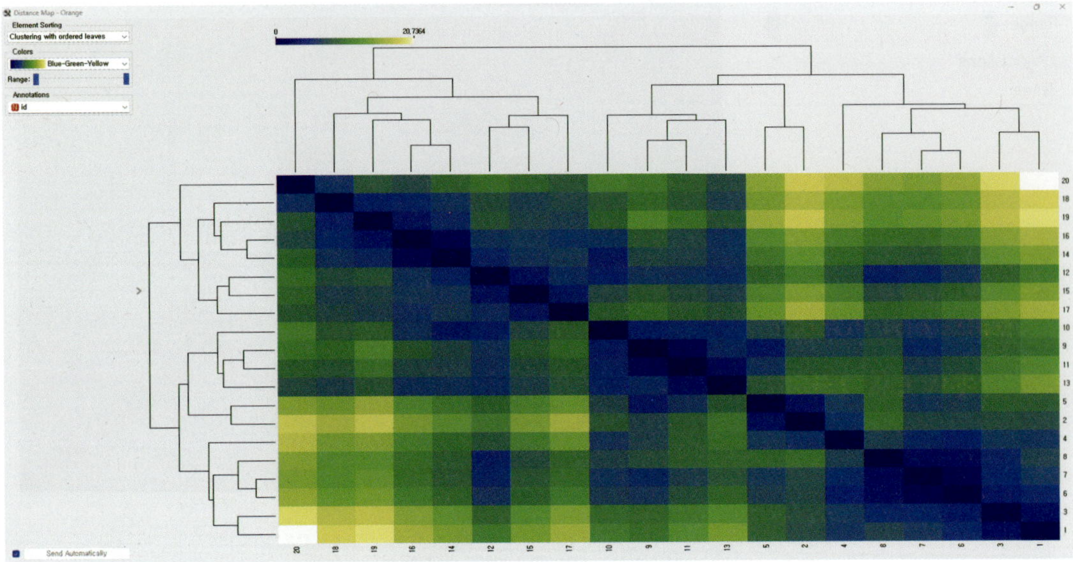

〈그림 2-9〉 군집화 거리 시각화

[결과설명] 덴드로그램으로 군집을 확인할 수 있다. 해당 인스턴스(개체번호)가 번호로 나타나 있다.

버튼을 클릭하면 〈그림 2-10〉과 같은 그림을 얻을 수 있다.

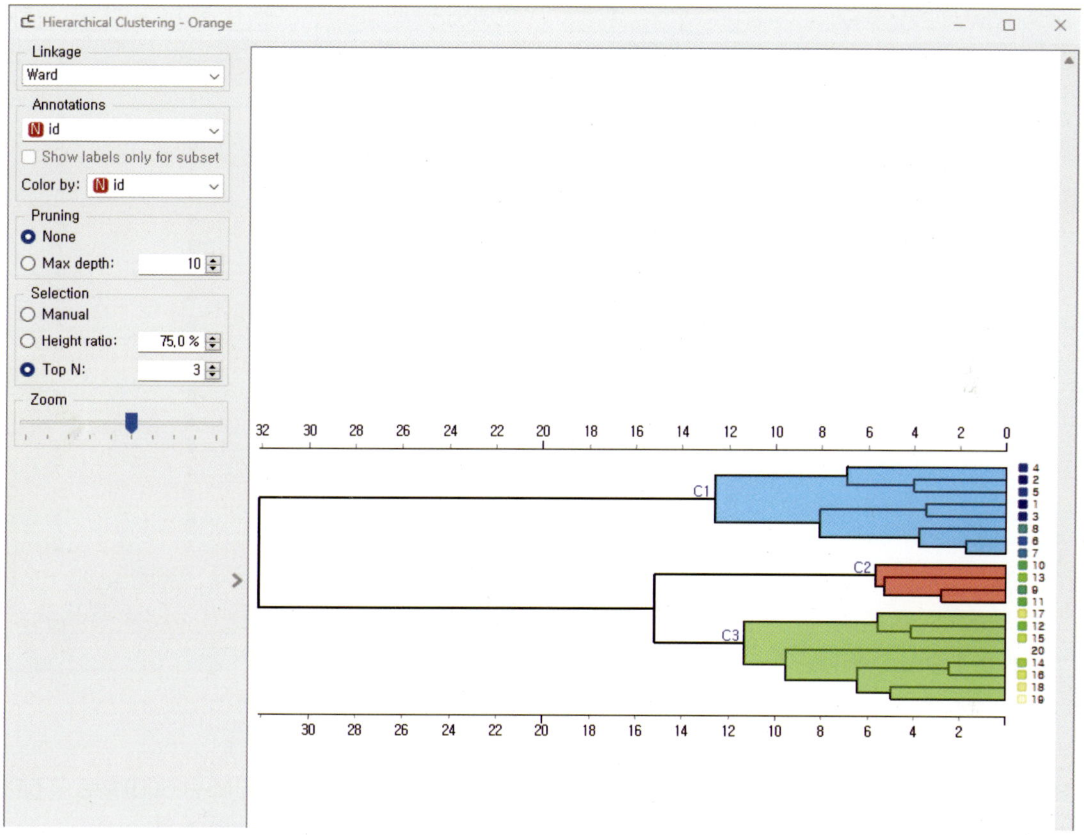

〈그림 2-10〉 군집화

[결과설명] 군집1(C1)은 1, 2, 3, 4, 5, 6, 7, 8로 구성되고 군집2(C2)는 9, 10, 11, 13으로 구성됨을 알 수 있다. 군집3(C3)은 12, 14, 15, 16, 17, 18, 19, 20으로 구성됨을 알 수 있다. 군집별 명칭도 중요한 문제로 남는데 이는 '제10장 계층적 군집화'와 '제11장 비계층적 군집화'에서 자세히 다룰 것이다.

워크 플로우에서  을 누르면 〈그림 2-11〉과 같은 결과를 얻을 수 있다.

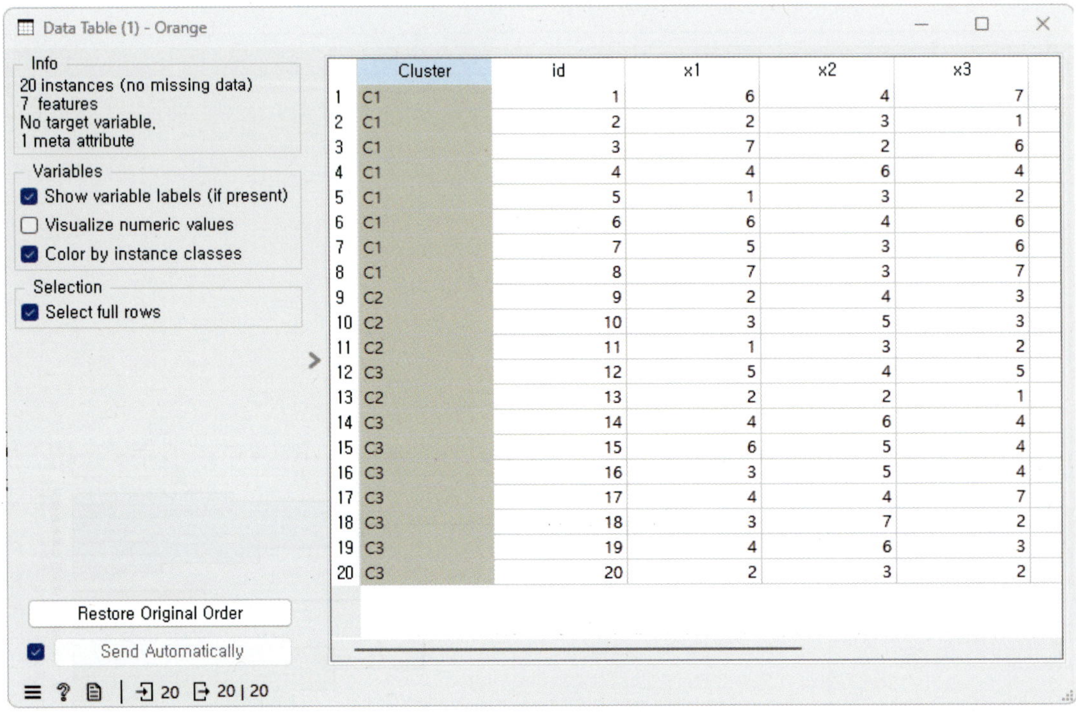

	Cluster	id	x1	x2	x3
1	C1	1	6	4	7
2	C1	2	2	3	1
3	C1	3	7	2	6
4	C1	4	4	6	4
5	C1	5	1	3	2
6	C1	6	6	4	6
7	C1	7	5	3	6
8	C1	8	7	3	7
9	C2	9	2	4	3
10	C2	10	3	5	3
11	C2	11	1	3	2
12	C3	12	5	4	5
13	C2	13	2	2	1
14	C3	14	4	6	4
15	C3	15	6	5	4
16	C3	16	3	5	4
17	C3	17	4	4	7
18	C3	18	3	7	2
19	C3	19	4	6	3
20	C3	20	2	3	2

〈그림 2-11〉 데이터 테이블

[결과설명] 데이터 테이블에 군집화 결과인 Cluster 변수가 생성되어 있고 해당 인스턴스(id)별로 군집이 표시되어 있다(C1, C2, C3). 분석자는 Cluster 변수 단추를 눌러 정렬된 군집을 확인할 수 있다.

박스 플랏() 누르면 〈그림 2-12〉와 같은 결과를 얻을 수 있다.

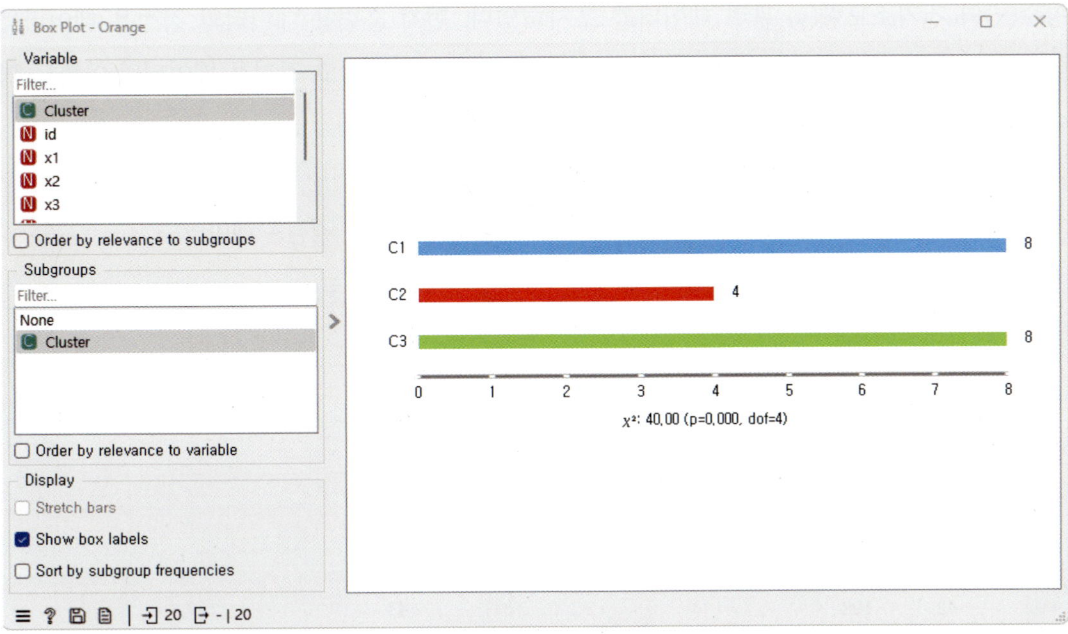

〈그림 2-12〉 박스 플랏

[결과설명] 각 군집별(C1, C2, C3) 빈도수가 나타나 있다. 군집별 독립성을 나타내는 통계량 χ^2=40, 자유도(dof, degree of freedom)의 확률(p) = 0.000 < α = 0.05임을 알 수 있다. 즉, '세 군집은 서로 독립적이지 않을 것이다'라는 연구가설(H_1)이 채택됨을 알 수 있다.

2.3 예측문제

W아파트 관리소장은 아파트 평수에 따른 전기소모량을 예측하기 위해서 10가구의 아파트 평수(x)와 전기소모량(y) 관련 데이터를 조사하였다. 먼저 훈련용 데이터와 검정용 데이터를 따로 저장하였다. 훈련용 데이터를 이용하여 회귀분석을 실시하고 검정용 데이터인 아파트 평수를 이용하여 전기소모량을 예측해 보자.

훈련용 데이터

	A	B	C	D	E
1	x	y			
2	25	100			
3	52	256			
4	38	152			
5	32	140			
6	25	150			
7	45	183			
8	40	175			
9	55	203			
10	28	152			
11	42	198			
12					
13					
14					
15					

[데이터] ch2_traindata.csv

검정용 데이터

	A	B	C	D	E
1	x				
2	26				
3	53				
4	39				
5	34				
6	27				
7	46				
8	43				
9	56				
10	28				
11	43				
12					
13					
14					
15					

[데이터] ch2_testdata.csv

〈그림 2-13〉 데이터

[1단계] 데이터를 입력하고 불러오기를 할 수 있다. 데이터 불러오기는 File, CSV File Import, Datasets, SQL Table에서 하는 방법이 있다.

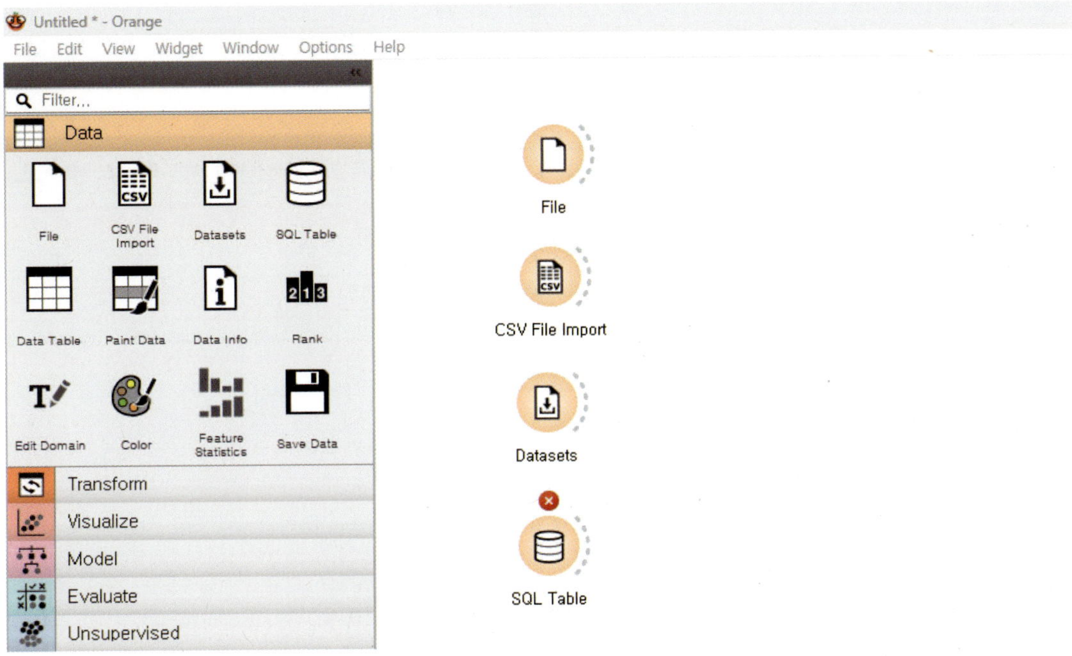

〈그림 2-14〉 데이터 불러오기 위젯

[2단계] 여기서는 먼저 구글 드라이브에서 데이터를 공유하는 방법을 소개하도록 한다. 먼저 인터넷이 연결된 상태에서 구글 드라이브를 연다. 이어 구글 스프레드시트를 연다. 이어 다음과 같이 입력한다.

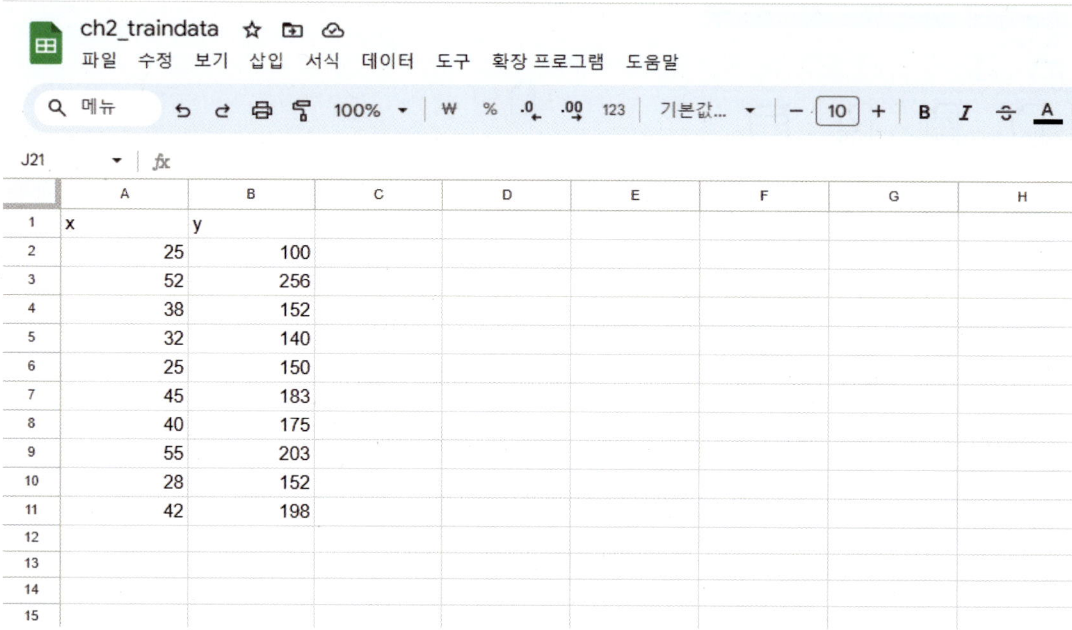

	A	B
1	x	y
2	25	100
3	52	256
4	38	152
5	32	140
6	25	150
7	45	183
8	40	175
9	55	203
10	28	152
11	42	198

[데이터] ch2_traindata

〈그림 2-15〉 구글 스프레드 시트 입력

이어 스프레드 시트 오른쪽  버튼을 클릭한다.

〈그림 2-16〉 구글 스프레드 시트 공유화면 1

일반 액세스에서 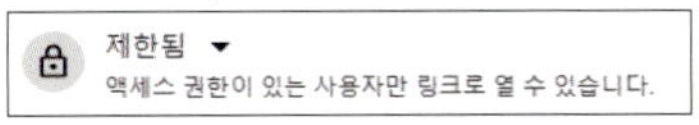 드롭다운 단추를 눌러 **링크가 있는 모든 사용자**를 선택한다.

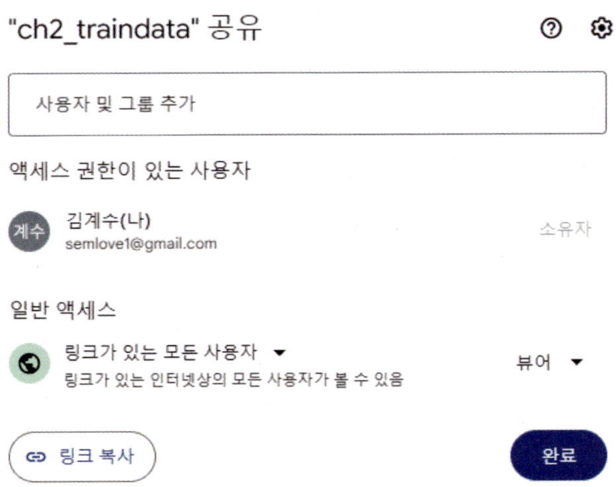

〈그림 2-17〉 구글 스프레드 시트 공유화면 2

이어 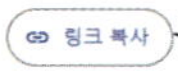를 누르고 이어  버튼을 누른다.

다음으로 공유된 구글 데이터를 불러오기 위해서 〈그림 2-14〉 오렌지 프로그램 데이터 불러오기 위젯에서 를 누른다.

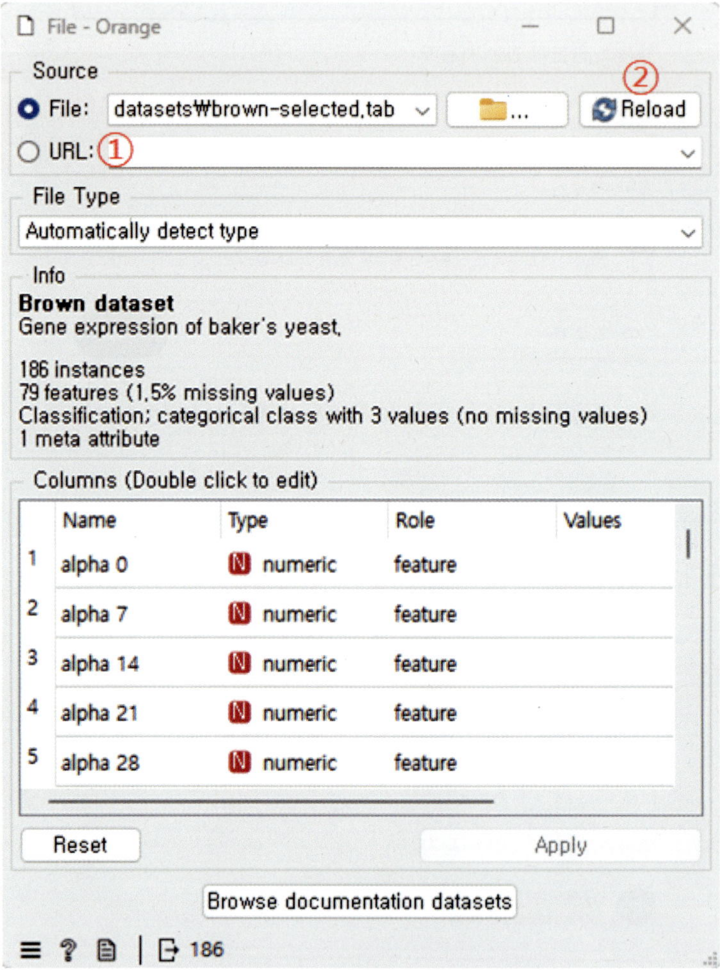

〈그림 2-18〉 오렌지의 데이터 파일 1

앞에서 URL: 란을 클릭한 후 공유하는 구글 URL을 붙여 넣는다(Ctl+V 단축키 사용). 이어 Reload 단추를 누른다. 그러면 〈그림 2-19〉와 같은 화면을 얻을 수 있다.

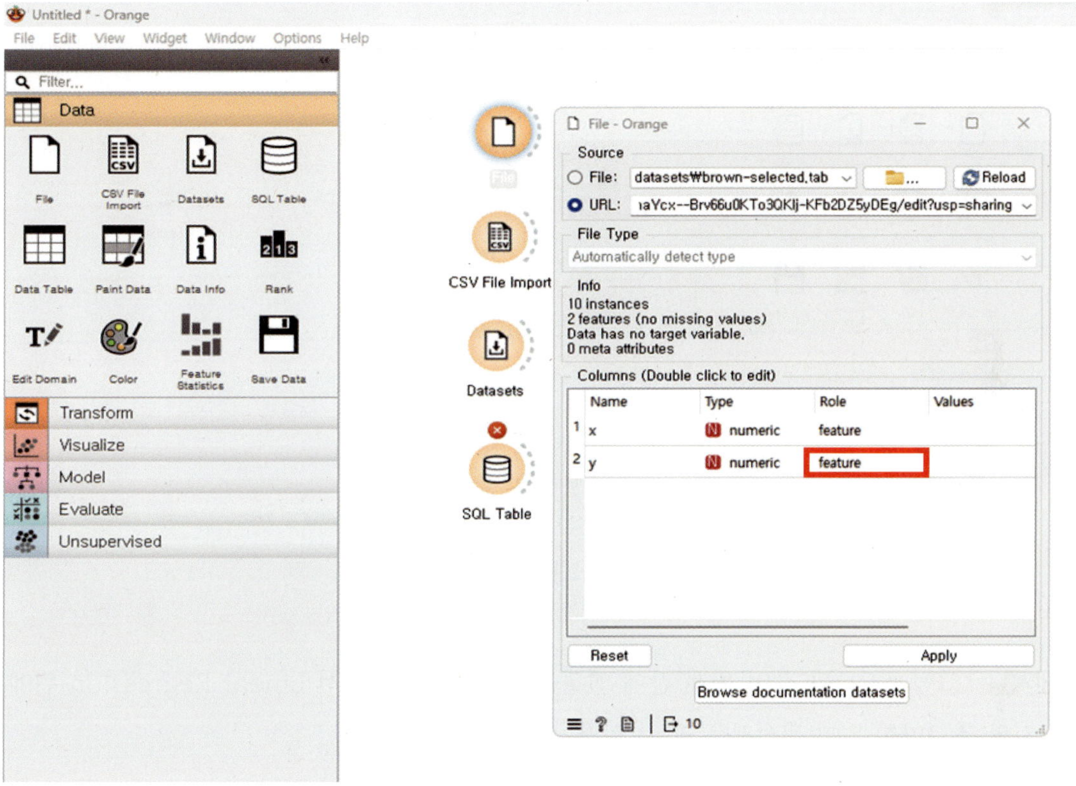

〈그림 2-19〉 오렌지의 데이터 파일 2

회귀분석을 통한 예측을 위해서 x는 독립변수이기 때문에 feature라고 그대로 놓는다. y변수는 Role(역할)란에서 'target'으로 변경하고 다시 Apply 단추를 눌러 사용하면 된다.

[3단계] 선형회귀분석에 의한 예측을 위해서 우선 〈그림 2-20〉과 같은 워크 플로우를 만든다. 이어 CSV File Import를 눌러 ch2_traindata.csv 파일 지정하고 Reload 단추를 누른다.

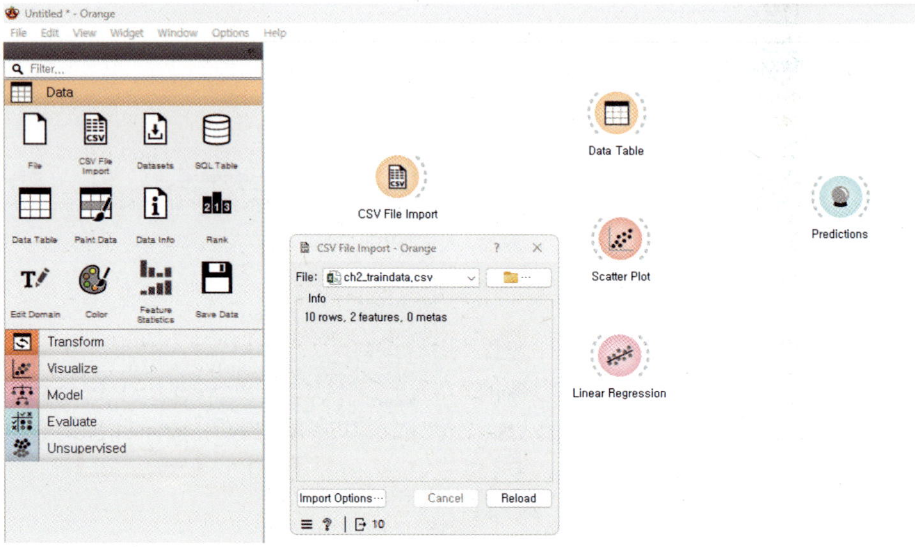

〈그림 2-20〉 오렌지의 워크 플로우 1

[4단계] 〈그림 2-21〉과 같이 위젯 간에 연결을 한다. 이 과정에서 Linear Regression 위에 x표시의 조그마한 원이 생성됨을 알 수 있다.

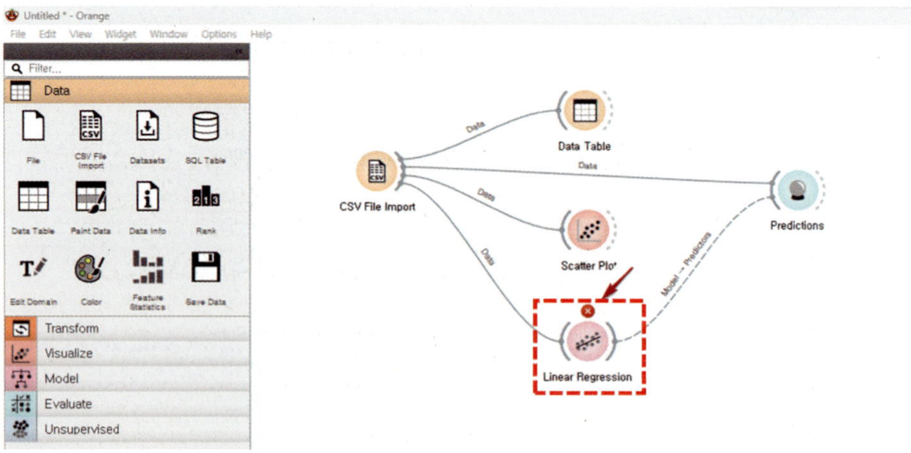

〈그림 2-21〉 오렌지의 워크 플로우 2

이 경우에 붉은색 원에 마우스를 올려 놓으면 〈그림 2-22〉와 같은 내용이 나온다. '데이터에 타깃변수를 지정하지 않았기 때문에 열 위젯을 선택해서 타깃변수를 지정해야 한다(Data has no target variable. Select one with the Select Column widget.)'라는 문구가 등장한다.

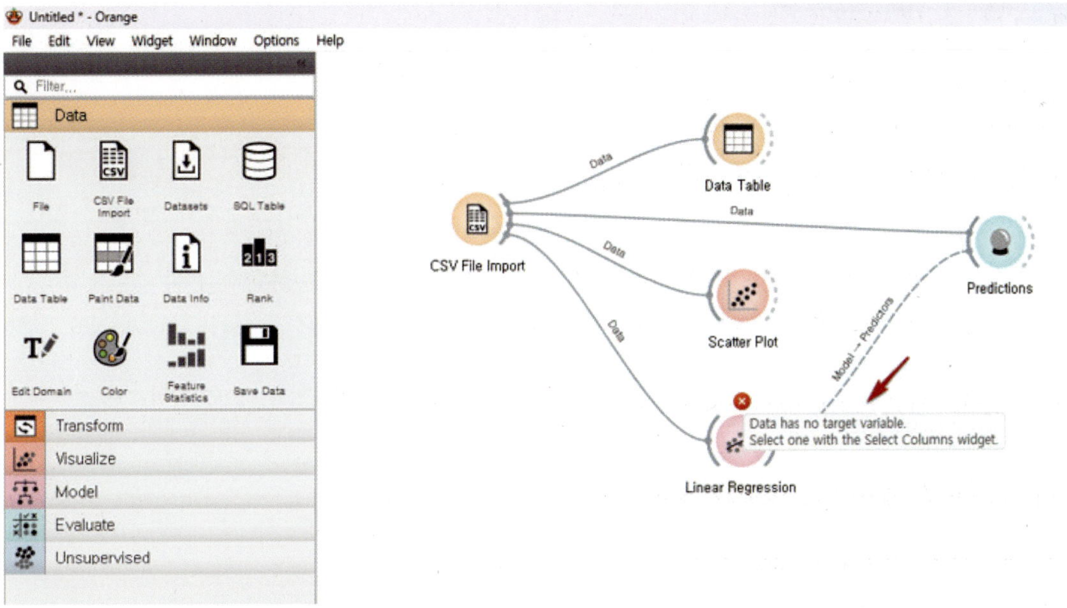

〈그림 2-22〉 오렌지의 주의 문장

이 경우에는 Transform란에서 Select Columns를 눌러 CSV File Import 위젯과 Linear Regression 란에 위치시킨다. 그러면 붉은색 원의 주의사항이 자동으로 사라진다.

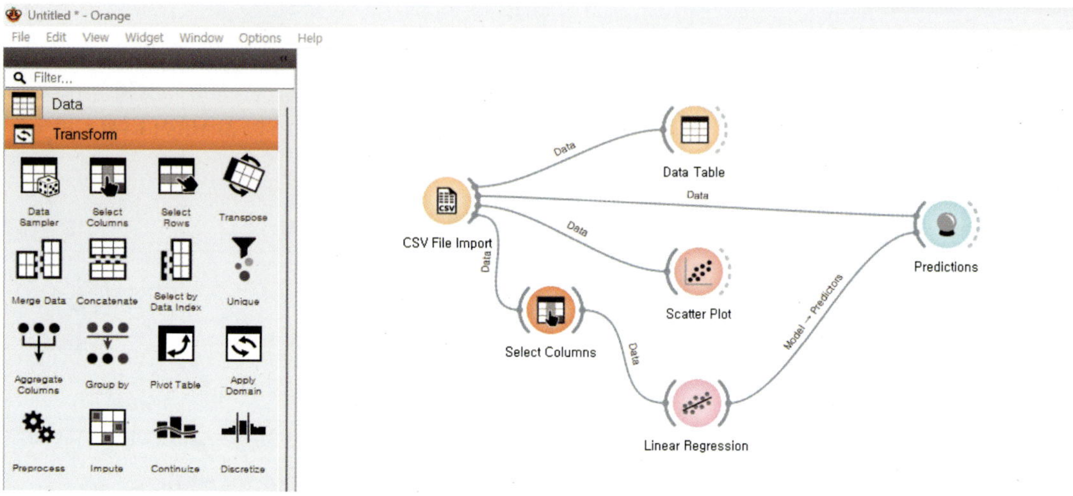

〈그림 2-23〉 Select Columns 삽입화면

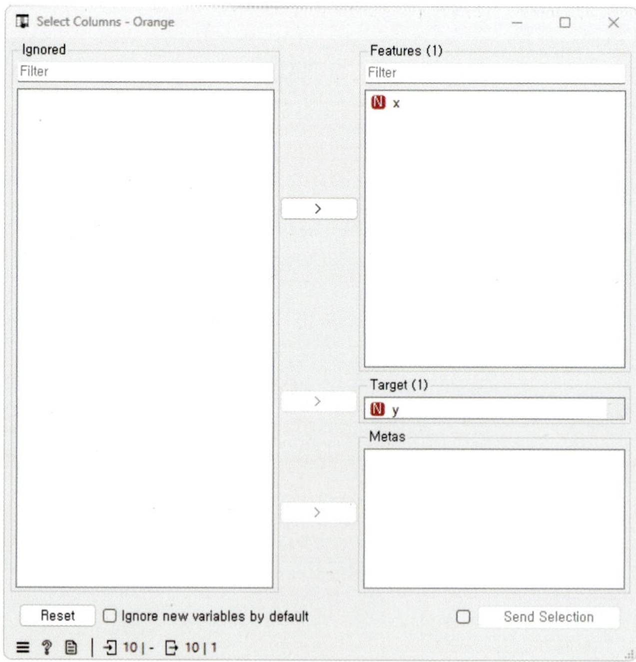

〈그림 2-24〉 Features와 Target 지정창

이어 

를 마우스로 더블 클릭하면 〈그림 2-24〉와 같은 화면을 얻을 수 있다. 여기서는 Features가 1개(x), Target 1개(y)가 자동으로 할당되어 있음을 알 수 있다. 닫기(×) 단추를 누르면 기본적인 선형회귀분석이 완료된다.

워크 플로우에서 

를 클릭하면 〈그림 2-25〉와 같은 내용이 나온다.

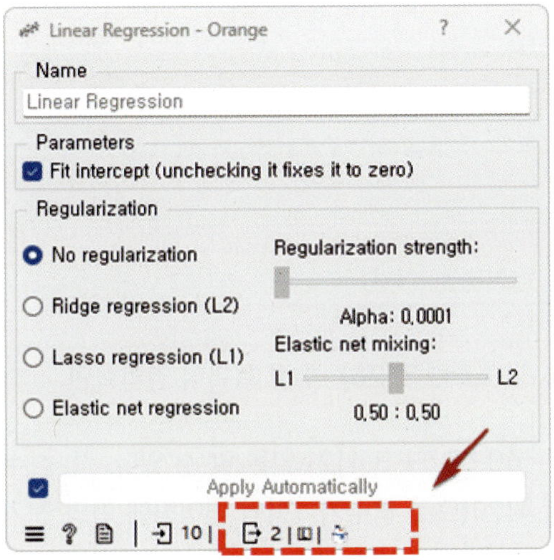

〈그림 2-25〉 회귀분석 방법 선택화면

다양한 선택정보가 나오는데 여기에 대한 설명은 회귀분석장에서 자세히 설명할 것이다.

〈그림 2-25〉에서 화살표 부분을 클릭하면 추정 회귀식을 구성하는 상수항과 기울기를 얻을 수 있다.

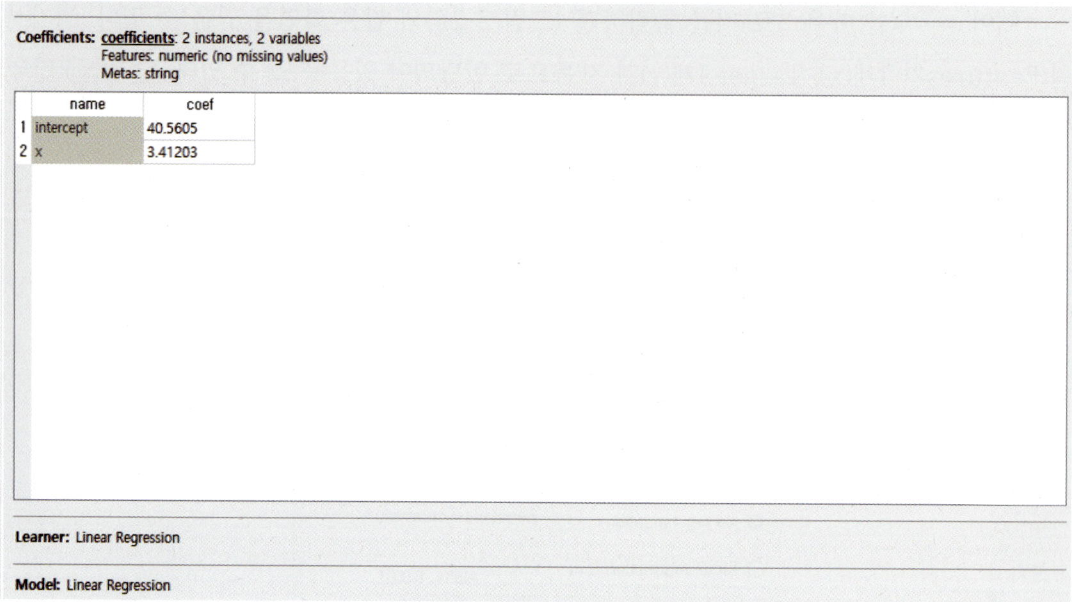

〈그림 2-26〉 추정 회귀식 결과화면

[결과설명] 추정 회귀선은 $\hat{y}$ = 40.561 + 3.412x임을 알 수 있다. 즉, 상수항은 40.561이고 기울기는 3.412이다. 이는 기울기가 3.412이므로 평수가 1평씩 넓어짐에 따라 전기소모량은 3.412Kw씩 증가한다고 말할 수 있다. ch2_train.csv 파일을 이용하여 회귀분석을 실시하여 추정식을 발견했음을 알 수 있다.

이어 추정회귀식을 이용하여 ch2_testdata.csv 파일을 예측하기 위해서 다음과 같은 워크 플로우를 작성한다. 또 다른 

위젯에 ch2_testdata.csv을 지정하고 

란에서 

을 연결한다.

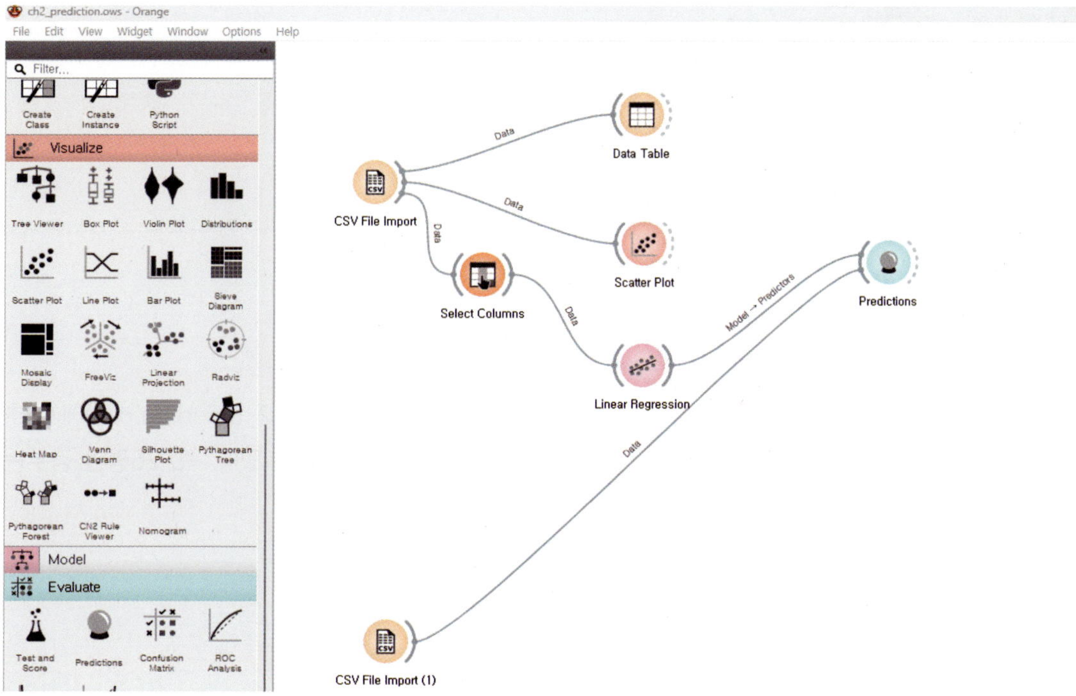

[데이터] ch2_prediction.ows

〈그림 2-27〉 예측 워크 플로우

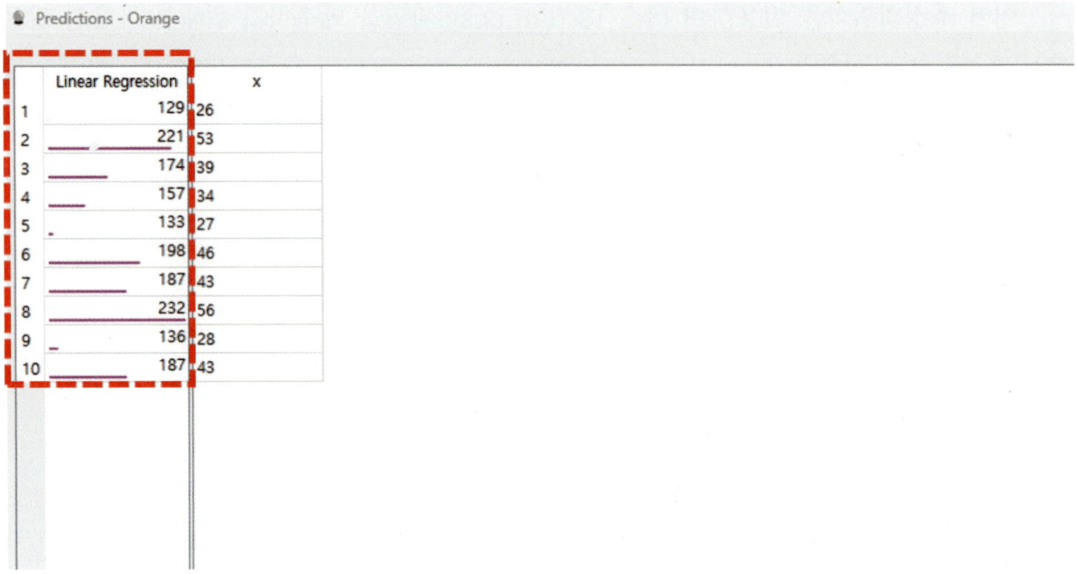

Predictions - Orange

	Linear Regression	x
1	129	26
2	221	53
3	174	39
4	157	34
5	133	27
6	198	46
7	187	43
8	232	56
9	136	28
10	187	43

〈그림 2-28〉 예측화면

[결과설명] 아파트 평수에 따른 예측값이 제시되어 있다. 즉, 훈련데이터(ch2_traindata.csv)에서 추정 회귀선($\hat{y}$ = 40.561 + 3.412x)에 해당 평수를 곱하면 예측값을 얻을 수 있다. 즉, 26평인 경우는 129kw이다.

$$\hat{y} = 40.561 + 3.412(26)$$

정리

- 인공지능을 위한 머신러닝의 절차는 문제정의, 데이터 준비, 학습모델 선택, 모델 평가, 전략 및 시사점 도출 순서로 진행한다.
- 데이터 파일에서 피처(feature)는 독립변수를, 타깃(target)은 종속변수를 의미한다.
- 인공지능에 해당하는 머신러닝은 지도학습(supervised learning), 비지도학습(unsupervised learning), 강화학습(reinforcement learning)이 있다. 지도학습은 라벨을 이용하여 카테고리를 분류하거나 예측하는 경우에 해당한다. 비지도학습은 정답라벨이 없어 선택 데이터에서 규칙이나 패턴을 발견하게 해 주고 인사이트를 준다. 비지도학습에는 군집 분석이, 지도학습에는 회귀분석을 통한 예측이 대표적인 예라고 할 수 있다. 강화학습은 에이전트(agent)와 환경(environment)이 상호작용하여 환경은 에이전트에 보상하고 에이전트는 환경에 행동하는 것이다.
- 오렌지3의 데이터 관리 방법으로 데이터 로딩 및 저장, 데이터 전처리, 데이터 시각화 방법이 있다.
- 오렌지에서는 다양한 데이터 소스로부터 데이터를 로딩할 수 있다. 텍스트 파일, CSV 파일, Excel 파일, SQL 데이터베이스, SPSS 데이터 파일, 구글 스프레드 시트 공유 등 다양한 형식의 데이터를 로딩할 수 있다.
- 데이터를 로딩하려면 File 메뉴에서 Open을 선택하여 데이터 파일을 선택하거나, Data 패널에서 Import 버튼을 클릭하여 데이터 소스를 선택한다.

연습문제

1. 비지도학습, 지도학습, 강화학습을 설명해 보자.

2. 다음 자료(ch2_2.csv)는 각 사별 자동차(car) 종류에 대하여 고객이 느끼는 x1(외형의 크기), x2(배터리 용량)을 나타낸 것이다. 이 자료는 표준화해 놓은 자료이다. 이 자료를 이용하여 유클리디안 거리 방법에 의해서 세 군집으로 나누는 계층적 군집분석을 실시하고 해석해 보자.

3. y(행복)=f(x1(가족), x2(우정과 관계), x3(일), x4(믿음))에 결정된다는 이론이 있다. 다음 자료(happiness1.csv)는 직장인 250명을 조사한 자료이다.
   (1) 이 자료(happiness1.csv)를 이용하여 회귀분석을 실시하고 추정 회귀식을 언급해 보자.
   (2) 독립변수만 조사된 9명의 데이터(happiness2.csv)를 이용하여 행복정도를 추정해 보자.

제3장 데이터 관리

제1절 전처리 방법

데이터 분석에서 좋은 데이터를 입력해야 좋은 결과를 얻을 수 있다. 알고리즘 구조상 쓰레기를 입력하면 쓰레기가 나올 수 밖에 없다(Garbage In Garbage Out). 데이터 준비는 모든 데이터 분석에 중요하다. 데이터가 지저분하면 컴퓨터조차도 데이터를 이해할 방법도 없다. 컴퓨터는 크고 방대한 데이터 세트를 처리하고, 빠른 컴퓨팅을 수행하고, 패턴을 인식하는 데 능숙하다. 하지만 잘못된 입력을 하면 분석결과는 엉뚱하게 도출된다. 또한 일부 분류 방법은 이진 값에 더 잘 작동하고 다른 분류 방법은 연속 값에 더 잘 작동하므로 데이터를 올바르게 처리하는 방법을 아는 것이 중요하다. 분석자나 개발자가 힘들어하는 데이터 전처리(preprocessing) 방법 중의 하나인 무응답치 처리, 정규화, 데이터 병합 등 데이터 관리에 관한 내용을 다뤄보기로 한다.

1.1 무응답치 처리 방법

데이터 중에서 무응답치를 제대로 관리하는 것이 데이터 품질을 결정하는 중요 요인이다. 무응답치 관리는 데이터 분석자의 주된 업무이다. 분석자는 무응답의 내용을 확인해야 한다.

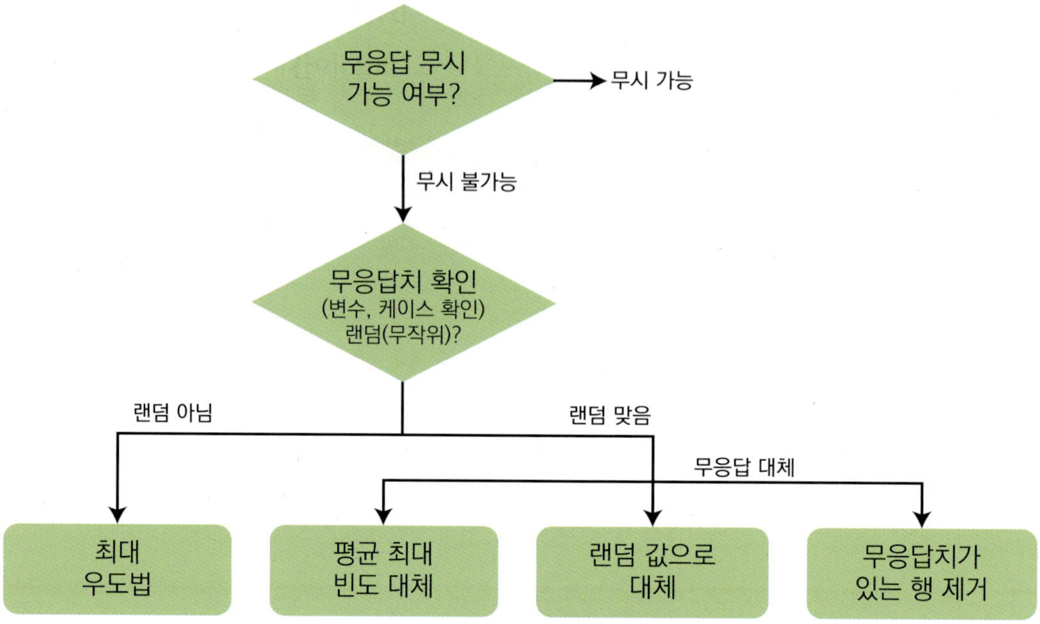

〈그림 3-1〉 무응답치 관리 프로세스

무응답이 무시가능한지 그렇지 못한지를 확인해야 한다. 이어 변수와 케이스를 확인하고 무응답치가 랜덤(무작위)하게 발생했는지 아닌지를 판단해야 한다. 이어 데이터 상에서 무응답이 무작위적으로 발생한 것이 아니면 최대우법으로 해결한다. 무응답치의 형태가 무작위적으로 발생하였다면 무응답을 대체하는 세 가지 방법을 고민하면 된다. 여기서는 오렌지에서 제공하는 평균최대빈도 대체(Average/MostFrequent), 랜덤 값으로 대체(Replace with random value), 무응답치가 있는 행 제거(Remove rows with missing values)가 있다. 무응답치를 다루는 기본 프로세스를 나타내면 〈그림 3-1〉과 같다.

- 최대우도법(MLE: Maximum Likelihood Estimation): 모수적인 데이터 밀도 추정 방법으로써 파라미터 $\theta = (\theta_1, \theta_2, \cdots, \theta_m)$로 구성된 확률밀도함수$(P\backslash\theta)$에서 관측된 표본 데이터 집합 $x = (x_1, x_2, x_3, \cdots, x_n)$이라고 할 때 이 표본들에서 모수 $\theta = (\theta_1, \theta_2, \cdots, \theta_m)$를 추정하는 방법을 말한다. 여기서 우도(likelihood)는 지금 얻은 데이터가 이 분포로부터 나왔을 가능성을 나타낸다.

- 평균 최대 빈도 대체: 무응답치를 대체하는데 있어 응답치의 최대 빈도수가 있는 평균값으로 대체하는 방법을 말한다. 대체할 값으로는 평균, 중위수, 최빈값, 랜덤값 등이 사용될 수 있다. 이 방법은 데이터의 양을 유지할 수 있다는 장점이 있지만, 무응답치의 영향을 완전히 제거하지 못할 수 있다는 단점이 있다.
- 랜덤값으로 대체: 무응답치를 컴퓨터에서 제공하는 랜덤값으로 대체하는 방법이다. 이 경우 무응답치를 대체하여 유효표본을 많이 얻을 수 있으나 정확한 데이터라고 장담할 수 없는 단점이 있다.
- 무응답치가 있는 행 제거: 무응답치가 있는 행을 제거하는 방법으로 유효표본을 확보할 수 있는 장점이 있다. 표본이 많은 경우는 유효표본 확보에 도움이 되겠지만 소표본에서 유효표본수가 급격히 줄어드는 단점이 있다.

1.2 오렌지를 통한 무응답치 관리

〈표 3-1〉의 데이터는 어느 회사 고객 반응 조사를 실시한 일부이다. 데이터 관리자는 다음과 같은 행(row)과 열(column)의 무응답 비율을 확인할 수 있다. 이 과정에서 무응답치를 어떻게 해결할 것인지 해결방안을 생각해 낼 수 있다.

이를 위해서 File 위젯에서 missing_value_data.xlsx를 연결한다. 이어 Case_ID변수를 제거한다(Role의 skip 버튼을 이용한다). Data란의 Data Table과 Feature Statictics 위젯으로 데이터 현황을 살핀다. Transform란의 Impute(대체) 위젯을 통해서 데이터 대체 방법을 선택한다. 이를 그림으로 나타낼 수 있다(그림 3-2 참고).

〈그림 3-3〉에서는 가장 많은 빈도를 보이는 평균으로 대체 하는 방법(Average/Most frequent)이 초기값으로 지정되어 있다. 분석자는 원하는 방법으로 각자 대체할 수 있다.

〈표 3-1〉 데이터 파일에서 무응답치 확인

Case_ID	v1	v2	v3	v4	v5	행 무응답(%)
1	1.3	9.9	6.7	3	2.6	0
2	4.1	5.7			2.9	40
3		9.9		3		60
4	0.9	8.6		2.1	1.8	20
5	0.4	8.3		1.2	1.7	20
6	1.5	6.7	4.8		2.5	20
7	0.2	8.8	4.5	3	2.4	0
8	2.1	8	3	3.8	1.4	0
9	1.8	7.6		3.2	2.5	20
10	4.5	8		3.3	2.2	20
11	2.5	9.2		3.3	3.9	20
12	4.5	6.4	5.3	3	2.5	0
13					2.7	80
14	2.8	6.1	6.4		3.8	20
15	3.7			3		60
16	1.6	6.4	5		2.1	20
17	0.5	9.2		3.3	2.8	20
18	2.8	5.2	5		2.7	20
19	2.2	6.7		2.6	2.9	20
20	1.8	9	5	2.2	3	0
열 무응답 비율(%)	10	10	55	30	10	

[데이터] missing_value_data.xlsx

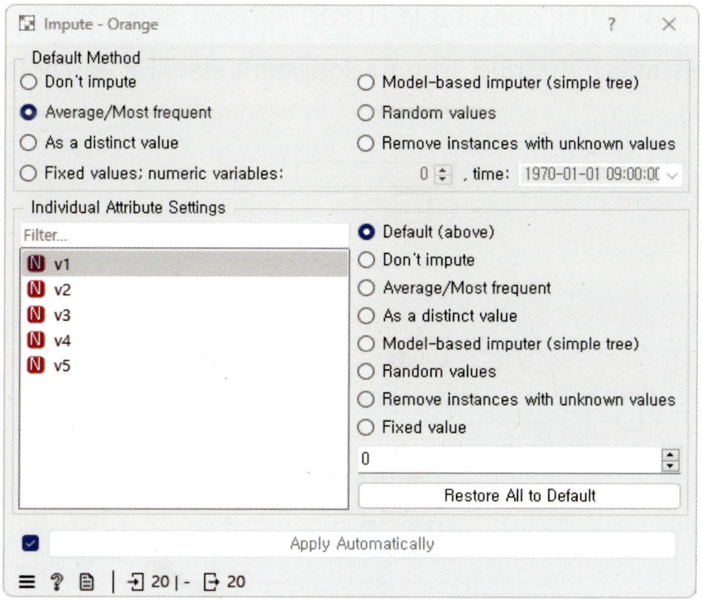

〈그림 3-2〉 무응답치 처리 방법

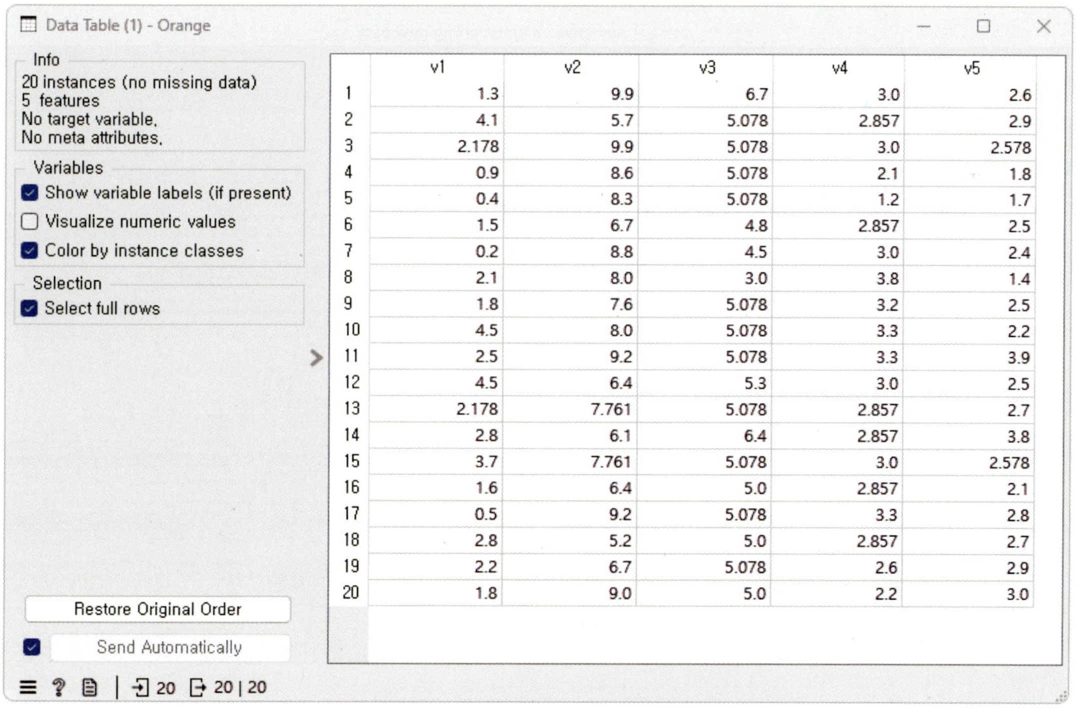

	v1	v2	v3	v4	v5
1	1.3	9.9	6.7	3.0	2.6
2	4.1	5.7	5.078	2.857	2.9
3	2.178	9.9	5.078	3.0	2.578
4	0.9	8.6	5.078	2.1	1.8
5	0.4	8.3	5.078	1.2	1.7
6	1.5	6.7	4.8	2.857	2.5
7	0.2	8.8	4.5	3.0	2.4
8	2.1	8.0	3.0	3.8	1.4
9	1.8	7.6	5.078	3.2	2.5
10	4.5	8.0	5.078	3.3	2.2
11	2.5	9.2	5.078	3.3	3.9
12	4.5	6.4	5.3	3.0	2.5
13	2.178	7.761	5.078	2.857	2.7
14	2.8	6.1	6.4	2.857	3.8
15	3.7	7.761	5.078	3.0	2.578
16	1.6	6.4	5.0	2.857	2.1
17	0.5	9.2	5.078	3.3	2.8
18	2.8	5.2	5.0	2.857	2.7
19	2.2	6.7	5.078	2.6	2.9
20	1.8	9.0	5.0	2.2	3.0

〈그림 3-3〉 무응답치 처리 화면

분석자는 결과를 데이터 Data Table (1)으로 확인하고 Save Data로 대체한 데이터를 저장한다. 여기서는 missing_value_imputation_data.xlsx라고 저장하기로 한다.

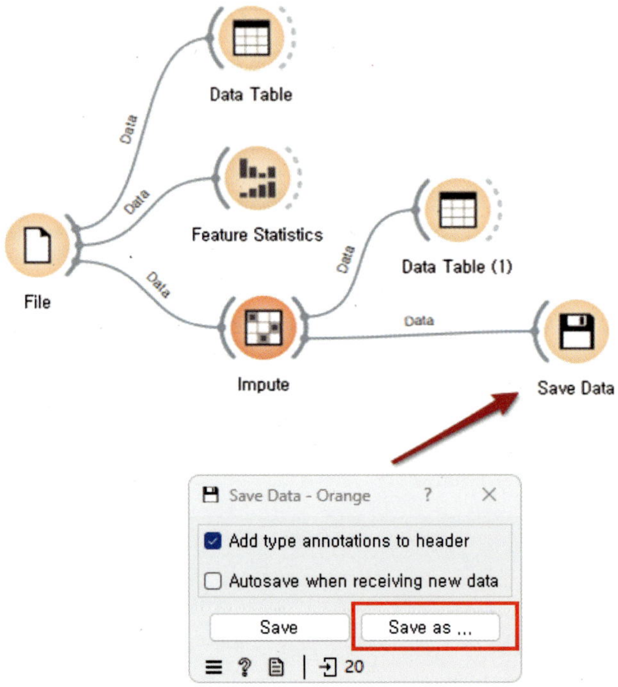

[데이터] ch3-1.ows

〈그림 3-4〉 무응답치 처리 워크 플로우

제2절 정규화

2.1 정규화의 개념

데이터 변수(피처, feature) 간의 차원에 작용하는 영향을 제거하고 서로 다른 지표들을 비교함으로써 패턴을 정확하게 파악하는 방법이 정규화(normalization)라고 할 수 있다. 정규화의 목적은 데이터 세트의 양적값(numerical value) 범위의 차이를 왜곡하지 않고 공통 척도로 변경하는 것이다. 머신러닝에서 모든 데이터 세트가 정규화될 필요는 없고, 변수(피처)의 범위가 다른 경우에만 필요하다.

예를 들어, 5개의 x1(나이)와 x2(월별소득)을 나타내는 변수(피처)가 다음과 같이 있다고 하자.

〈표 3-2〉 나이와 월별소득

case id	x1(나이)	x2(월별소득)
1	13	0
2	19	500,000
3	25	2,000,000
4	28	2,900,000
5	9	0

여기서, 데이터 세트는 x1(나이)과 x2(월별 소득)의 2개의 피처로 이루어져 있음을 알 수 있다. 5개의 개체(instance)를 통해서 추측할 수 있는 것은 나이의 범위가 [0~100]이고 월별 소득은 [0~3,000,000] 혹은 그 이상이라고 생각해 볼 수 있다. x(월별 소득)은 나이의 약 100,000배이며 범위(최대값-최소값)도 훨씬 넓다. 따라서 이 두 가지 피처는 매우 다른 범위에 있다고 말할 수 있다. 예를 들어, 이 데이터를 그냥 활용하여 분석할 경우 다변량 선형회귀 분석과 같은 분석을 수행할 때, '소득은 본질적으로 더 큰 값으로 인해 결과에 더 큰 영향을

미칠 수 있어 소득이 나이라는 피처보다 더 중요하다'라고 말 할 수 없다. 이럴 경우 정규화를 실시하면 된다.

정규화의 대표적인 것이 표준정규분포가 있다. 정규분포는 평균과 표준편차에 따라 여러 모양을 갖기 때문에 서로 다른 모양의 분포를 비교하거나 면적의 크기를 계산하여 확률을 알기가 어렵다. 이를 해결하기 위해서는 정규분포를 표준화할 필요가 있다. 자료를 표준화하는 방법은 평균 $\mu = 0$, 표준차 $\sigma = 1$이 되도록 하는 것이다. 이런 방법에 위해서 표준화된 정규분포를 표준정규분포(standard normal distribution)라 한다. 확률변수 X의 관찰치가 그 분포의 평균으로부터 몇 편차 거리만큼 떨어져 있는가를 Z로 나타내기 때문에 표준정규분포를 Z분포라고 한다.

$$\text{표준화된 정규분포확률변수: } Z \sim N(0,\ 1),\ Z = \frac{X - \mu}{\sigma} \qquad \text{(식 3-1)}$$

여기서, X = 관찰치, μ = 분포의 평균, σ = 분포의 표준편차를 나타냄

오렌지 프로그램의 머신러닝 기능을 사용하여 데이터를 정규화하려면 기능 정규화를 위한 진처리기를 구성하는 Transform에서 

클래스를 사용할 수 있다. 데이터 테이블이 주어지면 전처리기는 연속 속성이 정규화된 새 테이블을 반환한다. 0 기반 , 표준편차, 범위 등의 정규화 유형은 물론 클래스 특성 변환, 데이터 중앙 정렬, 날짜/시간 값 정규화 등의 기타 매개변수를 지정할 수 있다. 또는 오렌지 도구 캔버스의 전처리 위젯을 사용하여 드롭다운 메뉴에서 정규화 옵션을 선택하고 이를 데이터에 적용할 수도 있다.

정리하면 정규화는 값을 일반적인 척도로 조정하는 것으로 평균 또는 중앙값을 기준으로 값을 중심에 두거나 중심을 완전히 생략하는 과정이다. 스케일링과 유사하게 표준편차(SD)로 스케일링하거나 범위로 스케일링하거나 전혀 스케일링하지 않을 수 있다.

2.2 정규화 예제

[예제] 나이와 월별 소득이 나와 있는 5명의 데이터를 오렌지를 이용하여 x1(나이)와 x2(월별소득)을 정규화해 보도록 하자.

〈표 3-3〉 나이와 월별소득

case id	x1(나이)	x2(월별소득)
1	13	0
2	19	500,000
3	25	2,000,000
4	28	2,900,000
5	9	0

[데이터] sample.xlsx

[1단계] 우선 데이터를 불러오기를 실시하기 위해서 Data란에서 File 를 눌러 워크 플로우창으로 이동시킨다. 이어 sample.xlsx를 Reload 한다.

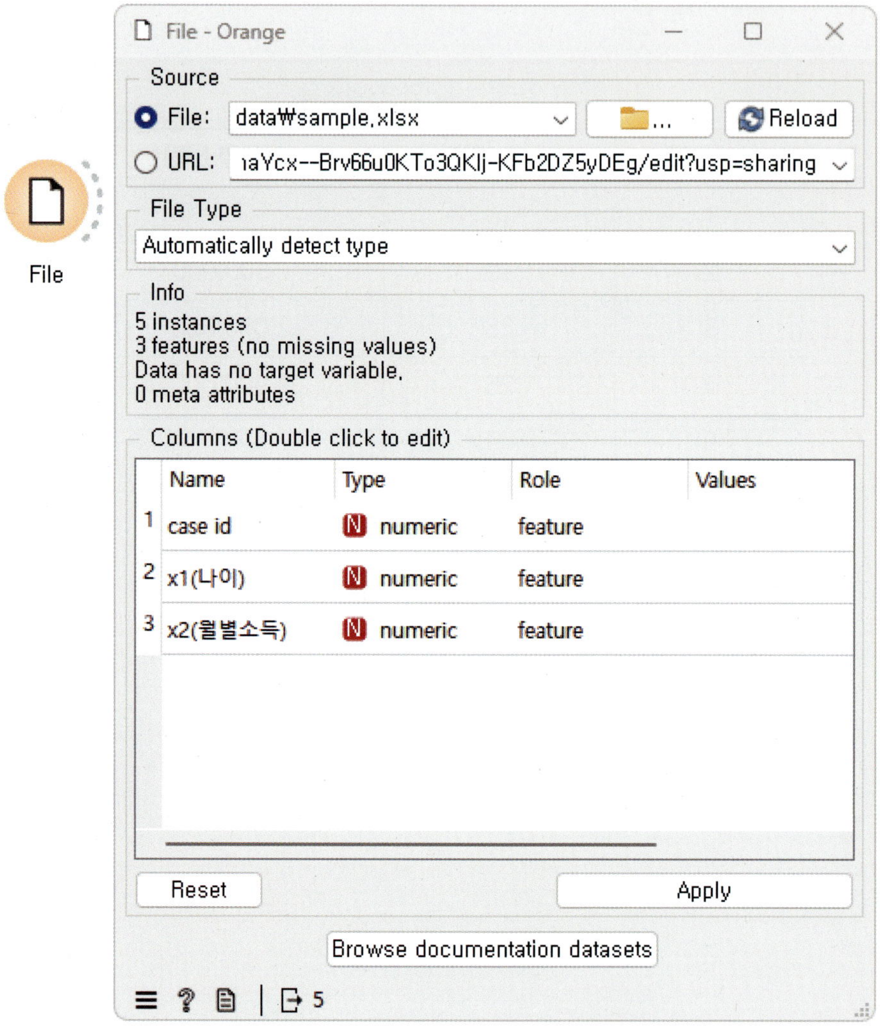

〈그림 3-5〉 데이터 불러오기 워크 플로우

[2단계] 이어 case id는 정규화할 필요가 없는 변수이기 때문에 Role란에서 skip 버튼을 눌러 처리한다. 이어 Apply 버튼을 누른다.

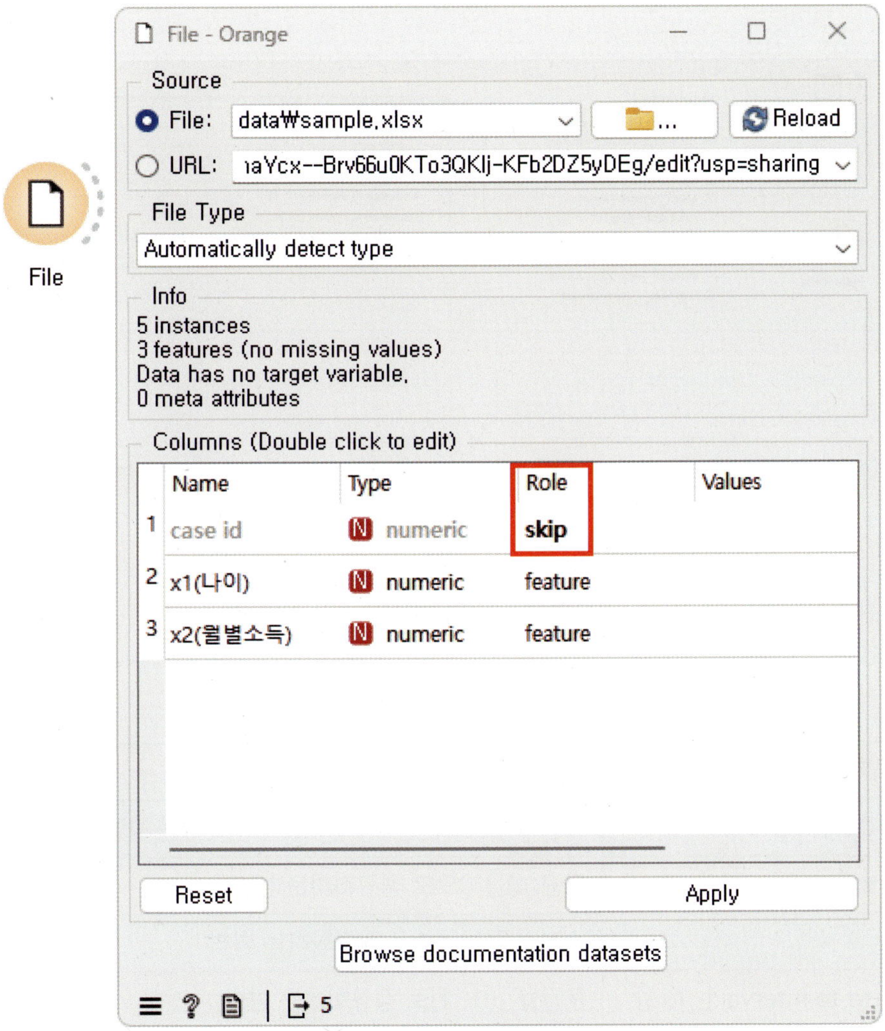

〈그림 3-6〉 변수명 역할 결정

[3단계] Data Table를 연결한다. 또한 Transform란에서 를 지정하여 연결한다. 이어 Normalize Features에서 Standardize to μ=0, σ²=1 란을 지정한다. 이는 정규화의 방법 중의 하나로 평균을 0으로 분산을 1로 하는 표준화 방법이다.

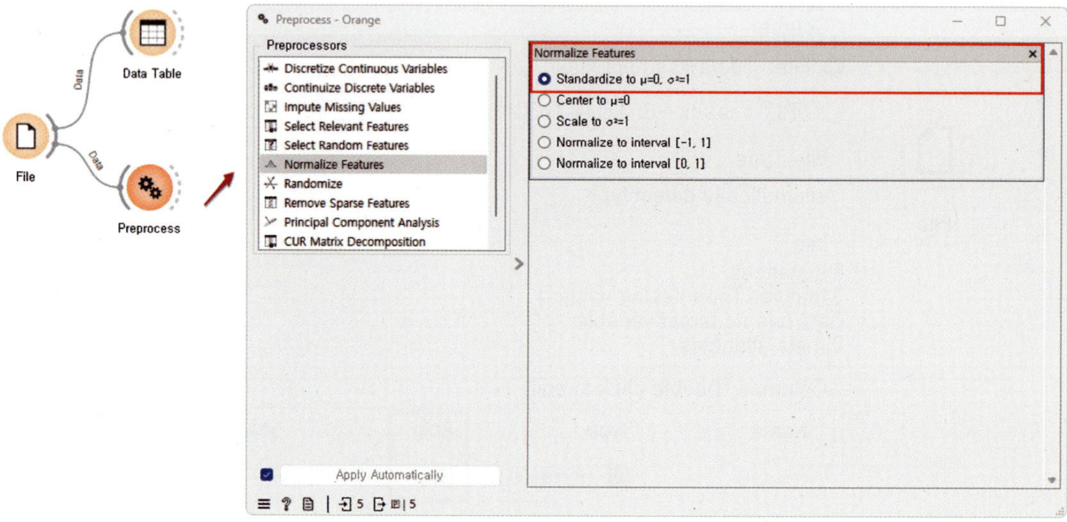

〈그림 3-7〉 Normalize Features

〈표 3-4〉 정규화 방법 설명

변수 정규화 방법	설명
Standardize to μ = 0, σ^2 = 1	평균(μ)을 0, 분산(σ^2)을 1로 표준화하는 방법
Center to μ = 0	평균(μ)을 0으로 정규화하는 방법
Scale to σ^2 = 1	스케일을 σ^2 = 1로 정규화하는 방법
Normalize to interval [−1, 1]	구간을 [−1, 1]로 정규화하는 방법
Normalize to interval [0, 1]	구간을 [0, 1]로 정규화하는 방법

[4단계] 이어 Preprocess와 Data Table를 연결한다(ch3-2.ows).

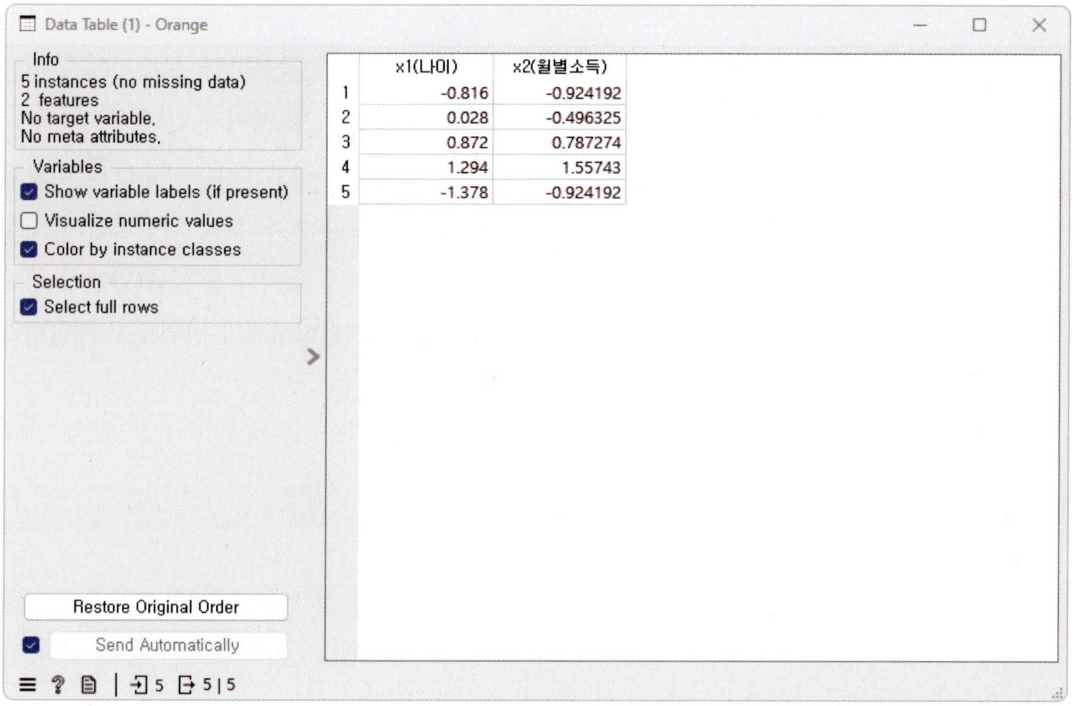

〈그림 3-8〉 표준화 결과

[결과설명] 오렌지 프로그램에서 데이터가 모집단임을 가정하고 표준화를 진행한 결과이다. 예를 들어 x1(나이)의 첫 번째 표준화 값(-0.816)은 $Z = \frac{X - \mu}{\sigma} = \frac{13 - 18.8}{7.11}$에 의한 결과이다.

정리하면 언제 정규화를 하고 언제 표준화를 할까? 결론적으로 말하면 정답은 없다. 통상적으로는 표준화를 통해 이상치를 제거하고, 그 다음 데이터를 정규화해 상대적 크기에 대한 영향력을 줄인 다음 분석을 시작한다. 즉, 정규화와 표준화 모두 경사 하강(gradient descent) 알고리즘(로지스틱 회귀분석, SVM, 퍼셉트론, 신경망) 등에 자주 사용되는 최적화된 알고리즘을 더 빠르게 동작할 수 있도록 도와주는 역할을 한다.

정리

- 데이터 품질을 관리하는 결정적인 방법으로 무응답치 관리가 중요하다. 오렌지에서 제공하는 평균최대빈도 대체, 랜덤 값으로 대체, 무응답치가 있는 행 제거가 있다.
- 데이터 변수(feature) 간의 차원에 작용하는 영향을 제거하고 서로 다른 지표들을 비교함으로써 패턴을 정확하게 파악하는 방법이 정규화(normalization)이다. 값을 일반적인 척도로 조정하는 것으로 평균 또는 중앙값을 기준으로 값을 중심에 두거나 중심을 완전히 생략하는 과정이다. 스케일링과 유사하게 표준편차(SD)로 스케일링하거나 범위로 스케일링하거나 전혀 스케일링하지 않을 수 있다.

연습문제

1. 다음은 어느 물품의 개당 가격과 가격과 1일 수요량을 조사한 것이다. 가격의 마지막 셀이 비어있다.
   (1) 오렌지를 이용하여 평균으로 대체해 보자.
   (2) 이어 두 변수를 평균 = 0, 분산 = 1로 하는 표준화를 실시해 보자.

(단위: 천 원)

가격	수요량
70	18
75	23
80	10
85	16
90	17
95	15
	5

제2부 지도학습

제4장 선형회귀모델

제1절 선형회귀

인공지능의 알고리즘 중에서 가장 많이 사용되고 있는 방법이 '선형회귀모델'이라고 할 수 있다. 선형회귀모델은 직선을 나타내는 선형과 수치 예측을 목적으로 한 회귀모델을 말한다.

선형회귀모델(linear regression model)은 독립변수(independent variable)가 종속변수(dependent variable)에 미치는 영향력 크기를 조사하여 독립변수의 일정한 값에 대응하는 종속변수 값을 예측하는 기법을 의미한다. 여기서 독립변수는 시간적인 우선순위로 종속변수에 영향을 주는 변수를 말한다. 종속변수는 독립변수의 영향을 받는 변수를 말한다. 기온과 아이스크림 판매량 간의 어떤 관계가 있을 때, 일단 기온 수준이 결정되면 회귀분석을 통하여 아이스크림 판매량을 예상할 수 있다.

선형회귀모델은 세 가지의 주요목적을 갖는다. 첫째, 기술적인 목적을 갖는다. 변수들, 즉 평수와 전기소모량 사이의 관계를 기술하고 설명할 수 있다. 둘째, 통제의 목적을 갖는다. 예를 들어, 비용과 생산량 사이의 관계 혹은 결근율과 생산량 사이의 관계를 조사하여 생산 및 운영관리의 효율적인 통제에 회귀분석을 이용할 수 있다. 셋째, 예측의 목적을 갖는다. 기업에서 생산량을 추정함으로써 비용을 예측할 수 있으며, 온도를 앎으로써 아이스크림 판매량을 예상할 수 있다.

〈표 4-1〉 선형회귀모델의 종류

구분	독립변수(설명변수)	종속변수(목적변수)
단순회귀모델	1	1
중회귀모델	2개 이상	1
일반선형회귀모델	2개 이상	2개 이상

선형회귀모델의 기본형은 다음과 같다.

$$\hat{y} = \beta_0 + \sum_{k=1}^{L} \hat{\beta}_k x_k \qquad \text{(식 4-1)}$$

여기서, β_0 = 상수항(constant), $\hat{\beta}_k$ = 가중치, x_k = 독립변수

선형회귀모델에서 가장 잘 맞는 가중치(β_k)을 찾는 것이 인공지능이 할 일이다. 가중치는 예측값과 실제값의 차이를 최소화하는 $\hat{\beta} = (X^T X)^{-1} X^T Y$로 계산한다.

선형 회귀모델은 독립변수와 종속변수의 개수에 따라 단순회귀분석(simple regression analysis), 중회귀분석(multiple regression analysis), 일반선형회귀모델로 나눈다.

일반적인 회귀모델 절차는 다음과 같다.

- 산포도를 그려서 자료변동의 대략적인 추세를 살펴본다.
- 회귀모델의 형태를 결정한다. 일반적으로 곡선보다는 직선의 선형모델이 많이 이용된다.
- 회귀모델의 계수와 정도를 구한다.
- 회귀모델이 통계적으로 유의한가를 검정한다.
- 유의한 회귀모델에 대하여 추론을 한다.

선형회귀모델에서 평가지표 이해가 중요하다. 오렌지에서 제공하는 선형회귀의 평가지표는 MSE, RMSE, MAE, R^2 등이 있다. 이들을 알아보기 위해서 S마트에서 취급하는 아이스크림의 판매량(y)과 기온(x)에 관한 자료를 이용하여 알아보자(표 4-2 참고).

〈표 4-2〉 온도와 아이스크림 판매량

id	x	y
1	25	100
2	32	170
3	33	168
4	32	140
5	25	150
6	22	123
7	15	113
8	7	102
9	-3	82
10	-2	23

기온과 아이스크림 판매량을 그림으로 나타내고 추정 회귀식을 만들 수 있다. 인공지능에서는 모델식에 가장 적합한 가중치를 찾는 것이 중요한데 근사법으로 최소자승법(least squared method)을 사용한다. 최소자승법에서는 데이터와 같은 수치 데이터들이 1차함수와 같은 특정함수를 사용하여 근사적으로 표현할 수 있는 것을 가정한다. 최소자승법에서 특정한 점 y값과 추정회귀식($\hat{y}$)의 거리를 나타내는 거리, 즉 오차가 작게 나오는 가중치를 찾아 계수를 구하게 된다.

여기서, MSE(Mean Squared Error)는 추정회귀식의 예측값과 실제값의 차이의 제곱을 평균한 것으로 0에 가까울수록 우수하다.

$$\mathrm{MSE} = \frac{1}{n}\sum_{i=1}^{n}(y_i - \hat{y}_i)^2 \qquad \text{(식 4-2)}$$

RMSE(Root Mean Squared Error)는 앞의 MSE에 제곱근(root)을 한 것으로 0에 가까울수록 우수하다.

$$\mathrm{RMSE} = \sqrt{MSE} \qquad \text{(식 4-3)}$$

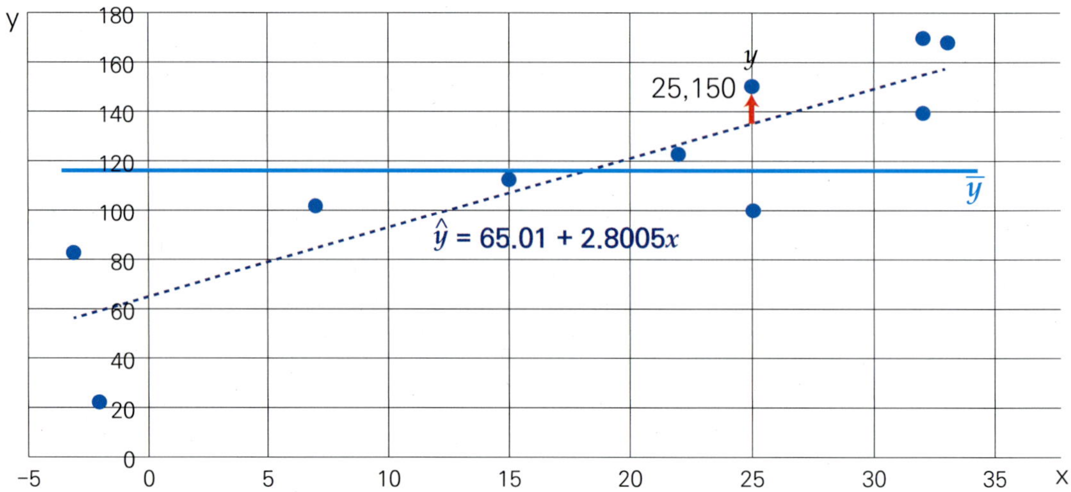

〈그림 4-1〉 추정회귀식

MAE(Mean Absolute Error)는 추정회귀식의 예측값과 실제값의 차이의 절대값을 나타낸다. 0에 가까울수록 우수하다.

$$\frac{1}{n}\sum_{i=1}^{n} |\hat{y}_i - y_i| \quad \text{(식 4-4)}$$

R^2(R squared, 결정계수)는 총변동중에서 추정회귀식이 설명가능한 부분을 말한다. 이는 1에 가까울수록 우수하다.

$$R^2 = \frac{SSR}{SST} = \frac{\sum(\hat{y} - \overline{y})^2}{\sum(y - \overline{y})^2} = 1 - \frac{SSE}{SST} \quad \text{(식 4-5)}$$

제2절 단순선형회귀

[예제] S마트에서 취급하는 아이스크림의 기온(x)과 판매량(y)의 관계를 나타낸 것이다. (1) 산포도를 그려 보자. (2) 추정회귀식을 언급하고 선형회귀모델의 적합성을 판단해 보자. (3) 만약에 16도 경우의 아이스크림의 판매량을 예측해 보자.

〈표 4-3〉 온도와 아이스크램 판매량

x	y
25	100
32	170
33	168
32	140
25	150
22	123
15	113
7	102
-3	82
-2	23

[데이터] ch41.xlsx

이 내용을 해결하기 위해서는 다음과 같이 진행하면 된다.

[1단계] 오렌지 프로그램을 실행하고 Data란에서 File를 눌러 ch41.xlsx를 지정한다.

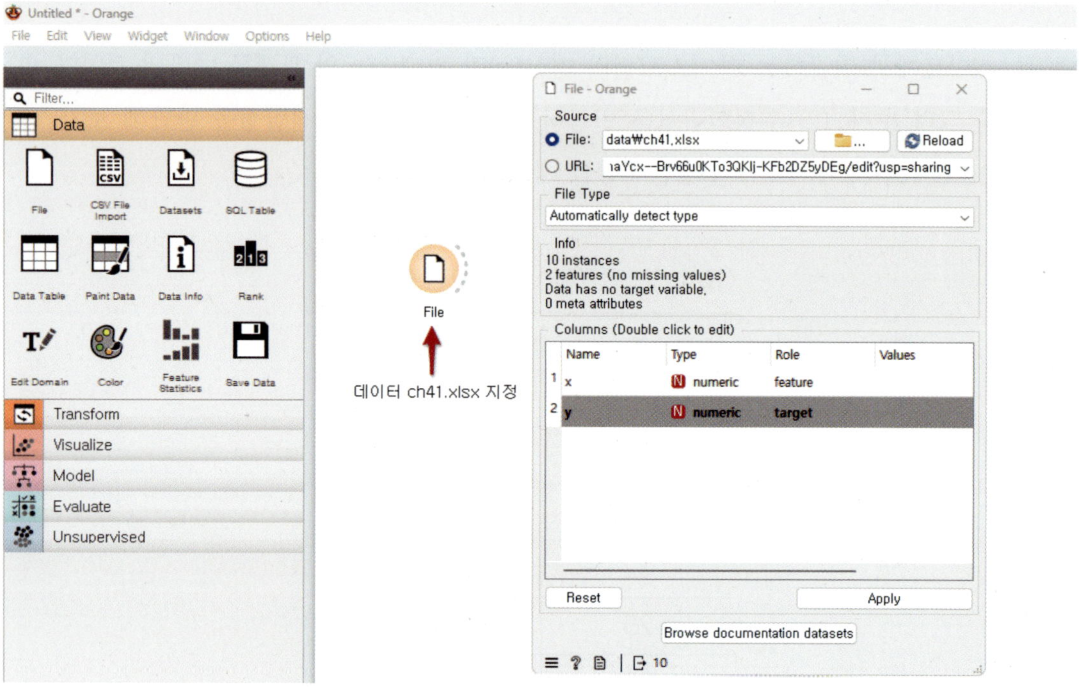

〈그림 4-2〉 데이터 지정창

[2단계] Visualize란에서 Scatter Plot를 지정하고 연결한다. 이어 마우스로 더블 클릭한다.

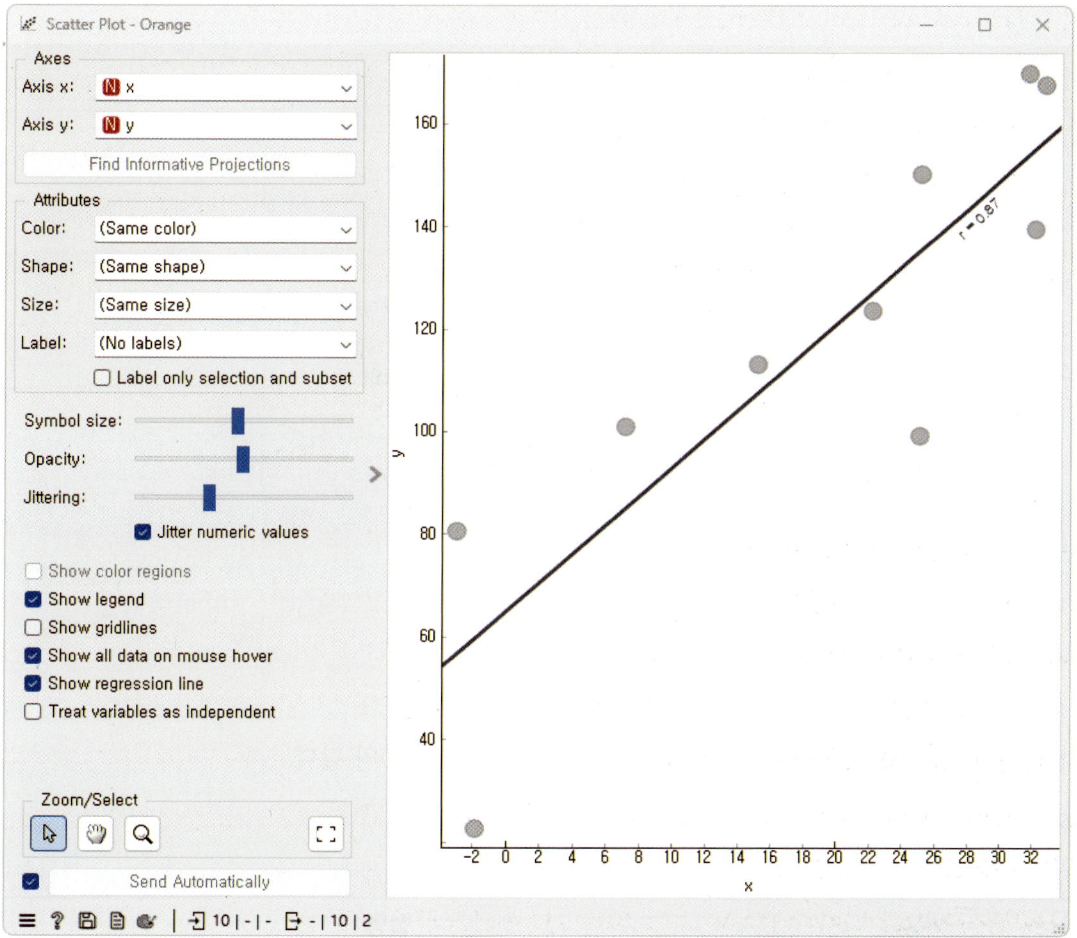

〈그림 4-3〉 산포도

[결과설명] 산포도를 통해서 기온과 아이스크림의 판매량은 양(+)의 관련성이 있음을 알 수 있다. 즉, 기온이 증가할수록 아이스크림의 판매량은 증가하는 것으로 나타났다. 이들의 상관관계(r)는 0.87임을 알 수 있다.

[3단계] 선형회귀모델(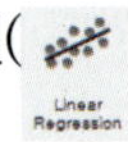)을 지정하고 연결한다. 이어 더블 클릭하면 〈그림 4-4〉를 얻을 수 있다.

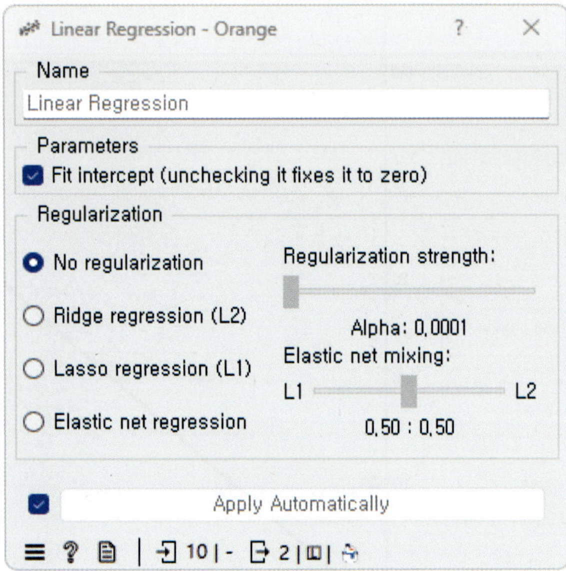

〈그림 4-4〉 선형회귀모델

이 선형회귀모델의 주요 내용을 표로 설명하면 〈표 4-4〉와 같다.

〈표 4-4〉 선형회귀모델

내용	설명
Fit intercept	상수항을 계산하는 식
No regularization	정규화(선형회귀에서 과적합(overfitting)을 피하는 방법)를 실시하지 않음
Ridge regression (L2)	절대값을 사용하지 않고 정규화를 실시하는 방법으로 독립변수간의 상관성, 즉 다중공선성(multicollineariy)을 줄여줌
Lasso regression (L1)	선형회귀모델이 복잡하지 않도록 억제하는 방법으로 회귀계수를 0으로 줄여줘 이상치(outlier)에 강함
Elastic net regression	L1 정규화와 L2 정규화를 조합해서 만들어진 회귀모델

[4단계] 이어 Linear Regression을 Data Table을 연결하여 결과를 확인한다.

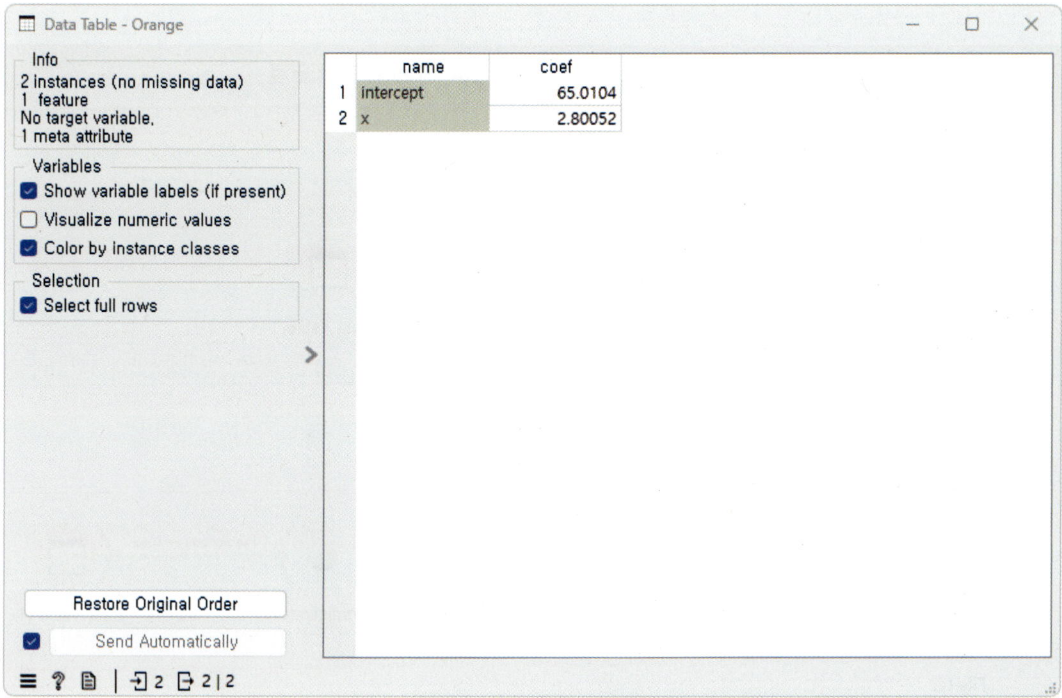

〈그림 4-5〉 결과화면

[결과설명] 추정회귀식 $\hat{y} = 65.01 + 2.8x_i$을 얻을 수 있다. 상수항(intercept)은 65.01, 기울기는 2.800 임을 알 수 있다.

[5단계] 이어 추정회귀식을 통한 예측을 알아보기 위해서 File과 Prediction 위젯을 연결하고 Linear Regression과 Prediction 위젯을 연결한다.

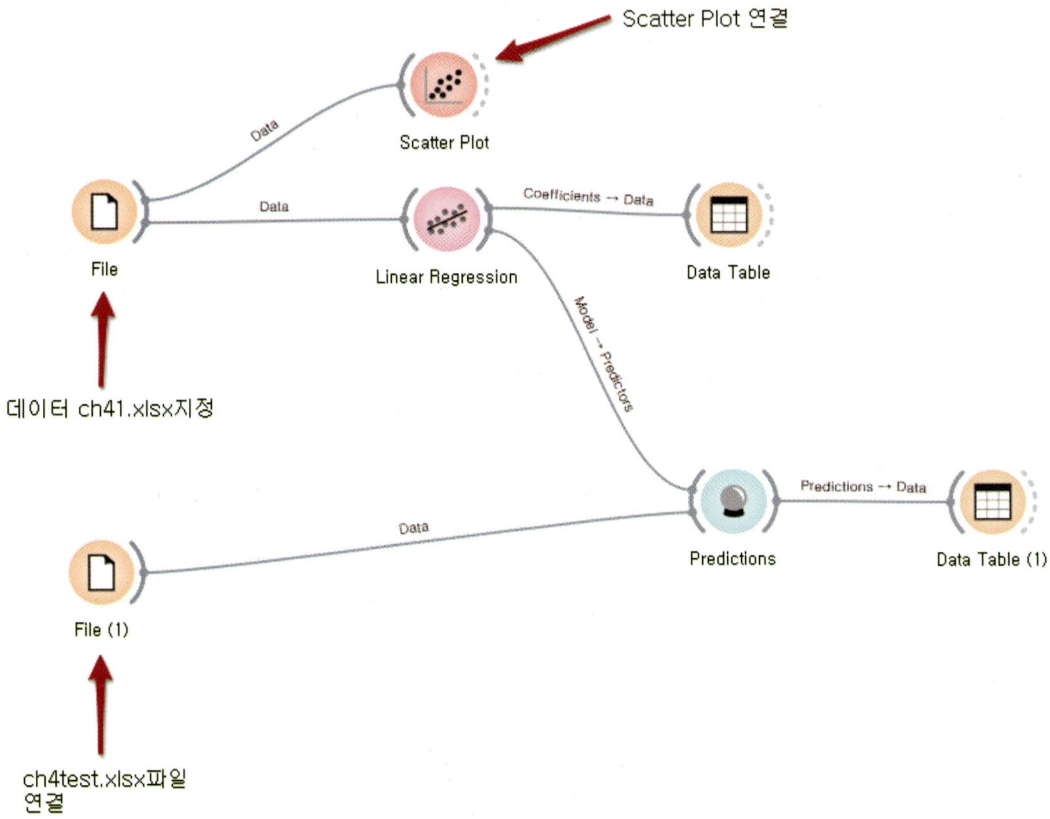

[데이터] ch41.ows

〈그림 4-6〉 Prediction 연결

[6단계] Predcition을 더블 클릭하면 다음과 같은 화면을 얻을 수 있다.

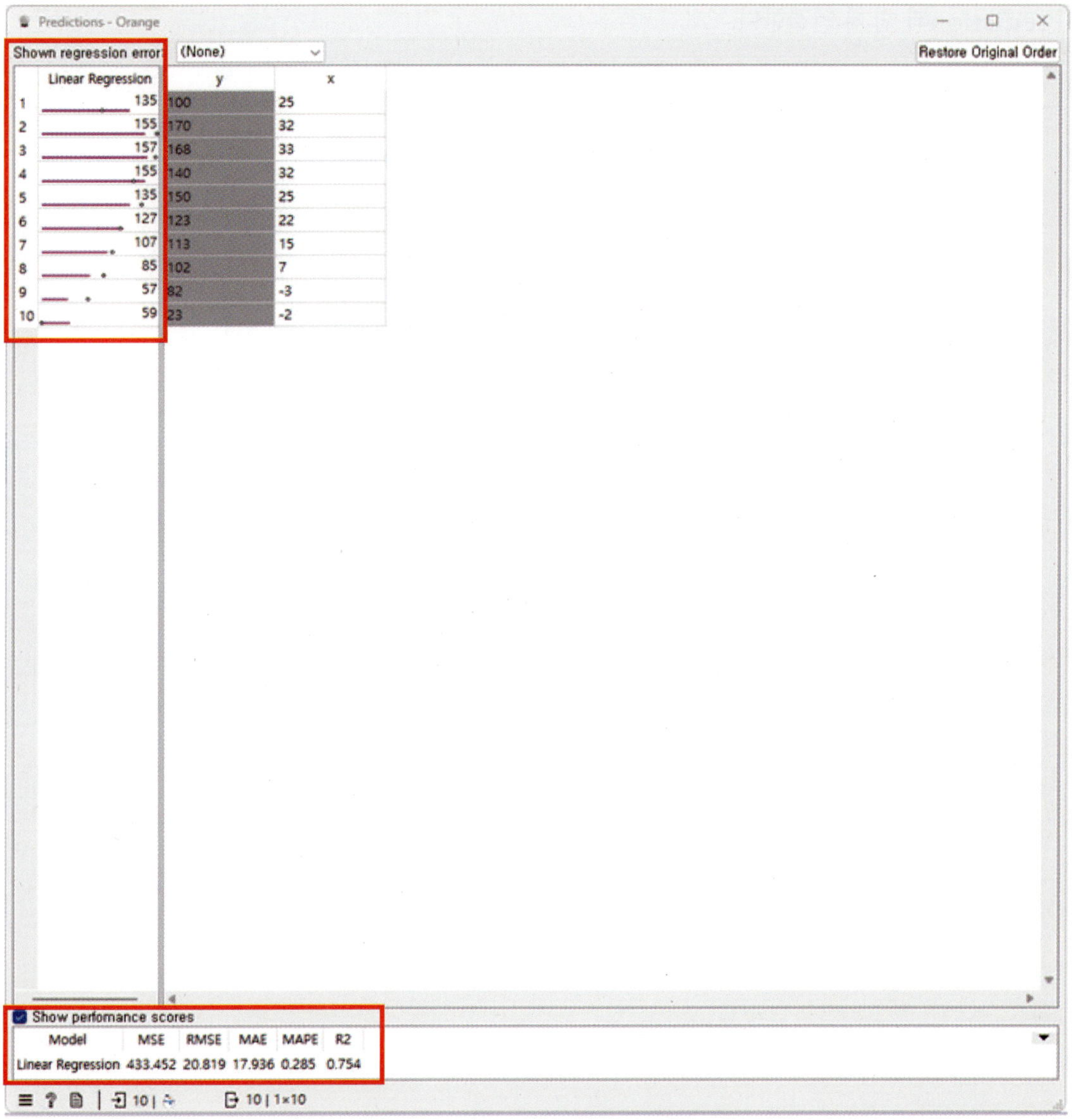

〈그림 4-7〉 예측값과 모델 적합성 지수

[결과설명] 결과에서 Regression(회귀)값은 추정회귀식을 위한 예측값을 말한다. 현재 추정회귀식의 모델의 적합도는 MSE=433.452, RMSE=20.819, MAE=17.936, MAPE=0.285, R^2 = 0.754이다.

[7단계] 예측을 위해서 x=16이 입력된 ch4test.xlsx 파일을 연다. Evaluate란에서 Prediction 지정하고 연결한다. 이 때 앞에서 추정회귀식을 구할 때 사용한 Liner Regression도 Prediction과 함께 연결한다.

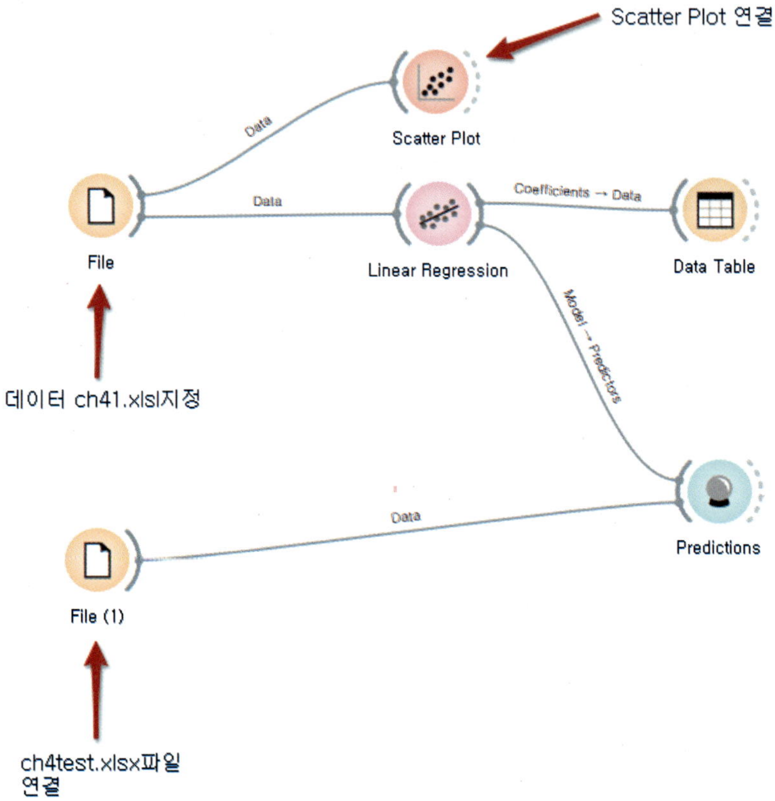

〈그림 4-8〉 Prediction 화면

[8단계] Prediction과 Data Table을 연결한다.

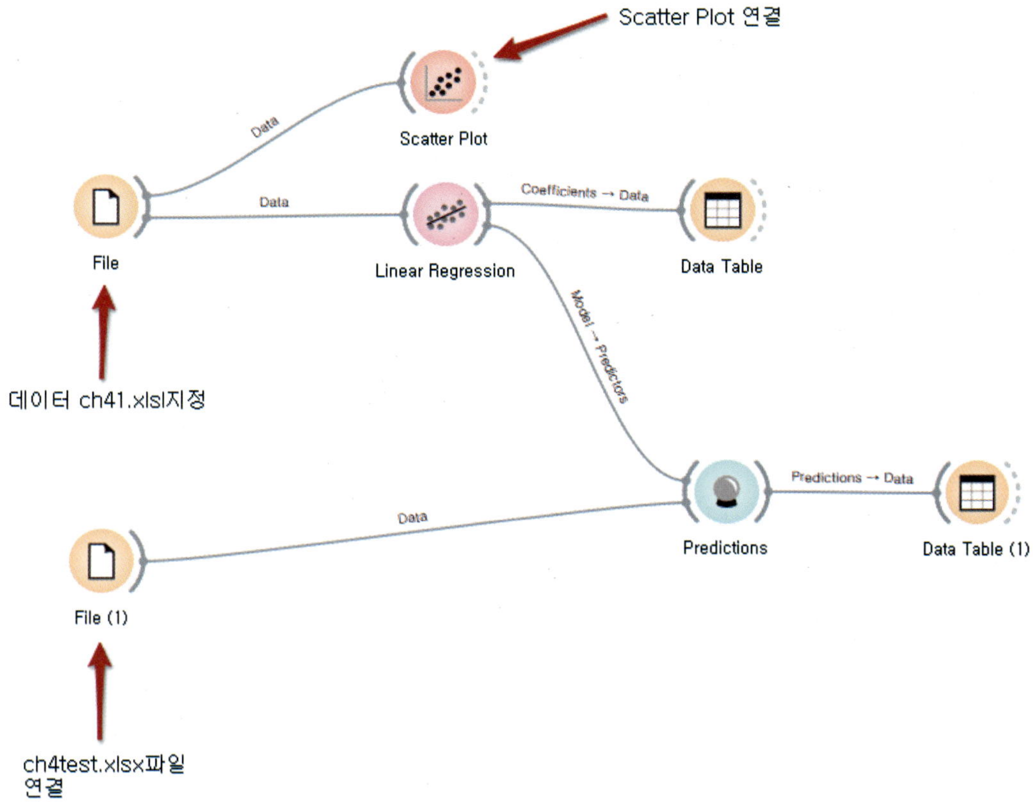

[데이터] ch41.ows

〈그림 4-9〉 Prediction과 Data Table 연결화면

[9단계] Data Table을 더블 클릭하면 〈그림 4-10〉과 같은 예측값을 얻을 수 있다.

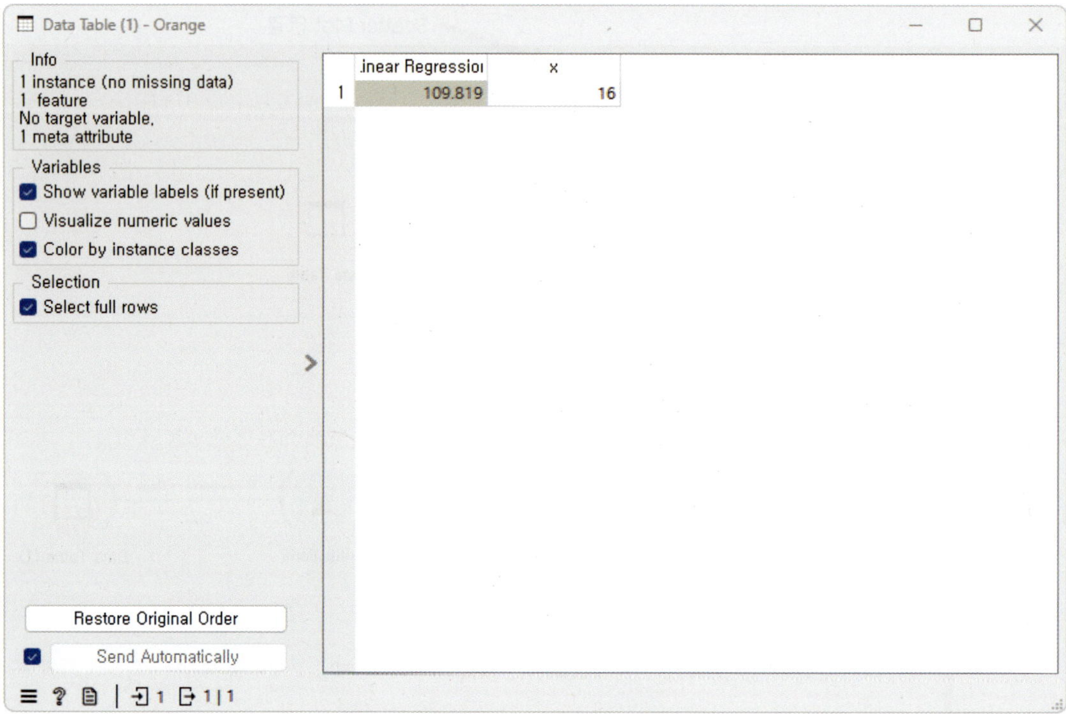

〈그림 4-10〉 예측값 확인

[결과설명] 추정회귀식 $\hat{y}$ = 65.01 + 2.08x_i에 x=16을 대입하면 예측값(Linear Regression) 109.819를 얻을 수 있다.

제3절 중회귀모델

이번에는 양적인 독립변수가 2개 이상 종속변수가 1개인 경우에 해당하는 중회귀모델를 다뤄 보기로 한다.

[예제] 오렌지 프로그램에 내장되어 있는 Boston Housing Dataset에는 주택가격의 중앙값(Medv)과 Boston 지역을 설명하는 다양한 변수(13개 독립변수)들이 포함되어 있다. 이 데이터 세트는 보스턴 지역 주택에 관해 미국 인구조사국에서 수집한 정보가 포함되어 있다. 이 데이터는 원래 UCI Machine Learning Repository(https://archive.ics.uci.edu/)에서도 얻을 수 있으며, 프로그램에 내장된 데이터는 이 데이터 세트의 일부를 정리한 것이다. 데이터 세트의 주어진 주요변수를 사용하여 주택 가격을 예측해 보자.

Boston Housing Dataset의 기본 정보는 표로 정리할 수 있다(표 4-5 참고). 여기에서 분석할 연구모델을 수식과 그림으로 나타내면 다음과 같다.

$$medv = \beta_0 + \beta_1 crim + \beta_2 zn + \cdots \beta_{13} lstat + \varepsilon_i \qquad \text{(식 4-6)}$$

여기서, β_0 = 상수항, $\beta_1, \cdots, \beta_{13}$ = 기울기, ε_i = 오차항을 나타낸다.

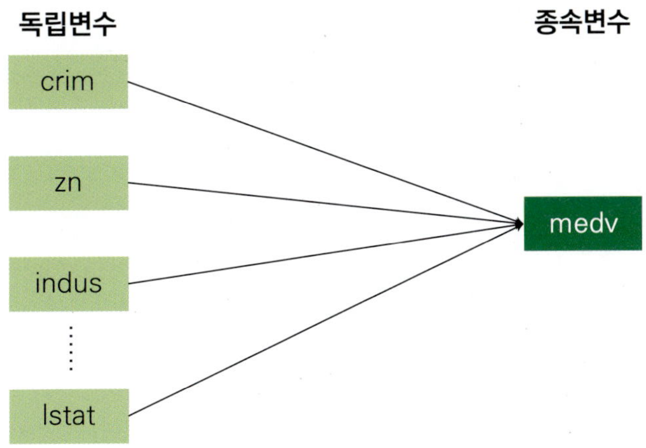

〈그림 4-11〉 연구모델

〈표 4-5〉 Boston Housing Dataset의 기본 정보

분석	변수명	설명	척도 및 단위
독립 변수	CRIM	인구1인당 범죄발생 수(per capita crime rate by town)	횟수
	ZN	25,000평방피트 이상의 주거지역이 차지하는 비율(proportion of residential land zoned for lots over 25,000 sq.ft.)	%
	INDUS	비소매업의 차지 비율(proportion of non-retail business acres per town)	%
	CHAS	더미 처리한 찰스강(Charles River dummy variable(1 if tract bounds river; 0 otherwise))	1: 강변지역 2: 그 외 지역
	NOX	NOX의 농도(nitric oxides concentration (parts per 10 million))	%
	RM	가구당 룸수(average number of rooms per dwelling)	개수
	AGE	1940년 이전에 지어진 건물의 비율(proportion of owner-occupied units built prior to 1940)	%
	DIS	보스턴시 5개 고용센터로부터의 거리(weighted distances to five Boston employment centres)	가중치부여
	RAD	순환고속도로 접근성(index of accessibility to radial highways)	1~24의 등간척도
	TAX	10,000달러당 부동산 세율의 총합(full-value property-tax rate per $10,000)	$
	PTRATIO	학생-교사비율(pupil-teacher ratio by town)	사람수
	B	1000 × (흑인비율- 0.632)^2	단위 없음
	LSTAT	저소득 업종에 종사하는 인구의 비율(% lower status of the population)	%
종속 변수	MEDV	주택시세의 중앙값(Median value of owner-occupied homes in $1000's)	1,000달러

[데이터] bostonhousing.csv 또는 오렌지 프로그램 Datasets 폴더 내장

[1단계] 오렌지 프로그램을 실행하고 프로그램 Datasets 폴더를 열어 Housing 데이터를 연결한다.

[2단계] Data Table을 연결한다.

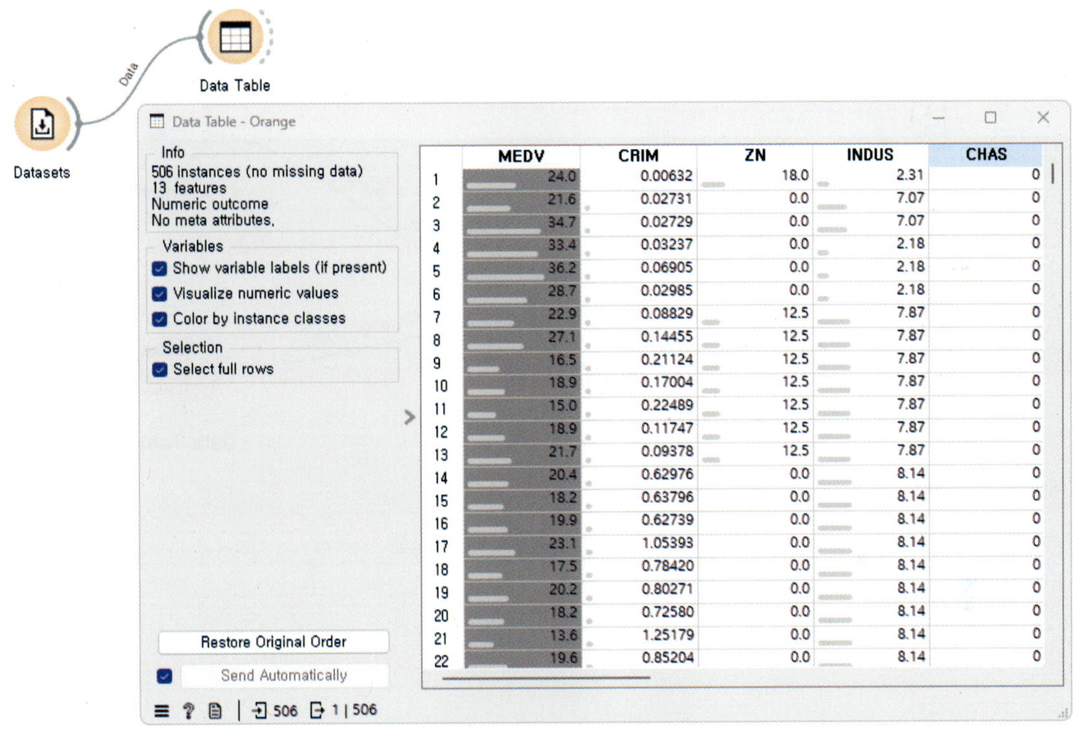

〈그림 4-12〉 데이터 테이블

[결과 설명] 각 변수와 인스턴스 값이 나타나 있다. 특히 종속변수(taget variable)에 해당하는 MEDV(주택시세)는 막대그림과 함께 회색바탕의 음영으로 처리되어 있다.

[3단계] DataSets와 Linear Regression을 연결한다. 곧이어 Linear Regression과 Data Table, Linear Regression과 Prediction을 연결한다.

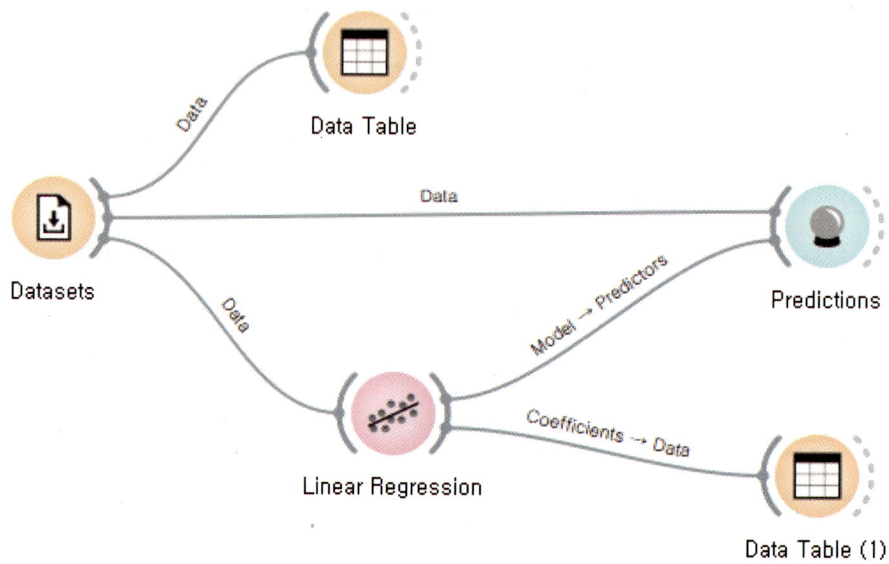

[데이터] ch42.ows

〈그림 4-13〉 데이터 테이블

[4단계] Data Table (1)를 눌러 결과를 확인한다.

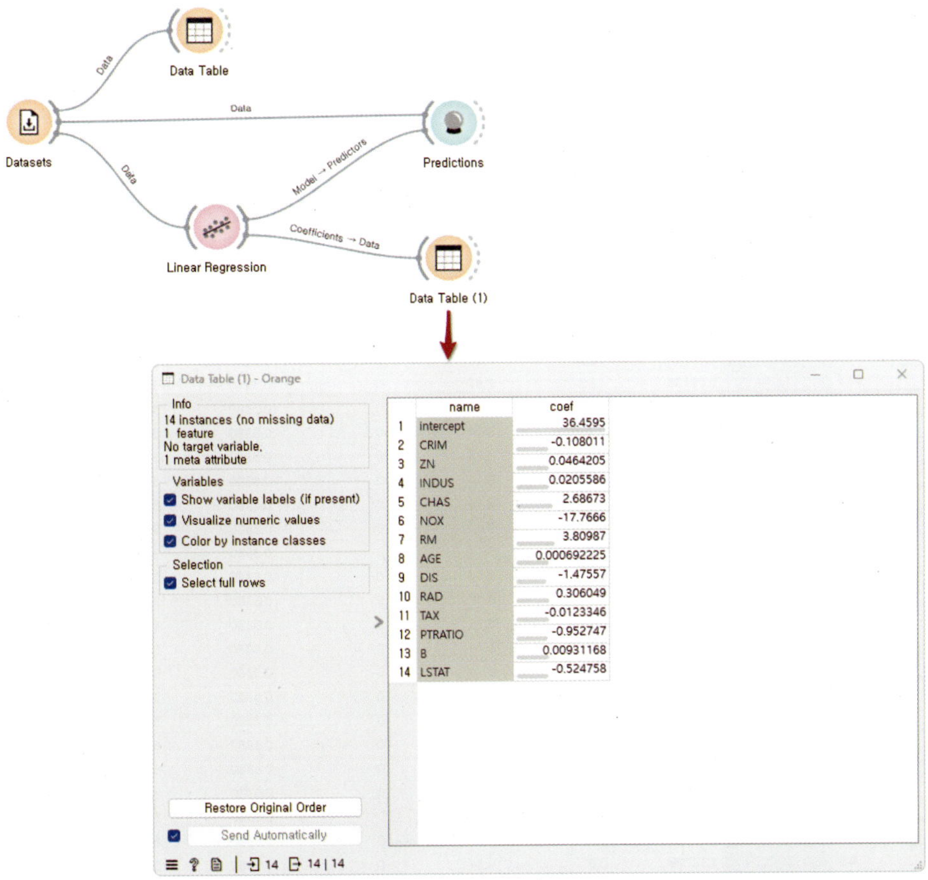

〈그림 4-14〉 데이터 테이블

[결과설명] 결과를 토대로 추정 중회귀모델을 구축할 수 있다.

$$
\begin{aligned}
MEDV = {} & 31.4595 - 0.108CRIM + 0.046ZN + 0.02INDUS + 2.68CHAS - 17.76NOX + 3.80RM \\
& + 0.0006AGE - 1.475DIS + 0.306RAD - 0.012TAX - 0.952TRATIO + 0.009B - 0.524LSTAT
\end{aligned}
$$

여기서 알 수 있는 것은 MEDV(주택시세)는 CHAS, RM에 의해서 좌우되는 것을 알 수 있다. 즉, 찰스강 주변이거나 가구당 룸수가 많을수록 주택 시세가 올라감을 예상할 수 있다. 음(-)의 영향을 미치는 CRIM(인구1인당 범죄발생 수), NOX(NOX의 농도), DIS(보스턴시 5개 고용센터로부터의 거리) 등이 많거나 멀수록 주택 시세는 내려감을 예상할 수 있다.

[5단계] Predictions를 더블 클릭한다.

Predictions - Orange

Shown regression error: (None)   Restore Original Order

	Linear Regression	MEDV	CRIM	ZN	INDUS	CHAS	NOX	RM	AGE
1	30.0	24.0	0.00632	18.0	2.31	0	0.5380	6.575	65.2
2	25.0	21.6	0.02731	0.0	7.07	0	0.4690	6.421	78.9
3	30.6	34.7	0.02729	0.0	7.07	0	0.4690	7.185	61.1
4	28.6	33.4	0.03237	0.0	2.18	0	0.4580	6.998	45.8
5	27.9	36.2	0.06905	0.0	2.18	0	0.4580	7.147	54.2
6	25.3	28.7	0.02985	0.0	2.18	0	0.4580	6.430	58.7
7	23.0	22.9	0.08829	12.5	7.87	0	0.5240	6.012	66.6
8	19.5	27.1	0.14455	12.5	7.87	0	0.5240	6.172	96.1
9	11.5	16.5	0.21124	12.5	7.87	0	0.5240	5.631	100.0
10	18.9	18.9	0.17004	12.5	7.87	0	0.5240	6.004	85.9
11	19.0	15.0	0.22489	12.5	7.87	0	0.5240	6.377	94.3
12	21.6	18.9	0.11747	12.5	7.87	0	0.5240	6.009	82.9
13	20.9	21.7	0.09378	12.5	7.87	0	0.5240	5.889	39.0
14	19.6	20.4	0.62976	0.0	8.14	0	0.5380	5.949	61.8
15	19.3	18.2	0.63796	0.0	8.14	0	0.5380	6.096	84.5
16	19.3	19.9	0.62739	0.0	8.14	0	0.5380	5.834	56.5
17	20.5	23.1	1.05393	0.0	8.14	0	0.5380	5.935	29.3
18	16.9	17.5	0.78420	0.0	8.14	0	0.5380	5.990	81.7
19	16.2	20.2	0.80271	0.0	8.14	0	0.5380	5.456	36.6
20	18.4	18.2	0.72580	0.0	8.14	0	0.5380	5.727	69.5
21	12.5	13.6	1.25179	0.0	8.14	0	0.5380	5.570	98.1
22	17.7	19.6	0.85204	0.0	8.14	0	0.5380	5.965	89.2
23	15.8	15.2	1.23247	0.0	8.14	0	0.5380	6.142	91.7
24	13.8	14.5	0.98843	0.0	8.14	0	0.5380	5.813	100.0
25	15.7	15.6	0.75026	0.0	8.14	0	0.5380	5.924	94.1
26	13.4	13.9	0.84054	0.0	8.14	0	0.5380	5.599	85.7
27	15.5	16.6	0.67191	0.0	8.14	0	0.5380	5.813	90.3
28	14.7	14.8	0.95577	0.0	8.14	0	0.5380	6.047	88.8
29	19.5	18.4	0.77299	0.0	8.14	0	0.5380	6.495	94.4
30	20.9	21.0	1.00245	0.0	8.14	0	0.5380	6.674	87.3
31	11.5	12.7	1.13081	0.0	8.14	0	0.5380	5.713	94.1
32	18.1	14.5	1.35472	0.0	8.14	0	0.5380	6.072	100.0
33	8.8	13.2	1.38799	0.0	8.14	0	0.5380	5.950	82.0
34	14.3	13.1	1.15172	0.0	8.14	0	0.5380	5.701	95.0
35	13.7	13.5	1.61282	0.0	8.14	0	0.5380	6.096	96.9
36	23.8	18.9	0.06417	0.0	5.96	0	0.4990	5.933	68.2
37	22.3	20.0	0.09744	0.0	5.96	0	0.4990	5.841	61.4
38	23.1	21.0	0.08014	0.0	5.96	0	0.4990	5.850	41.5

Show perfomance scores

Model	MSE	RMSE	MAE	MAPE	R2
Linear Regression	21.895	4.679	3.271	0.164	0.741

〈그림 4-15〉 예측값

[결과설명] 각 인스턴스마다 예측값이 나타나 있다. 또한 추정회귀모델에서 MSE=21.895, RMSE=4.679, MAE=3.271, MAPE=0.164, R^2 = 0.741임을 알 수 있다.

제4절 ARIMA

예측에 자주 사용하는 ARIMA 모델에 대해 알아 보자. ARIMA(Autoregressive Integrated Moving Average) 모델은 시계열 데이터를 예측하는 데 사용되는 통계적 방법이다. ARIMA 모델은 과거 데이터의 자기상관(autocorrelation)과 이동평균(moving average)을 기반으로 미래 데이터를 예측한다.

ARIMA 모델은 Autoregressive(AR), Integrated(I), Moving Average(MA) 등 세 가지 요소로 구성된다. Autoregressive(AR)는 과거 데이터의 자기상관을 이용하는 모델을 말한다. 즉, 과거의 값이 현재의 값에 영향을 준다고 가정하는 자기회귀 모델이다. 예를 들어, 오늘의 주식 가격은 어제의 주식 가격에 의존한다고 볼 수 있다. Integrated(I)는 시계열 데이터의 추세를 제거하기 위한 차분(differencing)을 적용하는 모델이다. Moving Average(MA)은 과거의 오차항이 현재의 값에 영향을 준다고 가정하는 이동평균 모델을 사용하여 미래 데이터를 예측하는 모델이다. 예를 들어, 어제의 실제 주식 가격과 예측 주식 가격의 차이가 오늘의 주식 가격에 영향을 준다고 볼 수 있다.

예측모델에서 시계열성(시간의 흐름)에 상관없이 평균과 분산이 일정한 상태를 정상과정(stationary process)이라고 부른다. 데이터가 계절성과 추세성을 갖지 않는 정상성을 갖는 것이 시계열 분석에서 기본가정이라고 할 수 있는데 현실에서는 그렇지 않기 때문에 비정상성을 보이는 데이터를 정상성 데이터로 전환하는 것이 차분이라고 한다. 차분은 본래의 데이터와 현 시점에 미룬 데이터의 차이를 구하는 것이다. 차분의 예를 표로 나타내면 〈표 4-6〉과 같다.

〈표 4-6〉 차분의 예

x		1차 차분(D1)
3	x	y
8	3	5(8-3)
11	8	3(11-8)
6	11	-5(6-11)
9	6	3(9-6)

앞에서 설명한 것처럼, ARIMA시계열 데이터의 특성을 반영한 예측 모델이다. ARIMA 모델은 Autoregressive(AR), Integrated(I), Moving Average(MA) 세 가지 요소의 차수를 결정하여 모델을 구축한다. 예를 들어, ARIMA(1,1,1) 모델은 AR의 차수가 1, 차분의 차수가 1, MA의 차수가 1인 모델이다. ARIMA 모델의 차수를 결정하는 방법에는 여러 가지가 있다. 예를 들어, ACF(Autocorrelation Function)와 PACF(Partial Autocorrelation Function)를 이용하여 AR과 MA의 차수를 추정할 수 있다. 또는 auto_arima 함수를 이용하여 최적의 차수를 자동으로 찾을 수 있다.

ARIMA 모델의 파라미터는 p, d, q로 구성된다.

- p: AR 모델의 차수
- d: 차분의 차수
- q: MA 모델의 차수

ARIMA분석에서 최적의 p, d, q값을 찾는 것이 관건이다. 첫 번째 방법은 가능한 모든 p, d, q의 값을 변경하면서 가장 높은 정확도를 보여주는 쌍을 고르는 방법이 있다. 이때 AIC(Akaike Information Criterion)가 낮은 p, d, q를 선택하면 된다. 두 번째 방법은 Auto-ARIMA 모델을 이용하는 것이다. 이는 컴퓨터가 알아서 모델에 맞게 최적값을 구해 준다. Auto-ARIMA 모델은 AIC 지표뿐만 아니라 다수의 지표를 고려하여 결정한다.

정리하면 Autoregressive(AR)은 과거 p값이 다음 값에 영향을 미치는 경우이고, Integrated(I)은 차분정도(정상성을 보이는 데이터는 0, 비정상성을 보이는 경우는 1)에 현재와 이전 값으로 대체된다. Moving Average(MA)에서 지연된 예측 오류와 이동 평균창의 크기 q를 산정한다. ARIMA는 자기회귀모델(Autoregressive)과 이동평균모델(Moving Average) 둘 다 고려하고, 비정상성(Non-stationary) 데이터의 변환을 위해 관측치 간의 차분(Diffrance)을 사용하는 모델을 말한다. 앞에서 설명한 것처럼 차분은 현시점 데이터에서 d시점 이전의 데이터를 뺀 것을 말한다.

- AR: 자기회귀모델.　p시점 만큼 앞선 시점까지의 값에 영향을 받는 모델을 말한다.
- I: integrated.　누적을 의미하며, 비정상성 데이터의 변환(평균의 정상화)을 위해 차분을 이용하는 시계열 모델이다.

- MA: 이동평균모델. q시점 만큼 앞선 시점까지의 연속적인 오차값들(shock)의 영향을 받는 모델이다.

ARIMA 모델은 AR(p), MA(q) 모델에 차분(d)을 이용해 비정상성을 제거하는 과정을 더하여 ARIMA(p, d, q)로 표현한다. ARIMA 모델의 파라미터들은 시계열 데이터의 자기상관과 이동평균을 분석하여 결정한다. ARIMA 모델은 다음과 같은 장점과 단점을 가지고 있다. 장점으로는 다양한 종류의 시계열 데이터에 적용 가능하고 비교적 간단한 구조로 이해하기 쉽고 구현하기 쉽다는 데 있다. 단점으로는 데이터가 정상성(stationary)을 만족해야 하고 파라미터의 적합성이 중요하다는 점이다.

오렌지3에서는 ARIMA(p, q, d)를 지원한다. ARIMA는 자기회귀(AR)와 이동평균(MA)을 둘 다 고려하는 모델인데, ARMA와 ARIMA의 차이점은 ARIMA의 경우 시계열의 비정상성을 설명하기 위해 관측치 간의 차분을 사용한다는 차이점이 있다.

[예제] 어느 도시의 연도별 인구변동 자료이다(population.xlsx). 이 자료를 이용하여 ARIMA에 의한 향후 5년의 인구수를 예측해 보자.

[1단계] Options에서 Add-ons...를 이용하여 Timeseries 프로그램을 설치한다.

[2단계] File 위젯을 이용하여 population.xlsx을 연결한다.

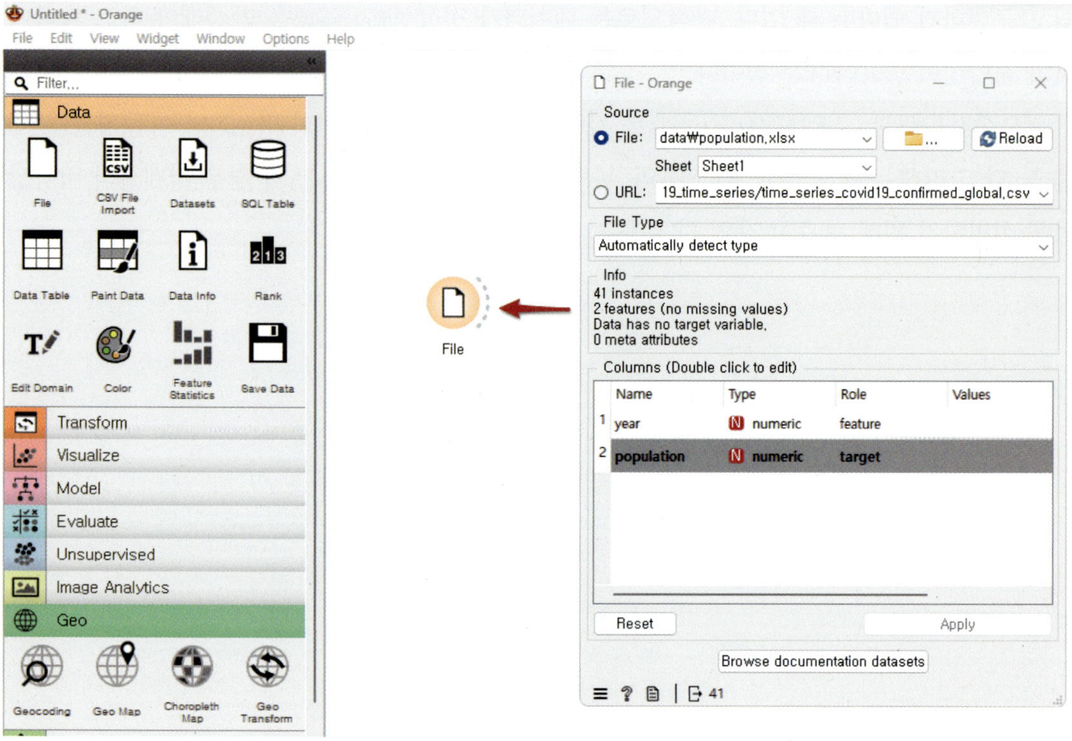

〈그림 4-16〉 데이터 파일 연결하기

여기서 year 변수가 feature, population 변수는 target으로 설정되어 있는지 확인한다.

[3단계] 〈그림 4-17〉과 같은 워크 플로우를 작성한다.

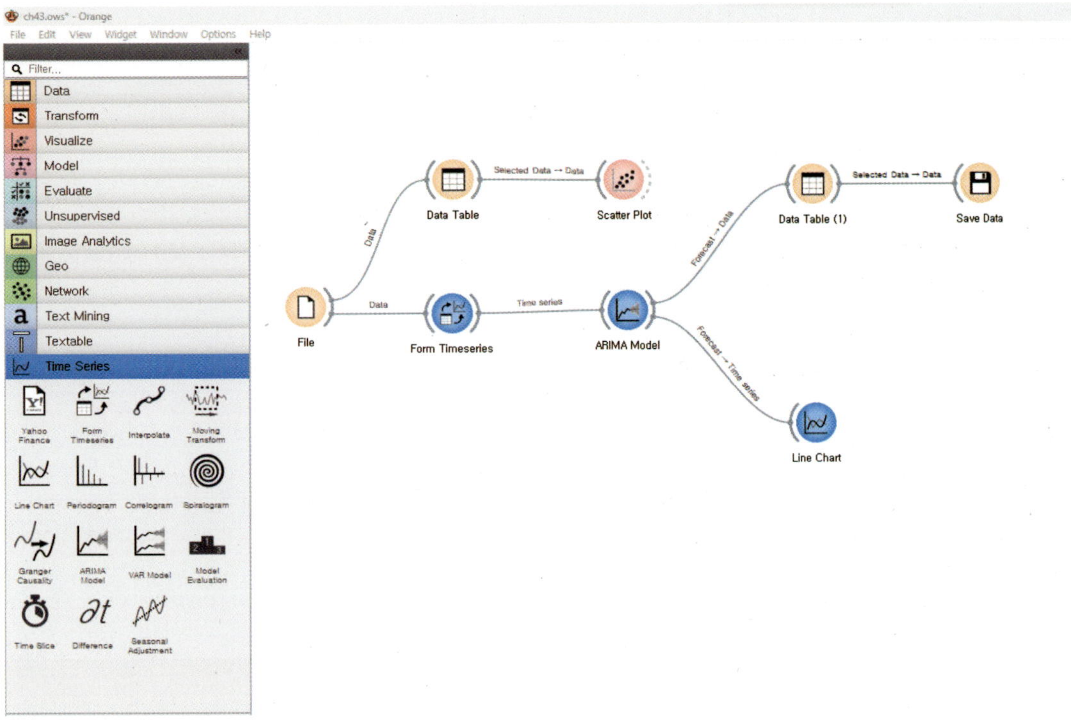

〈그림 4-17〉 ARIMA 모델의 워크 플로우

[4단계] Data Table 위젯을 더블 클릭하면 다음과 같은 결과를 얻을 수 있다.

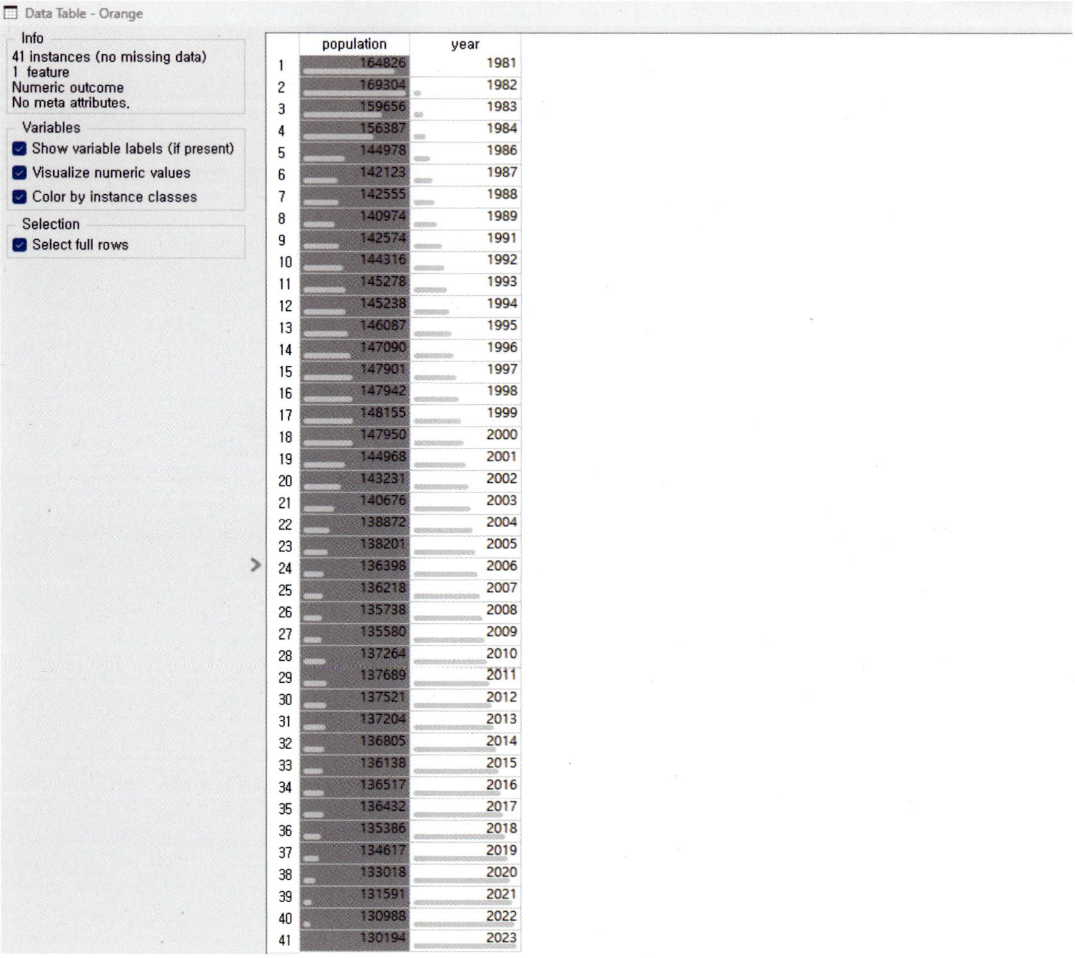

	population	year
1	164826	1981
2	169304	1982
3	159656	1983
4	156387	1984
5	144978	1986
6	142123	1987
7	142555	1988
8	140974	1989
9	142574	1991
10	144316	1992
11	145278	1993
12	145238	1994
13	146087	1995
14	147090	1996
15	147901	1997
16	147942	1998
17	148155	1999
18	147950	2000
19	144968	2001
20	143231	2002
21	140676	2003
22	138872	2004
23	138201	2005
24	136398	2006
25	136218	2007
26	135738	2008
27	135580	2009
28	137264	2010
29	137689	2011
30	137521	2012
31	137204	2013
32	136805	2014
33	136138	2015
34	136517	2016
35	136432	2017
36	135386	2018
37	134617	2019
38	133018	2020
39	131591	2021
40	130988	2022
41	130194	2023

〈그림 4-18〉 Data Table

[결과설명] 1981년부터 2023년의 인구수(population)를 나타내는 41개의 인스턴스가 나타나 있다.

[5단계] Scatter plot를 클릭해서 연도별 인구변화 추이를 알아본다.

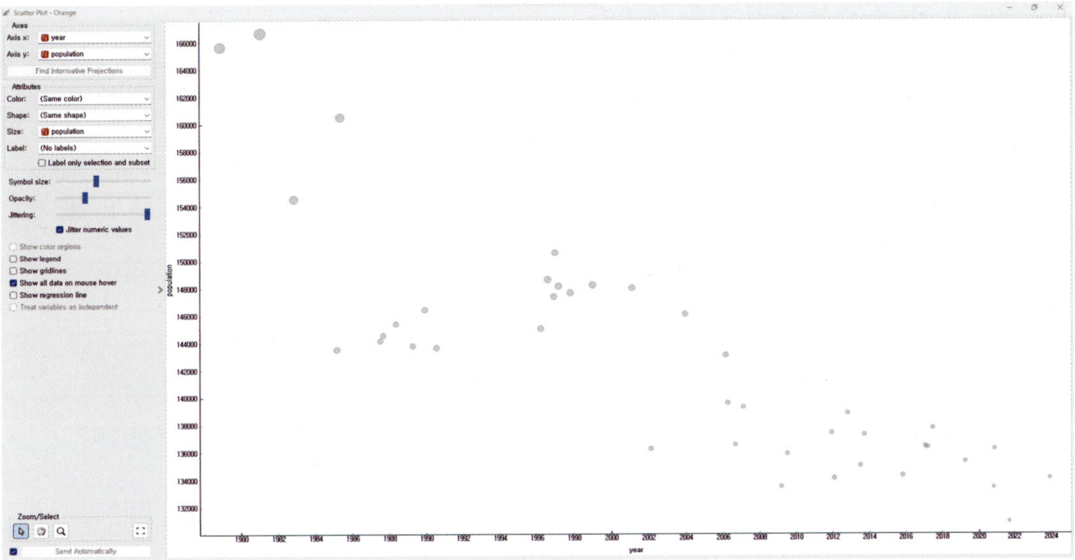

〈그림 4-19〉 Scatter plot

[결과설명] 연도별 인구수를 살펴보면 해를 거듭할수록 인구는 계속 줄고 있음을 알 수 있다. 인구수에 따른 원의 크기(size)도 다름을 알 수 있다.

[6단계] Form Timeseries 위젯을 눌러 시계열 자료를 지정한다. Select the column with date를 눌러 기준 날짜를 정한다.

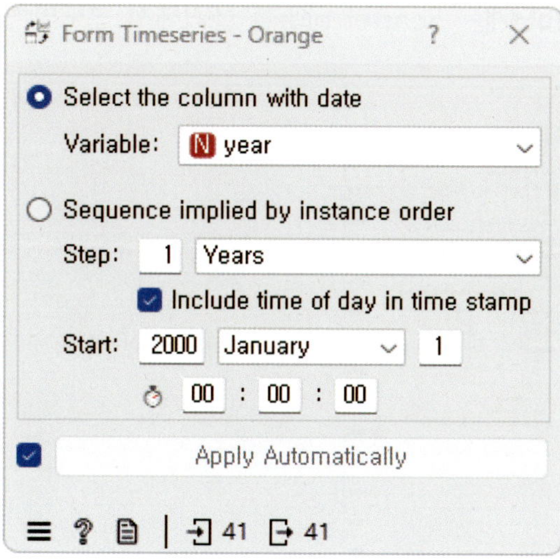

〈그림 4-20〉 Form Timeseries

[7단계] ARIMA Model을 클릭한다.

여기서 ARIMA(p, q, d)를 지정해야 하는데 데이터의 패턴을 보고 Auto-regression order(p)는 1, Differencing degree(d)는 1, Moving average order(q)는 1을 지정한다. 이어 향후 5년 후까지를 예측해 보기 위해서 Forecasting steps ahead를 5로 설정하였다. 신뢰구간(Confidence intervals:)은 초기부터 설정된 95%를 이용하였다.

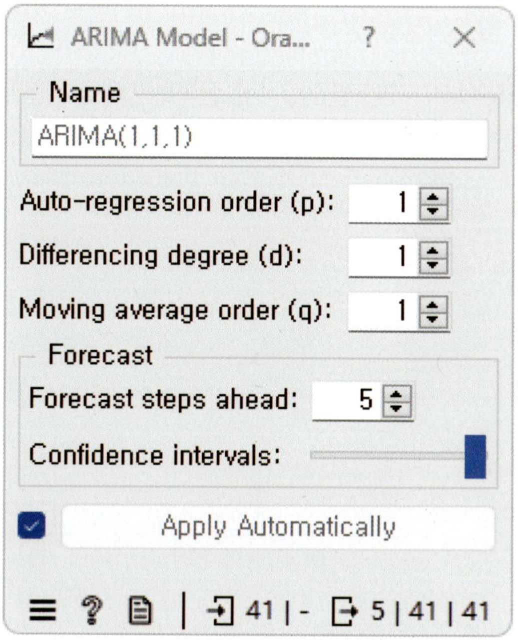

〈그림 4-21〉 ARIMA Model

[8단계] Data Table (1) 위젯을 연결하고 더블 클릭을 한다.

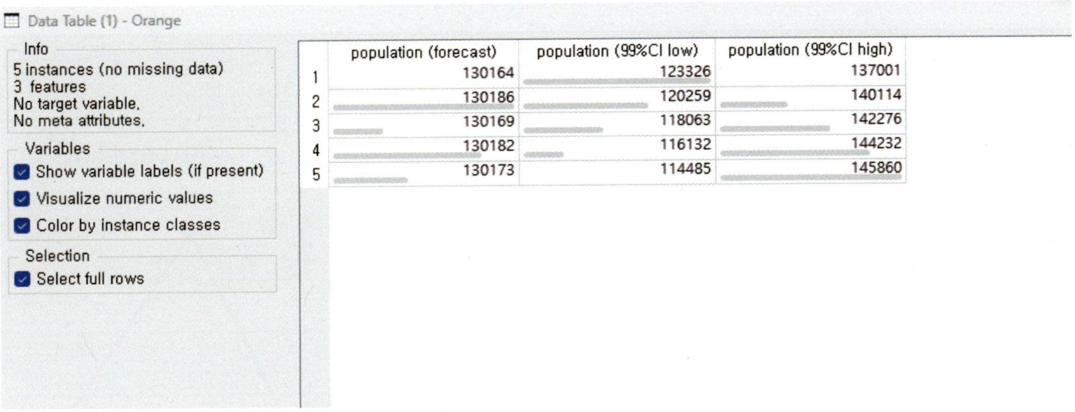

	population (forecast)	population (99%CI low)	population (99%CI high)
1	130164	123326	137001
2	130186	120259	140114
3	130169	118063	142276
4	130182	116132	144232
5	130173	114485	145860

〈그림 4-22〉 Data Table (1)

[결과설명] 향후 5년간의 인구 예측자료가 나타나 있고 95% 신뢰구간의 하한값과 상한값이 나와 있다. 예측자료를 Save Data 위젯을 연결하여 저장한 후 사용할 수도 있다.

[9단계] ARIMA 모델과 Time Series의 Line Chart를 연결하여 예측값에 대한 시각화 자료를 확인할 수 있다.

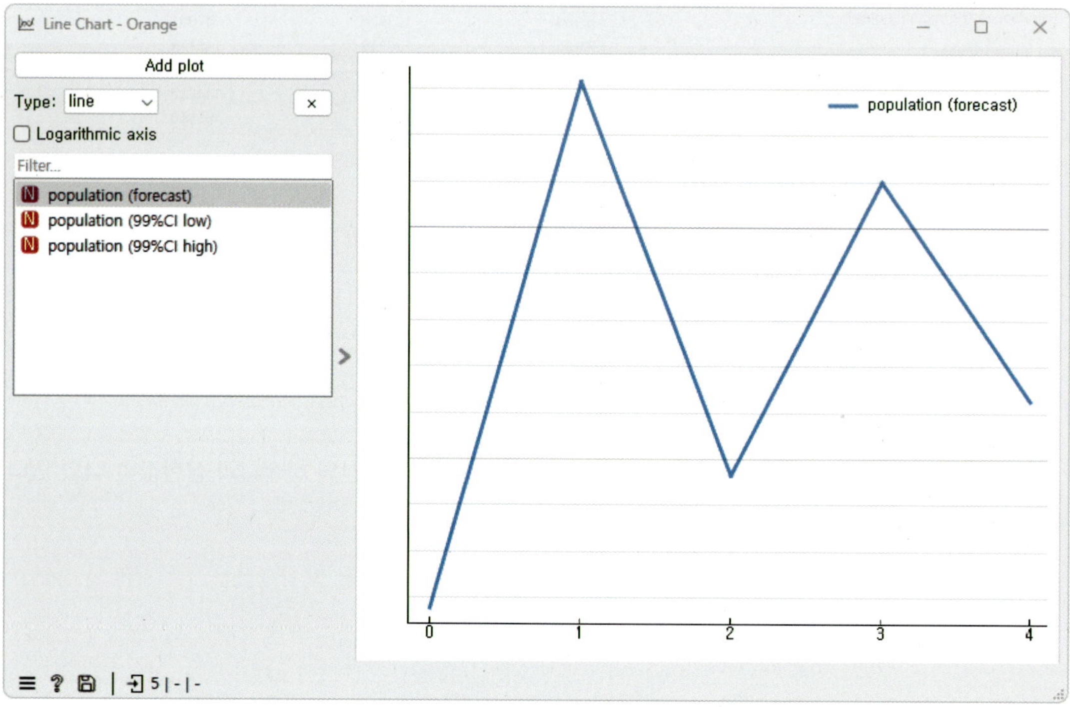

〈그림 4-23〉 Line chart

[결과설명] 예측된 5개년(0~4)의 인구수가 시각화되어 나타나 있다. 오렌지 프로그램은 파이썬(Python) 프로그램 언어를 사용하는데 파이썬에서 0은 1년차를 나타내기 때문에 0부터 4까지 나타나 있다. 마우스를 선에 따라 이동해 보면 연차별 예측 인구수가 표시됨을 알 수 있다.

정리

- 선형회귀모델은 독립변수가 종속변수에 미치는 영향력 크기를 조사하여 독립변수의 일정한 값에 대응하는 종속변수 값을 예측하는 기법을 말한다.
- 선형회귀모델의 주된 목적은 기술, 예측, 통제이다.
- 선형회귀모델은 양적인 독립변수와 종속변수(목표변수)의 수에 따라 명칭이 달라지는데 독립변수가 1개이고 종속변수가 1개인 경우는 단순회귀모델, 독립변수와 종속변수가 2개 이상인 경우는 일반 선형회귀모델이라고 부른다.
- 선형회귀모델에서 과적합(overfitting)을 피하기 위해서 정규화(normalize)를 실시하는데 절대값을 사용하지 않고 정규화를 실시하는 방법을 Ridge regression (L2), 선형회구모델이 복잡하지 않도록 억제하는 방법을 Lasso regression (L1), L1 정규화와 L2 정규화를 조합해서 만들어진 선형회귀모델을 Elastic net regression이라고 부른다.
- 선형회귀모델에서 평가지표로 MSE, RMSE, MAE, R^2 등이 사용된다.
- ARIMA(Autoregressive Integrated Moving Average) 모델은 시계열 데이터를 예측하는 데 사용되는 통계적 방법이다. ARIMA 모델은 과거 데이터의 자기상관과 이동평균을 기반으로 미래 데이터를 예측한다.
- ARIMA 모델은 세 가지 파라미터가 필요한데 파라미터는 p(AR 모델의 차수), d(차분의 차수), q(MA 모델의 차수)이다.

연습문제

1. 다음은 커피 전문점 충성도(y)에 미치는 품질(x1)과 가격(x2)의 내용을 조사한 것이다. 고객 데이터 중 14명만 추출한 내용이다. 척도는 11점 척도로 호의적인 평가일수록 점수가 높다.

y	x1	x2
5	3	2
9	8	5
2	1	5
10	8	8
9	5	10
11	9	8
2	1	4

y	x1	x2
5	4	7
4	3	1
10	6	11
3	2	1
8	6	4
9	6	11
6	5	3

[데이터] exch41.xlsx

x1	x2
6	7

[데이터] exch4_pre.xlsx

(1) 커피 전문점 충성도(y)=f(품질(x1), 가격(x2))의 추정회귀식을 구해 보자.

(2) 선형회귀모델에서 평가지표인 MSE, RMSE, MAE, R^2를 언급해 보자.

(3) 만약 신규고객이 품질(x1), 가격(x2)에 대하여 각각 6, 7점에 반응을 보인다면 점포 충성도는 얼마가 될 것인지를 오렌지로 예측해 보자.

2. 오렌지3의 Time Series에서 제공하는 Yahoo Fianance 데이터를 이용하여 Amazon (AMZN)의 향후 10일간 주가(종가)를 ARIMA 모델로 예측해 보자.

제5장 로지스틱회귀분석

제1절 로지스틱회귀분석

로지스틱 회귀분석은 종속변수가 두 범주(0, 1)를 가지는 경우, 독립변수의 영향을 고려하여 종속변수의 확률을 예측하는 회귀분석 방법이다. 종속변수의 예로는 성공/실패, 질병 여부, 생존/사망 등이 있다.

로지스틱 회귀분석은 다양한 분야에서 예측 모델을 구축하는 데 사용된다. 예를 들어, 다음과 같은 분야에서 로지스틱 회귀분석이 사용된다.

- 의료: 질병의 발생 가능성을 예측하는 데 사용
- 금융: 신용카드 부실 가능성을 예측하는 데 사용
- 마케팅: 고객의 구매 가능성을 예측하는 데 사용
- 보안: 사이버 공격의 발생 가능성을 예측하는 데 사용

로지스틱 회귀분석의 모델은 다음과 같이 표현할 수 있다.

$$\text{logit}(P(y=1)) = \beta_0 + \beta_1 x_1 + \beta_2 x_2 + \cdots + \beta_p x_p \qquad \text{(식 5-1)}$$

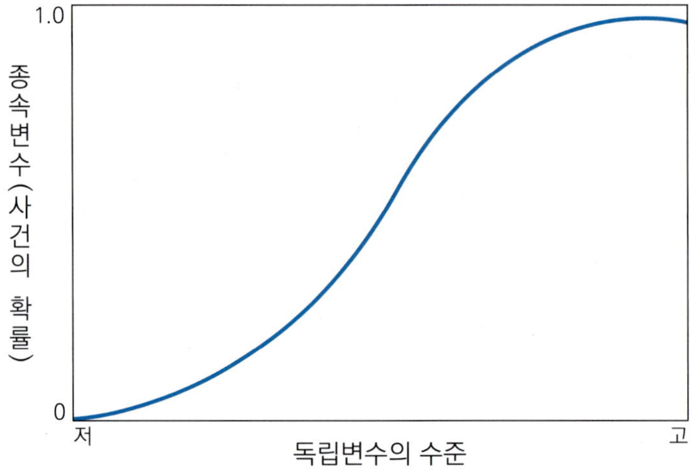

〈그림 5-1〉 로지스틱 반응함수

로지스틱 회귀분석의 모델은 로지스틱 함수를 사용하여 종속변수의 확률을 예측한다. 로지스틱 함수는 S자 모양의 그래프를 가지며, 0과 1 사이의 값을 출력한다.

로지스틱회귀에서는 데이터에 로지스틱 함수(시그모이드 함수)를 적합하기 위해서 최대우도법(MLE: maximum likelihood estimation)을 통해서 β를 추정한다. 이것은 교차-엔트로피(cross entropy) 손실을 최소화하는 것과 동일하다.

$$E(Y)= \frac{1}{1 + e^{-}(\beta_0 + \beta_1 X)} = \pi \qquad \text{(식 5-2)}$$

위 식에 의해서 0과 1 사이에서 집단이 구분된다.

로지스틱회귀분석은 세 가지 기본 가정을 한다.

로지스틱회귀분석의 가정

- X변수와 로그-아드(log-odds) Y 사이에는 선형관계가 있다.
- 독립변수는 관찰변수이다.
- 독립변수간의 상관정도를 나타내는 다중공선성은 없거나 낮아야 한다.

앞에서 아드(odds)는 odds(y=1) = $\frac{p(Y = 1)}{1 - p(Y = 1)}$을 사용하여 결과 확률이 전환될 것을 말

한다. 여기서 p($\frac{1}{3}$) = 1:2 아드를 말한다. 비표준화 계수는 아드와 관련이 있는데 x_1의 1단위 증가가 e^{β_1}에 의한 아드에 영향을 주는 선형관계가 있다.

로지스틱 회귀분석 모델의 평가는 적합도 평가, 선형성 평가, 오분류 비율 평가 등이 있다.

적합도 평가

- 적합도 지수: 모델이 실제 데이터에 얼마나 적합한지 평가하는 지수이다. 대표적인 적합도 지수로는 R-squared, Cox-Snell R-squared, Nagelkerke R-squared 등이 있다.
- 오차행렬: 실제 관측값과 예측값의 차이를 나타내는 행렬이다. 오차행렬의 크기를 통해 모델의 예측 정확도를 평가할 수 있다. 즉, 오차행렬이 낮을수록 적합정도는 높다고 할 수 있다.

선형성 평가

- 독립변수의 선형성: 독립변수와 종속변수의 관계가 선형인지를 평가한다. 독립변수가 비선형적인 경우, 모델의 예측 정확도가 떨어질 수 있다.
- 다중공선성: 독립변수 간에 다중공선성이 존재하면 모델의 계수 추정이 불안정해질 수 있다.

오분류 비율 평가

- 오분류 비율: 실제 관측값과 예측값이 일치하지 않는 비율을 나타내는 지수이다. 오분류 비율이 낮을수록 모델의 예측 정확도가 높다. 성능지표(performance metrics) 결과를 알아보자. 이를 자세히 설명하기 위해서 의사의 암 선고에 대한 예를 가지고 설명하기로 한다. 성능지표는 혼동행렬이라고도 부른다. 혼동행렬은 각 테스트 데이터에 대한 예측 결과물을 참 양성(True Positive), 참 음성(True Negative), 거짓 양성(False Positive), 거짓 음성(False Negative)의 네 가지 관점에서 분류하고 각각에 해당하는 예측 결과의 개수를 정리한 표이다. 즉, 혼동행렬(confusion matrix)은 실제 결과와 예측 결과를 보여주는 표이며 모델의 정확도를 결정하는 데 사용할 수 있다. 여기서 결과물 하단 혼동행렬을 보면 〈표 5-1〉과 같이 2행 2열로 나타나 있다.

  혼동행렬에서 대각선 x_{ij}는 제대로 맞춘 개수를 나타내고 그 이외의 성분은 다른 클래스로 오판한 경우의 수를 말한다. 〈표 5-1〉과 같은 분류표에서 판별결과에 대한 평가

〈표 5-1〉 혼동행렬

실제결과 \ 예측결과		예측 클래스	
		P(+)	N(−)
실제 클래스	P(+)	TP(True Positive)	FN(False Negative) **2종 오류**
	N(−)	FP(False Positive) **1종 오류**	TN(True Negative)

를 할 때 정밀도(적합률), 정확도, 재현율 그리고 F값을 보고 판단한다. 정확도, 정밀도, 재현율, F값 모두 0~1 사이의 값을 갖는데 1에 가까운 값을 보면 진단의 성능이 우수하다고 평가한다.

- 정확도(Accuracy, CA) = $\frac{TP + TN}{TP + FP + FN + TN}$, 모델이 실제 True를 True라고, 실제 False를 False(음성)라고 예측한 것의 비율(전반적인 모델 성능 평가)
- 특이도(specificity) = $\frac{TN}{TN + FP}$
- 정밀도(Precision) = $\frac{TP}{TP + FP}$, 모델이 True라고 분류한 것 중에서 실제 True인 것의 비율(양성 예측을 얼마나 정확하게 했는가?)
- 재현율(Recall, TP rate, Sensitivity) = $\frac{TP}{TP + FN}$, 실제 True인 것 중에서 모델이 True라고 예측한 것의 비율
- F값(F1 score) = $\frac{2 \times Recall \times Precision}{Recall + Precision}$, 정밀도와 재현율의 조화평균
- 위양성율(fall-out, FP rate) = $\frac{FP}{FP + TN}$ (낮을수록 좋음), 실제 False인 것 중에서 모델이 True라고 예측한 비율

〈표 5-2〉 ROC관련 지표

지표	공식	관련 내용
TPR(True Positive Rate)	$\frac{TP}{TP+FN}$	재현율, 민감도
FPR(False Positive Rate)	$\frac{FP}{FP+TN}$	1-특이도(specificity)

앞의 위양성율과 재현율의 관계와 여러 임계치를 기준으로 변화를 시각화할 수 있다. 이를 ROC(Receiver Operating Curve)라고 한다. ROC에서 x축은 위양성율(FPR)을, y축은 재현율(TPR)을 배치한다.

ROC 곡선에서 AUC(Area Under the Curve)는 곡선 아래 면적을 의미한다. ROC 곡선에서 45도 직선은 레퍼런스 라인(참조선)을 0.5로 나타낼 수 있는데 이 라인보다 왼쪽 위로 곡선이 형성되어야 의미 있는 검사법이며, 1.0일때 가장 완벽해진다.

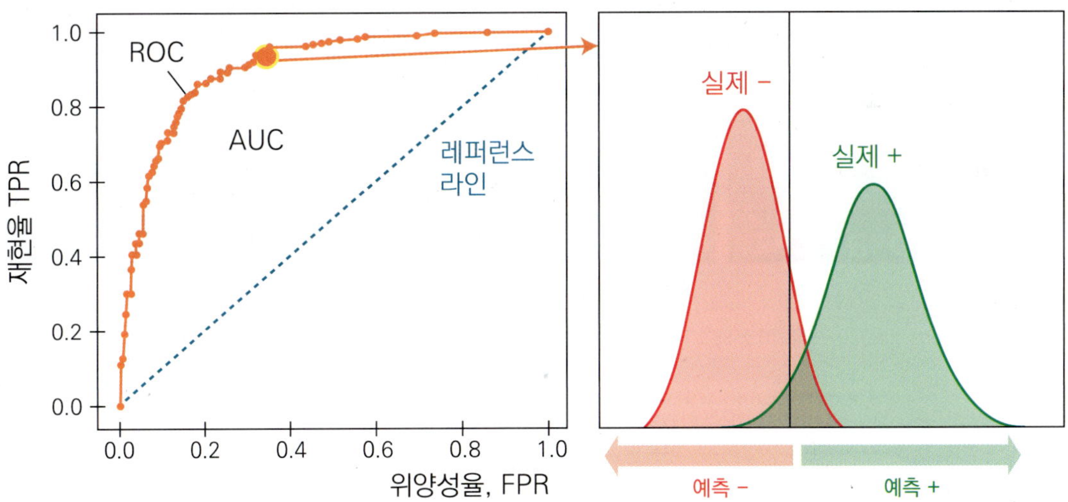

〈그림 5-2〉 ROC 곡선

제2절 로지스틱 예제

오렌지에 내장되어 있는 iris(붓꽃)를 이용하여 로지스틱 회귀분석을 실시해 보자. iris 데이터 세트는 영국의 통계학자이자 생물학자인 로널드 피셔(Ronald Fisher)가 1936년 논문 선형 판별 분석의 예로 분류 문제에서 다중 측정의 사용이라는 논문에서 사용하고 유명하게 만든 다변량 데이터 세트이다. 데이터 세트는 Iris 세 종(Iris setosa, Iris virginica 및 Iris versicolor) 각각의 50개 샘플로 구성되어 있다. 각 샘플에서 네 가지 특징, 즉 꽃받침과 꽃잎의 길이와 너비(센티미터 단위)를 측정했다. Fisher는 이러한 네 가지 특징의 조합을 기반으로 종을 서로 구별하는 선형 판별 모델을 개발했다. Fisher의 논문은 Annals of Eugenics(현재 Annals of Human Genetics)에 게재되었다.

〈그림 5-3〉 iris 종류

출처: https://rpubs.com/Jay2548/519589

〈표 5-3〉 iris 데이터 설명

sepal length	꽃받침의 길이 정보(단위: cm)
sepal width	꽃받침의 너비 정보(단위: cm)
petal length	꽃잎의 길이 정보(단위: cm)
petal width	꽃잎의 너비 정보(단위: cm)
iris	꽃의 종류 정보로 setosa / versicolor / virginica 의 세 종류로 구분됨

[1단계] 오렌지를 열고 Datasets 를 열고 iris 데이터를 지정한다.

[2단계] Datasets와 Data Table 위젯을 연결한다.

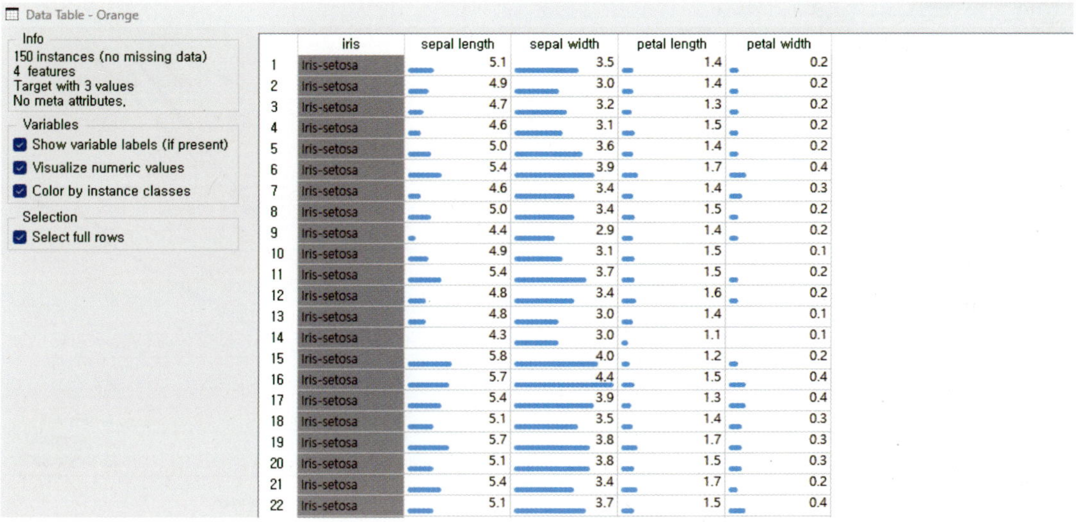

	iris	sepal length	sepal width	petal length	petal width
1	Iris-setosa	5.1	3.5	1.4	0.2
2	Iris-setosa	4.9	3.0	1.4	0.2
3	Iris-setosa	4.7	3.2	1.3	0.2
4	Iris-setosa	4.6	3.1	1.5	0.2
5	Iris-setosa	5.0	3.6	1.4	0.2
6	Iris-setosa	5.4	3.9	1.7	0.4
7	Iris-setosa	4.6	3.4	1.4	0.3
8	Iris-setosa	5.0	3.4	1.5	0.2
9	Iris-setosa	4.4	2.9	1.4	0.2
10	Iris-setosa	4.9	3.1	1.5	0.1
11	Iris-setosa	5.4	3.7	1.5	0.2
12	Iris-setosa	4.8	3.4	1.6	0.2
13	Iris-setosa	4.8	3.0	1.4	0.1
14	Iris-setosa	4.3	3.0	1.1	0.1
15	Iris-setosa	5.8	4.0	1.2	0.2
16	Iris-setosa	5.7	4.4	1.5	0.4
17	Iris-setosa	5.4	3.9	1.3	0.4
18	Iris-setosa	5.1	3.5	1.4	0.3
19	Iris-setosa	5.7	3.8	1.7	0.3
20	Iris-setosa	5.1	3.8	1.5	0.3
21	Iris-setosa	5.4	3.4	1.7	0.2
22	Iris-setosa	5.1	3.7	1.5	0.4

〈그림 5-4〉 Data Table

[결과설명] iris는 종속(target)변수이고 sepal length, sepal width, petal length, petal width이라는 독립변수(features)가 나타나 있다.

[3단계] Datasets와 Scatter Plot 위젯을 연결한다.

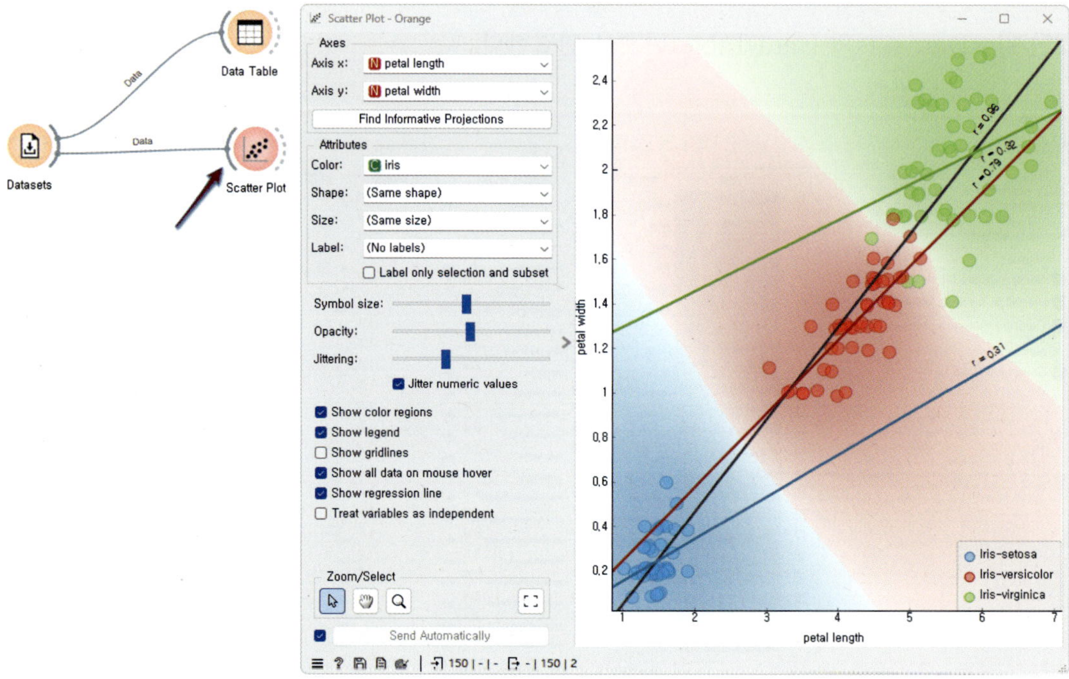

〈그림 5-5〉 산포도

[결과설명] 붓꽃은 petal length, petal width에 의해 setosa, versicolor, virginica로 종류가 구분되고 있다.

[4단계] Datasets와 Logistic Regression 위젯을 연결한다. 이어 Logistic Regression의 성능을 확인하기 위해서 Evaluate에서 Test and score를 클릭해서 연결한다. 또한 Datasets와 Test and score를 연결한다. 이어 Test and score를 더블 클릭한다.

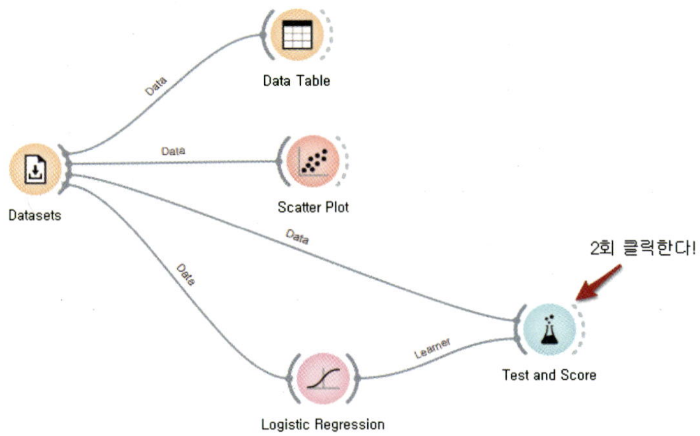

〈그림 5-6〉 Test and Score 연결

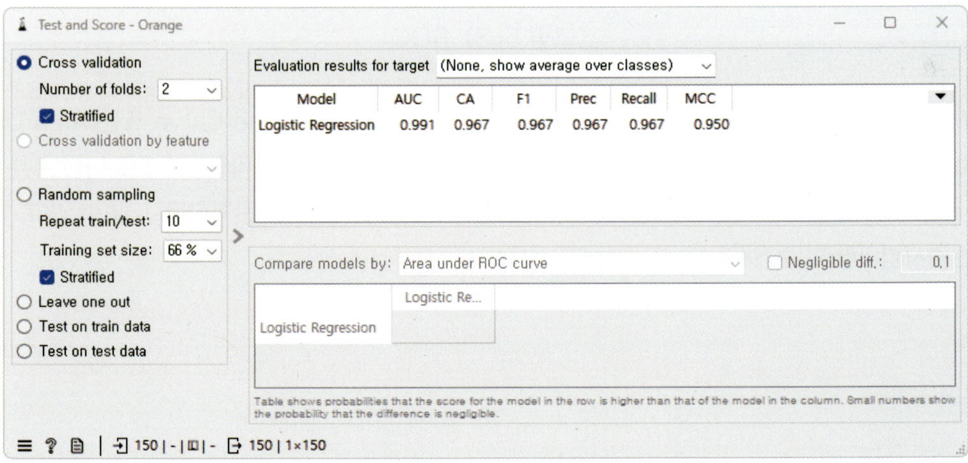

〈그림 5-7〉 평가 지표

[결과설명] Logistic Regression에서 AUC=0.991, CA=0.967, F1=0.967, Precision=0.967, Recall=0.967, MCC(Mathews Correlation Coefficient)=0.950임을 알 수 있다.

[5단계] 이어 Test and Score에 ROC Analysis와 Confusion Matrix 위젯을 연결한다.

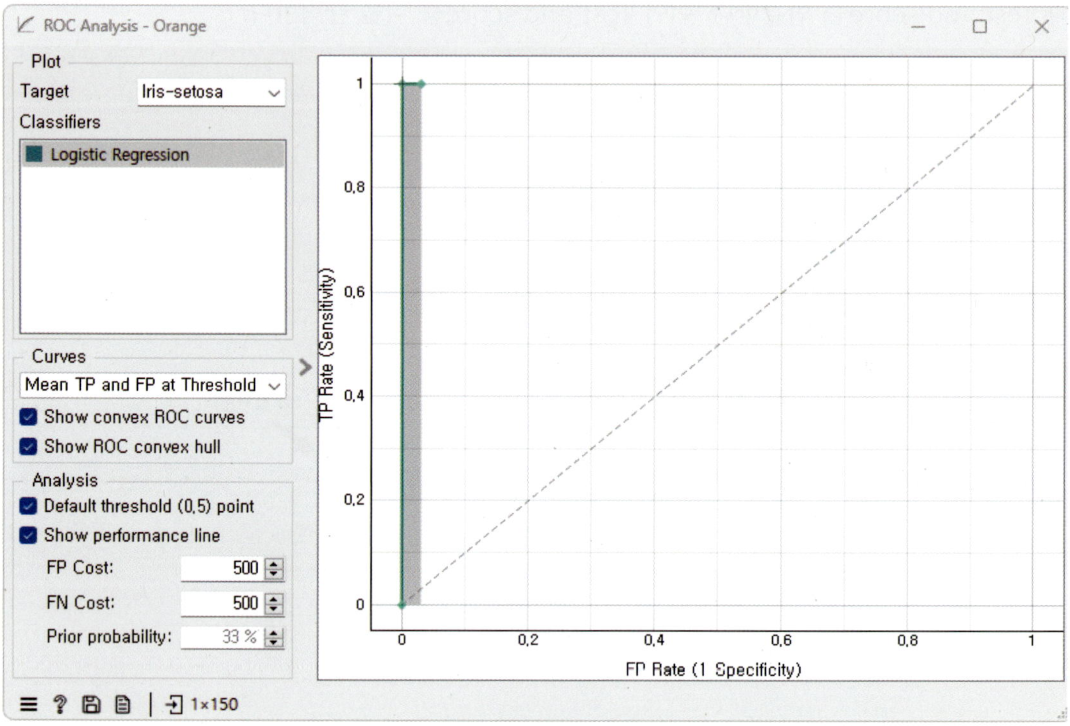

〈그림 5-8〉 ROC

[결과설명] 재현율과 위양성율 간의 ROC 곡선에서 AUC(Area Under the Curve 또는 Area Under the ROC Curve)가 표현되어 있다. ROC 곡선에서 45도 직선은 레퍼런스 라인을 0.5로 나타낼 수 있는데 이 라인보다 왼쪽 위로 곡선이 형성되어 있어 로지스틱회귀모델은 거의 완벽하다고 할 수 있다. 즉, 의미있는 검사법이라 할 수 있다.

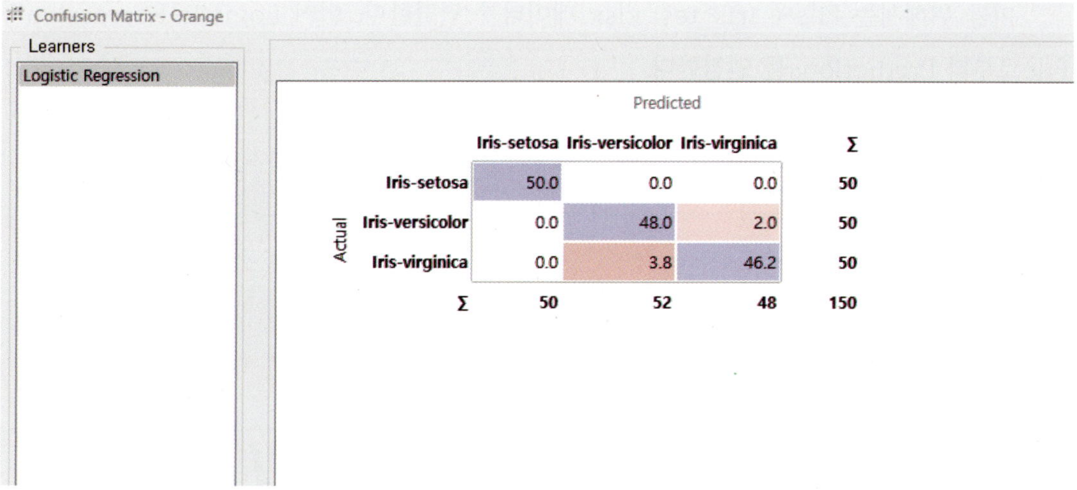

〈그림 5-9〉 혼동행렬

[결과설명] 예측과 실제에 해당하는 붓꽃의 수가 나타나 있다. setosa는 50개, versicolor는 48개, virginica는 46.2개이다. 컴퓨터가 분류한 것 중에서 실제도 동일한 것을 나타낸다.

[6단계] 이어 새로운 유보표본 3개의 붓꽃 데이터를 확보하여 붓꽃의 어느 품종에 해당하는지를 예측해 보자.

〈표 5-4〉 iris 유보표본

sepal length	sepal width	petal length	petal width
4.6	3.2	1.5	0.1
4.5	3.2	1.6	0.1
4.3	3.5	1.4	0.3

[데이터] iris_test.xlsx

이를 위해서는 File에 iris_test.xlsx 데이터를 연결한다. 이어 Logistic Regression과 File로부터 Predictions를 연결한다.

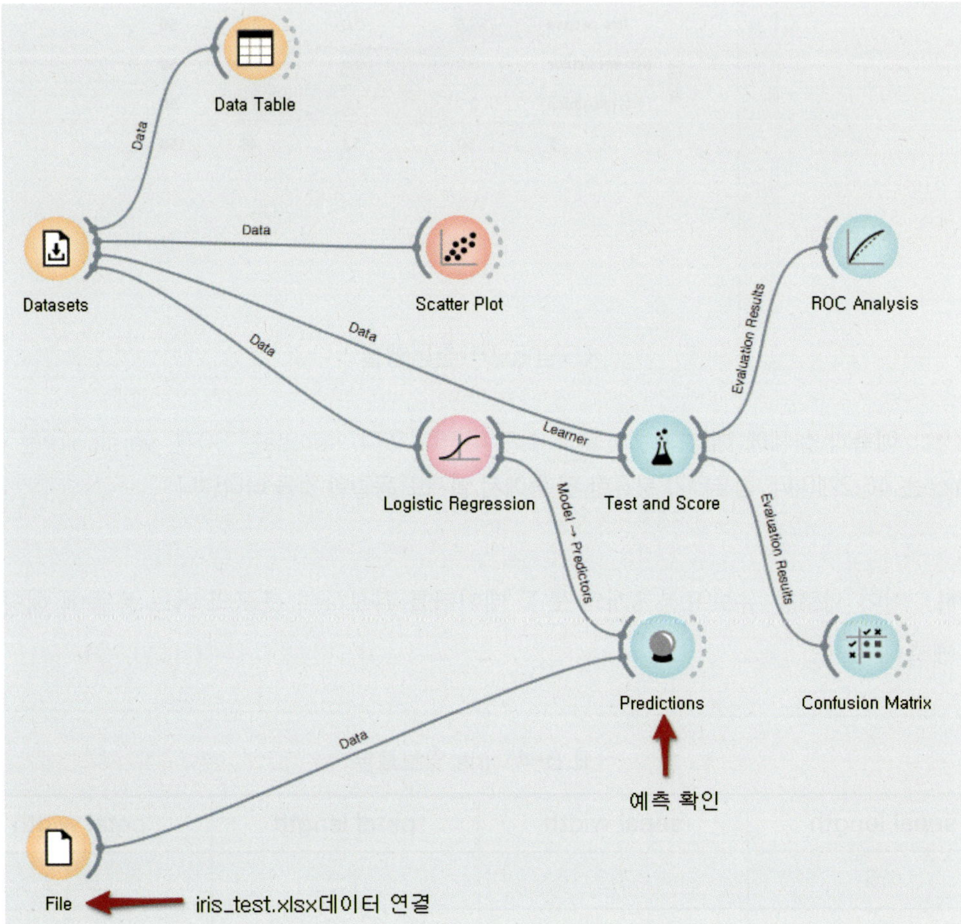

[데이터] ch51.ows

〈그림 5-10〉 iris 유보표본 연결

[7단계] 예측을 확인하기 위해서 Predictions를 클릭하면 〈그림 5-11〉과 같은 결과를 얻을 수 있다.

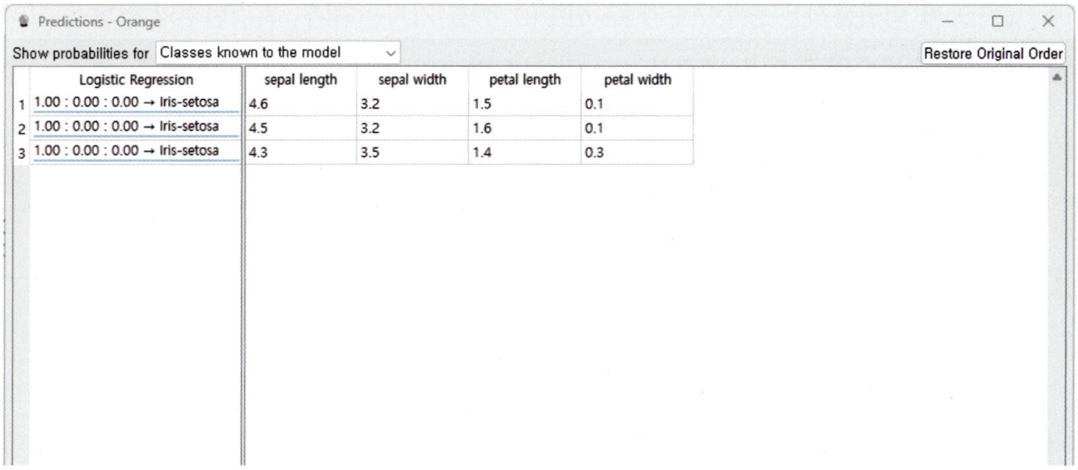

〈그림 5-11〉 iris 예측결과

[결과설명] 로지스틱 회귀분석 결과, 새로운 3개의 유보표본은 모두 setosa에 분류될 것으로 예측되었다.

정리

- 로지스틱 회귀분석은 종속변수가 두 범주(0, 1)를 가지는 경우, 독립변수의 영향을 고려하여 종속변수의 확률을 예측하는 회귀분석 방법으로 성공/실패, 질병 여부, 생존/사망 등 관련 분야 예측모델 개발에 많이 사용된다.
  - 의료: 질병 발생 가능성을 예측
  - 금융: 신용카드 부실 가능성을 예측
  - 마케팅: 고객의 구매 가능성을 예측
  - 보안: 사이버 공격의 발생 가능성을 예측
  - 로지스틱 회귀분석의 모델 $\mathrm{logit}(P(y=1)) = \beta_0 + \beta_1 x_1 + \beta_2 x_2 + \cdots + \beta_p x_p$
- 로지스틱회귀에서는 데이터에 로지스틱 함수(시그모이드 함수)를 적합하기 위해서 최대우도법(MLE)을 통해서 β를 추정한다.
- 로지스틱 회귀분석에서 아드(odds)는 $\mathrm{odds}(y=1) = \frac{p(Y=1)}{1-p(Y=1)}$을 사용하여 결과 확률이 전환될 것을 말한다. 여기서 $p(\frac{1}{3}) = 1:2$ 아드이다. 비표준화 계수는 아드와 관련이 있는데 x_1의 1단위 증가가 e^{β_1}에 의한 아드에 영향을 주는 선형관계를 말한다.
- 로지스틱 회귀 성능 지표는 혼동행렬을 통해서 계산할 수 있다. 혼동행렬은 각 테스트 데이터에 대한 예측 결과물을 참 양성(True Positive), 참 음성(True Negative), 거짓 양성(False Positive), 거짓 음성(False Negative)의 네 가지 관점에서 분류하고 각각에 해당하는 예측 결과의 개수를 정리한 표이다.

혼동행렬

실제결과 \ 예측결과		예측 클래스 P(+)	예측 클래스 N(−)
실제 클래스	P(+)	TP(True Positive)	FN(False Negative) 2종 오류
	N(−)	FP(False Positive) 1종 오류	TN(True Negative)

- 정확도(Accuracy, CA) = $\frac{TP + TN}{TP + FP + FN + TN}$, 모델이 실제 True를 True라고, 실제 False를 False(음성)라고 예측한 것의 비율(전반적인 모델 성능 평가)
- 특이도(specificity) = $\frac{TN}{TN + FP}$
- 정밀도(Precision) = $\frac{TP}{TP + FP}$, 모델이 True라고 분류한 것 중에서 실제 True인 것의 비율(양성 예측을 얼마나 정확하게 했는가?)
- 재현율(Recall, TP rate, Sensitivity) = $\frac{TP}{TP + FN}$, 실제 True인 것 중에서 모델이 True라고 예측한 것의 비율
- F값(F1 score) = $\frac{2 \times Recall \times Precision}{Recall + Precision}$, 정밀도와 재현율의 조화평균
- 위양성율(fall-out, FP rate) = $\frac{FP}{FP + TN}$ (낮을수록 좋음), 실제 False인 것 중에서 모델이 True라고 예측한 비율

또한 위양성율과 재현율의 관계와 여러 임계치를 기준으로 변화를 시각화 ROC (Receiver Operating Curve)로 모델을 평가한다. ROC에서 x축은 위양성율(FPR)을, y축은 재현율(TPR)을 배치한다. ROC 곡선에서 AUC(Area Under the Curve)는 곡선 아래 면적을 의미한다. ROC 곡선에서 45도 직선은 레퍼런스 라인을 0.5를 나타낼 수 있는데 이 라인보다 왼쪽 위로 곡선이 형성되어야 의미 있는 검사법이며, 1.0일때 가장 완벽해진다.

연습문제

1. 다음 자료를 이용하여 지시문에 따라 분석을 실시하고 유보표본 데이터를 이용하여 결과를 분석해 보자.

데이터:	company.csv
변수설명) com :	0 부도기업, 1 건전기업
	x1(매출액순이익률) = (순이익/매출액) × 100
	x2(유동비율) = (유동자산/유동부채) × 100
	x3(부채비율) = (타인자본/자기자본) × 100

(1) company.csv 데이터를 이용하여 com=f(x1, x2, x3)의 로지스틱 회귀분석을 실시해 보자. 그리고 로지스틱 회귀모델을 평가해 보자.

(2) 다음 유보 데이터를 분석하였을 경우, 0(부도기업), 1(건전기업)으로 분류될 것인지를 예측해 보자.

x1	x2	x3
4	100	200
−1	110	330

[데이터] company_test.xlsx

제6장 kNN

제1절 kNN 개념

kNN(k-Nearest Neighbors)은 분류 및 회귀 작업 모두에 사용할 수 있는 간단하고 강력한 지도형 기계 학습 알고리즘이다. kNN은 유사한 데이터 포인트는 유사한 결과를 갖는 경향이 있다는 생각에 기초한다.

일반적으로 분류 및 예측을 위한 모델을 모델 기반 학습(model-based learning)과 인스턴스 기반 학습(instance-based learning)으로 구분할 수 있다. 하나는 모델 기반 학습이다. 이는 데이터로부터 모델을 생성하여 분류/예측을 진행하는 것이다. 이는 먼저 데이터로부터 f(x)의 분류/예측모델을 찾은 다음 새로운 속성 데이터(x_n)을 연결하여 새로운 Y_{new}를 얻는 것이다. 반면에 인스턴스 기반 학습은 k-Nearest Neighbor 또는 Locally weighted regression 등이 해당되는데 이는 별도의 모델 생성 없이 인접 데이터를 분류/예측에 사용한다. 즉, 인접 데이터(X_s)가 새로운 데이터(X_{new})의 분류와 예측에 사용된다.

kNN의 작동 방식은 훈련, 예측, 분류, 회귀 목적에 있다. 훈련 단계에서 kNN은 단순히 전체 훈련 데이터 세트를 저장한다. 명시적인 학습이나 모델 구축을 수행하지는 않는다. 예측 관련하여 새로운 데이터 포인트가 들어오면 kNN은 새 포인트와 훈련 세트의 모든 포인트 사이의 거리를 계산한다. 그런 다음 새 지점에 가장 가까운 k개의 이웃을 식별한다. 분류 작업의 경우 kNN은 k개의 가장 가까운 이웃 중 다수 클래스를 기반으로 새로운 점의 클래스를 예측한다. 회귀 작업의 경우 kNN은 k개의 가장 가까운 이웃 값의 평균을 기반으로 새로운 점의 값을 예측한다.

kNN의 주요 매개변수인 k는 고려해야 할 가장 가까운 이웃의 수를 말한다. 이는 kNN에서 가장 중요한 매개변수로 알고리즘의 정확도와 성능에 큰 영향을 미친다. k값을 작게 선택하면 과적합이 발생할 수 있고, k값을 크게 선택하면 과소적합이 발생할 수 있다.

kNN거리 측정은 두 데이터 포인트 간의 유사성을 측정한 것으로 유클리드 거리, 맨해튼 거리, 코사인 유사성이 포함된다.

유클리디안 거리는 두 점 사이의 직선거리를 측정하는 방법이다. 두 점의 좌표가 (x1, y1), (x2, y2)라고 하면, 유클리디안 거리는 다음과 같이 계산한다.

$$\text{유클리디안 거리(ED)} = \sqrt{\sum_{i=1}(x_1 - x_2)^2 + (y_1 - y_2)^2} \qquad \text{(식 6-1)}$$

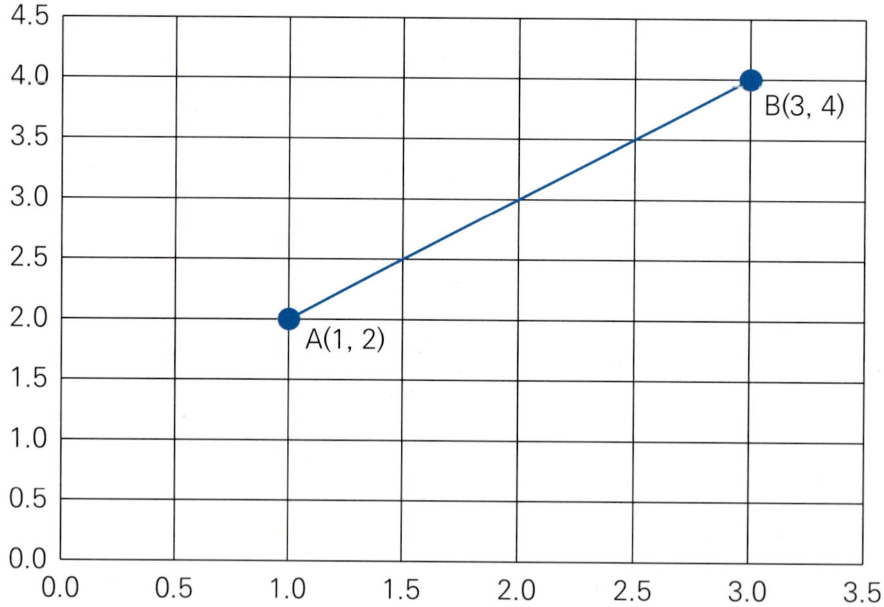

〈그림 6-1〉 좌표 A(1, 2)와 B(3,4)

예) (1, 2)와 (3,4) 사이의 유클리디안 거리

$$\sqrt{\sum_{i=1}(1-3)^2+(2-4)^2}=2\sqrt{2}$$

맨해튼 거리는 두 점 사이의 좌표 차의 절대값의 합으로 측정하는 방법이다. 두 점의 좌표가 (x1, y1)과 (x2, y2)라고 하면, 맨해튼 거리는 다음과 같이 계산한다.

$$d = |x1 - x2| + |y1 - y2| \quad \text{(식 6-2)}$$

(1, 2)와 (3, 4) 사이의 맨해튼 거리는 4이다.

$$d = |1 - 3| + |2 - 4| = 2 + 2 = 4$$

코사인 유사성(cosine similaity) 거리는 두 벡터의 방향이 얼마나 유사한지를 측정하는 방법이다. 두 벡터의 벡터 내적을 두 벡터의 크기로 나눈 값으로 계산된다.

$$\cos(a, b) = \frac{\langle a, b\rangle}{||a||\ ||b||} = \frac{\sum_i^n a_i b_i}{\sqrt{\sum_i^n a_i^2}\sqrt{\sum_i^n b_i^2}} \quad \text{(식 6-3)}$$

주어진 두 점 (1, 2)와 (3, 4)를 벡터로 표현하면 a = (1, 2), b = (3, 4)이다.
이 벡터를 이용하여 코사인 유사도를 계산하면 다음과 같다.

$$\cos(a, b) = \frac{\langle a, b\rangle}{||a||\ ||b||} = \frac{(1 \cdot 3)(2 \cdot 4)}{\sqrt{1^2+2^2} \cdot \sqrt{3^2+4^2}} = \frac{11}{25} = 0.44\text{이다.}$$

여기서, 코사인 유사도는 $-1 \le \cos(a, b) \le 1$의 구간에 있으며 코사인 유사도가 -1인 경우는 두 벡터가 서로 반대로 평행한 경우이고 0일 때는 직교하는 상황이고 1인 경우는 같은 방향으로 평행인 경우이다. 이렇듯 코사인 유사도가 높다는 것은 벡터가 비슷한 경우로 서로 닮은 형태라고 할 수 있다.

kNN의 장점은 간단하고 구현하기 쉽다는 데 있다. kNN은 가장 간단한 기계 학습 알고리즘 중 하나이다. 최소한의 매개변수 조정이 필요하며 모든 프로그래밍 언어를 사용하여 쉽게 구현할 수 있다. kNN이 어떻게 예측을 하는지 이해하기 쉽기 때문에 해석도 큰 무리없이

할 수 있다. kNN은 분류 및 회귀 작업 모두에 사용할 수 있다는 장점이 있다. 또한 데이터에 대해 훈련이 필요한 다른 알고리즘과 달리 kNN에는 명시적인 훈련 단계가 필요하지 않다. 따라서 데이터가 지속적으로 변경되거나 사용 가능한 데이터 양이 적은 상황에서 좋은 선택이 될 수 있다.

kNN은 장점만 있는 것이 아니다. 단점도 존재한다. kNN은 전체 교육 데이터 세트를 메모리에 저장하므로 많은 메모리가 소요되어 대규모 데이터 세트의 경우 문제가 될 수 있다. 새로운 데이터 포인트의 클래스를 예측하려면 훈련 세트의 모든 데이터 포인트까지의 거리를 계산해야 하며, 이는 대규모 데이터 세트의 경우 계산 비용이 많이 들 수 있다. kNN은 성능에 영향을 미칠 수 있는 데이터의 관련 없는 기능에 민감하기도 한다. kNN은 '차원의 저주'로 인해 고차원 데이터를 처리할 때 효율성이 떨어질 수 있어 고차원 데이터에 적합하지 않을 수 있다.

그럼에도 불구하고 kNN의 응용 분야는 이미지 인식분야, 자연어 처리, 추천 시스템, 사기 탐지 등 다양하다.

- 이미지 인식: kNN은 손으로 쓴 숫자나 다른 유형의 이미지를 인식하는 데 사용할 수 있다.
- 자연어 처리: kNN은 텍스트 분류 및 감성 분석과 같은 작업에 사용될 수 있다.
- 추천 시스템: kNN은 사용자에게 제품, 영화 또는 기타 항목을 추천하는 데 사용될 수 있다.
- 사기 탐지: kNN은 금융 데이터에서 사기 거래를 탐지하는 데 사용될 수 있다.

제2절 영화평점 예측모델

[예제] 〈표 6-1〉은 영화관을 방문한 고객에게 영화에 대하여 평점(1=매우 추천 못함, 10=매우 적극 추천함)을 매기도록 한 데이터이다. 기존 영화평점 데이터를 확인하고 kNN으로 학습한 다음 새로운 데이터(표 6-2)에 등장하는 g, h, i라는 사람의 영화평점을 토대로 서울의 봄에 대한 영화평점을 예측해 보자.

〈표 6-1〉 영화평점 데이터

사람	기존 영화						신규 개관 영화
	명랑	신과함께	극한직업	국제시장	어벤져스	다이하드	서울의 봄
a	7.5	7.5	7	9.5	8.5	8.5	5
b	7.5	7	7.5	8	9	7	7
c	8	6	7	7	6	7	8
d	6	7	8	9	9	6	8
e	10	8	9	6	7	8	9
f	9	9	8	8	8	8	10

[데이터] movie.xlsx

〈표 6-2〉 데이터 영화평점

사람	명랑	신과함께	극한직업	국제시장	어벤져스	다이하드
g	9	9	8	8	9	10
h	8	9	10	9	9	9
i	10	10	9	10	10	10

[데이터] new_movie.xls

[1단계] kNN을 이용한 영화평점을 예측하기 위해서 〈그림 6-2〉와 같은 워크 플로우를 작성한다.

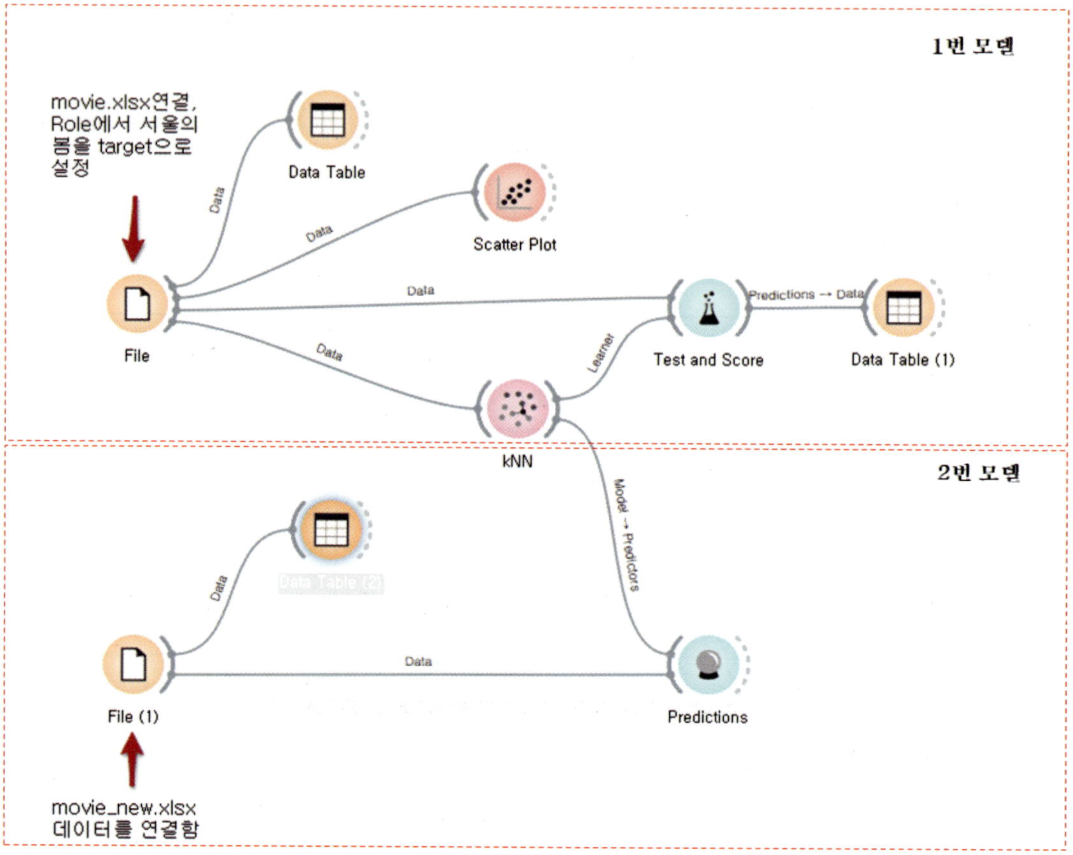

[데이터] movie.ows

〈그림 6-2〉 워크 플로우 작성

[2단계] 1번 모델의 데이터 파일에는 movie.xlsx 파일을 연결한다. 여기서 여기서 서울의 봄을 target으로 설정하는 것을 잊으면 안 된다. 이어 Scatter Plot 연결하고 확인한다.

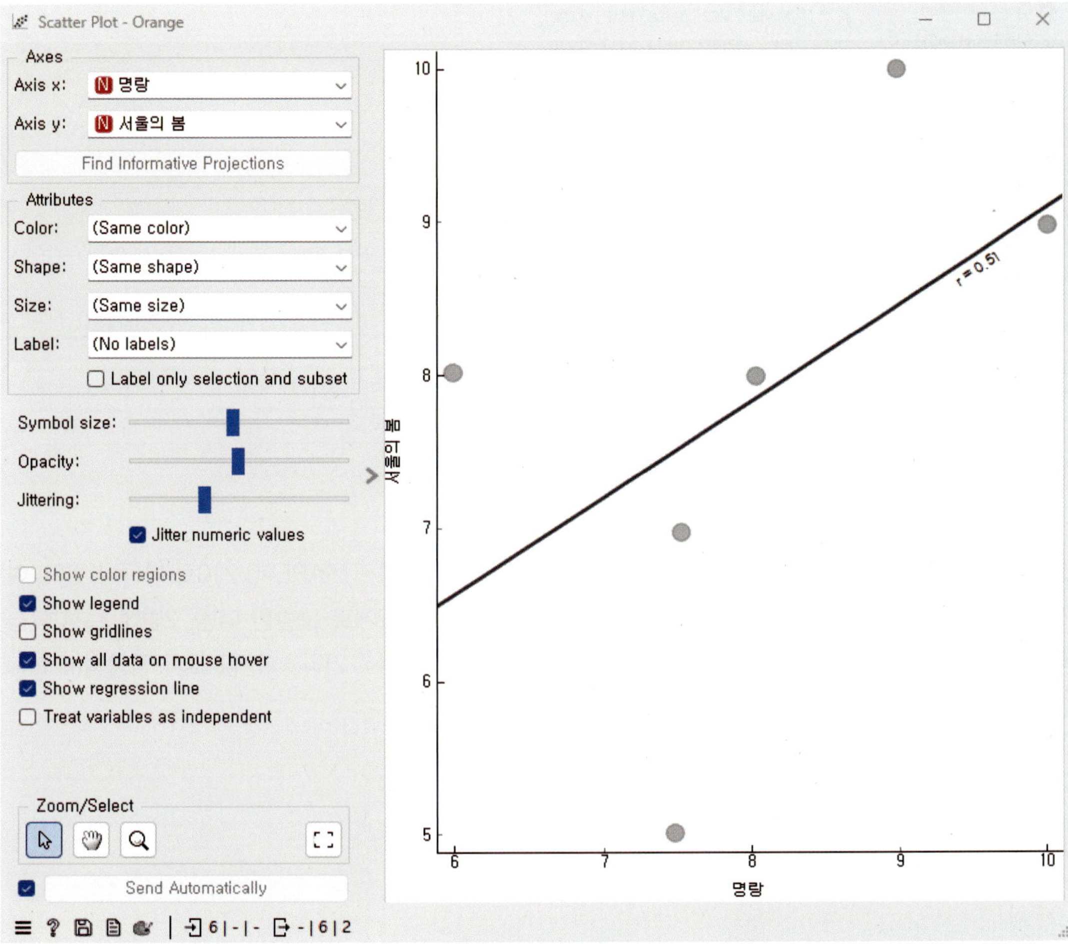

〈그림 6-3〉 산포도

[결과설명] x축에는 명량을, y축에는 서울의 봄을 배치하고 시각화한 것이다. 이들의 상관계수(r)는 0.51임을 알 수 있다. 분석자는 x축과 y축의 내용을 달리하면서 상관성을 확인할 수 있다.

[3단계] kNN을 연결하고 Test and Score를 확인한다.

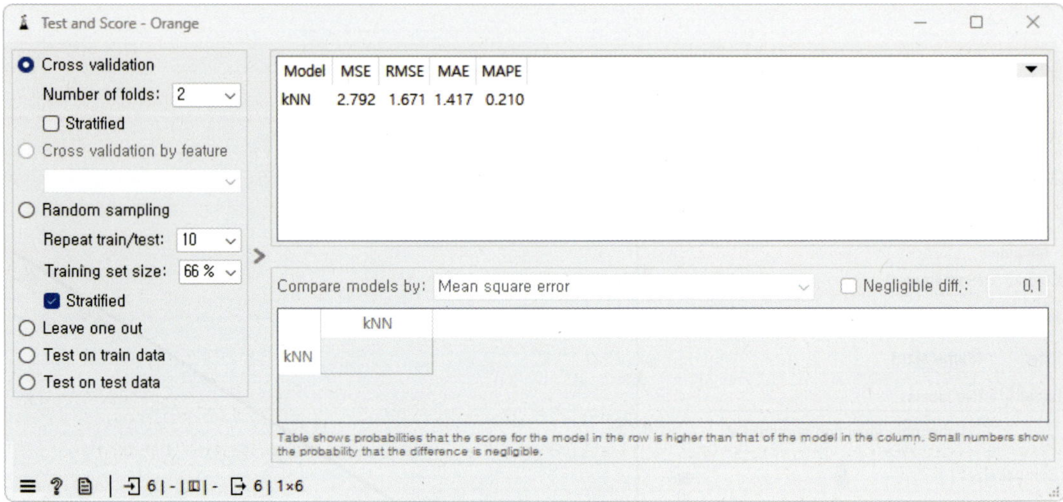

〈그림 6-4〉 kNN결과

[결과설명] kNN의 결과는 MSE=2.792, RMSE=1.671, MAE=1.417, MAPE=0.210로 나타나 있다. 여기서 Cross validation은 모델을 검정하기 위해서 데이터 세트를 2개로 분할한 다음, 2번에 걸쳐 학습 데이터와 테스트 데이터의 조합을 바꿔쓰는 방법(Number of folds, 2)인 k-분할 교차 검증법(k-fold cross validation)을 사용하였다.

[4단계] Test and Score와 연결된 Data Tables (1)을 더블 클릭한다.

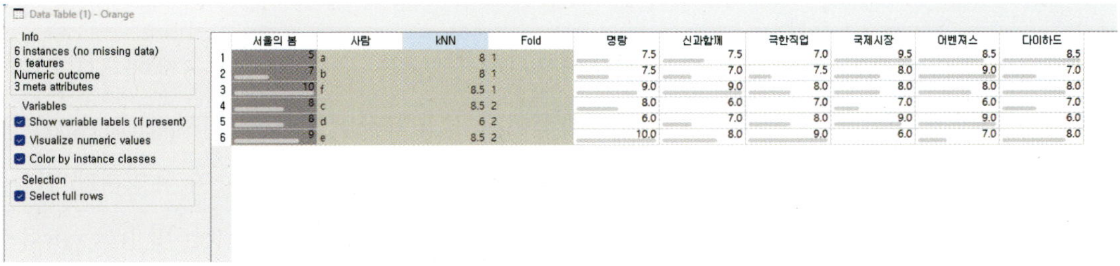

〈그림 6-5〉 결과창

[결과설명] 6명의 인스턴스가 나타나 있고 6개의 변수(명량, 신과함께, 극한직업, 국제시장, 어벤저스, 다이하드)가 나타나 있다. 수치형 성과변수(numeric outcome)인 서울의 봄에 대한 값과 3개의 메타 속성(사람, kNN, Fold)이 나타나 있다. 메타 속성은 본 분석에는 사용되지 않지만 참고가 되는 변수를 말한다.

[5단계] 2번 모델 데이터 파일에는 new_movie.xls 파일을 연결한다. 예측을 위해서 Data Files (1)과 Predictions, kNN과 Predictions를 연결한다.

〈그림 6-6〉 예측_결과창

[결과설명] g, h, i의 인스턴스의 경우는 각각 1, 2, 3으로 표기되어 있고 서울의 봄 영화에 대한 평점은 각각 8점으로 예측되어 있음을 알 수 있다.

제3절 iris 예제

오렌지에 내장되어 있는 iris(붓꽃)데이터를 이용하여 kNN을 실시해 보자. 5장에서도 설명했지만 아이리스 데이터 세트는 영국의 통계학자이자 생물학자인 로날드 피셔(Ronald Fisher)가 1936년 '다중 측정의 사용'이라는 논문에서 선형 판별 분석의 예로 사용하여 유명하게 만든 다변량 데이터 세트이다. 데이터 세트는 Iris 세 종(Iris setosa, Iris virginica 및 Iris versicolor) 각각의 50개 샘플로 구성되어 있다. 각 샘플에서 네 가지 특징, 즉 꽃받침과 꽃잎의 길이와 너비(센티미터 단위)를 측정했다. Fisher는 이러한 네 가지 특징의 조합을 기반으로 종을 서로 구별하는 선형 판별 모델을 개발했다.

〈그림 6-7〉 iris 종류

출처: https://rpubs.com/Jay2548/519589

〈표 6-3〉 iris 데이터 설명

sepal length	꽃받침의 길이 정보(단위: cm)
sepal width	꽃받침의 너비 정보(단위: cm)
petal length	꽃잎의 길이 정보(단위: cm)
petal width	꽃잎의 너비 정보(단위: cm)
iris	꽃의 종류 정보로 setosa / versicolor / virginica 의 3종류로 구분됨

[1단계] 앞 5장에서 다룬 ch51.ows 파일을 다른 이름으로 저장하기(File → Save as)를 누르고 ch61.ows로 저장한다. 이어 kNN과 Test and Score, kNN과 Predictions를 연결한다.

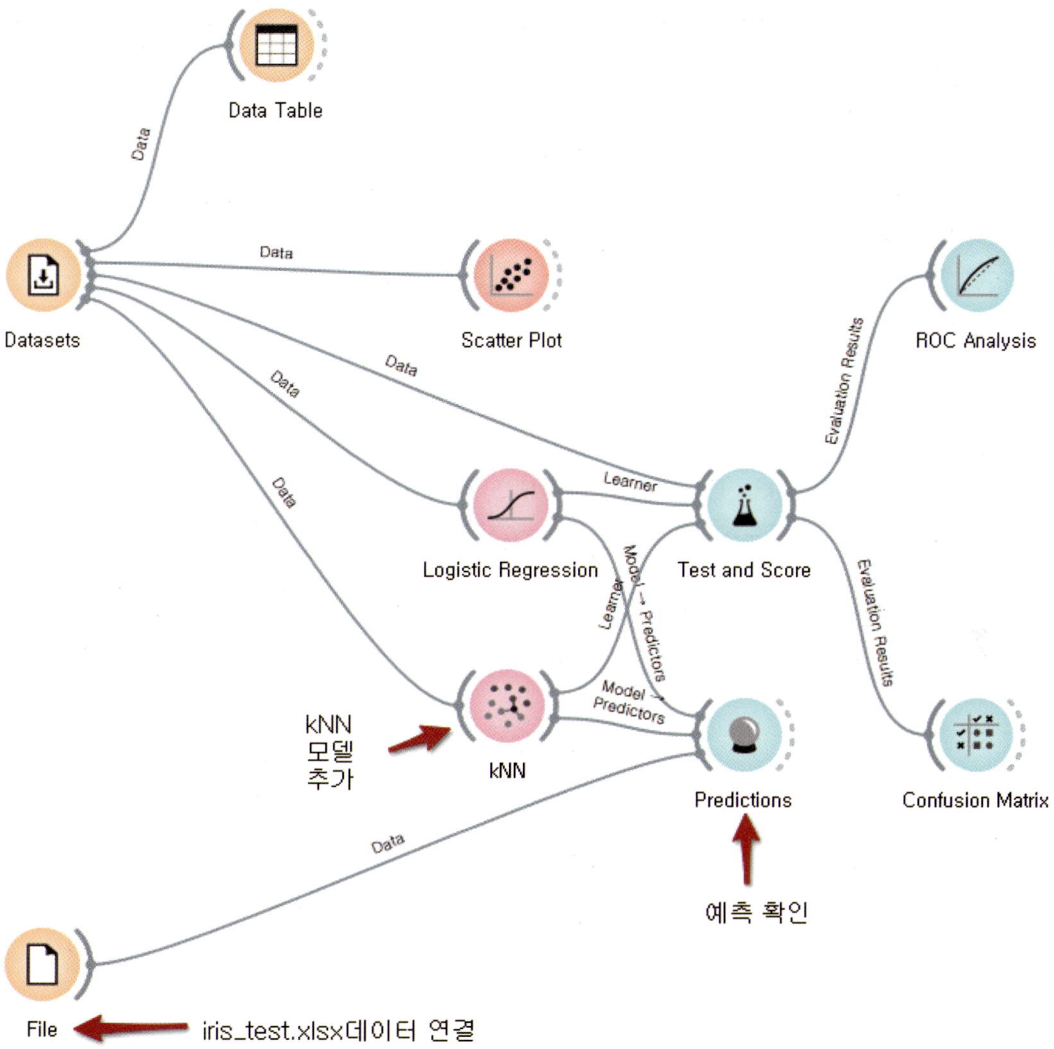

[데이터] ch61.ows

〈그림 6-8〉 워크 플로우

[2단계] Test and Score를 누른다.

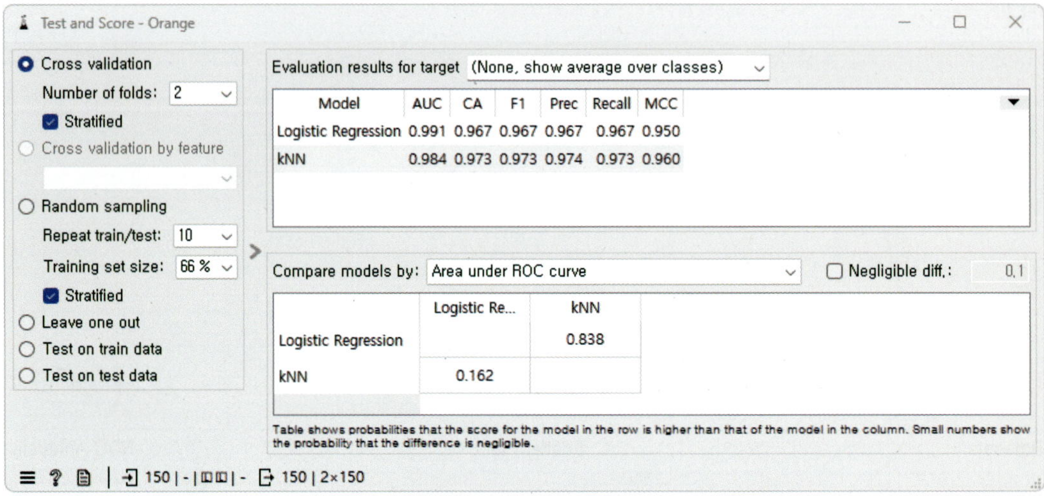

〈그림 6-9〉 워크 플로우

[결과설명] kNN은 AUC=0.984, CA=0.973, F1=0.973, Precision=0.974, Recall=0.973, MCC=0.960로 로지스틱 회귀의 결과보다 모델이 우수함을 알 수 있다.

[3단계] ROC Analysis를 누르면 〈그림 6-10〉과 같은 결과를 얻을 수 있다.

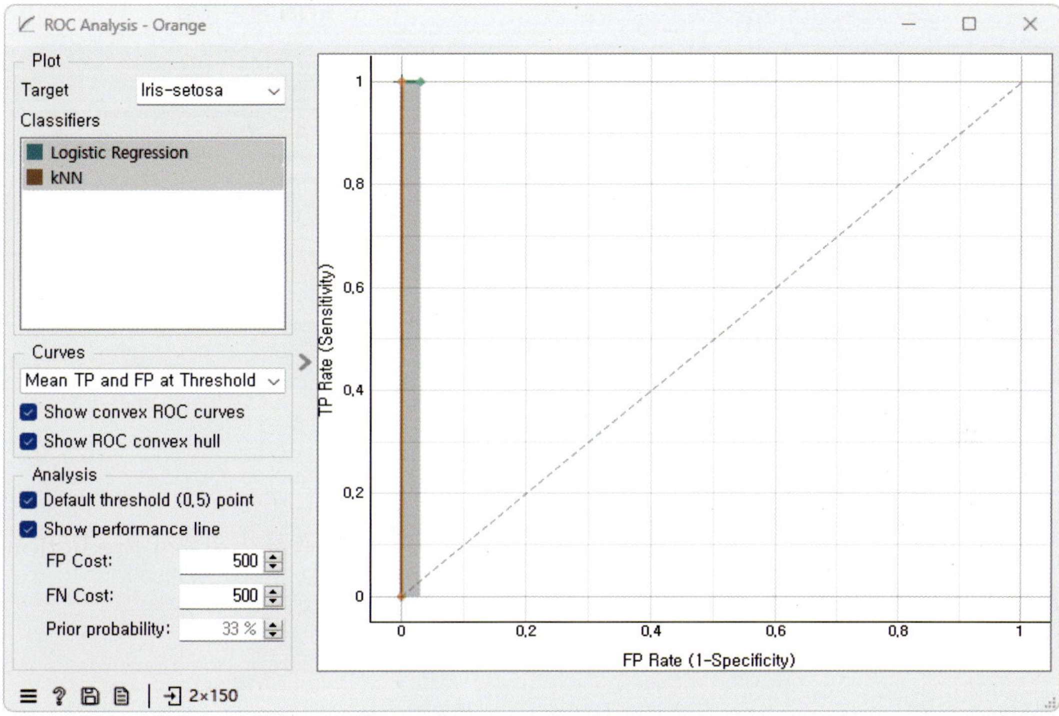

〈그림 6-10〉 ROC결과 분석

[결과설명] kNN과 로지스틱 회귀분석(Logistic Regression)의 ROC 결과가 색깔을 달리해서 나타나 있다. 분석자는 Target 변수의 처리수준(setosa, versicolor, virginica)을 달리하면서 ROC결과를 확인할 수 있다. setosa, virginica의 예측 정확도가 versicolor에 비해 상대적으로 높음을 확인할 수 있다.

[4단계] 이어 Confusion Matrix를 누른다.

로지스틱회귀 혼동행렬

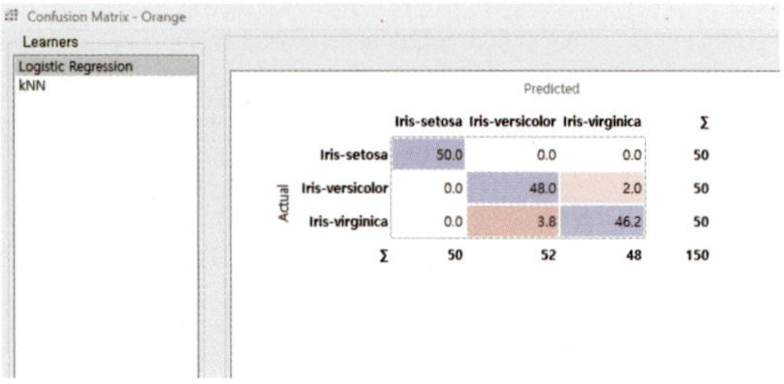

kNN 혼동행렬

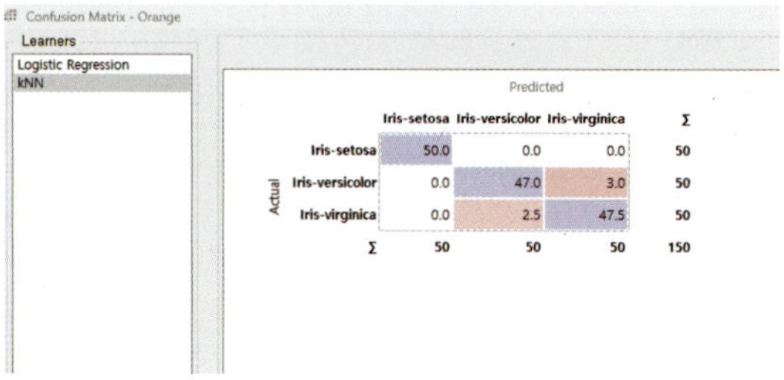

〈그림 6-11〉 혼동행렬

[결과설명] 로지스틱회귀 혼동행렬과 kNN 혼동행렬이 나타나 있다.

[5단계] iris_test.xlsx 데이터 연결을 통해서 붓꽃의 종류를 예측하기 위해서 Predictions를 연결하고 확인한다.

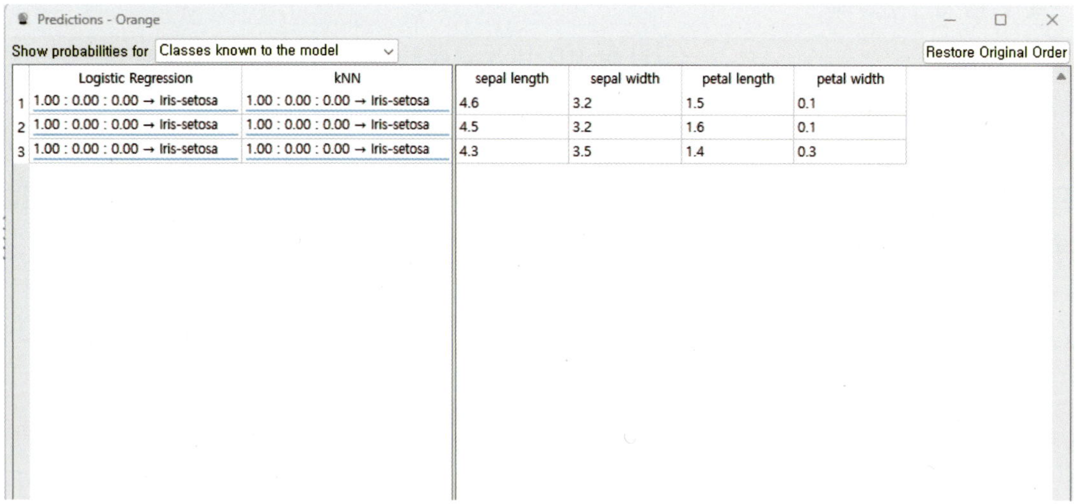

〈그림 6-12〉 예측행렬

[결과설명] 3개가 유보표본에 대한 Logistic Regression과 kNN 모델 적용 시 모두 setosa로 분류될 것임을 예측할 수 있다.

정리

- kNN은 매우 단순한 접근방식으로 새로운 관측치를 분류 및 예측할 수 있는 방법이다.
- 분류 및 예측을 위한 모델을 모델 기반 학습(model-based learning)과 인스턴스 기반 학습(instance-based learning)으로 구분할 수 있다. 하나는 모델 기반 학습이다. 이는 데이터로부터 모델을 생성하여 분류/예측을 진행하는 것이다. 이는 먼저 데이터로부터 f(x)의 분류/예측모델을 찾은 다음 새로운 속성 데이터(x_n)을 연결하여 새로운 Y_{new}를 얻는 것이다. 반면에 인스턴스 기반 학습은 K-nearest neighbor 또는 Locally weighted regression 등이 해당되는데 이는 별도의 모델 생성 없이 인접 데이터를 분류/예측에 사용한다. 즉, 인접 데이터(Xs)가 새로운 데이터(X_{new})의 분류와 예측에 사용된다.
- 선형모델과 같이 학습 데이터로부터 특정 형태의 모델을 제시하는 것이 아니라 학습 데이터 내 유사한 관측치들을 토대로 새로운 데이터의 예측을 수행한다.
- 일부 유사한 관측치의 반응변수의 조합(평균, 다수 투표)을 통하여 예상되는 반응변수 값을 제공한다.
- 가중 kNN(Weighted kNN) 알고리즘으로 데이터의 가중치를 고려할 수 있으며, 이를 통해 보다 정확한 모델을 개발할 수 있다.

연습문제

1. 다음은 유전자 A, 유전자 B, 유전자 C, 유전자 D정보를 이용하여 환자상태를 나타낸 것이다.

사람	유전자 A	유전자 B	유전자 C	유전자 D	환자상태
A	3.87	3.56	4.25	3.65	질병
B	3.55	3.91	2.68	4.22	질병
C	4.12	2.86	3.3	3.71	질병
D	2.76	4.17	5.63	3.28	정상
E	8.12	3.87	3.84	3.04	정상
F	2.53	4.33	3.99	2.57	정상

[데이터] exch6.xlsx

2. kNN을 이용하여 다음 정보를 이용하여 환자상태를 예측해 보자.

사람	유전자 A	유전자 B	유전자 C	유전자 D
G	3.87	3.56	4.25	3.65

[데이터] ex_new_ch6.xlsx

제7장 의사결정나무

제1절 의사결정나무 정의

의사결정나무(Decision Tree)는 데이터에 내재되어 있는 패턴을 변수의 조합으로 예측 또는 분류의 모델을 나무형태로 나타내는 방법이다. 이는 질문을 던져서 맞고 틀리는 것에 따라 우리가 생각하고 대상을 좁혀나가는 스무고개 놀이와 비슷한 것이라고 할 수 있다. 이 스무고개를 수학적인 알고리즘으로 모델링한 것이 Akinator 게임(https://kr.akinator.com/)인데 이를 실행해 보면 의사결정나무의 기본 로직을 이해하는데 도움이 될 것이다.

데이터를 분석하여 분류(classification) 및 회귀(regression) 분석을 수행하는 데 사용되는 간단하고 직관적인 모델링 도구가 의사결정나무라고 할 수 있다. 의사결정나무(decision tree)는 여러 가지 규칙을 순차적으로 적용하면서 독립변수 공간을 분할하는 분류 모델이다. 분류와 회귀 분석에 모두 사용될 수 있기 때문에 CART(Classification and Regression Trees)라고 부르기도 한다. 의사결정나무는 데이터를 분할하여 각 단계에서 가장 중요한 데이터 요소(독립변수)를 찾고, 이를 기반으로 데이터를 분류하는 방식으로 작동한다. 즉, 독립변수 내의 값을 경계로 데이터를 분할하여 데이터가 속한 클래스를 결정하는 방식이 의사결정나무이다. 의사결정나무는 일반인이 사용하는 if-else 문 집합으로 조건이 참인지 확인하고, 그렇다면 해당 결정에 연결된 다음 노드로 이동한다.

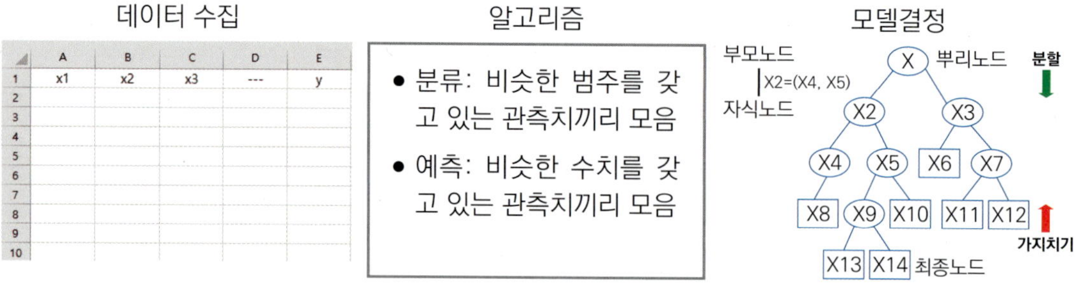

〈그림 7-1〉 의사결정나무 분석절차

의사결정나무의 기본 절차는 데이터(data) 수집, 알고리즘 결정, 모델결정의 순서로 진행하면 된다. 데이터 수집은 양질의 독립변수(x1, x2, …, xn)와 종속변수(y)을 결정하는 것이다. 알고리즘은 데이터를 2개 이상의 부분집합으로 분할하는 것으로 분류 방법과 예측 방법이 있다. 분류는 비슷한 범주(클래스)를 갖고 있는 관측치끼리 모으는 것을 말한다. 예측은 비슷한 수치를 보이는 관측치끼리 모으는 것이라고 할 수 있다. 모델결정은 뿌리 마디와 끝마디를 결정하고 결과를 해석하는 단계이다.

의사결정나무는 분류 문제에 대한 예측 결과를 해석하기 쉽고 직관적으로 제공하며, 이를 통해 비전문가도 이해하기 쉽다. 또한, 특성 선택 및 전처리가 필요하지 않으며, 대규모 데이터 세트에서도 처리가 가능하다. 그러나, 과적합(overfitting) 문제가 발생할 수 있으며, 이를 해결하기 위해서는 가지치기(pruning) 방법이 필요하다.

예측을 위한 회귀용 CART는 SSE(Sum of Squared Error)를 최소화하여 데이터를 하위 영역으로 분할하고 리프(잎) 노드의 평균값을 예측한다. 손실을 최소하는 복잡성 매개변수(CP: complexity parameter)가 작은 곳에서 분지가 나누어진다.

분류를 위한 CART는 불순도(impurity)의 총합을 줄여준다. 여기서 $\hat{p}_i$는 i항목에서 한 표본일 확률을 말한다. 불순도 확률의 최대치는 0.5이다.

- 지니 불순도(Gini Impurity) = $1 - \sum(\hat{p}_i)^2$
- 손실 함수(cross entropy) = $-\sum(\hat{p}_i)\log2(\hat{p}_i)$

마디 노드에서 CART는 거짓음성과 거짓양성 비용이 동일한 것을 추정하여 가장 빈번한 항목을 예측한다. 분기 프로세스는 다중공선성(multicollinearity)과 이상치(outlier)를 조정한다.

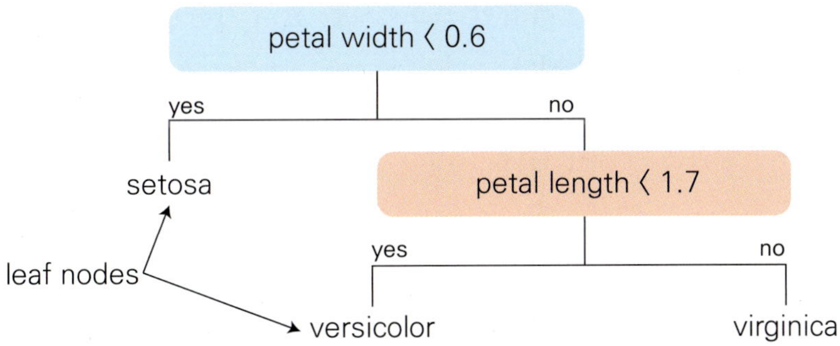

〈그림 7-2〉 예측 회귀용 CART

의사결정자는 의사결정나무에서 독립변수가 종속변수에 미치는 영향정도를 파악할 수 있다. 의사결정나무에서 분할(split) 과정이 반복적으로 이루어지만 먼저 분할이 이루어진 변수의 영향력이 뒤에서 이루어진 분할된 변수보다 영향력이 크다고 볼 수 있다.

나무의 가지와 잎이 있는 나무가 거꾸로 세워져 있다고 상상해 보자. 각 가지는 결정이나 질문을 나타낸다고 할 수 있다. 각 잎은 최종 결과와 결론을 나타낸다. 이렇듯 의사결정나무는 노드(node)와 가지(edge)로 구성된 트리(tree) 구조를 갖는다. 각 노드는 특정 변수에 대한 테스트를 나타내며, 각 가지는 각 테스트의 결과에 따라 다음 노드를 결정한다. 트리의 가장 하위 노드는 결정 결과를 나타낸다. 의사결정나무 구조에서 내부 노드(분기)는 데이터의 기능이나 속성에 대해 질문을 한다. 마지막 터미널 노드(리프)는 최종 예측 또는 분류를 나타낸다.

의사결정나무는 데이터 과학, 기계 학습부터 프로젝트 관리, 비즈니스 분석에 이르기까지 다양한 분야에서 사용되는 강력한 도구라고 할 수 있다. 이는 본질적으로 다양한 결과로 이어지는 일련의 결정을 시각적으로 표현하는 역할을 한다.

- 분류 트리: 카테고리 또는 클래스를 예측하는 데 사용된다(예: 스팸 vs. 스팸 아님, 구매 vs. 구매 안함).
- 회귀 트리: 양적변수(예: 주택 가격, 판매량)을 예측하는 데 사용된다.
- 기계 학습: 의사결정나무는 분류 및 회귀 작업에 널리 사용되는 알고리즘이다. 이를 통해서 예측 이면의 논리를 해석할 수 있다.
- 비즈니스 분석: 의사결정나무를 사용하여 고객 세그먼트 식별, 마케팅 캠페인 최적화 등 데이터 기반 의사결정을 내릴 수 있다.

- 프로젝트 관리: 의사결정나무는 복잡한 프로젝트를 관리 가능한 작업으로 나누고 잠재적인 위험을 식별하는 데 도움이 된다.

의사결정나무의 장점은 다음과 같다.

- 해석성: 예측 이면의 논리를 이해하기 쉽다.
- 다양성: 숫자 데이터와 범주형 데이터를 모두 처리할 수 있다.
- 견고성: 데이터의 이상값에 민감하지 않다.

의사결정나무의 단점은 다음과 같다.

- 에러: 계층적 구조로 인해 중간에 에러가 발생하면 다음단계로 에러가 계속 전파되는 특성이 있다.
- 적합: 훈련 데이터에 과적합이 발생하기 쉬우며, 보이지 않는 데이터에 대한 성능이 저하될 수 있다.
- 높은 분산: 학습 데이터의 작은 변화로 인해 의사결정나무가 크게 변경될 수 있다.
- 과적합 위험: 나무의 최종 노드 개수를 늘리면 과적합 위험이 발생할 수 있다.

이와 같은 의사결정 나무의 단점으로 인해 랜덤 포레스트(Random Forest) 이용을 권장한다.

제2절 기본 예제

[예제] 다음 자료는 날짜별 날씨(Weather), 온도(Temperature), 습도(Humidity), 바람(Windy)의 세기에 따라 밖에 나가 놀 수 있는 날(Play)을 표시한 것이다(https://www.analyticsvidhya.com/blog/2021/08/decision-tree-algorithm/). 이 자료를 통해서 의사결정나무를 이용하여 의사결정을 체계적으로 해보자. 이어 유보표본(Holdout)를 이용하여 밖에 나가서 놀 수 있는지 여부를 예측해 보자.

〈표 7-1〉 분석 데이터

Day	Weather	Temperature	Humidity	Windy	Play
1	Sunny	Hot	High	Weak	No
2	Cloudy	Hot	High	Weak	Yes
3	Sunny	Mild	Normal	Strong	Yes
4	Cloudy	Mild	High	Strong	Yes
5	Rainy	Mild	High	Strong	No
6	Rainy	Cool	Normal	Strong	No
7	Rainy	Mild	High	Weak	Yes
8	Sunny	Hot	High	Strong	No
9	Cloudy	Hot	Normal	Weak	Yes
10	Rainy	Mild	High	Strong	No

[데이터] play.xlsx

Day	Weather	Temperature	Humidity	Windy	Play
11	Sunny	Hot	High	Weak	?
12	Rainy	Mild	Normal	Strong	?

[데이터] play_new_data.xlsx

[1단계] 의사결정나무 분석을 위해서 Data 위젯을 선택하고 play.xlsx 파일을 불러오기 한다. 이어 데이터 파일에서 Day 변수의 역할(role)을 meta로, Play?변수의 역할을 target으로 설정한다.

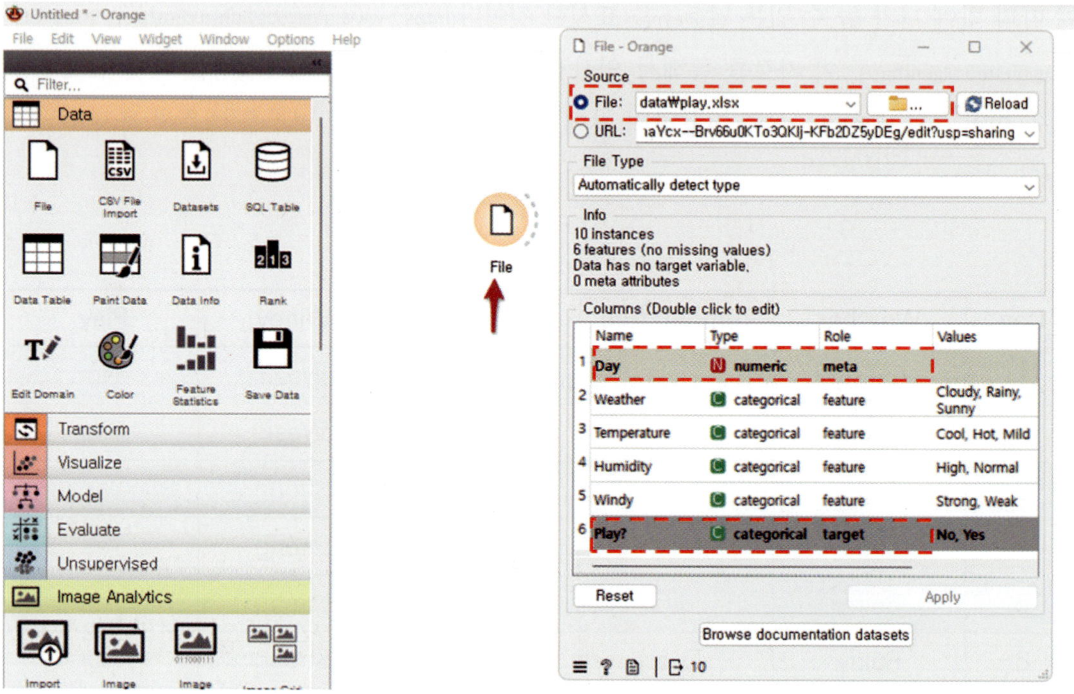

〈그림 7-3〉 데이터 지정창

[2단계] Data Table과 Scatter Plot를 연결하여 데이터의 전반적인 내용을 살핀다.

〈그림 7-4〉 Data Table과 Scatter Plot 연결

[3단계] 연결된 Data Table과 Scatter Plot를 각각 클릭하면 〈그림 7-5〉와 같은 결과를 얻을 수 있다.

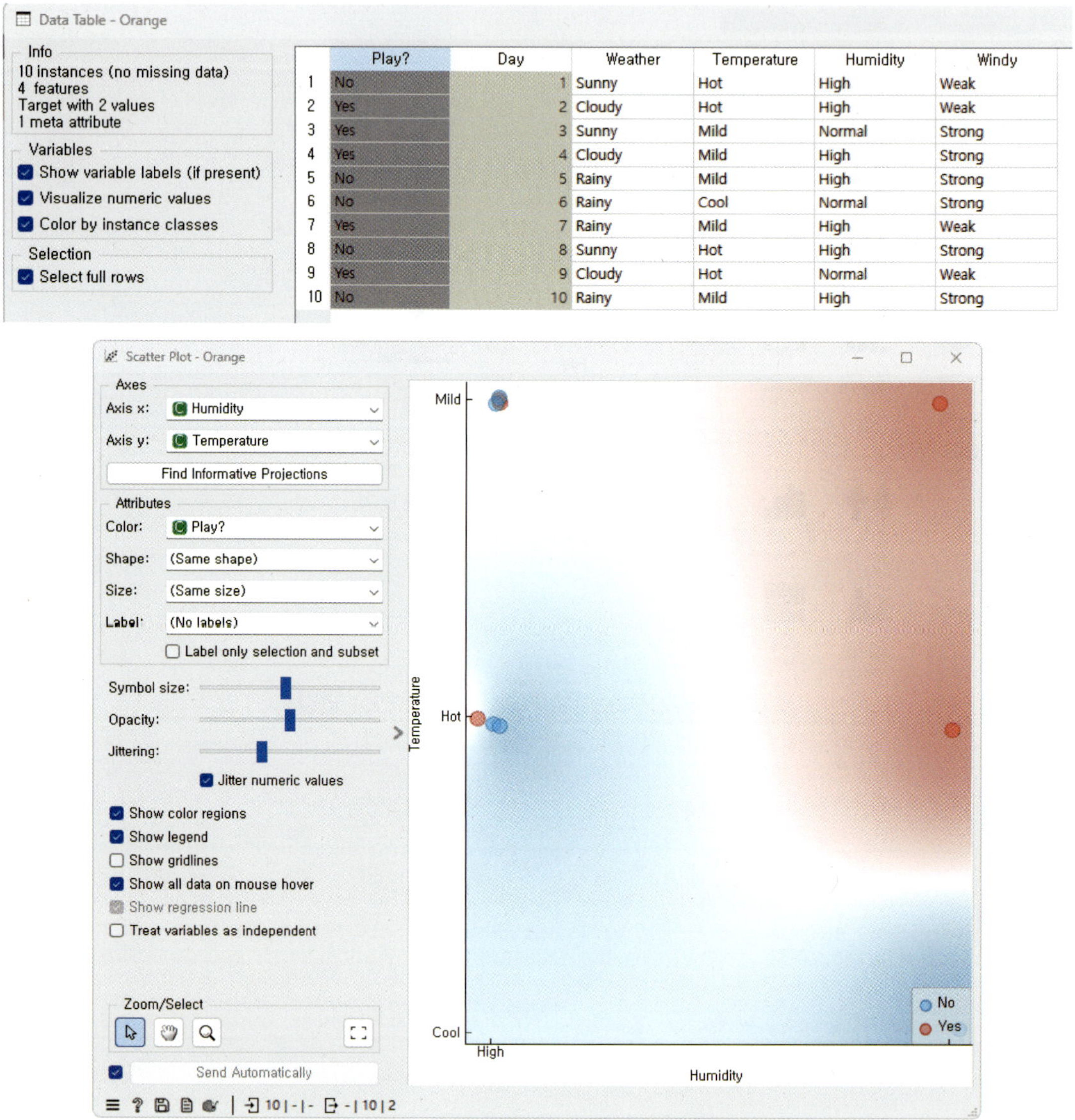

	Play?	Day	Weather	Temperature	Humidity	Windy
1	No	1	Sunny	Hot	High	Weak
2	Yes	2	Cloudy	Hot	High	Weak
3	Yes	3	Sunny	Mild	Normal	Strong
4	Yes	4	Cloudy	Mild	High	Strong
5	No	5	Rainy	Mild	High	Strong
6	No	6	Rainy	Cool	Normal	Strong
7	Yes	7	Rainy	Mild	High	Weak
8	No	8	Sunny	Hot	High	Strong
9	Yes	9	Cloudy	Hot	Normal	Weak
10	No	10	Rainy	Mild	High	Strong

〈그림 7-5〉 Data Table과 Scatter Plot 내용

[결과설명] 데이터에서 습도(Humidity)와 온도(Temperature)에 대한 내용이 시각화되어 나타나 있다. 밖에 나가 노는 경우는 습도가 낮고 온도가 높거나 온화한(mild) 기온인 것으로 나타났음을 알 수 있다.

[4단계] 

란에서 

를 선택하여 데이터와 연결한다. 이어 Tree 위젯을 더블 클릭하여 확인한다.

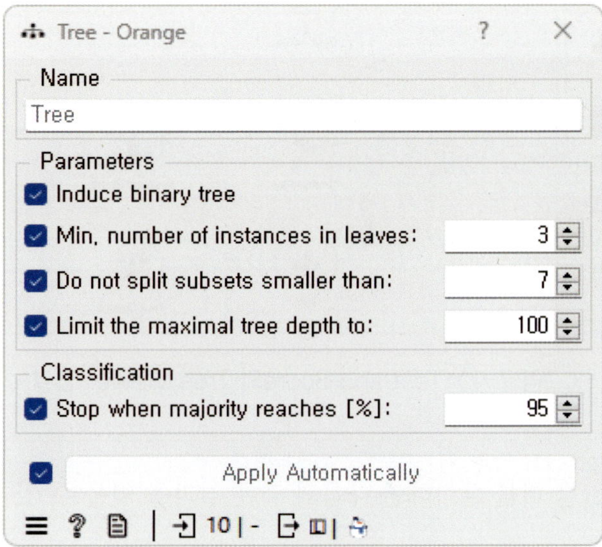

〈그림 7-6〉 Tree 위젯

〈표 7-2〉 Tree 위젯 설명

구분	내용	설명
Name	Tree	분석명이 Tree로 되어 있음, 분석자가 자유롭게 수정할 수 있음
Parameters	Induce binary tree	자식노드를 이진트리 방법으로 추론
	Min. number of instances in leaves: 3	잎에 개체수의 최소 수를 3으로 정함
	Do not split subsets smaller than: 7	7보다 적은 수로 서브세트를 나누지 않음
	Limit the maximal tree depth to: 100	최대 나무 깊이를 100으로 제한함
Classification	Stop when majority reaches [%]: 95	95%에 도달했을 때 분지가 정지됨

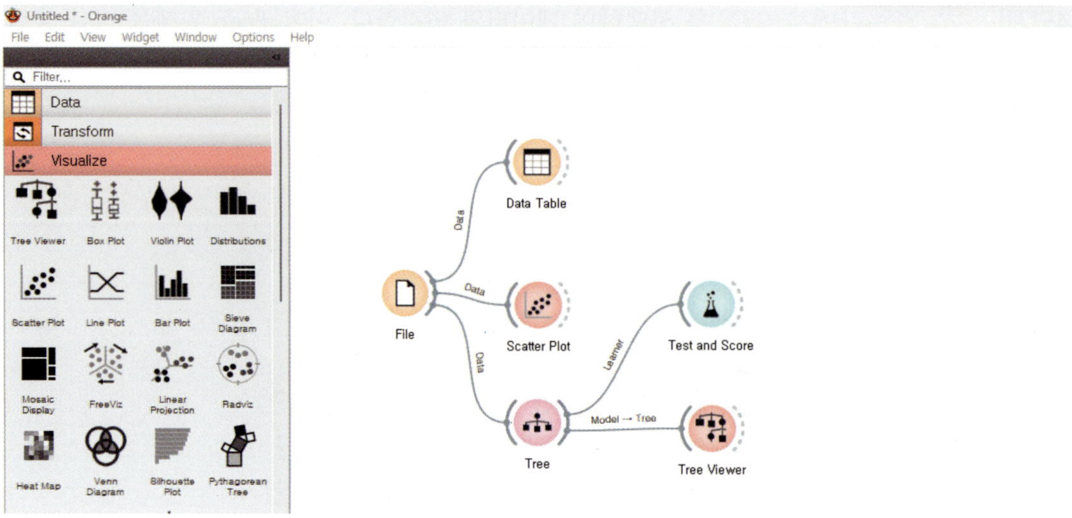

〈그림 7-7〉 Test and Score와 Tree Viewer 연결

[5단계] Tree viewer를 더블 클릭하면 다음과 같은 결과를 얻을 수 있다.

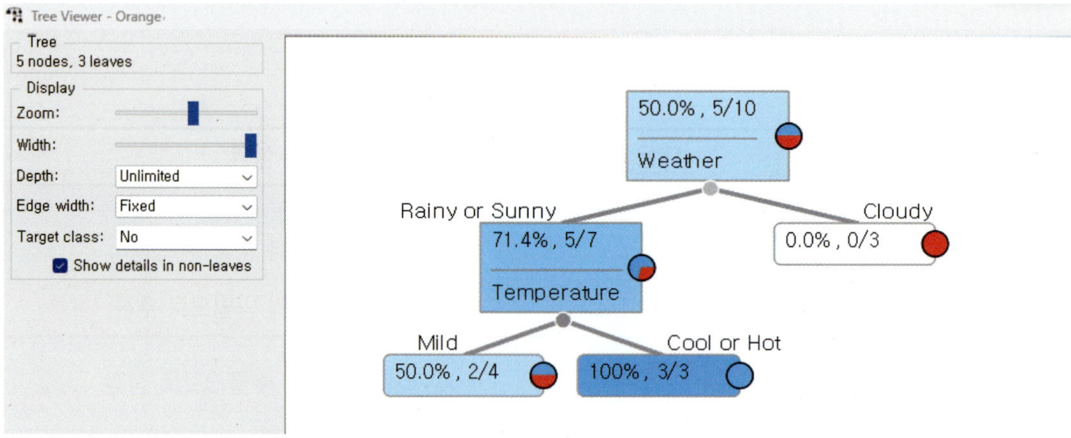

〈그림 7-8〉 Tree viewer

[결과설명] 5개의 노드와 3개의 잎으로 구성되어 있다. 밖에서 나가서 노는 경우(빨간색, 파란색은 나가 놀지 않는 경우)는 10건 중 5건이 날씨(Weather)에 의해서 좌우됨을 알 수 있다. 비가 오거나 해빛이 있는 날이 전체 7건 중 5건이고, 차갑고(cool) 무더운 날에 나가 놀지 않는 날은 3건, 화청한 날에 나가 노는 날은 전체 4건 중 2건임을 알 수 있다.

[6단계] Test and Score와 Confusion Matrix를 연결한다. 여기서 Evaluation Results 라인이 점선(---)으로 처리되어 있음을 알 수 있다. 이는 앞에서 File과 Test and Score에 관련 데이터의 명확한 정의가 이루어지지 않았기 때문이다.

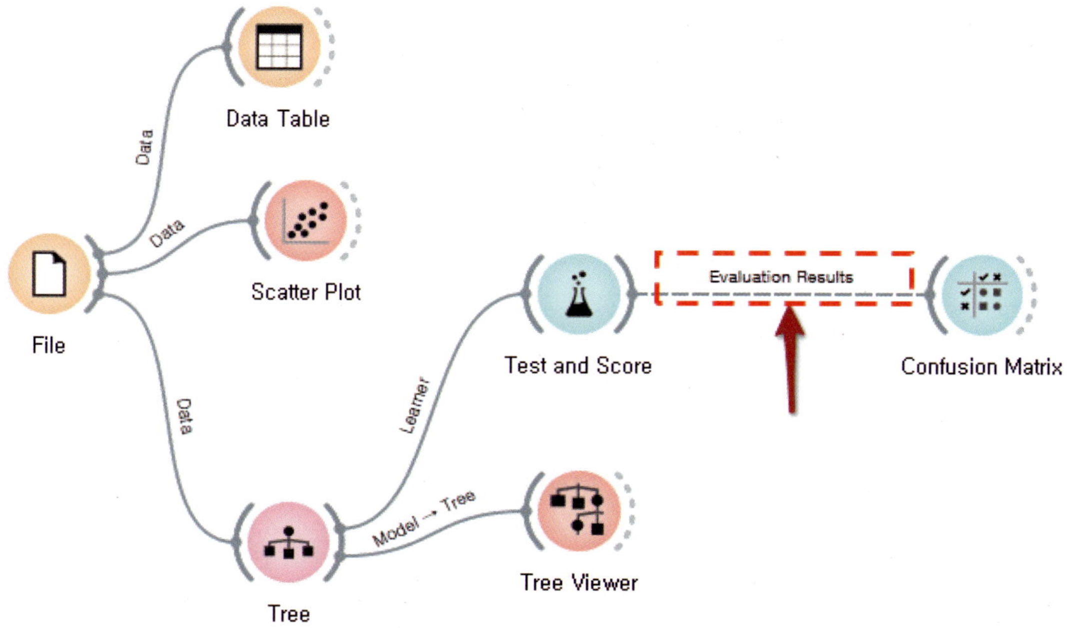

〈그림 7-9〉 Test and Score와 Confusion Matrix 연결

[7단계] 앞 [6단계]의 문제를 해결하기 위해서 File과 Test and Score 위젯 사이에  Select Columns 위젯을 위치시키고 File과 Test and Score를 연결한다. 이후 Test and Score와 Confusion Matrix가 실선으로 연결되어 있음을 알 수 있다. Select Columns의 기능은 독립변수(features), 종속변수(target), 메타변수(meta)를 명확하기 위한 위젯이다.

[8단계] Test and Score를 더블 클릭한다. 그러면 〈그림 7-10〉과 같은 결과를 얻을 수 있다.

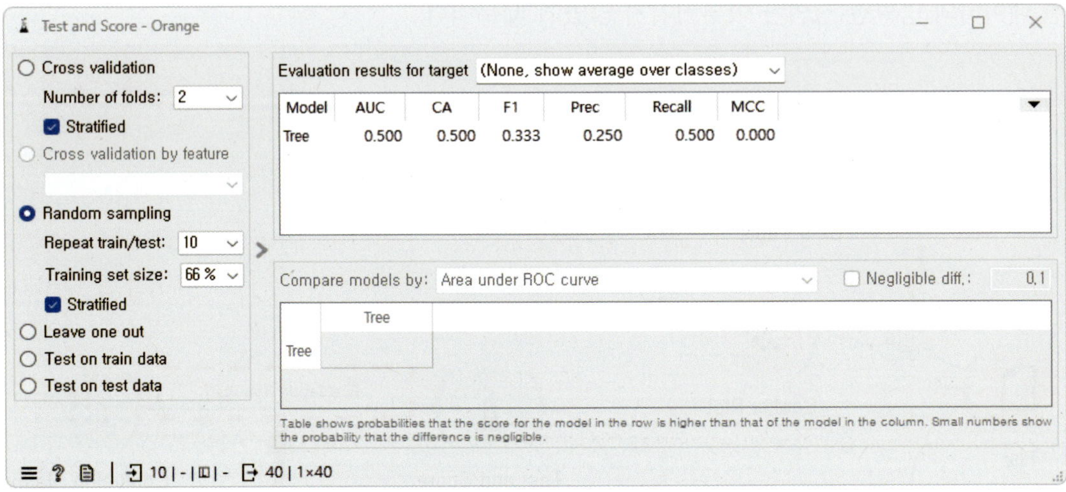

〈그림 7-10〉 Tree 모델 성능

[결과설명] Tree 모델은 AUC=0.5, CA=0.5, F1=0.333, Precision=0.250, Recall=0.5, MCC=0으로 나타나 있다.

[9단계] 유보데이터(play_new_data.xlsx)를 Tree 모델에 적용하여 예측하기 위해서 다음과 같이 점선 부분의 작업을 실시한다. File (1)에 play_new_data.xlsx 파일을 연결하고 Data Table과 Prediction 위젯을 연결한다.

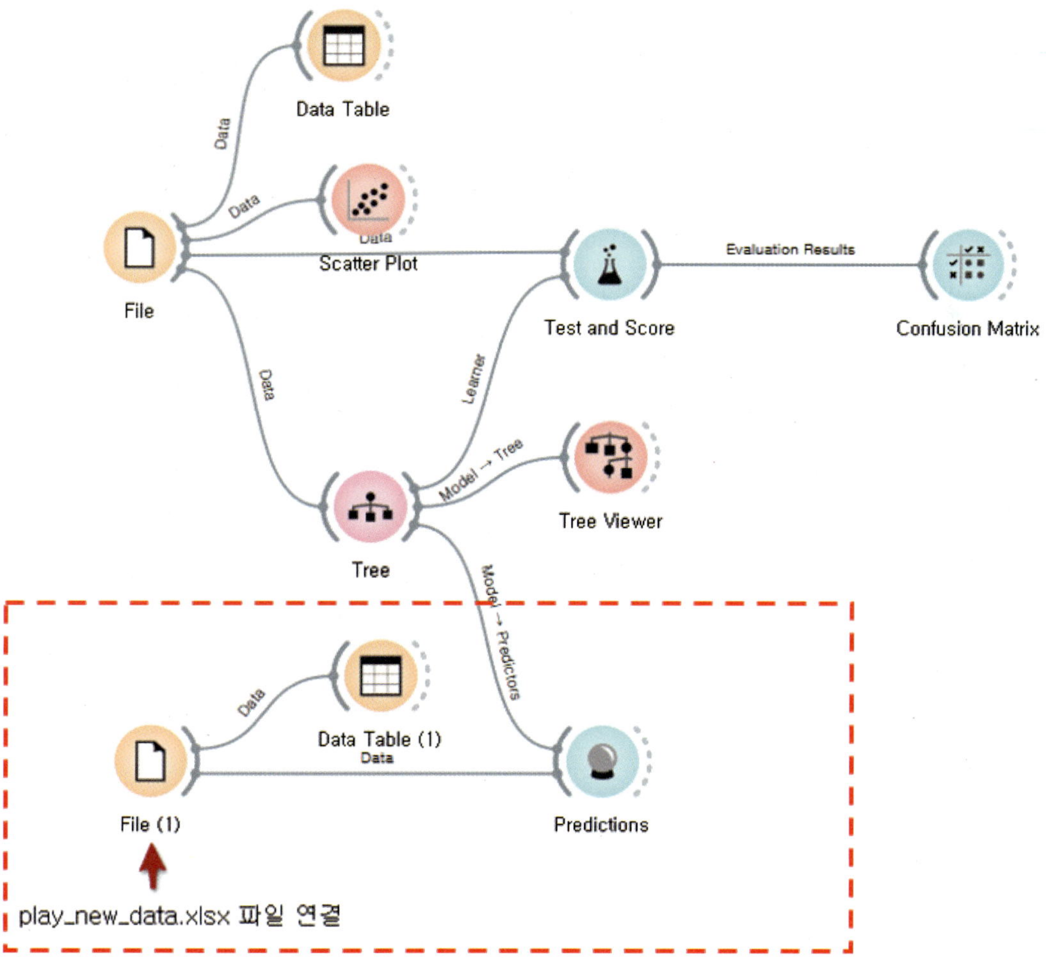

[데이터] ch71.ows

〈그림 7-11〉 유보데이터와 Predictions 연결

[10단계] 앞에서 그린 Tree 위젯과 Predictions를 연결한다. 이어 Predictions를 클릭하면 〈그림 7-12〉와 같은 결과를 얻을 수 있다.

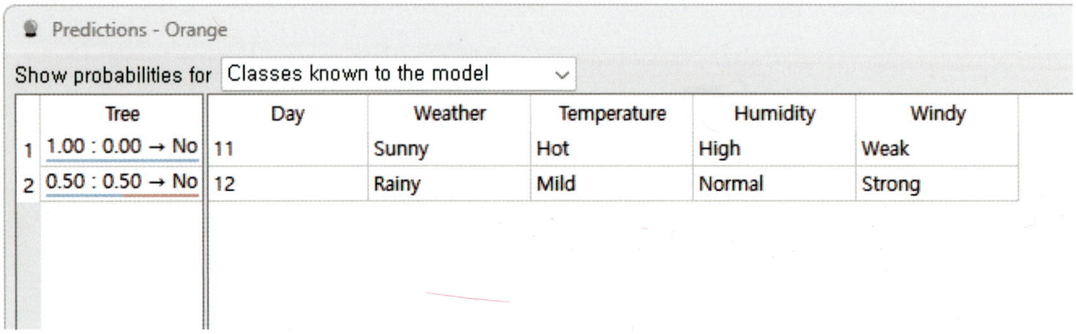

	Tree	Day	Weather	Temperature	Humidity	Windy
1	1.00 : 0.00 → No	11	Sunny	Hot	High	Weak
2	0.50 : 0.50 → No	12	Rainy	Mild	Normal	Strong

〈그림 7-12〉 예측결과

[결과설명] 11번째 날과 12번째 날의 경우는 밖에 나가 놀기 어려운 날로 예측되었다. 11번째 날은 습도가 12번째 날은 바람의 영향이 큰 것으로 추론할 수 있다.

제3절 iris 예제

오렌지에 내장되어 있는 iris(붓꽃) 데이터를 이용하여 Tree 분석을 실시해 보자.

[1단계] Datasets 버튼을 눌러 Iris 데이터를 불러온다. Data Table을 연결한다.

[2단계] Iris 데이터의 랜덤화를 위해서 Randomize 위젯을 연결한다.

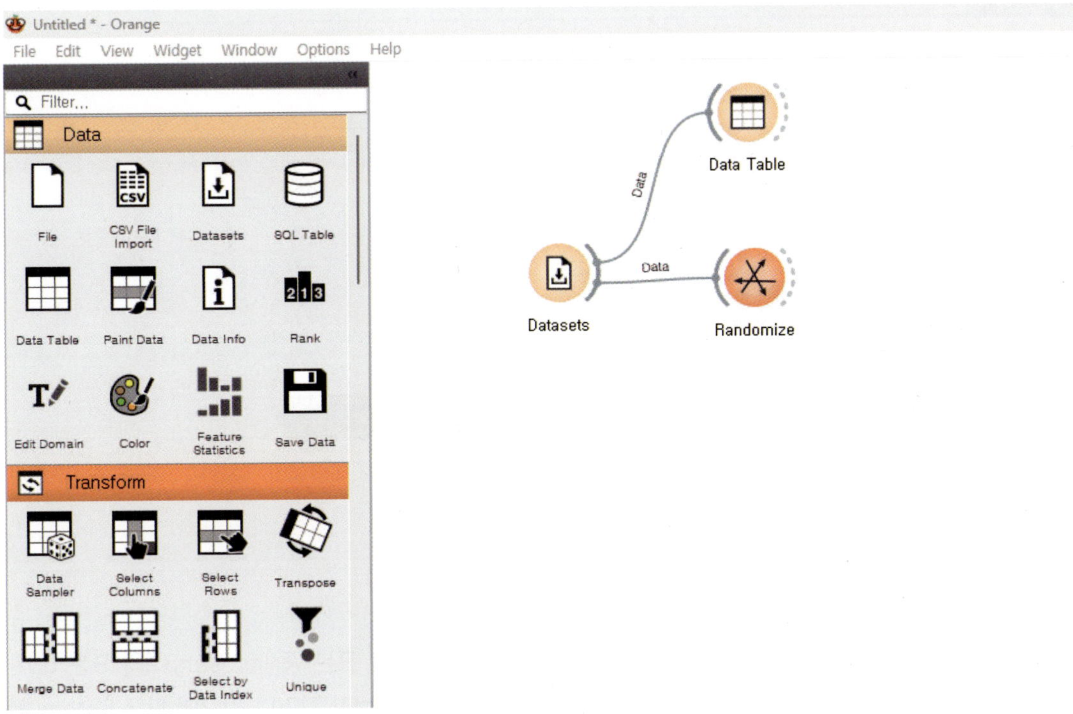

〈그림 7-13〉 데이터 세트 설정과 데이터 랜덤화

[3단계] Tree와 Tree Viewer를 연결한다. 그런 다음 Tree Viewer를 더블 클릭을 한다.

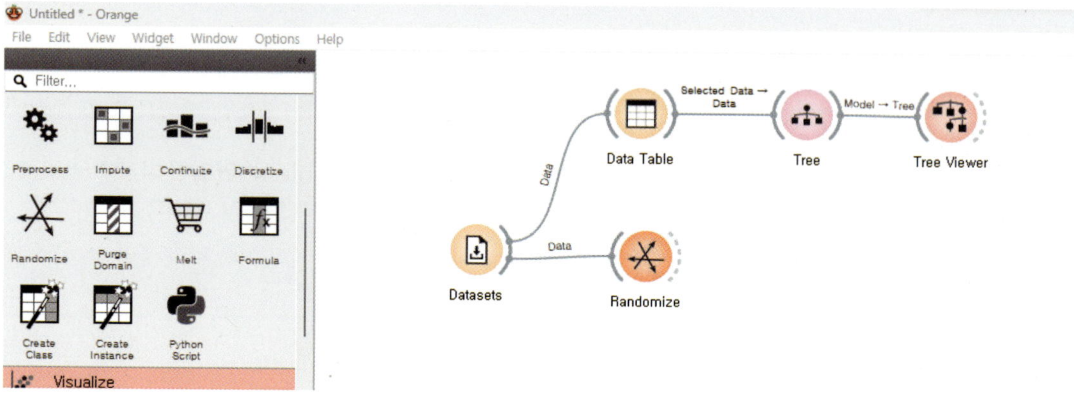

〈그림 7-14〉 Tree와 Tree Viewer 연결

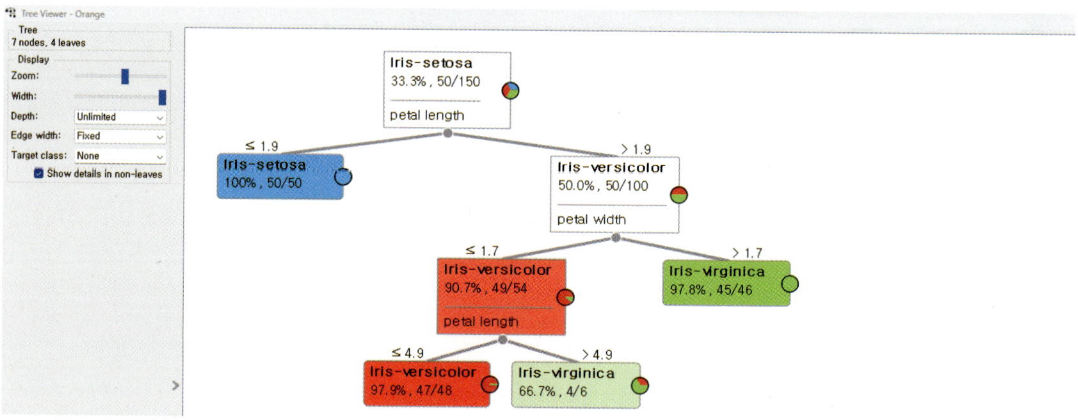

〈그림 7-15〉 Tree Viewer 결과

[결과설명] Iris 데이터에 대한 Tree 분석결과, 뿌리(root)에 150개의 표본 중 Iris-setosa의 표본 50개가 있음을 알 수 있다(33.3%). petal length(꽃잎의 길이)가 1.9cm보다 작거나 같으면 모두 Setosa 품종으로 분류됨을 알 수 있다. petal length(꽃잎의 길이)가 1.9cm보다 크면 versicolor로 구분됨을 알 수 있다(첫 번째 마디 오른쪽). 세 번째 마디에서 petal width(꽃잎의 너비)가 1.7cm보다 작거나 같으면 versicolor로 구분되고 1.7cm보다 크면 virginica로 구분됨을 알 수 있다. versicolor 중 petal length(꽃받침의 길이)가 4.9cm보다 작거나 같으면 versicolor, petal length(꽃받침의 길이)가 4.9cm보다 크면 virginica 품종으로 구분됨을 알 수 있다.

[4단계] 모델 예측을 위해서 Visualize란에서 Prediction 위젯을 가져와 Tree와 Randomize를 연결한다. 이어 Prediction을 클릭한다.

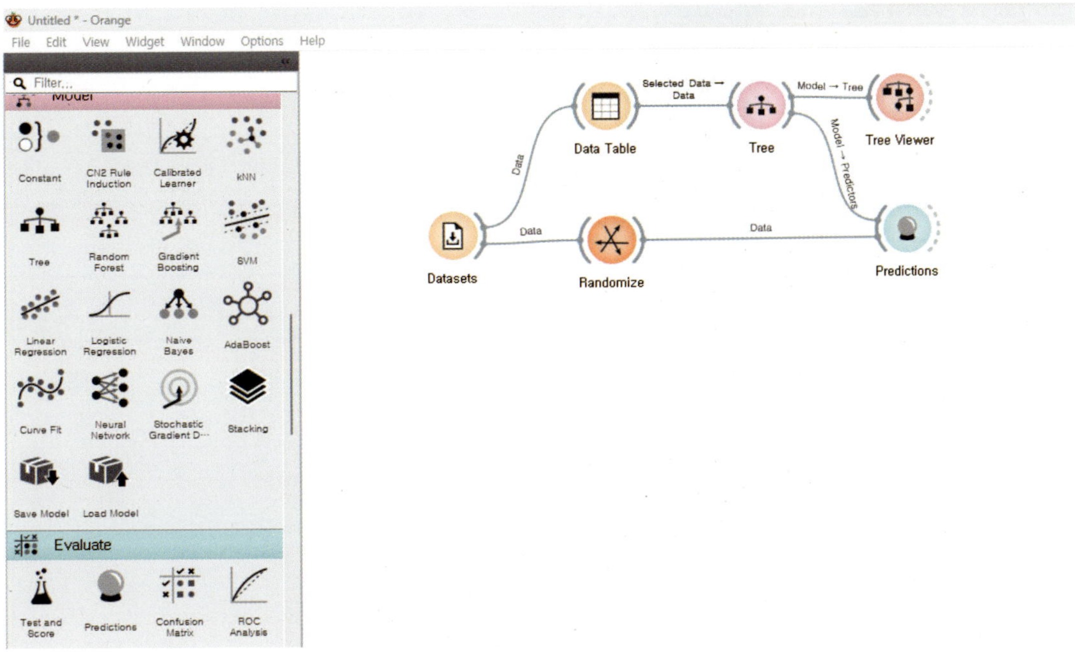

〈그림 7-16〉 Predictions 연결

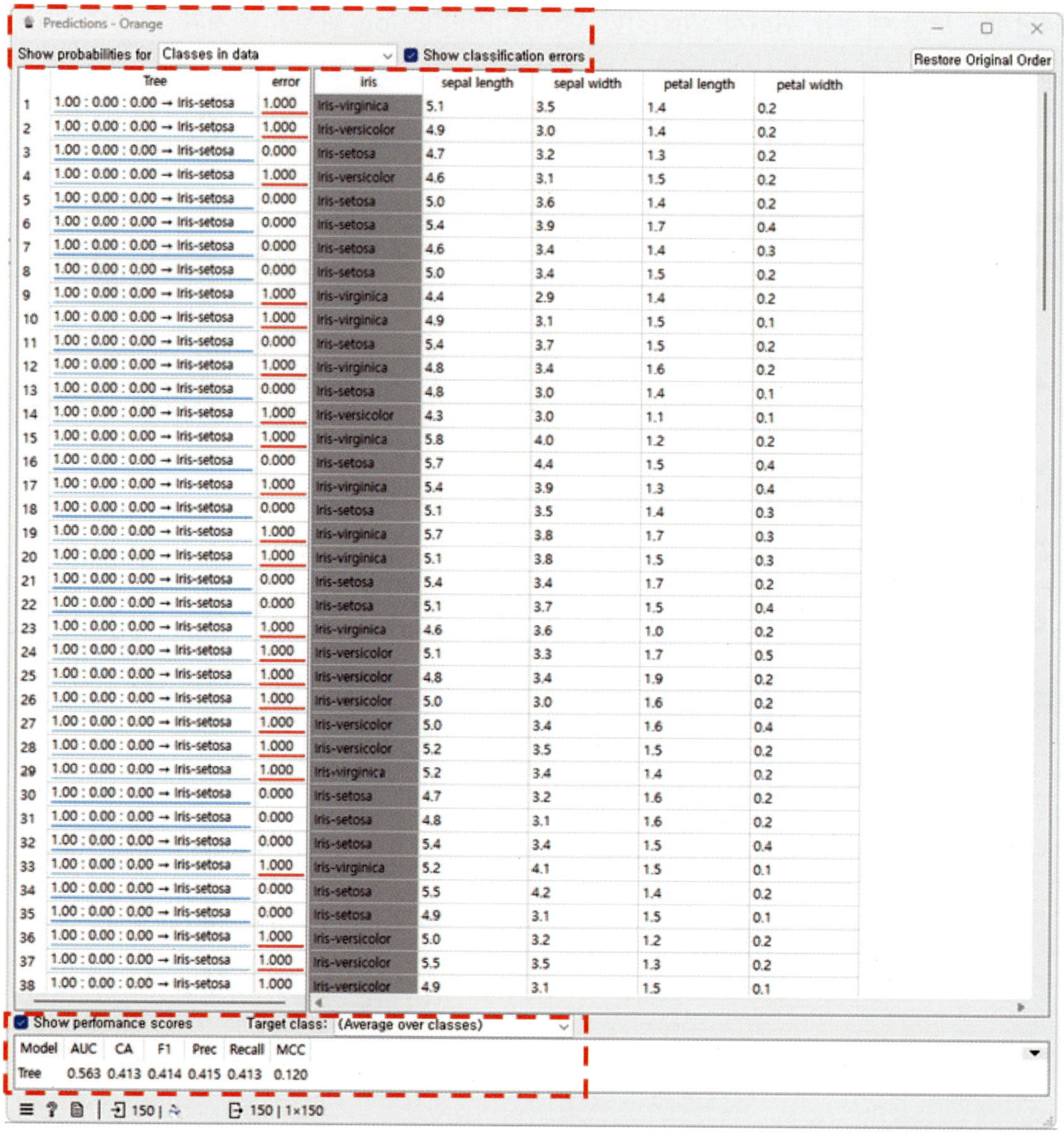

Predictions - Orange

Show probabilities for: Classes in data — Show classification errors — Restore Original Order

	Tree	error	iris	sepal length	sepal width	petal length	petal width
1	1.00 : 0.00 : 0.00 → Iris-setosa	1.000	Iris-virginica	5.1	3.5	1.4	0.2
2	1.00 : 0.00 : 0.00 → Iris-setosa	1.000	Iris-versicolor	4.9	3.0	1.4	0.2
3	1.00 : 0.00 : 0.00 → Iris-setosa	0.000	Iris-setosa	4.7	3.2	1.3	0.2
4	1.00 : 0.00 : 0.00 → Iris-setosa	1.000	Iris-versicolor	4.6	3.1	1.5	0.2
5	1.00 : 0.00 : 0.00 → Iris-setosa	0.000	Iris-setosa	5.0	3.6	1.4	0.2
6	1.00 : 0.00 : 0.00 → Iris-setosa	0.000	Iris-setosa	5.4	3.9	1.7	0.4
7	1.00 : 0.00 : 0.00 → Iris-setosa	0.000	Iris-setosa	4.6	3.4	1.4	0.3
8	1.00 : 0.00 : 0.00 → Iris-setosa	0.000	Iris-setosa	5.0	3.4	1.5	0.2
9	1.00 : 0.00 : 0.00 → Iris-setosa	1.000	Iris-virginica	4.4	2.9	1.4	0.2
10	1.00 : 0.00 : 0.00 → Iris-setosa	1.000	Iris-virginica	4.9	3.1	1.5	0.1
11	1.00 : 0.00 : 0.00 → Iris-setosa	0.000	Iris-setosa	5.4	3.7	1.5	0.2
12	1.00 : 0.00 : 0.00 → Iris-setosa	1.000	Iris-virginica	4.8	3.4	1.6	0.2
13	1.00 : 0.00 : 0.00 → Iris-setosa	0.000	Iris-setosa	4.8	3.0	1.4	0.1
14	1.00 : 0.00 : 0.00 → Iris-setosa	1.000	Iris-versicolor	4.3	3.0	1.1	0.1
15	1.00 : 0.00 : 0.00 → Iris-setosa	1.000	Iris-virginica	5.8	4.0	1.2	0.2
16	1.00 : 0.00 : 0.00 → Iris-setosa	0.000	Iris-setosa	5.7	4.4	1.5	0.4
17	1.00 : 0.00 : 0.00 → Iris-setosa	1.000	Iris-virginica	5.4	3.9	1.3	0.4
18	1.00 : 0.00 : 0.00 → Iris-setosa	0.000	Iris-setosa	5.1	3.5	1.4	0.3
19	1.00 : 0.00 : 0.00 → Iris-setosa	1.000	Iris-virginica	5.7	3.8	1.7	0.3
20	1.00 : 0.00 : 0.00 → Iris-setosa	1.000	Iris-virginica	5.1	3.8	1.5	0.3
21	1.00 : 0.00 : 0.00 → Iris-setosa	0.000	Iris-setosa	5.4	3.4	1.7	0.2
22	1.00 : 0.00 : 0.00 → Iris-setosa	0.000	Iris-setosa	5.1	3.7	1.5	0.4
23	1.00 : 0.00 : 0.00 → Iris-setosa	1.000	Iris-virginica	4.6	3.6	1.0	0.2
24	1.00 : 0.00 : 0.00 → Iris-setosa	1.000	Iris-versicolor	5.1	3.3	1.7	0.5
25	1.00 : 0.00 : 0.00 → Iris-setosa	1.000	Iris-versicolor	4.8	3.4	1.9	0.2
26	1.00 : 0.00 : 0.00 → Iris-setosa	1.000	Iris-versicolor	5.0	3.0	1.6	0.2
27	1.00 : 0.00 : 0.00 → Iris-setosa	1.000	Iris-versicolor	5.0	3.4	1.6	0.4
28	1.00 : 0.00 : 0.00 → Iris-setosa	1.000	Iris-versicolor	5.2	3.5	1.5	0.2
29	1.00 : 0.00 : 0.00 → Iris-setosa	1.000	Iris-virginica	5.2	3.4	1.4	0.2
30	1.00 : 0.00 : 0.00 → Iris-setosa	0.000	Iris-setosa	4.7	3.2	1.6	0.2
31	1.00 : 0.00 : 0.00 → Iris-setosa	0.000	Iris-setosa	4.8	3.1	1.6	0.2
32	1.00 : 0.00 : 0.00 → Iris-setosa	0.000	Iris-setosa	5.4	3.4	1.5	0.4
33	1.00 : 0.00 : 0.00 → Iris-setosa	1.000	Iris-virginica	5.2	4.1	1.5	0.1
34	1.00 : 0.00 : 0.00 → Iris-setosa	0.000	Iris-setosa	5.5	4.2	1.4	0.2
35	1.00 : 0.00 : 0.00 → Iris-setosa	0.000	Iris-setosa	4.9	3.1	1.5	0.1
36	1.00 : 0.00 : 0.00 → Iris-setosa	1.000	Iris-versicolor	5.0	3.2	1.2	0.2
37	1.00 : 0.00 : 0.00 → Iris-setosa	1.000	Iris-versicolor	5.5	3.5	1.3	0.2
38	1.00 : 0.00 : 0.00 → Iris-setosa	1.000	Iris-versicolor	4.9	3.1	1.5	0.1

Show perfomance scores — Target class: (Average over classes)

Model	AUC	CA	F1	Prec	Recall	MCC
Tree	0.563	0.413	0.414	0.415	0.413	0.120

150 | 150 | 1×150

〈그림 7-17〉 Predictions 결과

[결과설명] 각 인스턴스별 분류오차를 보여 주고 있다(Show classification errors의 드롭다운 단추를 눌러 다양한 정보를 확인할 수 있음). 또한 모델의 성능값인 AUC, CA, F1, Precision, Recall, MCC 등이 나타나 있다. 이 또한 종속변수의 범주를 달리하면서 자세한 정보를 얻을 수 있다.

[5단계] 이어 Predictions와 Distributions 위젯을 연결하고 정보를 확인한다.

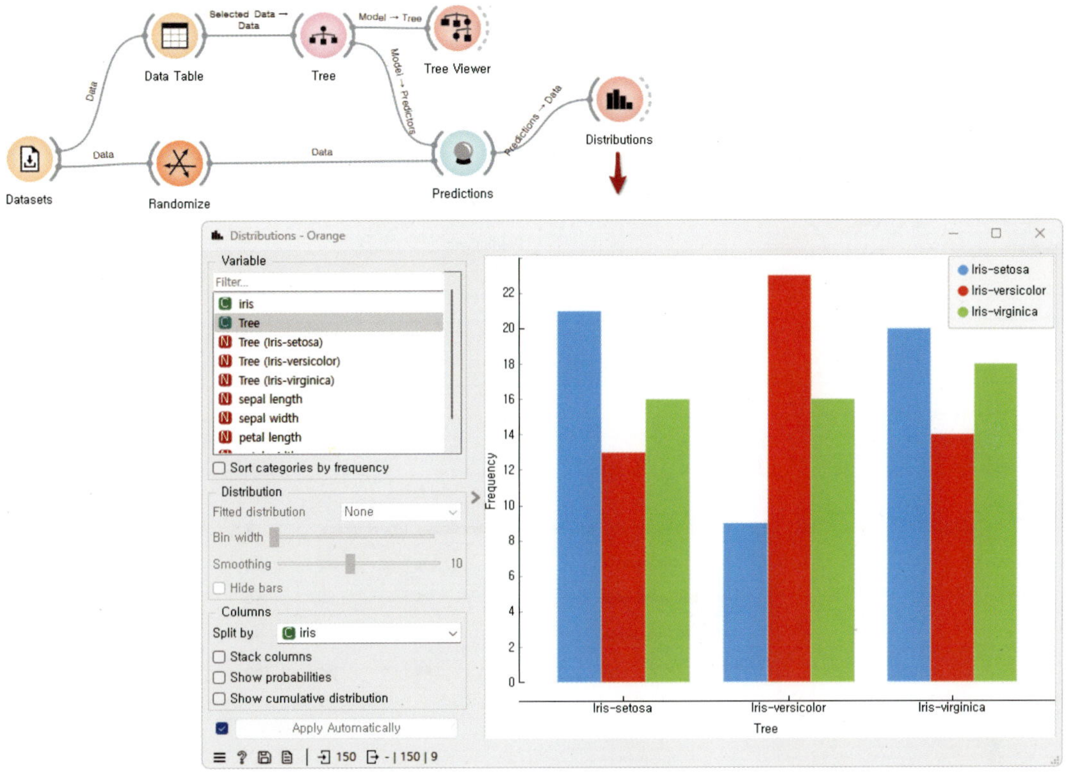

〈그림 7-18〉 Distributions

[결과설명] Iris의 품종별 분포가 막대그림표로 나타나 있다.

[6단계] Confusion Matrix(혼동행렬)을 Prediction과 연결한다.

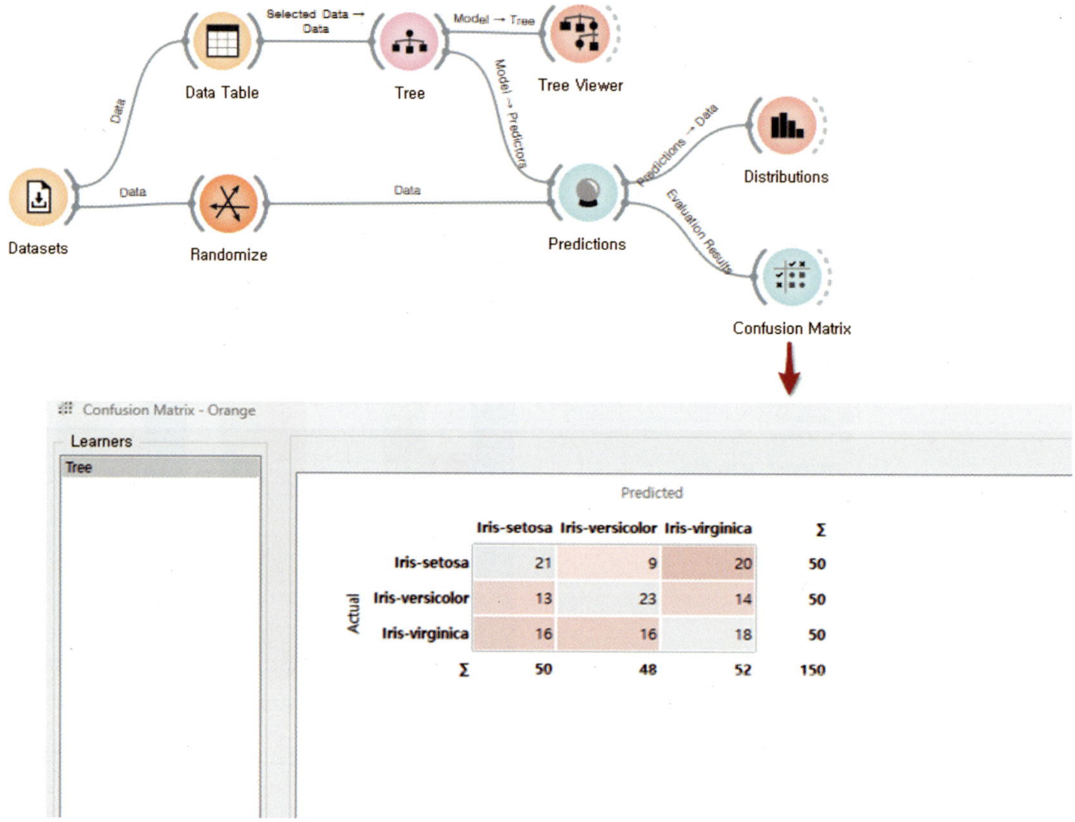

	Iris-setosa	Iris-versicolor	Iris-virginica	Σ
Iris-setosa	21	9	20	50
Iris-versicolor	13	23	14	50
Iris-virginica	16	16	18	50
Σ	50	48	52	150

〈그림 7-19〉 혼동행렬

[결과설명] 예측(Predicted)과 실제(Actual)의 빈도수가 나타나 있다.

[7단계] 파일위젯을 하나 더 만들고 iris_test.xlsx 데이터를 연결한다. iris_test.xlsx 데이터 파일에 내장되어 있는 3개 데이터의 붓꽃의 종류를 예측하기 위해서 Predictions를 연결하고 확인한다.

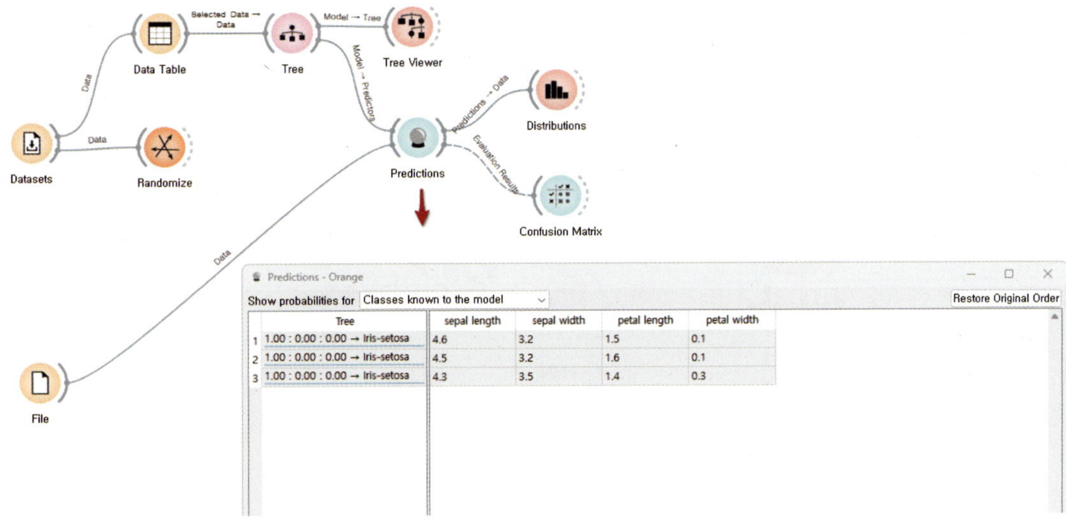

[데이터] ch72.ows

〈그림 7-20〉 예측

[결과설명] 3개의 인스턴스 모두 setosa 품종으로 분류되는 것으로 예측됨을 알 수 있다.

[8단계] 분석자가 앞 5장과 6장에서 다룬 Logistic Regression, kNN과 비교하기 위해서 Logistic Regression과 kNN을 연결한다. 이어 Predictions를 다시 누른다.

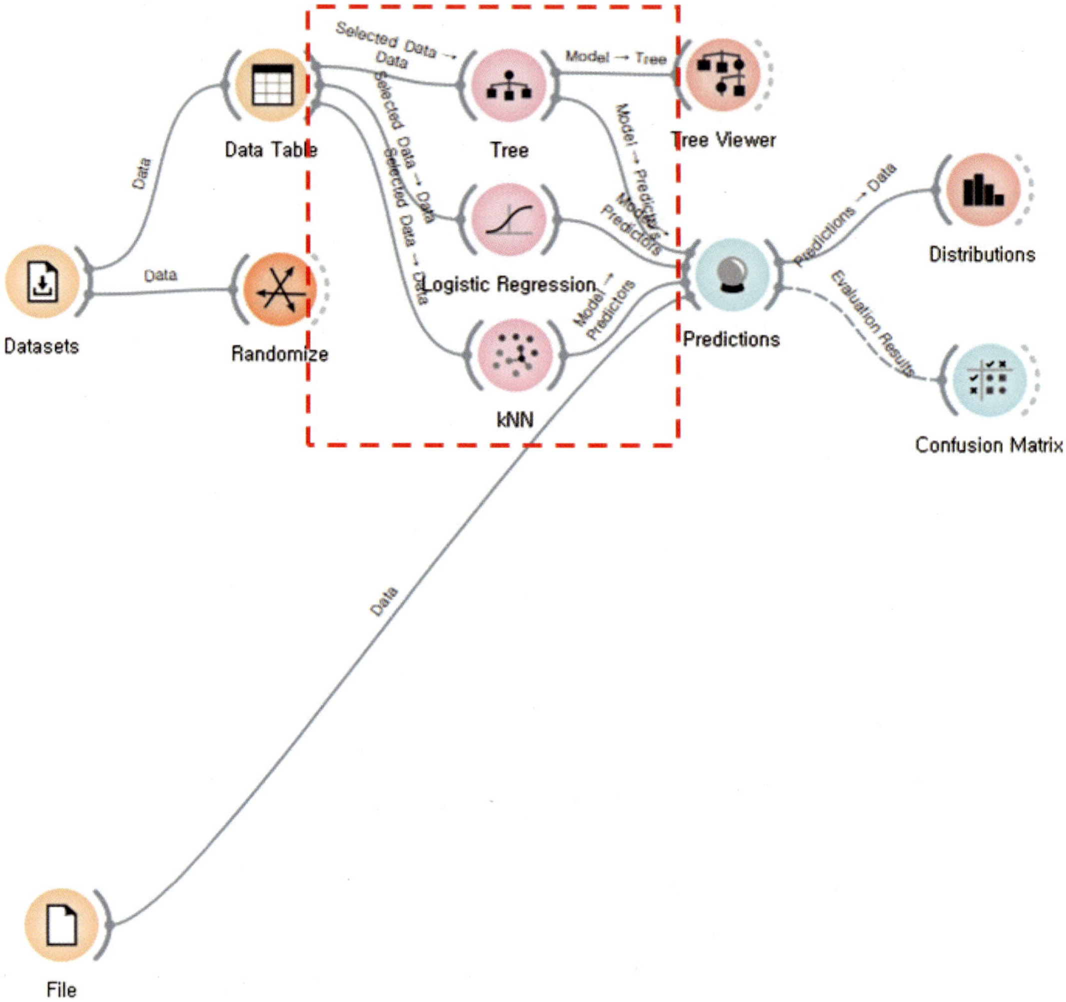

〈그림 7-21〉 Logistic Regression과 kNN 연결

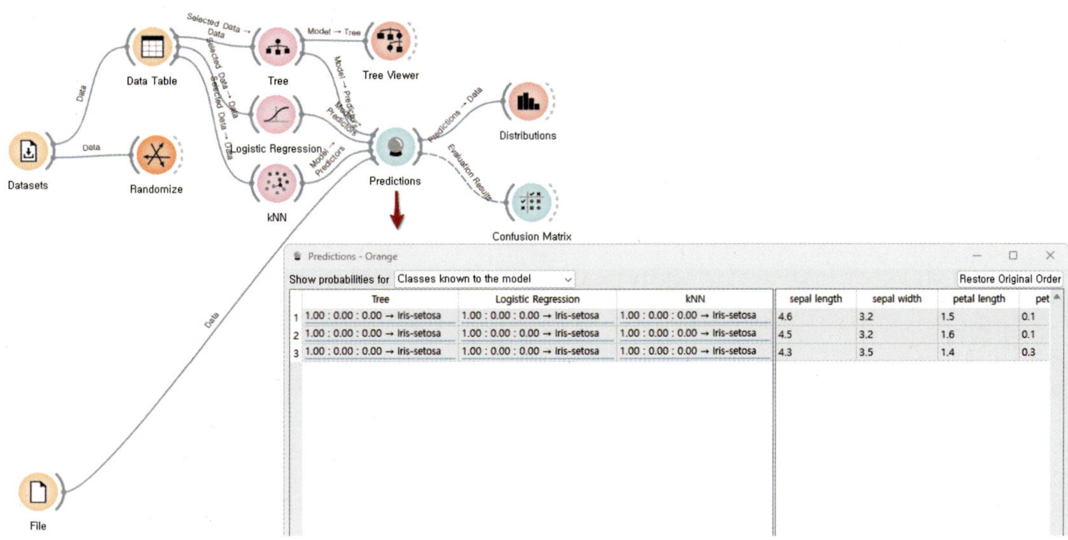

〈그림 7-22〉 모델별 예측결과

[결과설명] Tree, Logistic Regression, kNN모두 3개 인스턴스에 대하여 setosa 품종으로 예측함을 알 수 있다.

정리

- 의사결정나무(Decision Tree)는 데이터에 내재되어 있는 패턴을 변수의 조합으로 예측 또는 분류의 모델을 나무형태로 나타내는 방법이다.
- 의사결정나무의 기본 절차는 데이터(data) 수집, 알고리즘 결정, 모델결정의 순서로 진행하면 된다.
- 분류를 위한 CART는 불순도(impurity)의 총합을 줄여준다. 여기서 $\hat{p}_i$는 i항목에서 한 표본일 확률을 말한다. 불순도 확률의 최대치는 0.5이다.
  — 지니 불순도(Gini Impurity) = $1 - \sum(\hat{p}_i)^2$
  — 손실함수(Cross Entropy) = $-\sum(\hat{p}_i)\log2(\hat{p}_i)$
- 의사결정 나무는 변수에 대한 테스트를 나타내며, 각 가지는 각 테스트의 결과에 따라 다음 노드를 결정한다. 트리의 가장 하위 노드는 결정 결과를 나타낸다. 의사결정나무 구조에서 내부 노드(분기)는 데이터의 기능이나 속성에 대해 질문을 한다. 마지막 터미널 노드(리프)는 최종 예측 또는 분류를 나타낸다.
- 의사결정나무의 장점으로 결과해석이 용이하다는 점이다. 다양한 범주를 다룰 수 있고 데이터 이상치에 견고한 특성을 갖는다.
- 의사결정나무의 단점으로는 계층적 구조로 인해 중간에 에러가 발생하면 다음단계로 에러가 계속 전파되는 특성이 있고 훈련 데이터에 과적합이 발생하기 쉬우며, 보이지 않는 데이터에 대한 성능이 저하될 수 있다는 점이다.
- 이러한 의사결정 나무의 단점으로 인해 랜덤 포레스트(Random Forest) 이용을 권장한다.

연습문제

1. 다음 데이터(diabetes.csv)를 활용하여 머신러닝 기법에 의한 Tree 분석을 실시해 보자.

> [변수명]
>
> Pregnancies(임신횟수), Glucose(글루코스 내성(glucose tolerance) 실험 후의 혈당수치), BloodPressure(확장기 혈압(mm Hg)), SkinThickness(상완 삼두근 피부 두께 (mm)), Insulin(혈액 내 인슐린 수치(mu U/ml)), BMI((비만도 수치, weight in kg/(height in m)^2), Diabetes Pedigree Function(당뇨병 가족력), Age(나이), Outcome(당뇨병 여부, 0(발병안함) 또는 1(발병))

[데이터] https://archive.ics.uci.edu/dataset/34/diabetes

(1) Insulin=f(Glucose, BloodPressure, SkinThickness, Insulin, BMI, DiabetesPedigreeFunction, Age)을 이용한 Tree 분석을 실시해 보자.

(2) 데이터를 훈련용 70%, 검정용 30%로 나눈 다음 Tree 분석 실행 후 교차 타당성을 언급해 보자.

제8장 랜덤 포레스트

제1절 랜덤 포레스트 정의와 개념

앞장에서 다룬 Tree 분석은 계층구조로 인해 중간에 에러가 발생하면 다음 단계로 에러가 계속 전파되거나 학습 데이터의 미세한 변동에도 최종 결과에 영향을 미칠 수 있고 나무의 최종 노드 개수를 늘리면 과적합(낮은 편향, 큰 분산)[1]이 발생할 위험이 있다. 이를 위해서는 렌덤 포레스트 분석방법이 유용하다.

랜덤 포레스트(Random Forest)는 레오 브레이멘(Leo Breiman)과 아델 커틀러(Adele Cutler)에 의해 개발된 분류 및 회귀 작업 모두에 널리 사용되는 지도학습 알고리즘이다. 전반적으로 랜덤 포레스트는 다양한 작업에 사용할 수 있는 강력하고 다재다능한 기계 학습 알고리즘이다. 랜덤 포레스트는 여러 기본 모델들의 예측을 다수결 법칙 또는 평균을 이용한 통합 모델로 예측 정확성을 향상시키는 방법으로 앙상블 모델(ensemble model)이라고 부른다. 앙상블 모델에서는 여러 개의 개별 모델을 조합하여 최적의 모델로 일반화하는 학습방법을 이용하기 때문에 의사

1 과적합(overfitting)은 주어진 데이터에 과하게 적용되어 올바른 기준을 구축하지 못한 것으로, 컴퓨터가 데이터를 과하게 학습한 상태를 말한다. 과소적합(underfitting)은 데이터를 제대로 학습하지 못한 상태를 말하며, 과적합을 방지하는 방법으로 학습시 일부 뉴런을 제거하는 드롭아웃, 편향된 데이터의 영향을 없애는 정규화(regularization, normalization)를 사용한다.

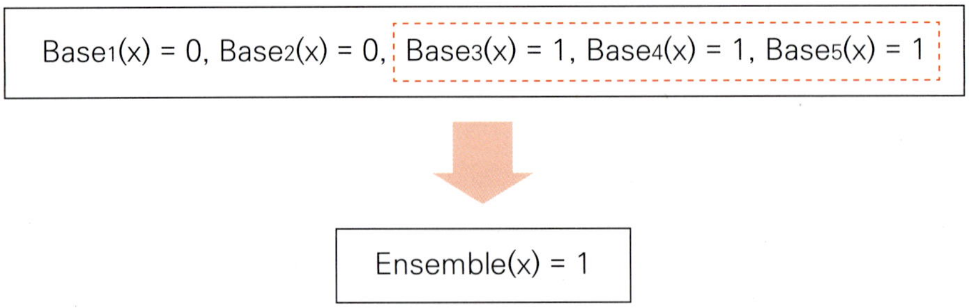

〈그림 8-1〉 앙상블 모델

결정나무에서 발생하는 과적합(overfitting) 문제를 감소시킬 수 있는 장점이 있다.

〈그림 8-1〉에서 알 수 있듯이 트리에서는 독립변수를 모두 사용하는 반면에 랜덤 포레스트의 각 의사결정나무는 랜덤으로 정해진 소수의 독립변수만 사용하여 데이터가 속하는 클래스를 결정하고 다수의 간이 트리에서 출력된 클래스 중 가장 많았던 클래스를 결과로 출력한다.

앙상블 모델은 다음 조건을 만족할 경우 Base 모델보다 우수한 성능을 보여 줄 수 있다.

- Base 모델이 서로 독립적인 경우
- Base 모델이 무작위 예측을 수행하는 모델보다 성능이 좋은 경우

훈련 시간에 다수의 의사결정나무를 구성하고 개별 트리의 클래스 또는 평균 예측을 출력하는 방식으로 작동하는 앙상블 모델은 과적합을 줄이고 모델의 전반적인 정확도를 높이는 데 도움이 된다. 다양한 의사결정나무의 결과물을 토대로 단일 결과에 도출하는 방법으로 사용의 용이성과 해석 가능성으로 인해 분류 및 회귀모델로 좋은 의사결정 도구라고 할 수 있다. 랜덤 포레스트를 사용하면 얻을 수 있는 몇 가지 주요 장점은 다음과 같다.

- 높은 정확도: 랜덤 포레스트는 특히 복잡한 데이터 세트의 경우 매우 정확한 것으로 알려져 있다.
- 과적합에 대한 강건성: 알고리즘의 앙상블 특성은 훈련 데이터의 과적합을 줄이는 데 도움이 된다.
- 누락된 데이터 처리: 랜덤 포레스트는 대치 없이 누락된 데이터를 처리할 수 있다.
- 해석성: 랜덤 포레스트는 다른 블랙박스 모델에 비해 상대적으로 해석하기 쉽다.

랜덤 포레스트의 작동 방식은 최종 예측을 위한 투표하는 나무의 앙상블을 훈련하는 방식이다. 앙상블 기법에는 보팅, 배깅, 부스팅, 스태킹이 있다.

- 보팅(voting): 보팅은 각각 다른 알고리즘을 이용한 분류기를 결합하는 방식으로 최종 예측값을 투표하는 방식이다.
- 배깅(bagging): 배깅은 bootstrap aggregation의 약자로 샘플을 여러 번 뽑아서(bootstrap) 각 모델을 학습시킨 다음 결과물을 집계(aggregation)하는 순차학습을 따른다. 부트스트래핑(bootstrapping)은 훈련 세트가 큰 샘플이 될 때까지 복원추출을 하는 방식이다. 여기서는 복원 랜덤 추출한 데이터들로 모델을 학습시킨다. 분류 데이터(categorical data)는 보팅방식(voting)으로 집계하고 양적데이터(continuous data)는 평균으로 집계한다. 분산을 줄여 주기 위해서 상이한 데이터의 다양한 부표본(sub sample)에 독립적인 모델을 훈련하는 것이다. 각 트리는 데이터의 63%를 훈련하고 나머지 Out-of-Bag인 37%는 교차타당성 확인없이 예측오차를 추정할 수 있다. 깊은 나무들은 과적합될 수 있으나 트리 추가가 과적합의 원인이 되지는 않는다. 모델 편향(bias)은 개별 트리의 과적합과 동일하다. 평균으로 분지가 이루어질 때 오류를 최소화할 수 있는 역량에 의해서 변수마다 변수의 중요도 순위가 나뉜다.
- 부스팅(boosting): 배깅에서 각각의 모델이 독립적으로 학습하는 반면, 부스팅은 이전 모델의 학습이 다음 모델의 학습에 영향을 미친다. 부스팅은 순차학습 방법을 따른다. 이전 모델의 학습 결과에 따라 오답에 대해서는 높은 가중치를 부여하고 정답에 대해서는 낮은 가중치를 부여하여 부여된 가중치가 다음 모델에 영향을 미치는 것이다. 잘못 분류된 데이터에 집중해서 새로운 분류 규칙을 만드는 과정을 반복한다. 부스팅 방법으로는 Gradient Boost, XGBoost, LightGBM, AdaBoost 등이 있다. Gradient Boost는 실제값과 예측값의 차이를 제곱해 평균한 평균제곱오차(MSE)인 손실함수의 최소값을 찾아가는 알고리즘으로 경사하강법이라고 한다. AdaBoost는 이전 모델의 학습 결과에 따라 오답에 대해서는 높은 가중치를 부여하고 정답에 대해서는 낮은 가중치를 부여하여 부여된 가중치가 다음 모델에 영향을 미치는 것이고. 잘못 분류된 데이터에 집중해서 새로운 분류 규칙을 만드는 과정을 반복하는 방법이다.

〈표 8-1〉 랜덤 포레스트와 트리

내용	랜덤 포레스트	트리
기본 내용	복수의 의사결정나무	단일 의사결정나무
편향(Bias)-분산(Variance) 트레이드 오프	낮은 분산, 과적합 가능성 줄여줌	높은 분산, 과적합 가능성 높음
예측 정확성	앙상블 기반 정확성 높음	과적합 가능성 높음
견고성	이상치와 노이즈에 견고함	이상치와 노이즈에 민감함
훈련시간	다수의 트리 구축으로 훈련시간 느림	단일 나무 구축으로 훈련시간 빠름
변수 중요성	변수 중요도의 점수 제공	변수 중요도 제공하나 신뢰도가 낮음
사용	복잡한 업무, 고차원 데이터	단순한 업무, 해석 용이성

출처: https://www.analyticsvidhya.com/blog/2020/05/decision-tree-vs-random-forest-algorithm/

- 스태킹(stacking): 스태킹은 CV(cross validation) 기반으로 개별 모델이 예측한 데이터를 다시 메타 데이터 세트(meta dataset)로 사용하여 최종 모델 메타 학습기(Meta Learner)에서 학습하는 방식이다. 기본 학습기(Base Learner, model stack)에서 동일한 데이터 원본을 가지고 학습하게 되면 과적합의 문제가 발생한다. 데이터 세트를 k번 나누어 훈련세트(train set)와 검정세트(test set)에 활용한다.

지금까지의 설명을 토대로 랜덤 포레스트와 트리를 정리하면 〈표 8-1〉과 같다.
랜덤 포레스트는 데이터 준비, 트리 구축, 예측의 순서로 진행된다.

- 데이터 준비: 데이터 세트는 먼저 훈련 세트와 테스트 세트로 분할된다.
- 트리 구축: 훈련 데이터의 무작위 하위 집합을 사용하여 여러 의사결정나무가 구축된다. 각 트리에서는 각 분할 노드에 임의의 기능 샘플이 그려지고 이러한 기능 중에서 가장 좋은 분할이 선택된다.
- 예측: 새로운 데이터 포인트의 경우 각 트리는 자체 규칙을 기반으로 예측을 수행한다. 최종 예측은 모든 트리의 예측을 평균하여 이루어진다.

랜덤 포레스트에서 고려해야 할 몇 가지 제한 사항도 있다.

- 높은 계산 비용: 랜덤 포레스트를 훈련하는 것은 특히 대규모 데이터 세트의 경우 계산 비용이 많이 들 수 있다.
- 블랙박스 특성: 일부 모델보다 해석하기 쉽지만 여전히 랜덤 포레스트의 정확한 의사결정 프로세스를 이해하기 어려울 수 있다.
- 하이퍼파라미터 튜닝: 랜덤 포레스트에 적합한 하이퍼파라미터를 선택하는 것은 어려울 수 있다.

랜덤포레스의 몇 가지 응용 프로그램은 다음과 같다.

- 사기 탐지: 신용카드 데이터에서 사기 거래 식별
- 이미지 분류: 이미지 속 객체를 인식
- 의료 진단: 의료 기록을 기반으로 질병의 위험을 예측
- 고객 이탈 예측: 이탈 가능성이 있는 고객을 식별

제2절 기본분석_경제신문 구독 습관

[예제] 지식과 정보의 회전이 빠르다보니 종이신문의 구독율이 날로 떨어지고 있다. 이에 한 경제신문사에서는 경제신문 구독 여부를 조사하였다. 이에 관한 데이터를 가지고 경제신문 구독 여부(y)에 미치는 변수(x1, x2, ···, x9)를 랜덤 포레스트와 트리로 분석하고 해석해 보자.

〈표 8-2〉 경제신문 읽기 조사지

y	경제신문 구독 습관은?	0. 없음	1. 있음
x1	경제신문 읽기 정도는?	1. 읽지 않음 3. 주중 5. 매일	2. 시간나면 읽음 4. 1주일 2~3회
x2	신문구독형태는	1. 전혀 안봄 3. 인터넷판	2.종이신문
x3	경제신문에서 주로 보는 면은?	1. 전혀 안봄 3. 트랜드 5, 문화 7. 기획기사	2. 사설 4. 산업방향 6. 광고
x4	신문 구독 시간	(　)시간	
x5	신문구독 이유	0. 구독 안함 2. 경제상식을 높이기 위함 4. 교수의 추천	1. 정보획득 3. 취미 5. 친구와 선배 추천
x6	자신의 경제신문 구독 습관 수준	1. 매우 불만 3. 보통 5. 매우 만족	2. 불만 4. 만족
x7	자신의 정보 획득 원천은?	1. 인터넷 3. 책	2. 신문 4. SNS(유튜브 포함)
x8	나이		
x9	성별	1. 남자	2 여자

[데이터] businessnewspaper.xlsx

[1단계] 우선 데이터 불러오기를 한다. 파일(businessnewspaper.xlsx)을 열고 Role에서 y 변수를 Target으로 설정한다.

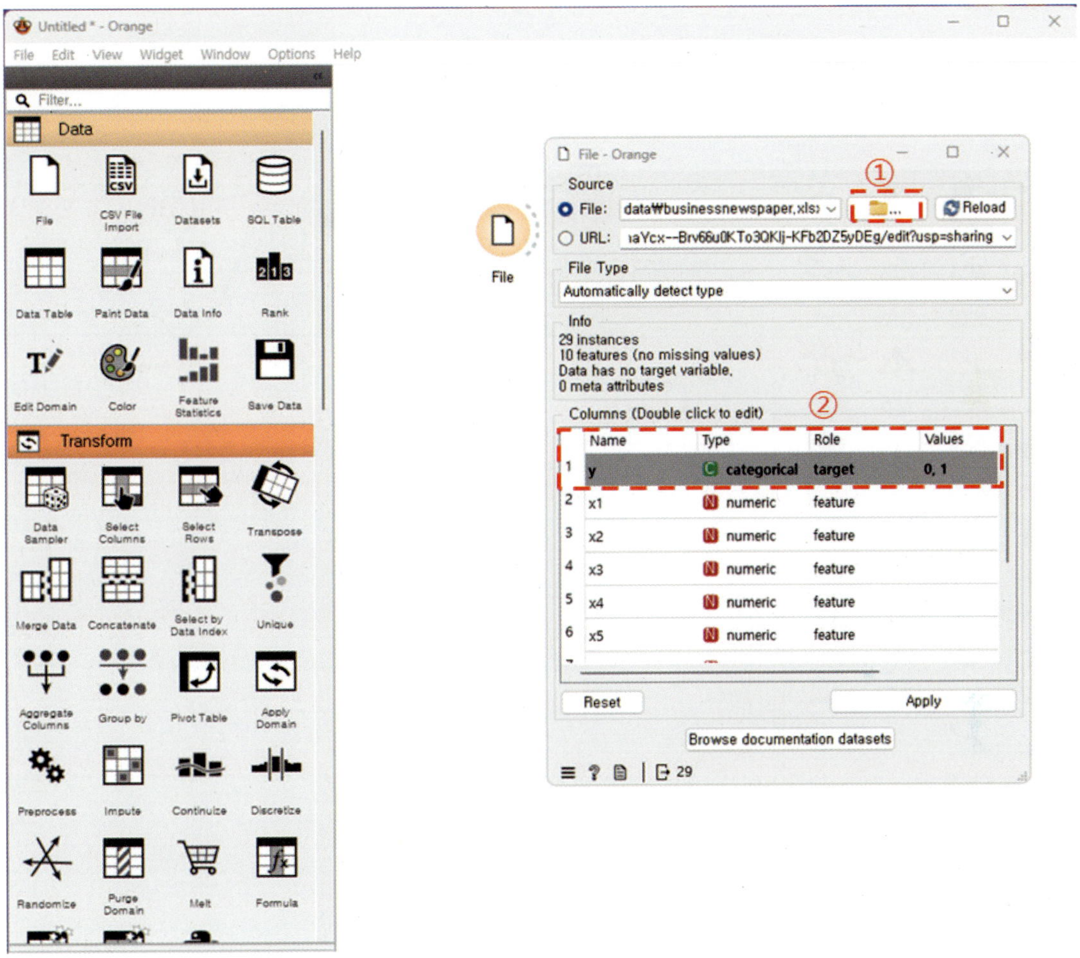

〈그림 8-2〉 데이터 파일 설정하기

[2단계] 이어 Data Table을 연결하고 모델에서 Tree, Random Forest, Gradient Boosting, AdaBoost, Stochastic Gradient Descent를 지정하고 File과 연결한다. 곧바로 Test and Score, Confusion Matrix, ROC Analysis를 연결한다.

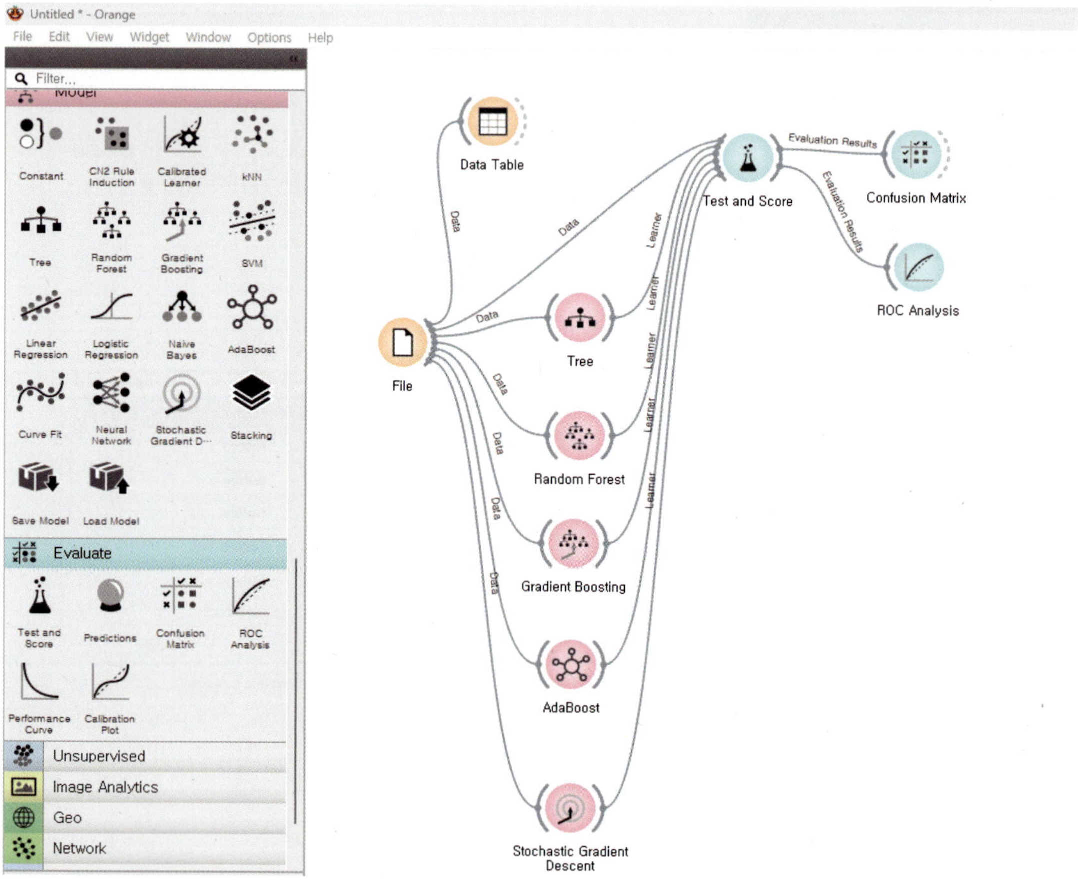

[데이터] ch81.ows

〈그림 8-3〉 모델 연결

[3단계] 차례로 Test and Score, Confusion Matrix, ROC Analysis를 누른다.

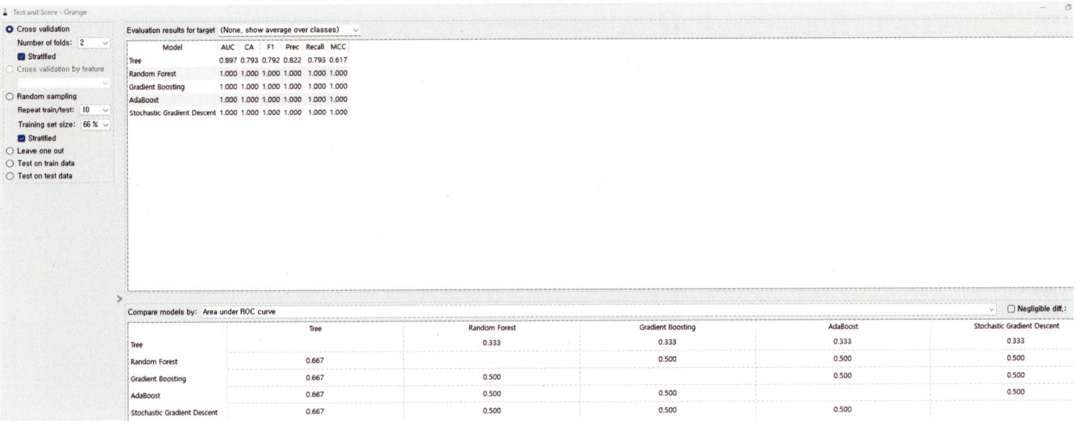

〈그림 8-4〉 Test and Score

[결과설명] Test and Score 버튼을 누른 결과, Tree, Random Forest, Gradient Boosting, AdaBoost, Stochastic Gradient Descent의 AUC, CA, F1, Precision, Recall, MCC의 값이 나타나 있다.

Tree

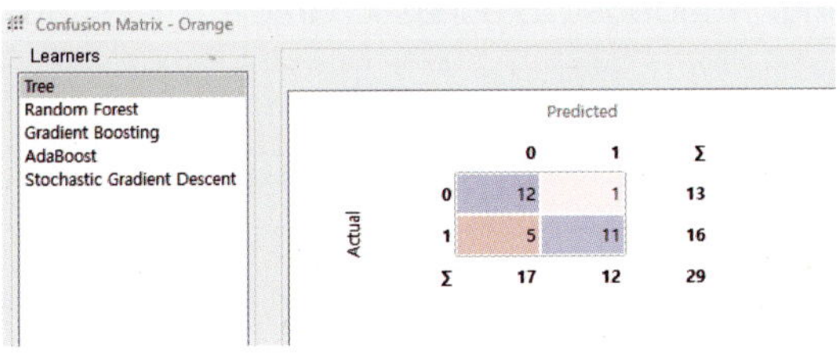

Random Forest

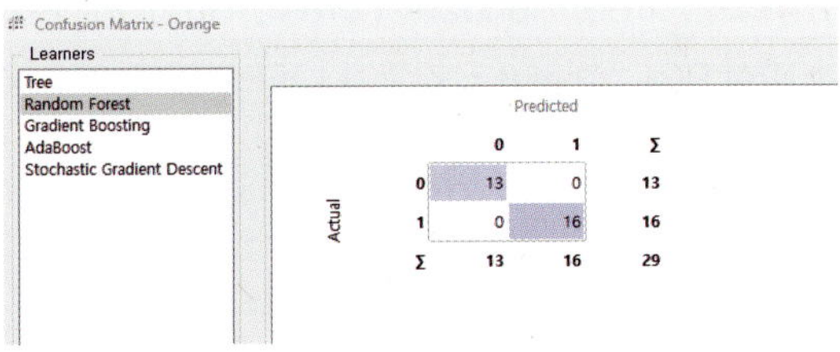

〈그림 8-5〉 Confusion Marix

[결과설명] Tree와 Random Forest의 혼동행렬이 나타나 있다. Learners란에서 Gradient Boosting, AdaBoost, Stochastic Gradient Descent를 누르면 관련한 혼동행렬을 확인할 수 있다.

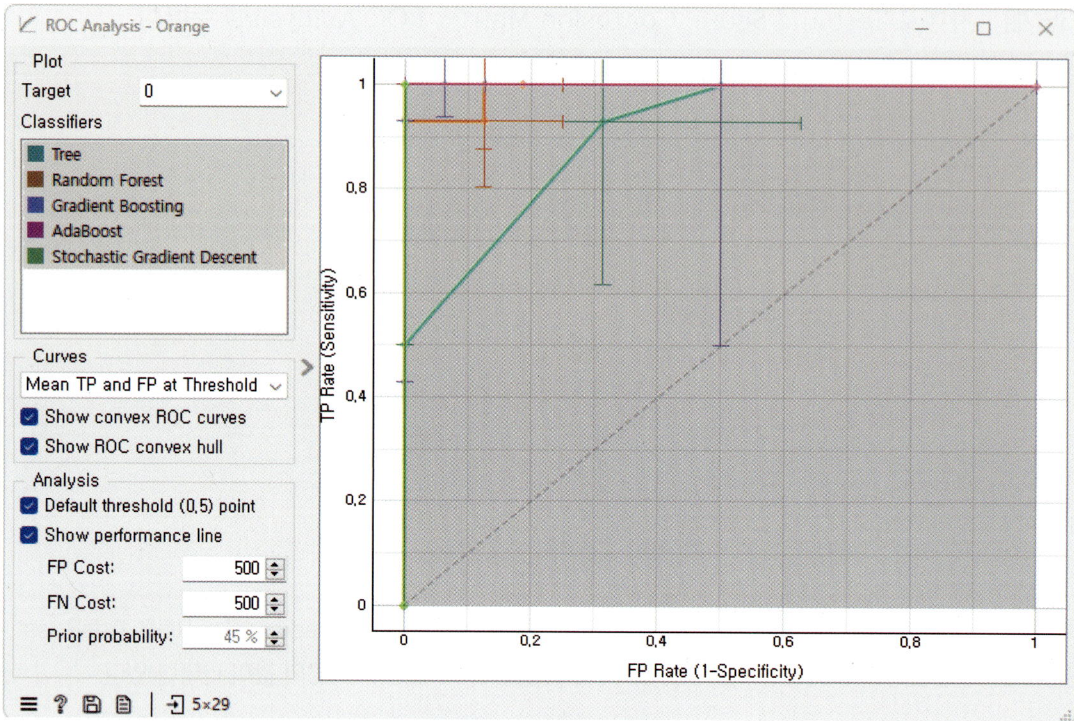

〈그림 8-6〉 ROC Analysis

[결과설명] Tree, Random Forest, Gradient Boosting, AdaBoost, Stochastic Gradient Descent에 관한 ROC Analysis 결과가 나타나 있다.

제3절 iris 예제

오렌지에 내장되어 있는 iris(붓꽃)데이터를 이용하여 Tree 분석을 실시해 보자.

[1단계] Datasets 버튼을 눌러 Iris 데이터를 불러온다. Data Table을 연결한다.

[2단계] 이어 Tree, Random Forest, Gradient Boosting, AdaBoost, Stochastic Gradient Descent를 지정하고 File과 연결한다. 곧바로 Test and Score, Confusion Matrix, ROC Analysis를 연결한다.

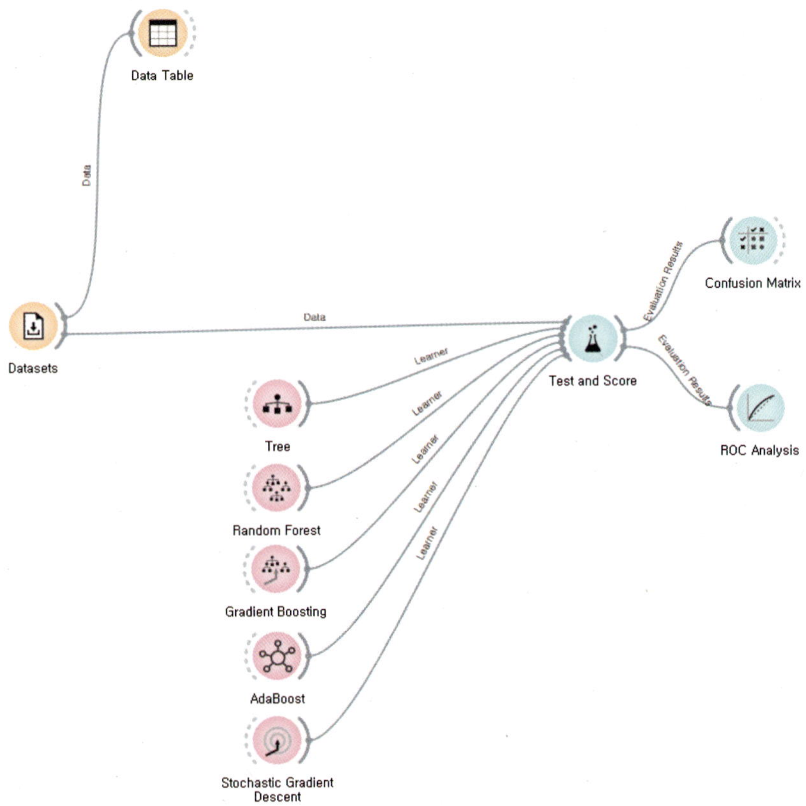

[데이터] ch82.ows

〈그림 8-7〉 워크 플로우 작성

[3단계] Test and Score 버튼을 누르면 다음과 같은 결과를 얻을 수 있다.

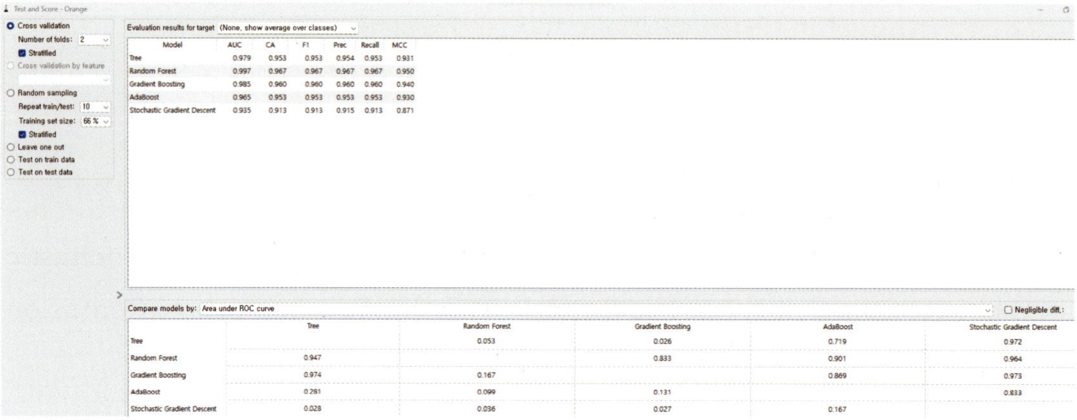

〈그림 8-8〉 Test and Score

[결과설명] Test and Score 버튼을 누른 결과, Tree, Random Forest, Gradient Boosting, AdaBoost, Stochastic Gradient Descent의 AUC, CA, F1, Precision, Recall, MCC의 값이 나타나 있다. 다양한 분석 방법 중 Random Forest의 경우 AUC=0.997, CA=0.967, F1=0.967, Precision=0.967, Recall=0.967, MCC=0.950으로 다양한 기법 중 평가결과가 가장 우수한 것으로 나타났다.

Tree　　　　Random Forest

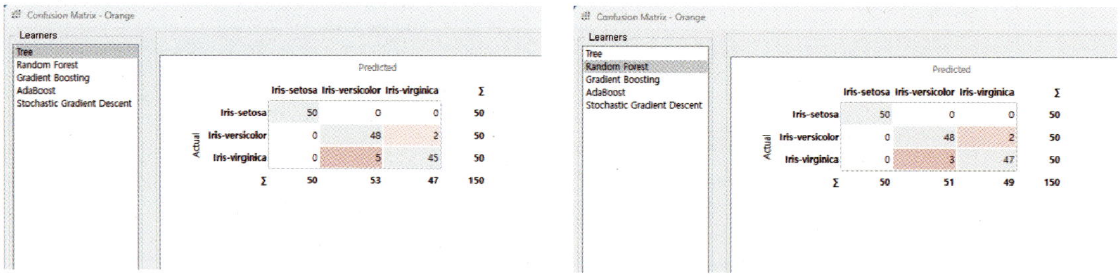

〈그림 8-9〉 Confusion Marix

[결과설명] Tree와 Random Forest의 혼동행렬이 나타나 있다. Learners란에서 Gradient Boosting, AdaBoost, Stochastic Gradient Descent를 누르면 관련한 혼동행렬을 확인할 수 있다.

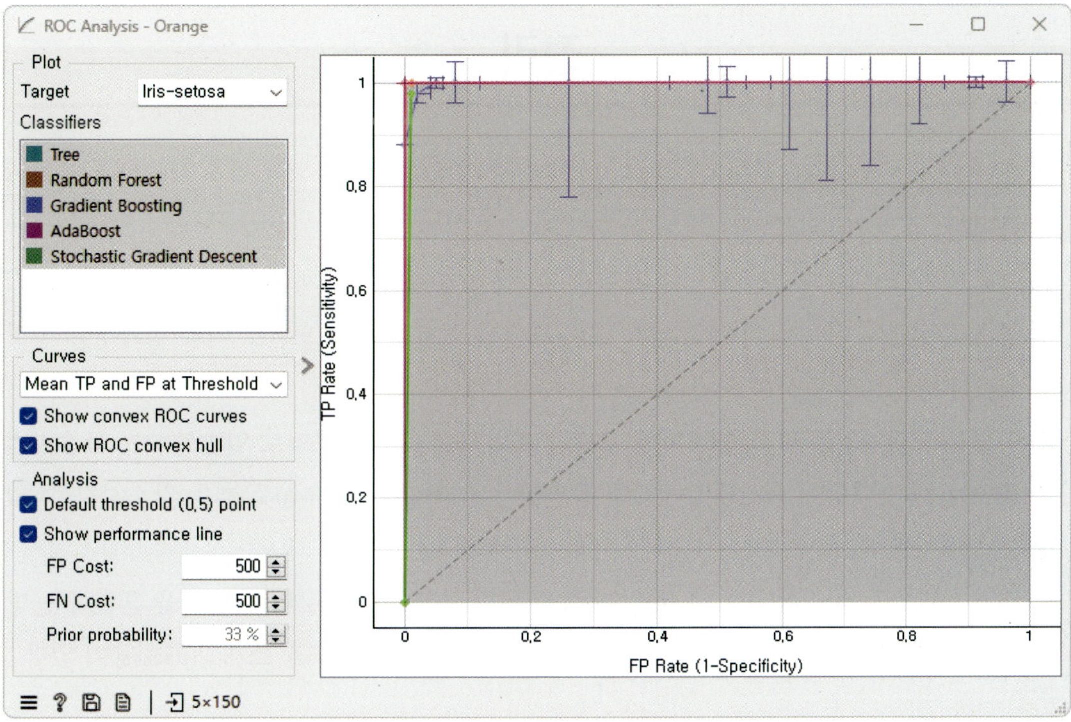

〈그림 8-10〉 ROC Analysis

[결과설명] Tree, Random Forest, Gradient Boosting, AdaBoost, Stochastic Gradient Descent에 관한 ROC Analysis 결과가 나타나 있다. ROC를 살펴본 결과 모든 모델은 양호한 수준임을 확인할 수 있다.

정리

- 랜덤 포레스트(Random Forest)는 분류 및 회귀 작업 모두에 널리 사용되는 지도학습 알고리즘이다.
- 랜덤 포레스트는 다양한 작업에 사용할 수 있는 강력하고 다재다능한 기계 학습 알고리즘으로 델들의 예측을 다수결 법칙 또는 평균을 이용한 통합 모델로 예측 정확성을 향상시키는 방법으로 앙상블 모델(ensemble model)이라고 부른다.
- 앙상블 모델에서는 여러 개의 개별 모델을 조합하여 최적의 모델로 일반화하는 학습방법을 이용하기 때문에 의사결정나무에서 발생하는 과적합(overfitting) 문제를 감소시킬 수 있는 장점이 있다.
- 랜덤 포레스트의 작동 방식은 최종 예측을 위한 투표하는 나무의 앙상블을 훈련하는 방식이다. 앙상블 기법에는 보팅(voting), 배깅(bagging), 부스팅(boosting), 스태킹(stacking)이 있다.

연습문제

1. 랜덤 포레스트와 트리모델을 비교·설명해 보자.

2. 물고기 종류(Species)를 구분하기 위해 사용한 변수(Weight, Length, Diagonal, Height, Width)가 담겨있는 fish.xlsx 데이터를 이용하여 Tree, Random Forest, Gradient Boosting, AdaBoost, Stochastic Gradient Descent 분석을 실시하고 해석해 보자.

제9장 신경망

제1절 신경망

신경망(neural network)은 인간의 뇌에서 영감을 받아 만들어진 인공지능 모델이다. 인간의 뇌는 수십억 개의 뉴런이 서로 연결되어 복잡한 정보를 처리하는 구조를 가지고 있다. 신경망은 이러한 구조를 모방하여 데이터로부터 패턴을 학습하고, 이를 기반으로 새로운 정보를 처리하거나 예측하는 작업을 수행한다.

신경망은 크게 입력층(input layer), 은닉층(hidden layer), 출력층(output layer)으로 구성된다. 입력층은 신경망에 입력되는 데이터를 처리하는 역할을 하며 은닉층은 입력층에서 처리된 데이터를 보다 복잡한 방식으로 처리하는 역할을 한다. 출력층은 은닉층에서 처리된 데이터를 최종 결과로 출력하는 역할을 한다.

신경망은 학습을 통해 입력 데이터와 출력 데이터 간의 관계를 학습한다. 학습은 일반적으로 손실 함수(loss function)를 최소화하는 방향으로 이루어진다. 손실 함수는 신경망의 출력이 실제 출력과 얼마나 차이가 나는지를 측정한 것을 말한다. 신경망은 손실 함수의 값을 줄이기 위해 뉴런의 가중치(weight)를 조정한다.

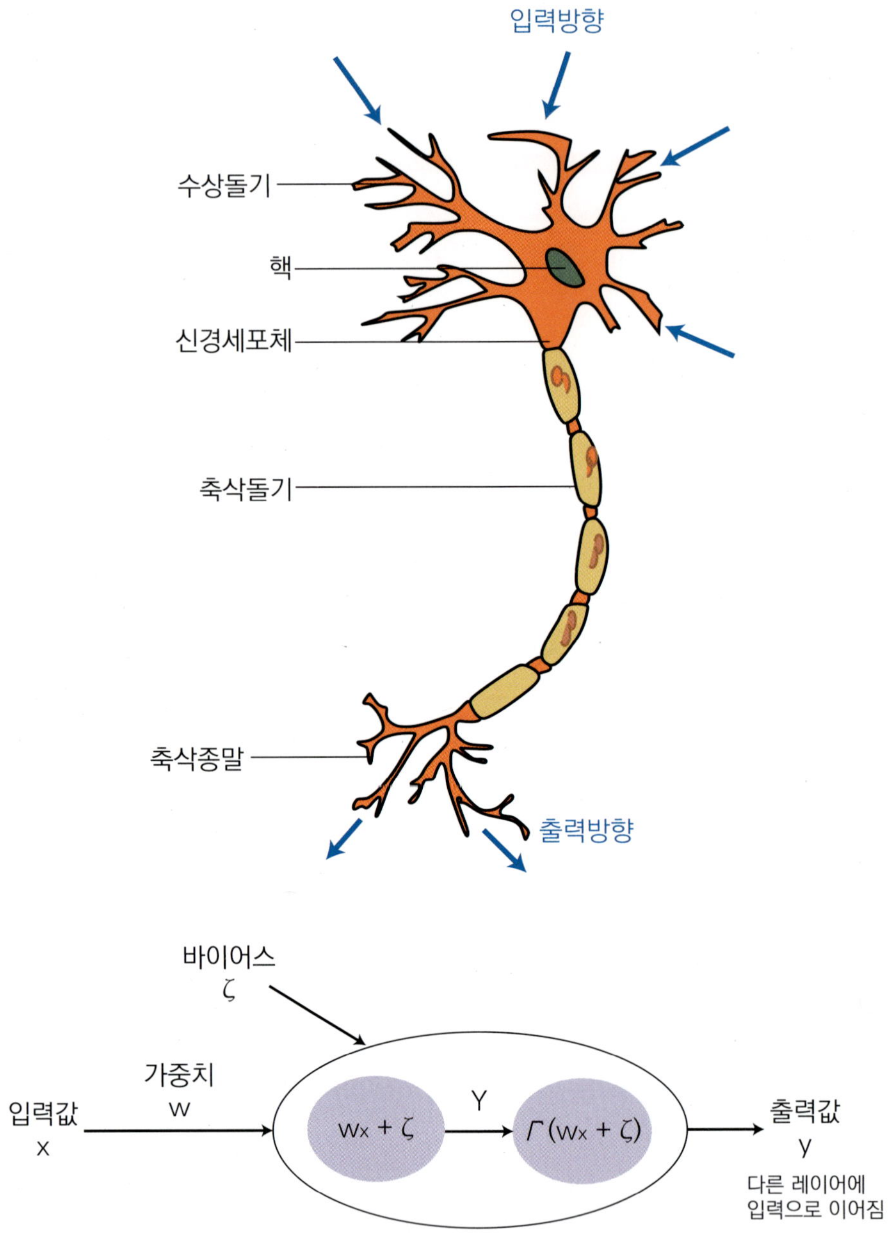

〈그림 9-1〉 인공신경망의 원리

선형회귀 모델, 로지스틱회귀 모델, 신경망 모델은 다음 함수로 나타낼 수 있다.

- 선형회귀 모델

  $f(X) = w_0 + w_1 X_1 + w_2 X_2$

- 로지스틱회귀 모델

  $$f(X) = \frac{1}{1 + e^{-(w_0 + w_1 X_1 + w_2 X_2)}}$$

- 신경망 모델

  $$f(X) = \frac{1}{1 + \exp((-z_{01} + z_{11}(\frac{1}{1 + e^{-(w_{01} + w_{11} X_1 + w_{21} X_2)}})) + z_{21}(\frac{1}{1 + e^{-(w_{02} + w_{12} X_1 + w_{22} X_2)}}))}$$

신경망 모델로부터 나온 예측값($\hat{Y}$)과 실제값의 차이를 최소로 하는 비용함수와 가중치를 찾는 것이 관건이다. 신경망 모델은 〈그림 9-2〉와 같이 나타낼 수 있다.

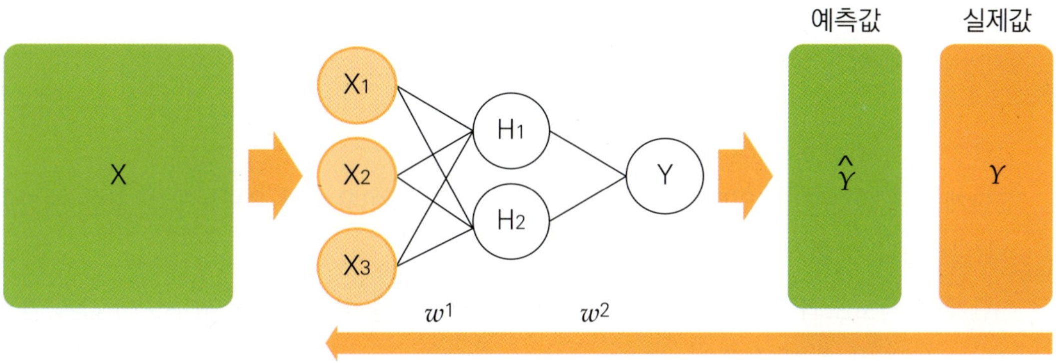

〈그림 9-2〉 신경망 모델 작동원리

$$\arg\min_w \sum_i L(Y, f(X: W)) \qquad (식\ 9\text{-}1)$$

신경망에서는 층간 노드를 연결하는 가중치인 파라미터(parameter)를 알고리즘으로 결정하고 은닉층 개수와 은닉노드의 개수, 활성화 함수(activation function) 등 하이퍼파라미터(hyper-parmeter)는 사용자가 임의로 결정할 수 있다. 신경망에서 자주 사용하는 활성화 함수의 형태는 〈그림 9-3〉과 같다.

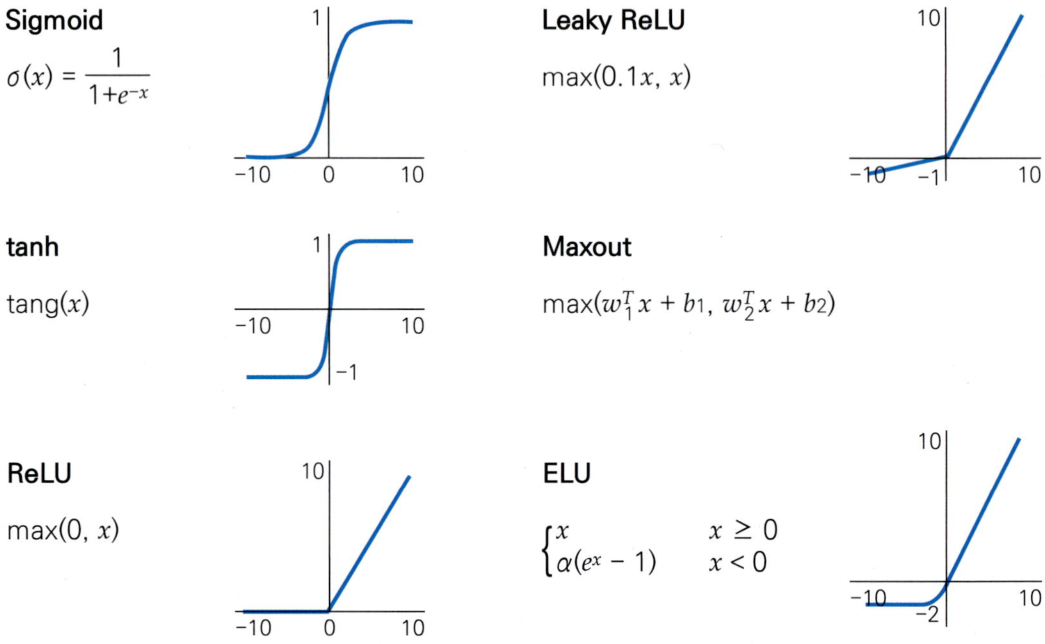

〈그림 9-3〉 활성화 함수 예

신경망에서 학습 알고리즘의 작동 단계는 다음과 같다.

1단계: 모든 가중치(w)를 임의로 생성한다.

2단계: 입력변수 값과 입력층과 은닉층 사이의 w값을 이용하여 은닉노드의 값을 계산한다(선형결합 후 활성화).

3단계: 은닉노드의 값과 은닉층과 출력층 사이의 w값을 이용하여 출력노드의 값을 계산한다(선형결합 후 활성화).

4단계: 계산된 출력노드의 값과 실제 출력변수의 값의 차이를 줄일 수 있도록 은닉층과 출력층 사이의 w값을 업데이트한다.

5단계: 계산된 출력노드의 값과 실제 출력변수의 값의 차이를 줄일 수 있도록 입력층과 은닉층 사이의 w값을 업데이트한다.

6단계: 에러가 충분히 줄어들 때까지 2단계와 5단계 작업을 반복한다. 이때 작용하는 학습 알고리즘을 오류 역전파 알고리즘(Error Backpropagation Algorithm)이라고 한다.

신경망 모델에서 학습은 비용함수를 최소화하는 함수의 기울기(gradient)를 찾는 경사하강법(gradient descent method)을 사용한다. 신경망에서 데이터 관리는 훈련 데이터(training data), 확인 데이터(validation data), 검증 데이터 세트(test data set)를 운영하여 실행한다.

신경망은 다음과 같은 작업에 널리 사용된다.

- 이미지 인식: 사진이나 영상에서 물체를 식별하거나 분류하는 작업
- 자연어 처리: 텍스트를 이해하고 처리하는 작업
- 음성 인식: 음성을 텍스트로 변환하는 작업
- 기계 번역: 언어를 번역하는 작업
- 추천 시스템: 사용자의 관심사에 따라 제품이나 정보를 추천하는 작업

신경망은 뛰어난 성능을 발휘하지만, 다음과 같은 한계점도 가지고 있다.

훈련 데이터의 양과 질에 따라 성능이 크게 좌우되는 특성이 있고 복잡한 구조의 신경망을 학습하는 데 시간이 오래 걸릴 수 있다. 또한 신경망의 내부 구조가 복잡하여 이해하기 어렵다.

이러한 한계점에도 불구하고 신경망은 인공지능 분야에서 가장 활발하게 연구되고 있는 기술 중 하나이다. 신경망의 성능이 지속적으로 향상됨에 따라, 앞으로 다양한 분야에서 더욱 폭넓게 활용될 것으로 예상된다.

제2절 Iris 예제

오렌지에 내장되어 있는 iris(붓꽃) 데이터를 이용하여 로지스틱회귀 모델, 신경망 모델 분석을 실시해 보자.

[1단계] 다음과 같은 워크 플로우를 작성한다.

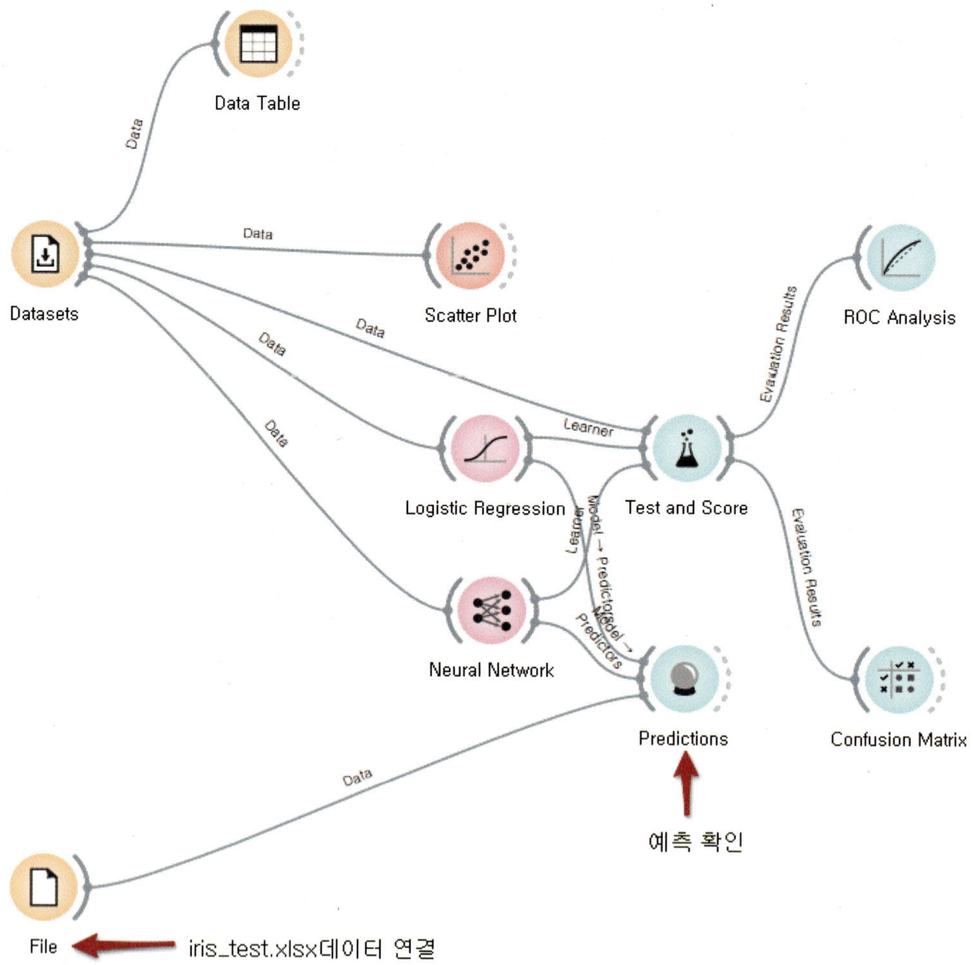

[데이터] ch91.ows

〈그림 9-4〉 워크 플로우

[2단계] Test and Score 위젯을 더블 클릭한 다음 결과를 확인한다.

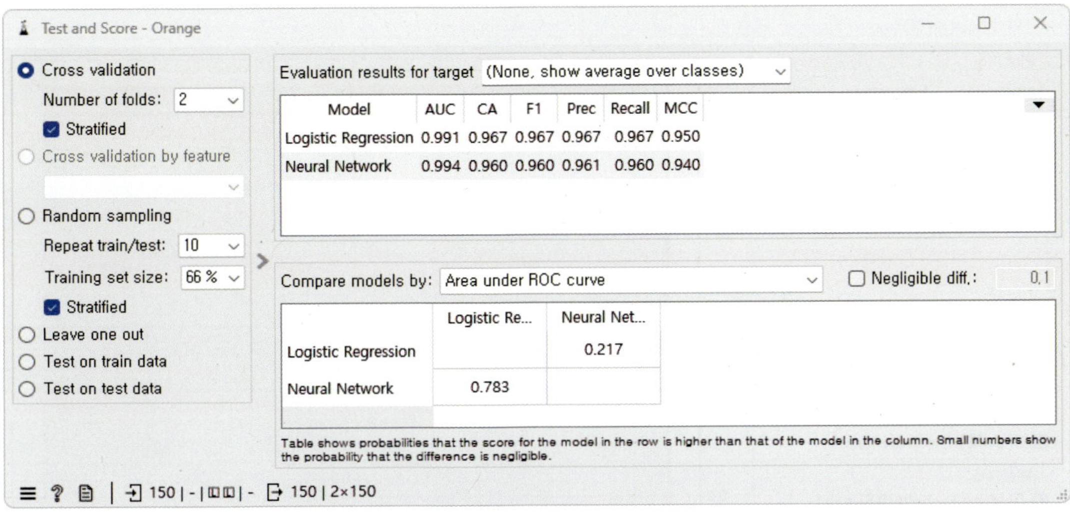

〈그림 9-5〉 Test and Score

[결과설명] 로지스틱 회귀(logistic regression), 신경망(neural network)의 AUC, CA, F1, Prescision, Recall, MCC 등이 나와 있다. 여기서는 신경망에 비해 로지스틱 회귀의 모델 적합도가 우수함을 알 수 있다.

[3단계] ROC Analysis 위젯을 눌러 결과를 확인한다.

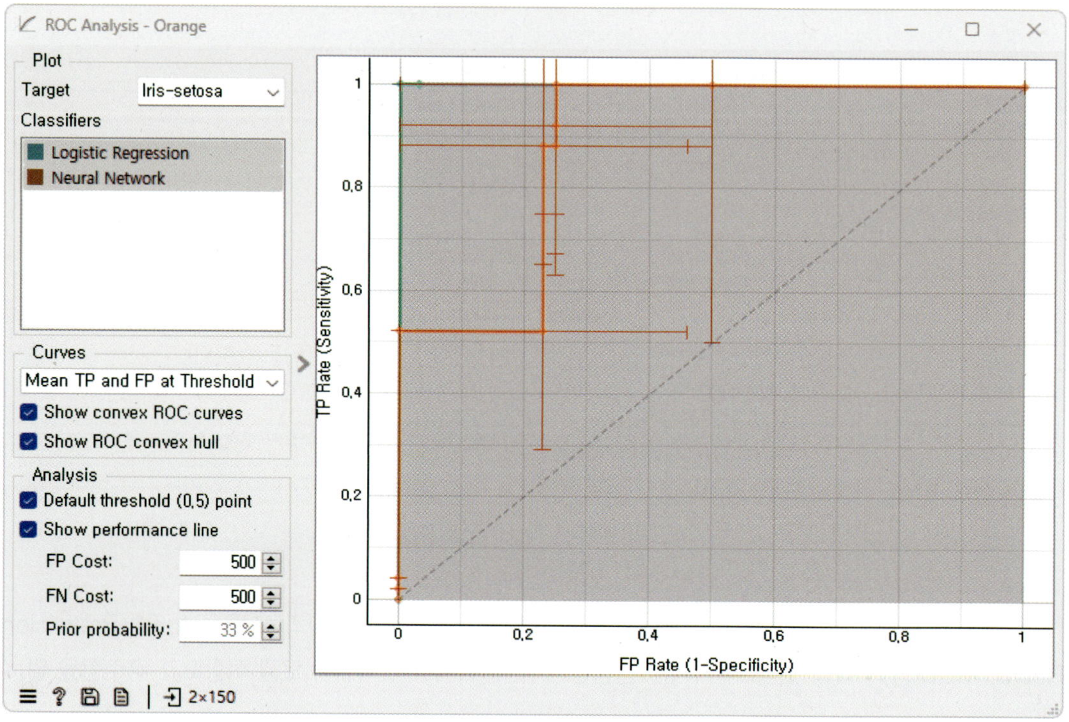

〈그림 9-6〉 ROC Analysis

[결과설명] ROC를 판단한 결과, 신경망에 비해 로지스틱 회귀의 모델 적합도가 우수함을 알 수 있다.

[4단계] Confusion Matrix 위젯을 눌러 결과를 확인한다.

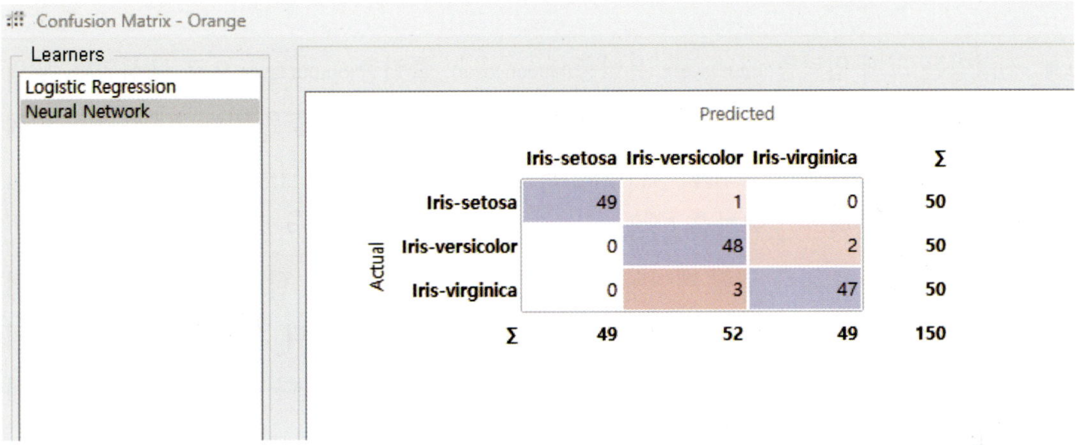

〈그림 9-7〉 혼동행렬

[결과설명] 신경망에 의한 인스턴스별 붓꽃(iris)의 예측과 실제치가 나타나 있다. 대각선의 값은 제대로 된 분류를 대각선 밖에 있는 숫자는 오분류를 나타낸다.

정리

- 신경망은 크게 입력층(input layer), 은닉층(hidden layer), 출력층(output layer)으로 구성된다. 입력층은 신경망에 입력되는 데이터를 처리하는 역할을 하며 은닉층은 입력층에서 처리된 데이터를 보다 복잡한 방식으로 처리하는 역할한다. 출력층은 은닉층에서 처리된 데이터를 최종 결과로 출력하는 역할을 한다.
- 신경망은 학습을 통해 입력 데이터와 출력 데이터 간의 관계를 학습한다. 학습은 일반적으로 손실 함수(loss function)를 최소화하는 방향으로 이루어진다. 손실 함수는 신경망의 출력이 실제 출력과 얼마나 차이가 나는지를 측정한 것을 말한다. 신경망은 손실 함수의 값을 줄이기 위해 뉴런의 가중치(weight)를 조정한다.
- 신경망에서는 층간 노드를 연결하는 가중치인 파라미터(parameter)를 알고리즘으로 결정하고 은닉층 개수와 은닉노드의 개수, 활성화 함수(activation function) 등 하이퍼파라미터(hyperparmeter)는 사용자가 임의로 결정할 수 있다.
- 신경망에서 학습 알고리즘의 작동 단계는 다음 순서를 따른다.

  1단계: 모든 가중치(w)를 임의로 생성한다.

  2단계: 입력변수 값과 입력층과 은닉층 사이의 w값을 이용하여 은닉노드의 값을 계산한다(선형결합 후 활성화).

  3단계: 은닉노드의 값과 은닉층과 출력층 사이의 w값을 이용하여 출력노드의 값을 계산한다(선형결합 후 활성화).

  4단계: 계산된 출력노드의 값과 실제 출력변수의 값의 차이를 줄일 수 있도록 은닉층과 출력층 사이의 w값을 업데이트한다.

  5단계: 계산된 출력노드의 값과 실제 출력변수의 값의 차이를 줄일 수 있도록 입력층과 은닉층 사이의 w값을 업데이트한다.

  6단계: 에러가 충분히 줄어들 때까지 2단계와 5단계 작업을 반복한다. 이때 작용하는 학습 알고리즘을 오류 역전파 알고리즘(Error Backpropagation Algorithm)이라고 한다.

연습문제

1. 물고기 종류(Species)를 구분하기 위해 사용한 변수(Weight, Length, Diagonal, Height, Width)가 담겨있는 fish.xlsx 데이터를 이용하여 신경망 분석을 실시하고 해석해 보자.

제3부 비지도학습

10장 계층적 군집화

11장 비계층적 군집화

12장 이미지 군집화

13장 장바구니 분석

14장 다차원 척도분석법

15장 대응일치분석

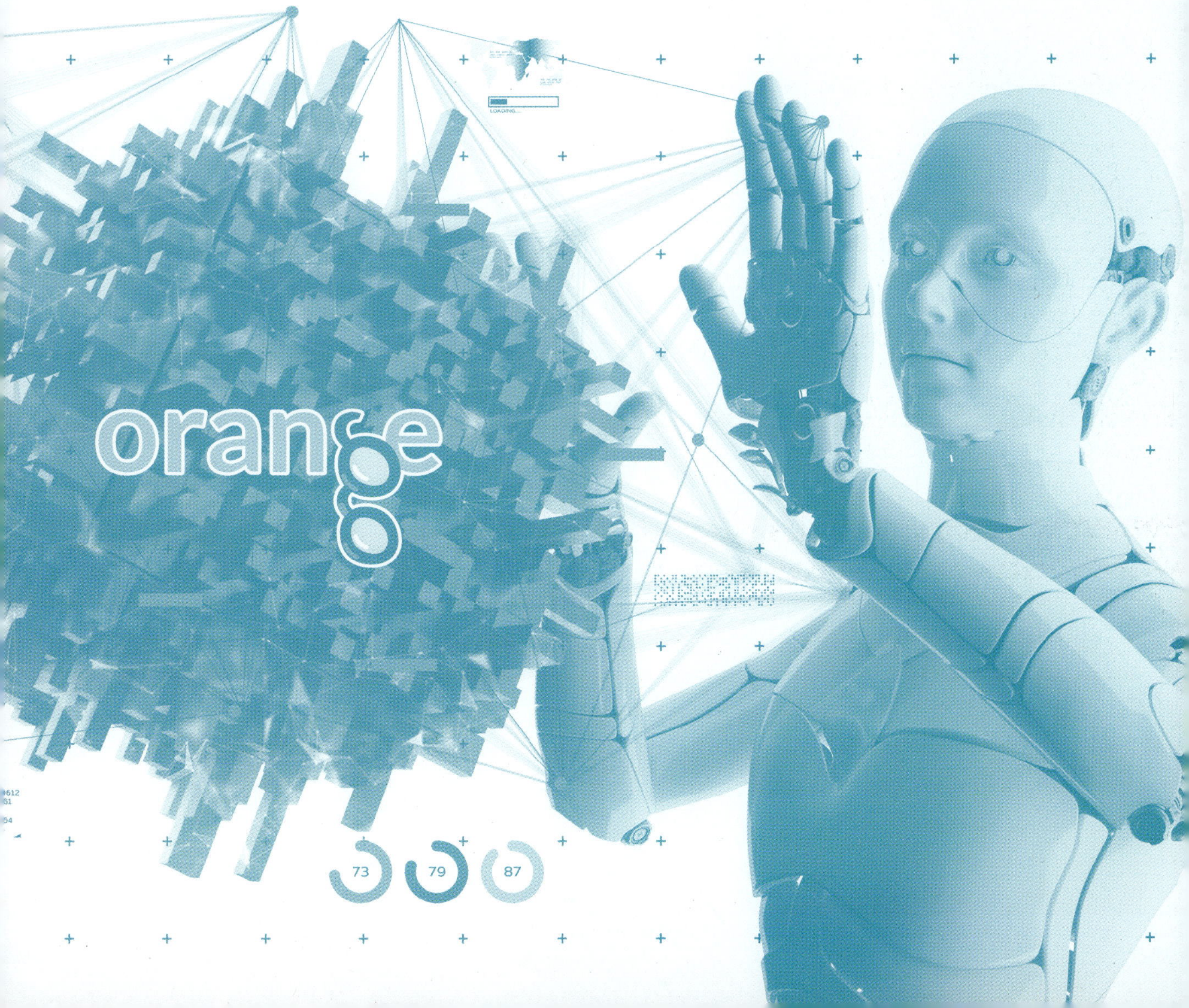

제10장 계층적 군집화

제1절 군집화 기본개념

1.1 군집분석 정의

사물을 관찰하다 보면 다양한 특성들을 지닌 개체들을 동질적인 집단으로 분류할 필요성이 생긴다. 예를 들어, 동물의 경우 외형적인 조건에 따라 성별을 구분하는 경우에는 명확한 분류 기준이 있어 비교적 쉽다고 할 수 있으나, 변수가 많거나 또는 명확한 분류 기준이 없는 경우에는 관찰 대상들을 분류하는 것이 쉬운 일이 아닐 것이다. 군집분석(cluster analysis)은 다양한 특성을 지닌 관찰 대상을 유사성을 바탕으로 동질적인 집단으로 분류하는 데 쓰이는 기법이다. 군집분석은 정답이 없는 비지도학습 방법이다.

군집분석에서는 집단의 수를 미리 정하지 않는다. 단지 전체 대상들에 대한 유사성이나 거리에 의거하여 동질적인 집단으로 분류한다. 군집분석은 시장 세분화 등에 사용된다. 분류 규칙이 불명확하거나 또는 집단의 수를 미리 정하지 않는 경우에는 군집분석이 매우 유용하다. 군집분석은 자료 탐색, 자료 축소, 가설 정립, 군집에 근거한 예측 등과 같은 여러 가지 목적을 가진다.

1.2 군집분석의 절차

군집분석은 특성들의 유사성, 즉 특성 자료가 얼마나 비슷한 값을 가지고 있는지를 거리로 환산하여 거리가 가까운 대상들을 동일한 집단으로 편입시키게 된다. 요인분석이나 판별분석 등은 자료의 상관 관계를 이용하여 유사한 집단 분류를 하게 되지만 군집분석은 단지 측정치의 차이를 이용하는 방법이다. 따라서 군집분석에서는 다음과 같은 질문이 중요시 된다.

① 어떠한 특성에 대한 측정치의 차이를 비교할 것인가?(변수 선정 문제)
② 어떻게 유사성의 차이를 측정할 것인가?(유사성 측정 방법)
③ 어떻게 동질적인 집단으로 묶을 것인가?(군집화 방법)

(1) 변수 선정

변수 선정은 군집분석에서 가장 중요한 문제이다. 중요한 변수가 빠지거나 불필요한 변수가 추가되면 변수값들의 유사성 평가에 오류를 범하게 된다. 군집분석에서는 회귀분석이나 판별분석과 같이 의미 없는 변수를 제거할 수 있는 방법이 없기 때문에 선정된 변수는 모두가 동일한 비중으로 유사성 평가에 이용된다. 따라서 변수의 선정이 잘못되면 엉뚱한 결과가 나타날

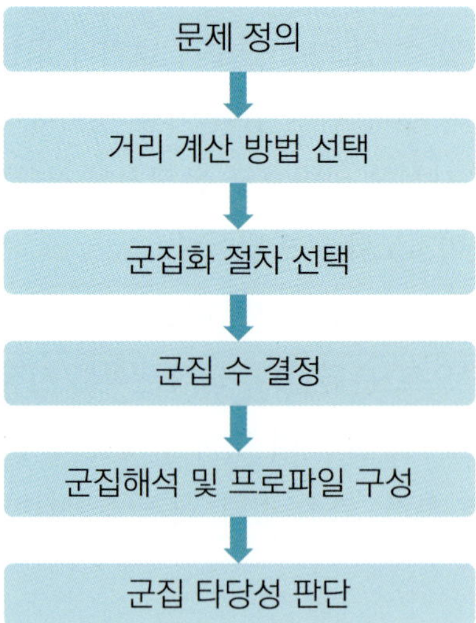

〈그림 10-1〉 군집분석 절차

수 있다. 또한 군집분석에서는 다른 분석 방법들과는 달리 최종 결과에 대한 통계적 유의성을 검정할 수 있는 방법이 없기 때문에 더욱 문제가 될 수 있다.

(2) 유사성 측정 방법

유사성은 각 대상이 지니고 있는 특성에 대한 측정치들을 하나의 거리로 환산하여 측정하게 된다. 거리의 측정 방식에는 다음과 같은 세 가지 방식이 있다.

유클리디안 거리(Euclidean distance) 변수값들의 차이를 제곱하여 합산한 거리, 다차원 공간에서 직선 최단 거리를 말한다. 가장 일반적으로 사용되는 거리 측정 방법이다.

$$d = \sqrt{\sum_{i=1}^{p}(X_{1i} - X_{2i})^2}$$

X_{ji} = 개체 j의 변수 i의 좌표

유클리디안 제곱 거리(Squared Euclidean distance) 유클리디안 거리를 제곱한 거리이다.

$$d = \sum_{i=1}^{p}(X_{1i} - X_{2i})^2$$

민코스키 거리(Minkowski distance) 거리를 산정하는 일반식으로서 함수에 포함된 지수들을 조정해 줌으로써 앞에서 언급된 거리뿐만 아니라 다양한 방식의 거리를 구해낼 수 있다.

$$d = \left[\sum_{i=1}^{p} |X_{1i} - X_{2i}| m\right]^{\frac{1}{m}}$$

민코스키 거리는 절대값을 사용하는데, 특히 m=1일 때 p차원의 두 점 거리는 '도시 블록' 거리라고 한다. 그리고 m=2일 때에는 유클리드 거리가 된다. 이 식은 거리를 재는 일반식으로서 m은 자주 여러 가지로 변할 수 있어서 다양한 방식의 거리를 구하는 데에 이용된다. 그런데, 실제로 대상을 특정 짓는 변수의 측정 단위는 다른 경우가 대부분이다. 이러한 경우에는 측정 자료를 표준화해서 거리를 측정해야 한다.

(3) 군집화 방법

대상을 군집화하는 방법에는 알고리즘이 다양하게 있어 여러 가지가 소개되고 있다. 이 방법을 크게 두 가지로 나누어 보면 계층적 군집화 방법과 비계층적 군집화 방법이 있는데 계층적 군집화 방법이 널리 이용된다. 계층적 방법에서 군집화 과정은 가까운 대상끼리 순차적으로 묶어 가는 AHM(Agglomerative Hierarchical Method)와 전체 대상을 하나의 군집으로 출발하여 개체들을 분할해 나가는 DHM(Devisive Hierarchical Method)가 있다. 여기에서는 AHM의 방식만을 세 가지 소개하겠다.

단일 기준 결합 방식(single linkage, nearest neighbor) 어느 한 군집에 속해 있는 개체와 다른 군집에 속해 있는 개체 사이의 거리가 가장 가까운 경우에 두 군집이 새로운 하나의 군집으로 이루어지는 방식을 의미한다. 거리가 가장 가깝다는 것은 가장 유사하다는 것을 의미한다.

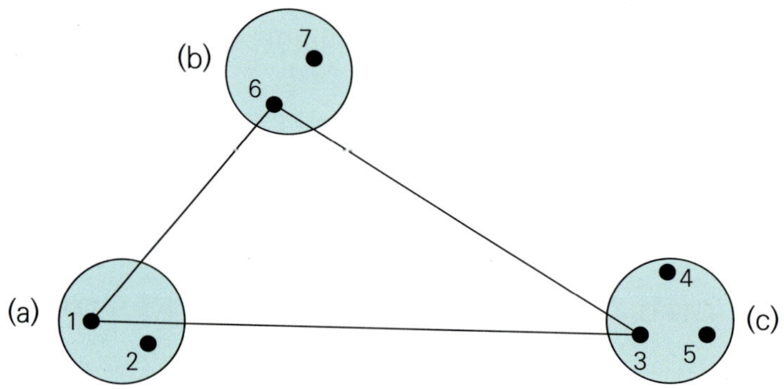

〈그림 10-2〉 단일 기준 결합 방식

〈그림 10-2〉에서 대상 1과 6이 가장 가깝기 때문에 군집 A와 군집 B는 새로운 군집을 만들게 된다.

완전 기준 결합 방식(complete linkage, furthest neighbor) 완전 기준 결합 방식은 각 단계마다 한 군집에 속해 있는 대상과 다른 군집에 속해 있는 대상 사이의 유사성이 최대 거리로 정해진다는 것이다. 따라서 앞의 단일 기준 결합 방식에서 유사성이 최소 거리로 정해지는 것과 대조를 보인다.

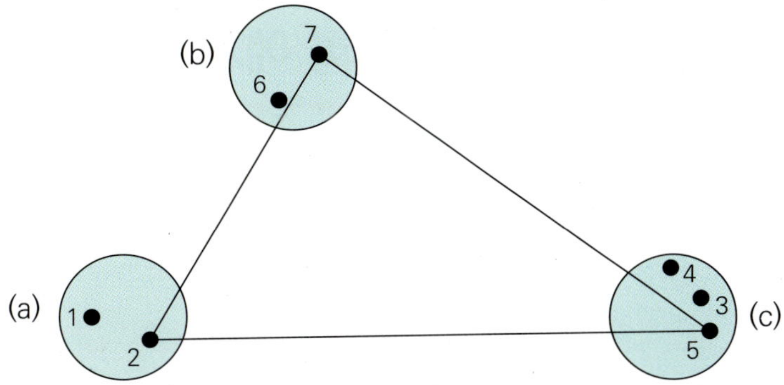

〈그림 10-3〉 완전 결합방식

평균 기준 결합 방식(average linkage) 평균 기준 결합 방식은 한 군집 안에 속해 있는 모든 대상과 다른 군집에 속해 있는 모든 대상의 쌍집합에 대한 거리를 평균적으로 계산한다. 이러한 특성만 제외하고는 앞에서 설명한 결합 방식과 비슷하다. 즉, 제1단계로 거리 행렬에서 가까운 거리에 있는(유사한) 두 대상, 예를 들어 A와 B를 선발하여 한 군집(AB)에 편입시킨다.

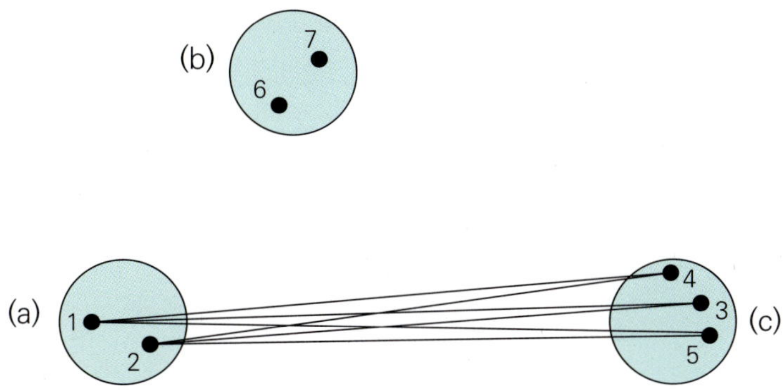

〈그림 10-4〉 평균 기준 결합 방식

그 다음으로 그 군집(AB)와 다른 군집(K) 사이의 거리를 다음 식에 의하여 계산한다.

$$d_{(AB)K} = \sum_{i=1} \sum_{j=1} d_{ij} / N_{(AB)} N_K$$

ij는 군집(AB)의 개체 i와 군집 K의 개체 j 사이의 거리를 의미하며, N(AB)과 NK는 각각 군집(AB)과 군집(K)에 포함된 개체들의 수를 의미한다.

제2절 군집화 예제

[예제] 다음은 고객 7명(A, B, C, D, E, F, G)에 대해 v1(점포 로열티)와 v2(브랜드 충성도)를 조사하였다. 이를 이용하여 군집화를 실시해 보자.

〈표 10-1〉 데이터

id	A	B	C	D	E	F	G
v1	3	4	4	2	6	7	6
v2	2	5	7	7	6	7	4

[데이터] ch10_1.xlsx

[1단계] 〈그림 10-5〉와 같은 워크 플로우를 작성한다.

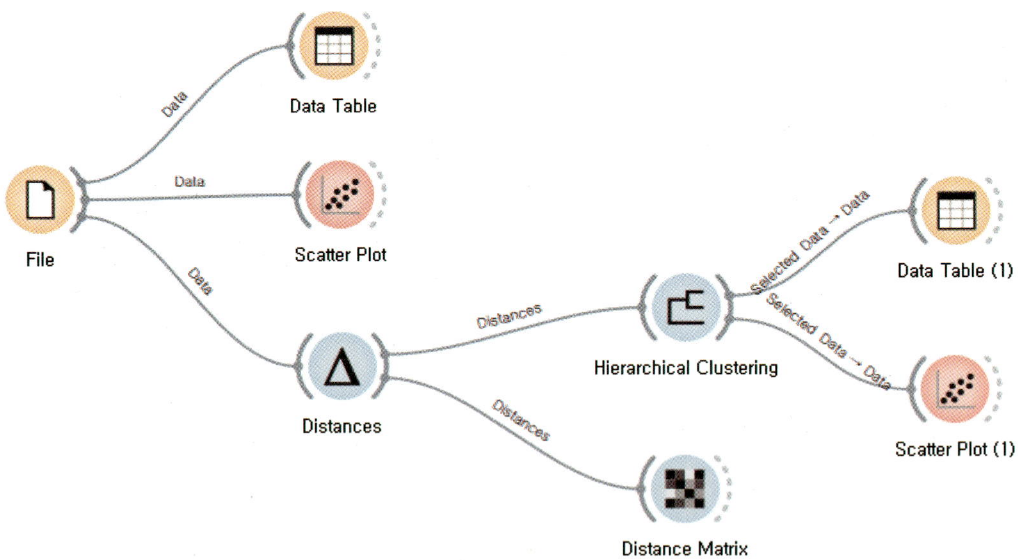

[데이터] ch10_1.ows

〈그림 10-5〉 군집화 워크 플로우

[2단계] Data Table 위젯을 이용하여 전반적인 데이터의 내용을 확인한다.

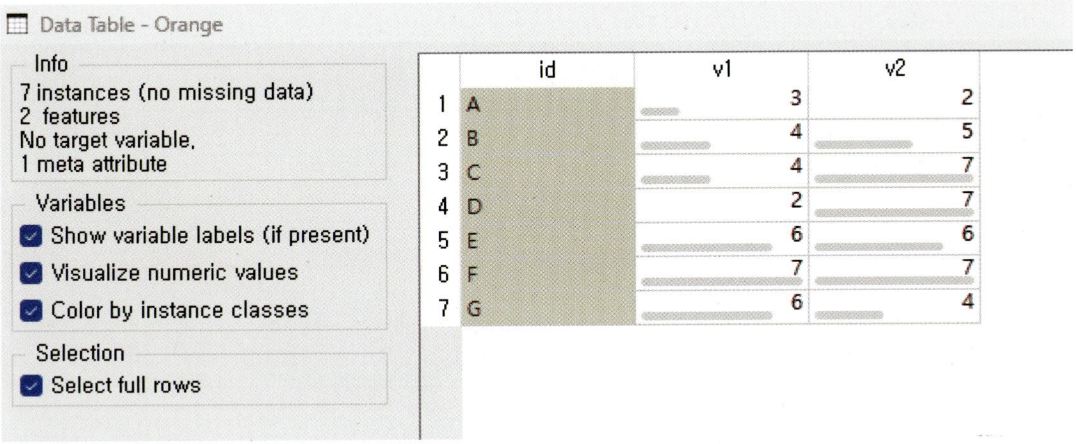

〈그림 10-6〉 Data Table

[결과설명] 7명의 인스턴스와 2개의 속성(features)이 나타나 있고 목표변수는 없고 1개의 메타 속성(id)이 나타나 있다.

[3단계] Scatter plot를 누르면 〈그림 10-7〉과 같은 그림을 얻을 수 있다.

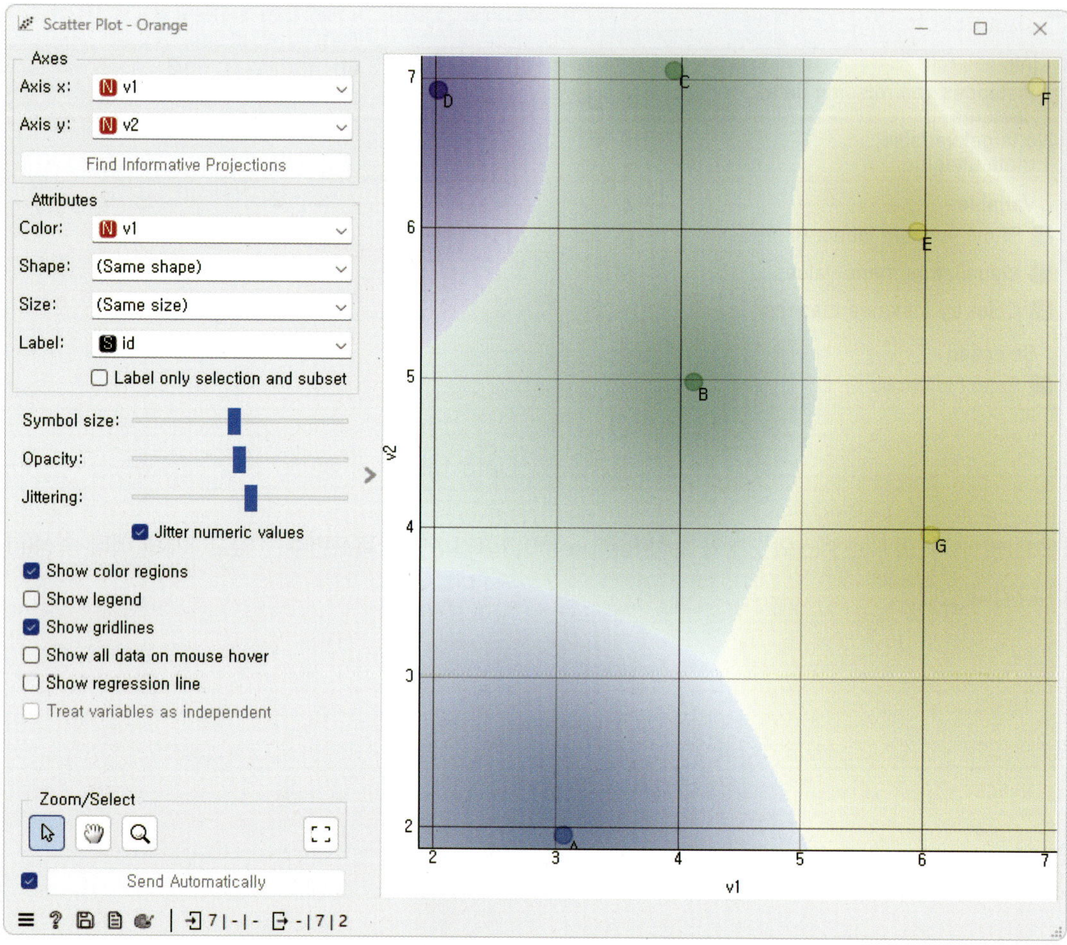

〈그림 10-7〉 Scatter plot

[결과설명] v1(점포 로열티)와 v2(브랜드 충성도)에 따른 좌표가 나타나 있다. 거리가 가까운 유사성에 의해서 각 인스턴스가 어떻게 묶일 것인지 대략적으로 예측할 수 있다. A가 1개 그룹으로 B, C, D가 같은 그룹으로 E, F, G가 같은 그룹으로 묶일 것임을 대략적으로 알 수 있다.

[4단계] Distances를 눌러 거리계산방법을 확인할 수 있다.

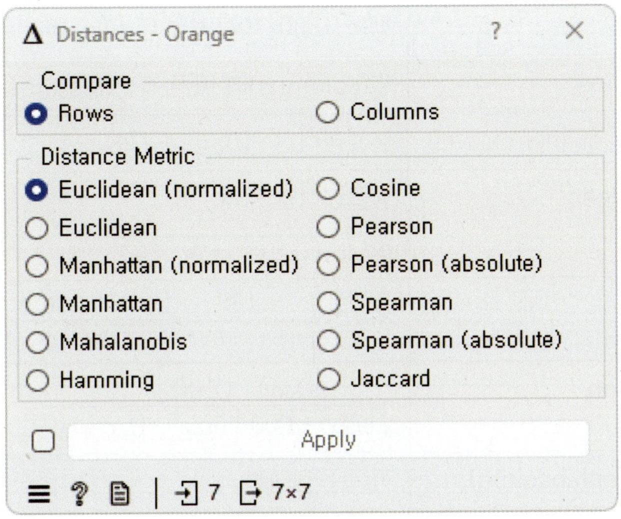

〈그림 10-8〉 Distances

〈표 10-2〉 Distances 설명

구분	내용	설명
Compare	Rows	행(rows)에 따른 인스턴스(instance)별로 거리를 계산함
	Columns	열(columns)에 따른 속성(features)별로 거리를 계산함
Distance Metric	Euclidean (normalized)	유클리디안 거리의 정규화
	Euclidean	유클리디안 거리 ed = $\sqrt{(x_1 - x_2)^2 + (y_1 - y_2)^2}$
	Cosine	$cos(\theta) = \frac{A \cdot B}{\lVert A \rVert\ \lVert B \rVert} = \frac{\sum_{i=1}^{n} A_i \times B_i}{\sqrt{\sum_{i=1}^{n} (A_i)^2} \times \sqrt{\sum_{i=1}^{n} (B_i)^2}}$
	Pearson	$\frac{n(\Sigma xy) - (\Sigma x)(\Sigma y)}{\sqrt{[n\Sigma x^2 - (\Sigma x)^2]\ [n\Sigma y^2 - (\Sigma x)^2]}}$
	Pearson(absolute)	피어슨 절대값
	Manhattan (normalized)	맨해턴 거리의 정규화
	Manhattan	맨해턴 거리, $\lvert x_1 - x_2 \rvert + \lvert y_1 - y_2 \rvert$
	Mahalanobis	$d_M = \sqrt{(\vec{x} - \vec{y})^{\Sigma^{-1}} (\vec{x} - \vec{y})^T}$
	Spearman	각 변수에 대해 순위를 매긴 값을 기반으로 상관관계를 계산함
	Spearman (abolute)	스피어만 상관계수의 절대값
	Hamming	해밍 거리(Hamming distance)는 같은 길이를 가진 2개의 문자열에서 같은 위치에 있지만 서로 다른 문자의 개수임(예, '1011101'과 '1001001' 사이의 해밍 거리는 2임)
	Jaccard	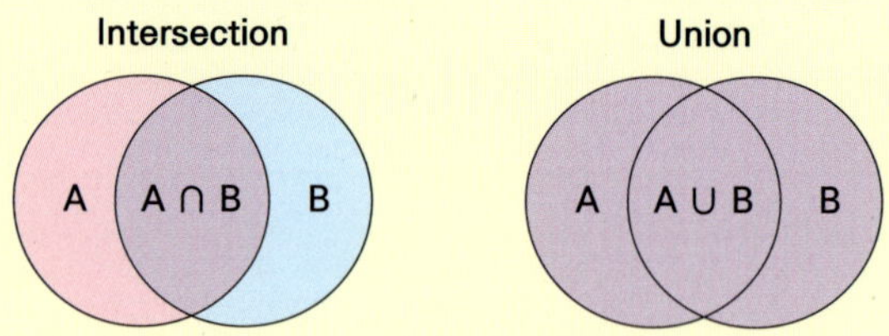 $J(A, B) = \frac{\lvert A \cap B \rvert}{\lvert A \cup B \rvert}$

[5단계] Hierachical Clustering을 클릭한다.

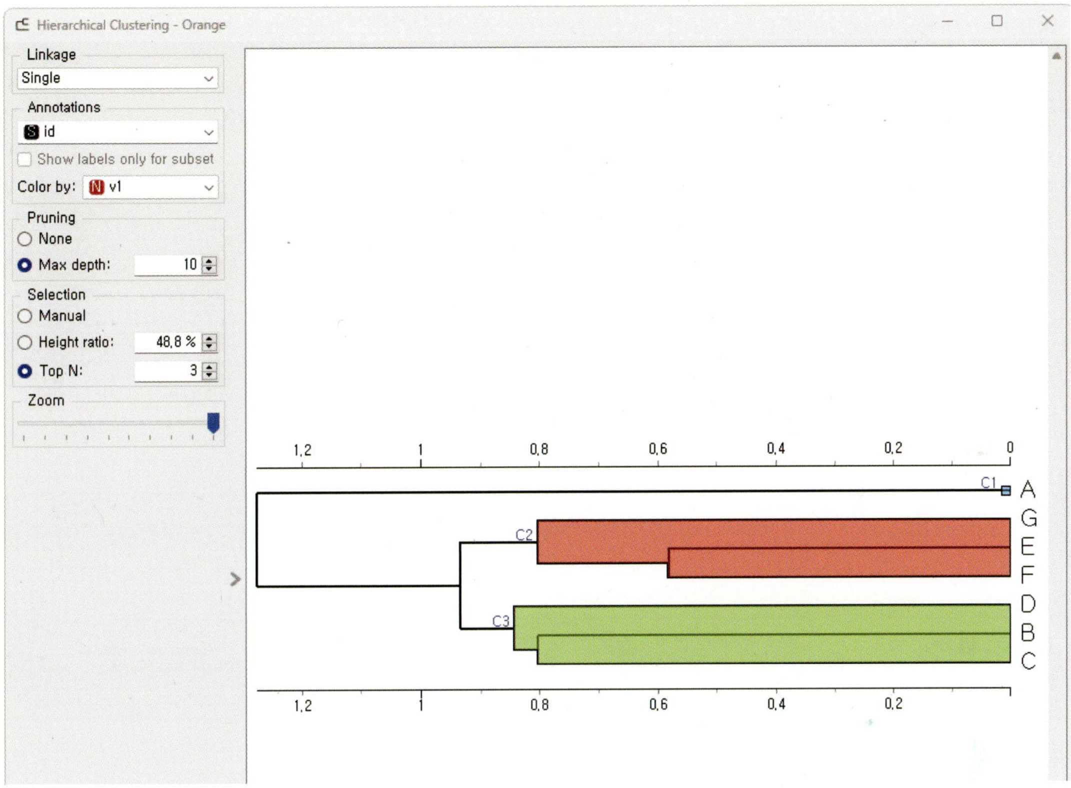

〈그림 10-9〉 Hierachical Clustering

[결과설명] 연결방식을 Single로 전지방법(Pruning)을 최대 10으로 설정하고 군집을 세 집단(Top N)으로 설정한 결과이다. 군집 1(C1)은 A가, E, F, G가 2군집(C2)으로, 3군집은 B, C, D가 묶이는 것을 알 수 있다.

[6단계] Distance Matrix를 클릭하면 〈그림 10-10〉과 같은 결과를 얻을 수 있다.

	A	B	C	D	E	F	G
A		1.276	2.051	2.051	2.044	2.621	1.498
B	1.276		0.803	1.164	0.933	1.498	0.933
C	2.051	0.803		0.843	0.933	1.264	1.470
D	2.051	1.164	0.843		1.733	2.107	2.072
E	2.044	0.933	0.933	1.733		0.582	0.803
F	2.621	1.498	1.264	2.107	0.582		1.276
G	1.498	0.933	1.470	2.072	0.803	1.276	

〈그림 10-10〉 인스턴스 거리

[결과설명] 각 인스턴스별 거리가 계산되어 있다. 각 인스턴스별 거리가 짧을수록 가까운 위치에 있고 유사그룹으로 묶일 가능성이 높다고 할 수 있다.

[7단계] Data Table (1)을 클릭한다.

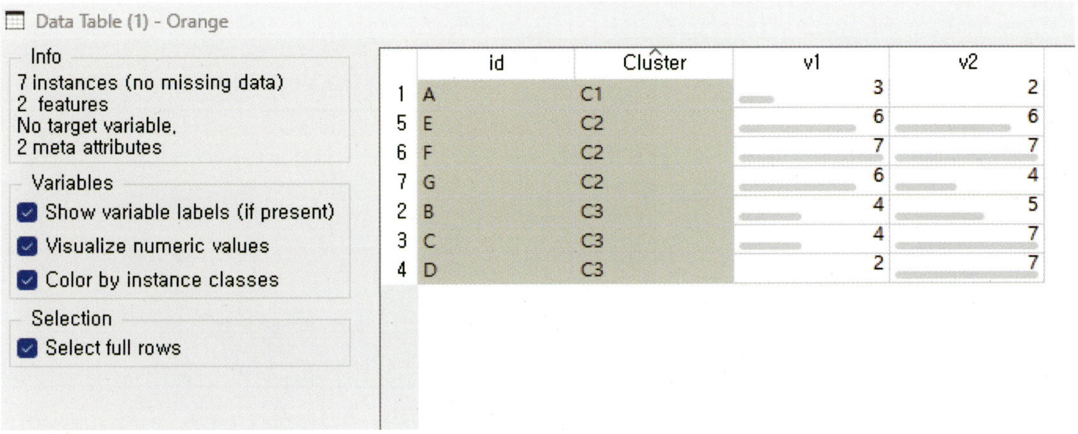

〈그림 10-11〉 Data Table

[결과설명] 군집별 변수가 나타나 있다.

[8단계] Scatter Plot (1)을 클릭한다.

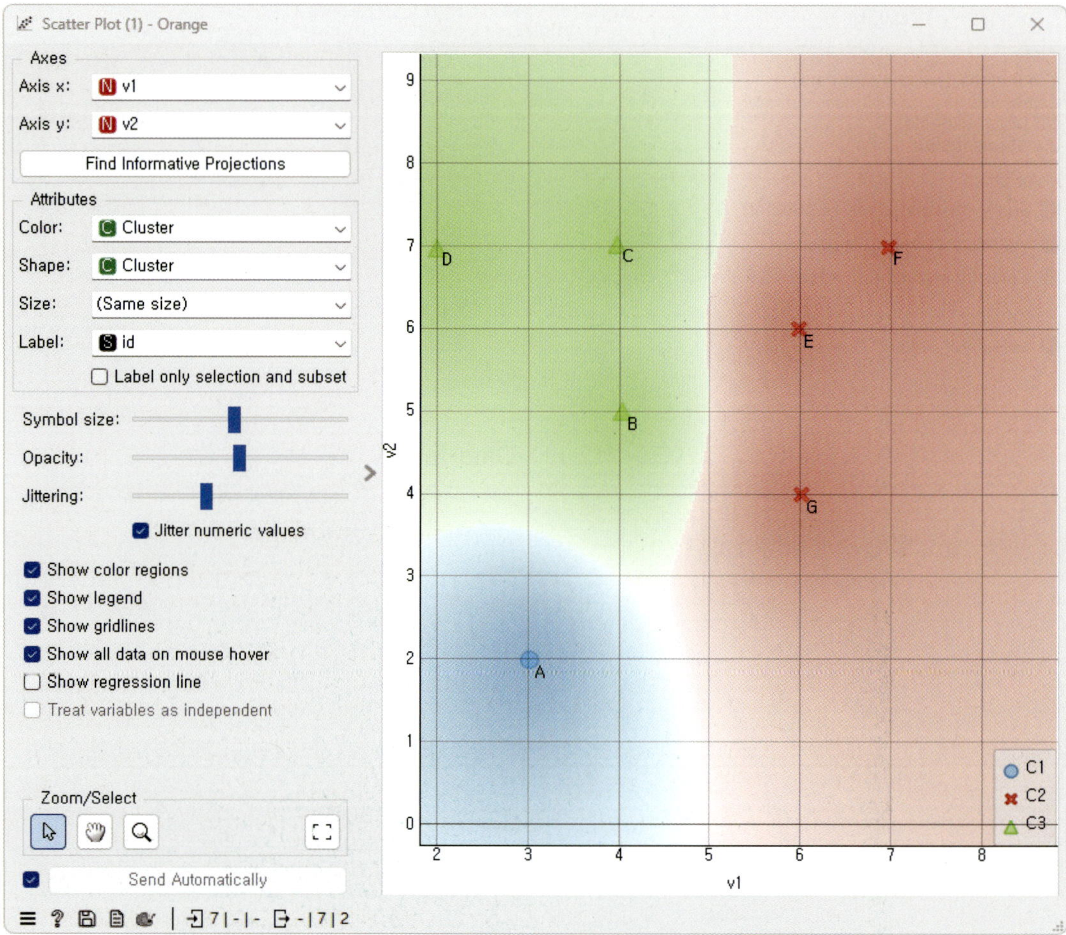

〈그림 10-12〉 Scatter Plot

[결과설명] 군집별(C1, C2, C3) 각 인스턴스와 영역이 표시되어 있다. 분석자는 이들 변수의 공통점을 발견하여 명칭을 부여한 다음 전략을 수립하는 것이 중요하다.

정리

- 군집분석(cluster analysis)은 다양한 특성을 지닌 관찰 대상을 유사성을 바탕으로 동질적인 집단으로 묶어주거나 분류하는 데 쓰이는 정답이 없는 비지도학습 방법 중의 하나이다.
- 군집분석은 시장 세분화 등에 사용되며 분류 규칙이 불명확하거나 또는 집단의 수를 미리 정하지 않는 경우에는 군집분석이 매우 유용하다.
- 군집분석은 자료 탐색, 자료 축소, 가설 정립, 군집에 근거한 예측 등과 같은 여러 가지 목적을 가진다.
- 군집분석 절차는 문제 정의, 거리 계산방법 선택, 군집화 절차 선택, 군집 수 결정, 군집해석 및 프로파일 구성, 군집 타당성 판단의 순서로 진행한다.
- 군집분석에서 거리 계산 방식은 유클리디안 거리(Euclidean distance), 유클리디안 제곱 거리(Squared Euclidean distance), 민코스키 거리(Minkowski distance) 등을 사용한다.
- 군집화 방법으로는 단일 기준 결합 방식(single linkage, nearest neighbor), 완전 기준 결합 방식(complete linkage, furthest neighbor), 평균 기준 결합 방식(average linkage)을 사용한다.
  - 단일 기준 결합 방식: 어느 한 군집에 속해 있는 개체와 다른 군집에 속해 있는 개체 사이의 거리가 가장 가까운 경우에 두 군집이 새로운 하나의 군집으로 이루어지는 방식을 의미한다.
  - 완전 기준 결합 방식: 완전 기준 결합 방식은 각 단계마다 한 군집에 속해 있는 대상과 다른 군집에 속해 있는 대상 사이의 유사성이 최대 거리로 정해진다는 것이다.
  - 평균 기준 결합 방식: 한 군집 안에 속해 있는 모든 대상과 다른 군집에 속해 있는 모든 대상의 쌍집합에 대한 거리를 평균적으로 계산하는 방식을 말한다.

연습문제

1. 다음은 차량 구입 시 중요시 하는 변수별(x1=가격, x2=연비, x3=브랜드 이미지, x4=품질, x6=고객만족도) 중요도(1. 중요하지 않음, 10. 매우 중요함)을 나타낸 것이다. 이 데이터를 이용하여 군집분석을 실시하고 해석해 보자.

case	x1	x2	x3	x4	x5
1	7	10	9	7	10
2	9	9	8	9	9
3	5	5	6	3	7
4	6	6	3	3	4
5	1	2	2	1	2
6	4	3	2	3	3
7	2	4	5	2	5

[데이터] exch10_1.xlsx

제11장 비계층적 군집화

제1절 비계층적 군집화 정의

비계층적 군집분석은 일반적으로 사용되는 계층적인 군집분석과 달리 군집화 과정이 순차적으로 이루어지지 않는 군집분석법을 말한다. 비계층적인 군집화 방법을 실행하기 위해서는 중심을 기준으로 군집의 수와 최초 시작점을 지정해야 한다. 비계층적인 군집방법을 일반적으로 K-평균 군집분석(K-means Clustering) 방법이라고 한다. 비계층적인 군집화 방법에서 K-평균 군집분석 방법이 가장 많이 사용되고 있기 때문이다. K-평균 군집분석 방법은 군집화의 각 단계가 끝나면서 발생하는 오류를 계산하여 주고 오류가 발생하지 않는 방향으로 군집화를 계속하는 것이 특징이다.

K-means 알고리즘은 군집화에서 가장 많이 사용하는 알고리즘이다. 이 방법은 군집의 중심점을 지정해 해당 중심에서 가장 가까운 점들을 선택한다. 선택한 점들의 평균 지점으로 군집 중심점을 이동하고 다시 가까운 점들을 선택한다. 이 과정을 더 이상 중심점(centroid)이 이동하지 않을 때까지 반복한다. 다음은 K-means 알고리즘의 작동원리를 그림으로 나타낸 것이다.

K-means의 장점은 알고리즘이 쉽고 간결하며, 대용량의 데이터에도 활용이 가능하다는 특징이 있다. 반면에 단점으로는 속성(feature)의 개수가 많을 경우 군집화 정도가 떨어진다.

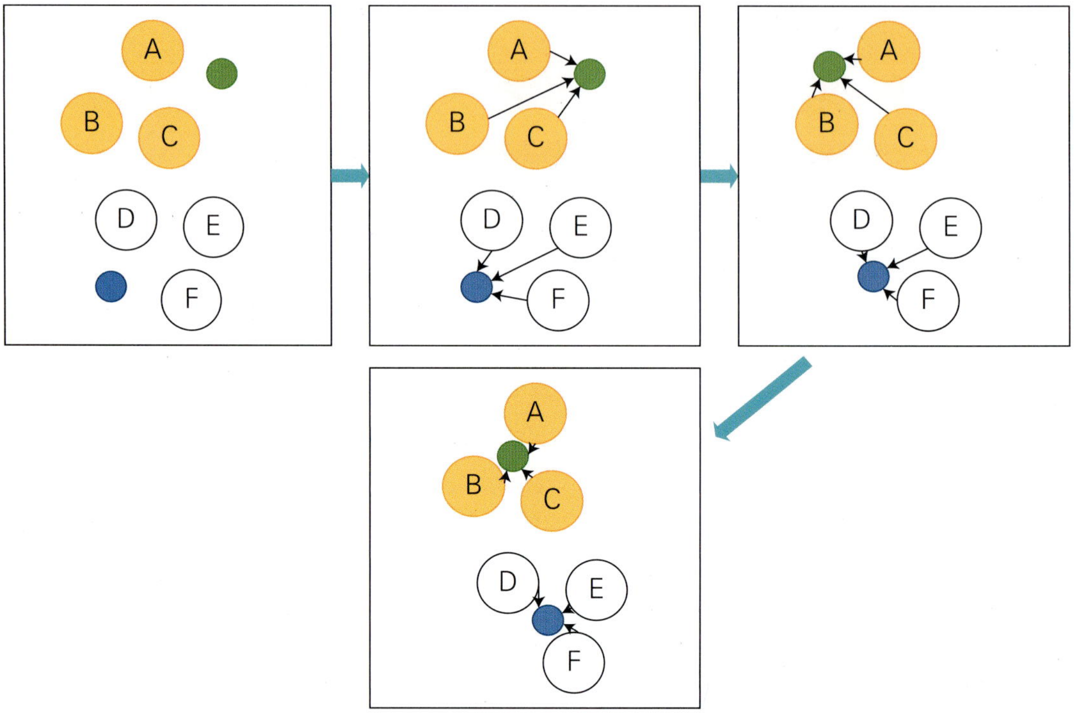

〈그림 11-1〉 K-means 알고리즘 운영

이를 거리 기반 차원의 저주라고 부르기도 한다. 반복횟수가 많은 경우 수행시간이 오래 걸리는 것도 단점이다. 몇 개의 군집을 선택해야 할지 군집수를 정하기가 어려운 것도 단점에 해당한다. K-means는 이상치(outlier) 데이터에 취약하다.

제2절 로비안 방법

로비안(Louvian) 방법은 군집화의 한 방법으로, 각 군집의 중심을 중심으로 데이터 포인트를 분류하는 방법이다. 로비안 방법은 다음과 같은 단계로 진행된다.

1단계: 초기 군집의 중심을 임의로 선택한다.
2단계: 각 데이터 포인트를 가까운 군집의 중심으로 분류한다.
3단계: 각 군집의 중심을 데이터 포인트의 평균으로 업데이트한다.
4단계: 앞 2단계와 3단계를 반복한다.

로비안 방법은 다음과 같은 장점이 있다.

- 비교적 간단한 알고리즘으로 구현이 쉽다.
- 다양한 데이터 세트에 적용할 수 있다.
- 군집의 크기에 따라 중심을 업데이트하기 때문에, 군집의 크기가 다른 경우에도 효과적으로 군집화를 수행할 수 있다.

로비안 방법은 다음과 같은 단점이 있다.

- 알고리즘의 초기 설정에 따라 결과가 달라질 수 있다.
- 군집의 수가 많을 경우, 알고리즘의 실행 시간이 오래 걸릴 수 있다.

로비안 방법은 데이터 마이닝, 컴퓨터 비전, 자연어 처리 등에서 사용된다.

제3절 DBSCAN

DBSCAN(Density-Based Spatial Clustering of Applications with Noise)은 밀도 기반 군집화 알고리즘이다. 밀도 기반 군집화란 데이터의 밀도를 기준으로 군집을 형성하는 알고리즘이다. DBSCAN은 데이터의 밀도를 기준으로 군집을 형성하므로, 데이터의 분포가 균일하지 않더라도 효과적으로 군집을 형성할 수 있다. 또한, DBSCAN은 군집의 개수를 사전에 지정할 필요가 없기 때문에, 데이터의 분포에 따라 적절한 군집의 개수를 자동으로 결정할 수 있다.

DBSCAN의 동작 과정은 다음과 같다.

- 임의의 데이터 포인트를 선택한다.
- 선택한 데이터 포인트의 ε(epsilon) 거리 내에 있는 모든 데이터 포인트를 찾는다.
- 찾은 데이터 포인트의 개수가 θ(minPoints) 이상이면, 선택한 데이터 포인트를 중심으로 하는 군집을 생성한다.
- 선택한 데이터 포인트의 ε 거리 내에 있는 군집이 이미 생성되어 있으면, 해당 군집에 포함시킨다.
- 모든 데이터 포인트에 대해 1~4번의 과정을 반복한다.

DBSCAN은 다음과 같은 장점이 있다.

- 데이터의 분포가 균일하지 않더라도 효과적으로 군집을 형성할 수 있다.
- 군집의 개수를 사전에 지정할 필요가 없다.
- 이상치(noise, outlier)를 자동으로 검출할 수 있다.

DBSCAN은 다음과 같은 분야에서 사용된다.

- 의료: 환자 데이터의 군집화를 통해 질병의 종류를 분류하거나, 환자의 치료 계획을 세우는 데 사용된다.
- 금융: 주식 데이터의 군집화를 통해 주식의 가격 변동 패턴을 분석하는 데 사용된다.
- 유통: 고객 데이터의 군집화를 통해 고객의 구매 패턴을 분석하는 데 사용된다.

DBSCAN은 밀도 기반 군집화의 대표적인 알고리즘으로, 데이터의 분포가 균일하지 않거나, 군집의 개수를 사전에 지정할 필요가 없는 경우에 효과적으로 사용할 수 있다.

제4절 실행예제

[예제] 백화점 서비스운영기획팀에서는 최근 고객에 대한 성향에 근거하여 고객들을 군집하려 하고 있다. 최근 조사자료를 가지고 연구 결과를 근거로 하여, 6개의 변수를 측정하기로 하였다. 100명의 데이터 중 20명만 추출하여 군집분석을 실시하려고 한다.

〈표 11-1〉 설문조사 시트

id( )	설문척도						
문항	적극 동의 안 함			보통임			적극 동의 함
(x1) 백화점방문을 즐겨함	①	②	③	④	⑤	⑥	⑦
(x2) 백화점 방문은 금전적으로 부담이 됨	①	②	③	④	⑤	⑥	⑦
(x3) 백화점을 방문하여 쇼핑도 하고 식사도 즐겨함	①	②	③	④	⑤	⑥	⑦
(x4) 백화점 제품 구매시 최선의 선택을 하기 위해서 신중한 편임	①	②	③	④	⑤	⑥	⑦
(x5) 백화점 방문에 관심이 없고 주로 온라인 쇼핑을 즐겨함	①	②	③	④	⑤	⑥	⑦
(x6) 백화점 방문 시 쿠폰 및 할인카드를 최대한 적절하게 활용하는 편임	①	②	③	④	⑤	⑥	⑦

〈표 11-2〉 데이터

id	x1	x2	x3	x4	x5	x6
1	6	4	7	3	2	3
2	2	3	1	4	5	4
3	7	2	6	4	1	3
4	4	6	4	5	3	6
5	1	3	2	2	6	4
6	6	4	6	3	3	4
7	5	3	6	3	3	4
8	7	3	7	4	1	4
9	2	4	3	3	6	3
10	3	5	3	6	4	6
11	1	3	2	3	5	3
12	5	4	5	4	2	4
13	2	2	1	5	4	4
14	4	6	4	6	4	7
15	6	5	4	2	1	4
16	3	5	4	6	4	7
17	4	4	7	2	2	5
18	3	7	2	6	4	3
19	4	6	3	7	2	7
20	2	3	2	4	7	2

[데이터] ch11_1.xlsx

[1단계] 데이터 위젯의 파일 열기를 이용하여 ch11_1.xlsx를 설정하고 Apply 버튼을 눌러 연결한다. 여기서 id 변수의 role은 meta로 지정한다.

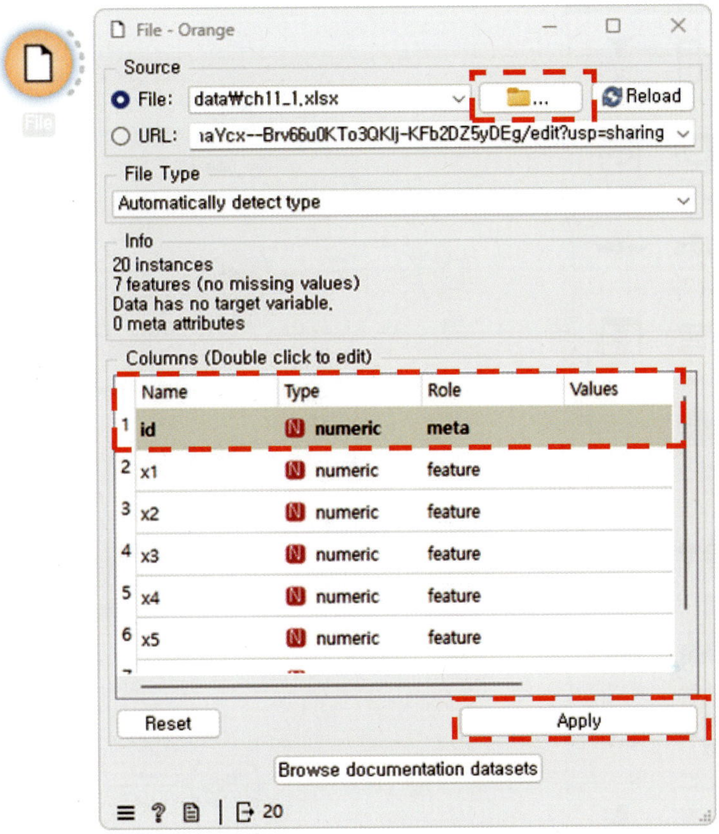

〈그림 11-2〉 파일 관리창

[2단계] 〈그림 11-3〉과 같은 워크 플로우를 작성한다.

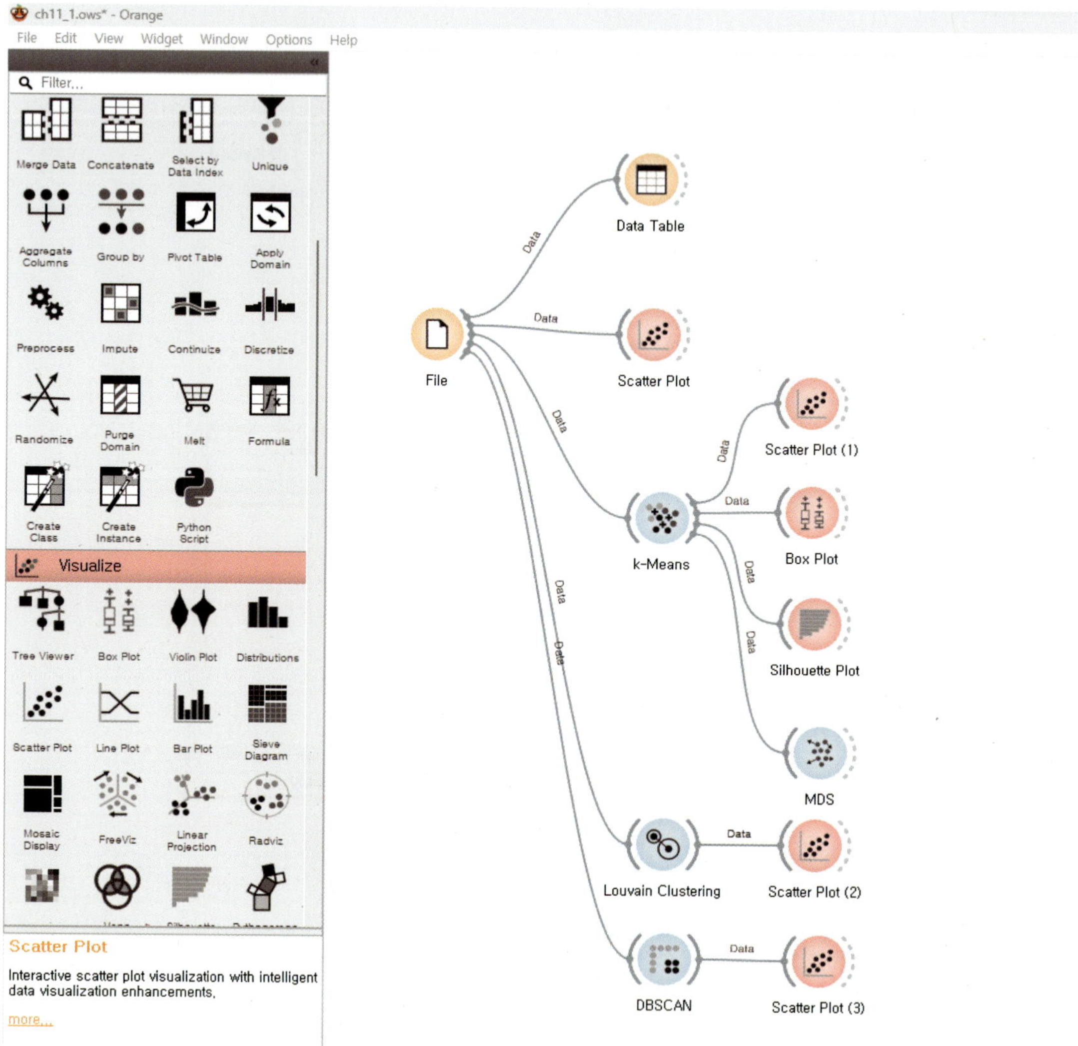

[데이터] ch11_1.ows

〈그림 11-3〉 워크 플로우

[3단계] Data Table를 눌러 내용을 확인한다.

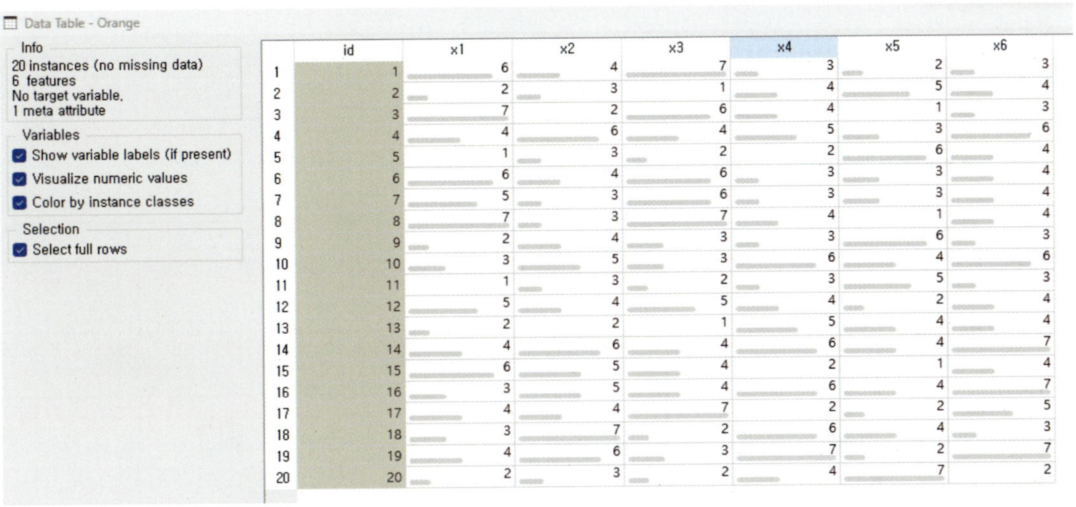

	id	x1	x2	x3	x4	x5	x6
1	1	6	4	7	3	2	3
2	2	2	3	1	4	5	4
3	3	7	2	6	4	1	3
4	4	4	6	4	5	3	6
5	5	1	3	2	2	6	4
6	6	6	4	6	3	3	4
7	7	5	3	6	3	3	4
8	8	7	3	7	4	1	4
9	9	2	4	3	3	6	3
10	10	3	5	3	6	4	6
11	11	1	3	2	3	5	3
12	12	5	4	5	4	2	4
13	13	2	2	1	5	4	4
14	14	4	6	4	6	4	7
15	15	6	5	4	2	1	4
16	16	3	5	4	6	4	7
17	17	4	4	7	2	2	5
18	18	3	7	2	6	4	3
19	19	4	6	3	7	2	7
20	20	2	3	2	4	7	2

〈그림 11-4〉 Data Table

[결과설명] 20개의 인스턴스와 6개의 속성(features)별로 데이터와 해당 값에 대한 막대 그림표가 나타나 있다.

[4단계] 워크 플로우에서 Scatter Plot를 클릭한다.

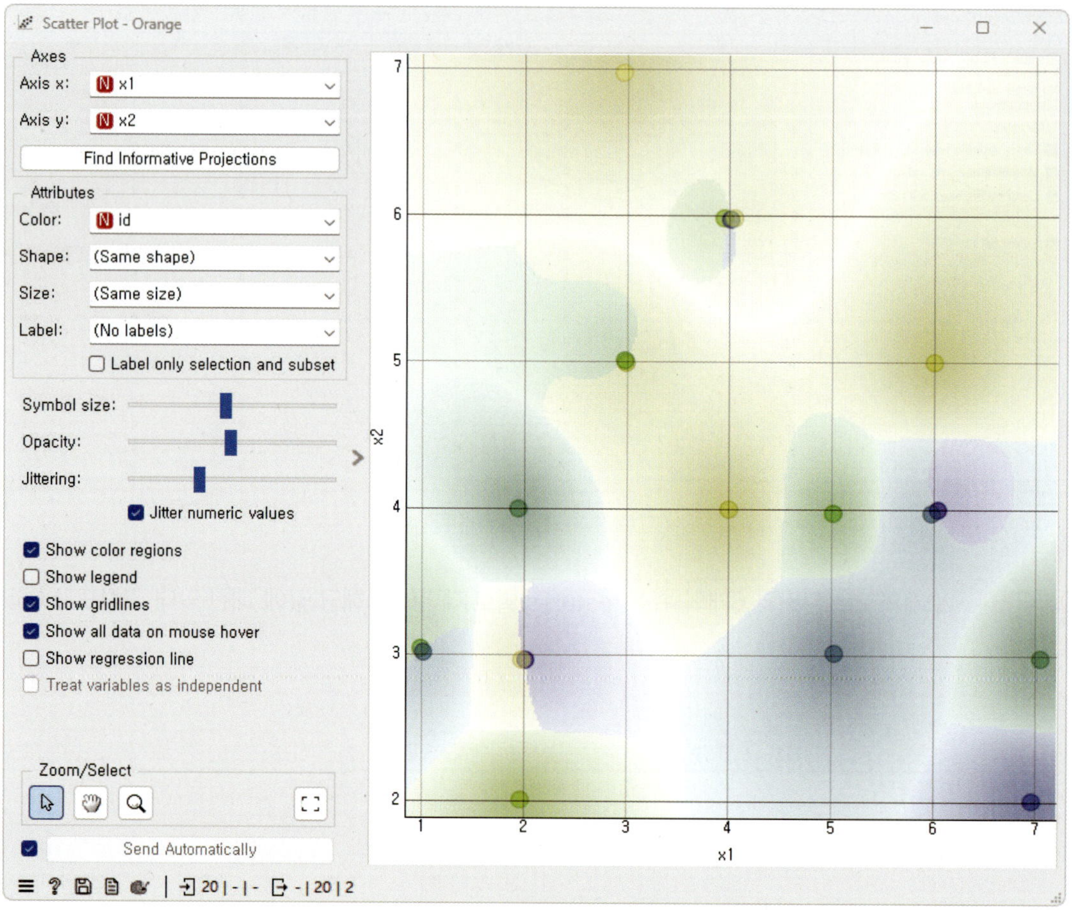

〈그림 11-5〉 Scatter Plot

[결과설명] x축(Axis x:)과 y축(Axis y:)에 해당하는 변수를 지정하여 전반적인 분포를 확인할 수 있다.

[5단계] K-means를 누른다.

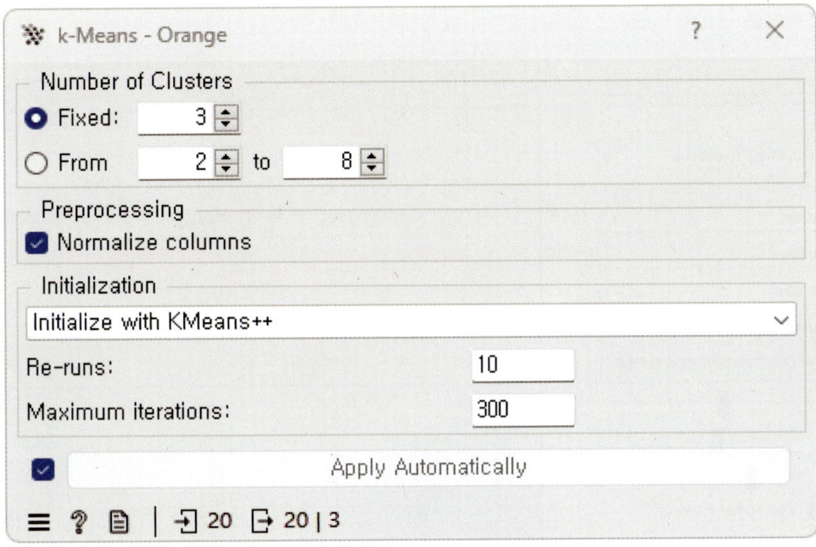

〈그림 11-6〉 K-means

〈표 11-3〉 K-means 설명

구분	내용	설명
Number of Clusters	Fixed	군집수가 기본값 3으로 설정되어 있음
	From 2 to 8	군집수를 2부터 8까지 지정하는 방법으로 이 방법을 사용하면 실루엣 계수(Silhouette Scores)가 나타나는데 이 값은 군집간 잘 분리가 되고 군집 내 인스턴스가 서로 조밀하게 연결되어 있는 정도를 나타내는 것으로 1에 가까울수록 데이터 세트 군집화가 잘 되었다고 볼 수 있음
Processing	Normalize columns	프로세스 처리 방법이 열(columns)을 정규화하는 방법을 사용함
Initialization	Initialize with KMeans++	군집의 시작으로 KMeans++(최적의 군집화 방법)을 선택함
Re-runs: 10		재실행 횟수: 10회
Maximun iterations: 300		최대 회전 수: 300회

[6단계] Scatter Plot (1)을 클릭한다.

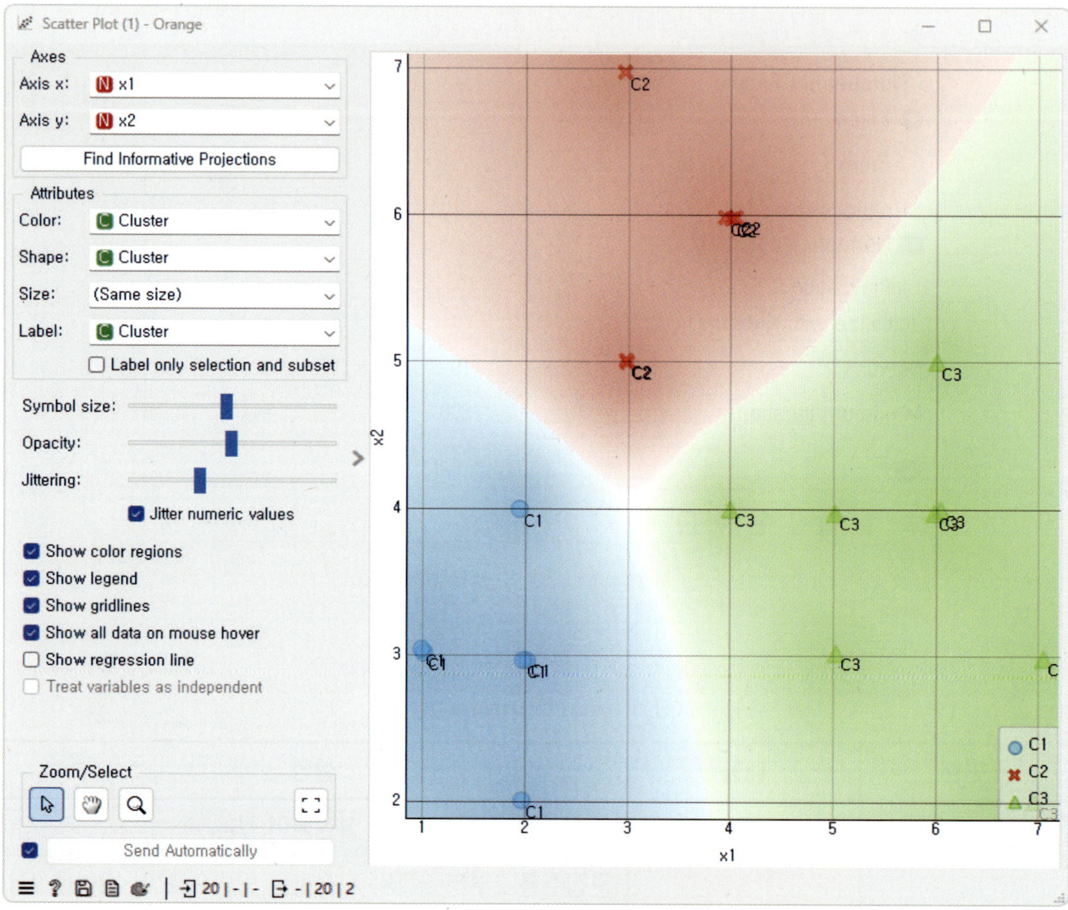

〈그림 11-7〉 Scatter Plot (1)

[결과설명] x축(Axis x:)과 y축(Axis y:)에 해당하는 변수를 지정하고 군집(C1, C2, C3)을 확인할 수 있다.

[7단계] Box Plot를 클릭한다.

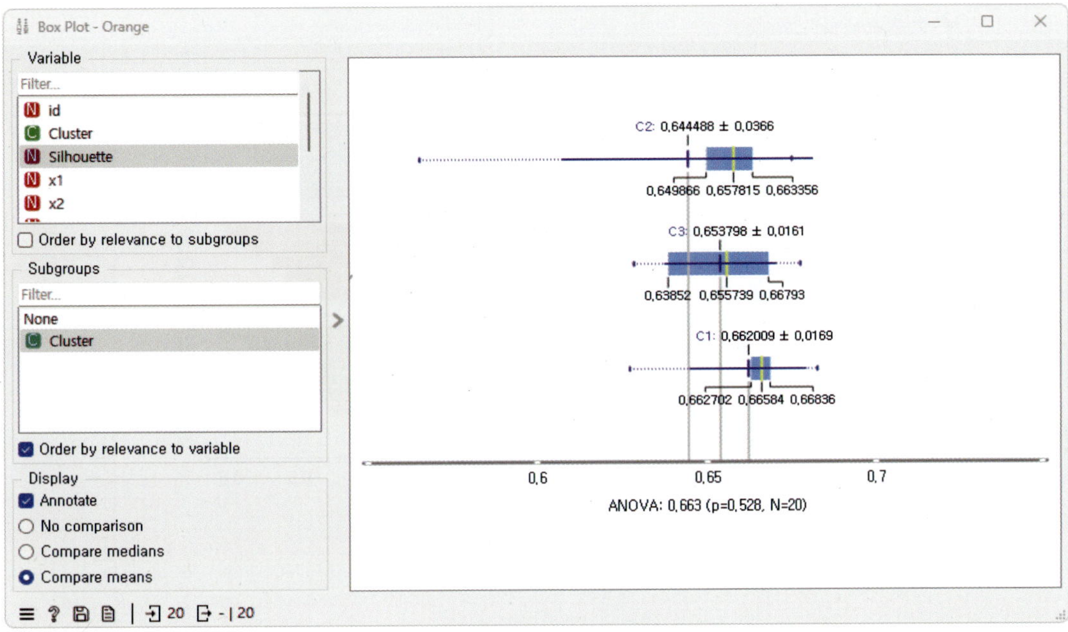

〈그림 11-8〉 Box Plot

[결과설명] 군집별 실루엣 계수(Silouette Score)가 나타나 있다. 각 군집간의 실루엣 계수 차이를 확인하기 위해서 ANOVA를 실시하였다. F값은 0.663, p = 0.528 > α이기 때문에 'H_0 : 세 군집 간의 실루엣 계수는 차이가 없을 것이다'라는 귀무가설을 채택하게 된다.

[8단계] Silhouette Plot를 클릭한다.

〈그림 11-9〉 Silhouette Plot

[결과설명] 실루엣 계수는 각각의 데이터가 해당 데이터와 같은 군집 내의 데이터와는 얼마나 가깝게 군집화가 되었고, 다른 군집에 있는 데이터와는 얼마나 멀리 분포되어 있는지를 나타내는 지표이다. 실루엣 계수가 가질 수 있는 값은 -1~1이며, 1에 가까울수록 군집화가 잘 되었음을 의미한다. 〈그림 11-10〉은 이를 시각화로 나타낸 것이다.

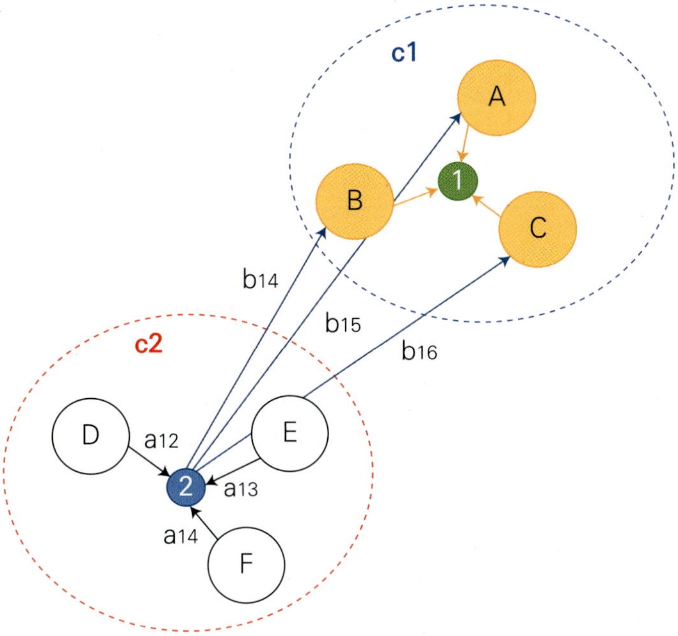

〈그림 11-10〉 Silhouette Score

여기서 실루엣 계수의 공식은 다음과 같이 표현할 수 있다.

$$s(i) = \frac{b(i) - a(i)}{\max(a(i), b(i))} \tag{식 11-1}$$

[9단계] MDS(다차원 척도)를 클릭한다.

〈그림 11-11〉 MDS

[결과설명] 다차원 척도법(MDS)에 의한 해당 군집(C1, C2, C3)과 인스턴스가 시각화로 나타나 있다. 1군집(C1)은 2, 5, 9, 11, 13, 20 인스턴스가, 2군집(C2)은 4, 10, 14, 16, 18, 19 인스턴스로 3군집(C3)은 1, 3, 6, 7, 8, 12, 15, 17 인스턴스가 하나의 군집으로 묶임을 확인할 수 있다.

[10단계] Louvain Clustering과 Scatter Plot (2)를 차례로 누른다.

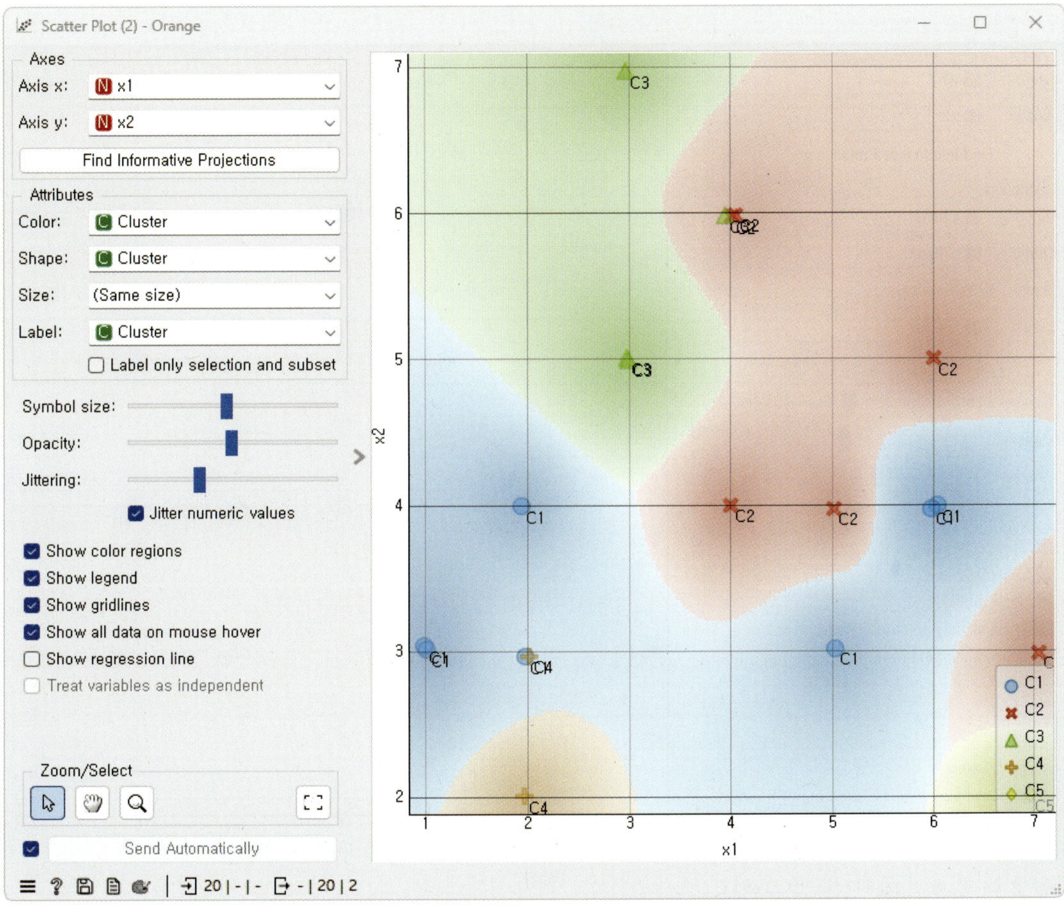

〈그림 11-12〉 Louvain Clustering과 Scatter Plot

[결과설명] 로비안 방법 군집화의 결과가 나와 있다.

[11단계] DBSCAN과 Scatter Plot (3)을 차례로 누른다.

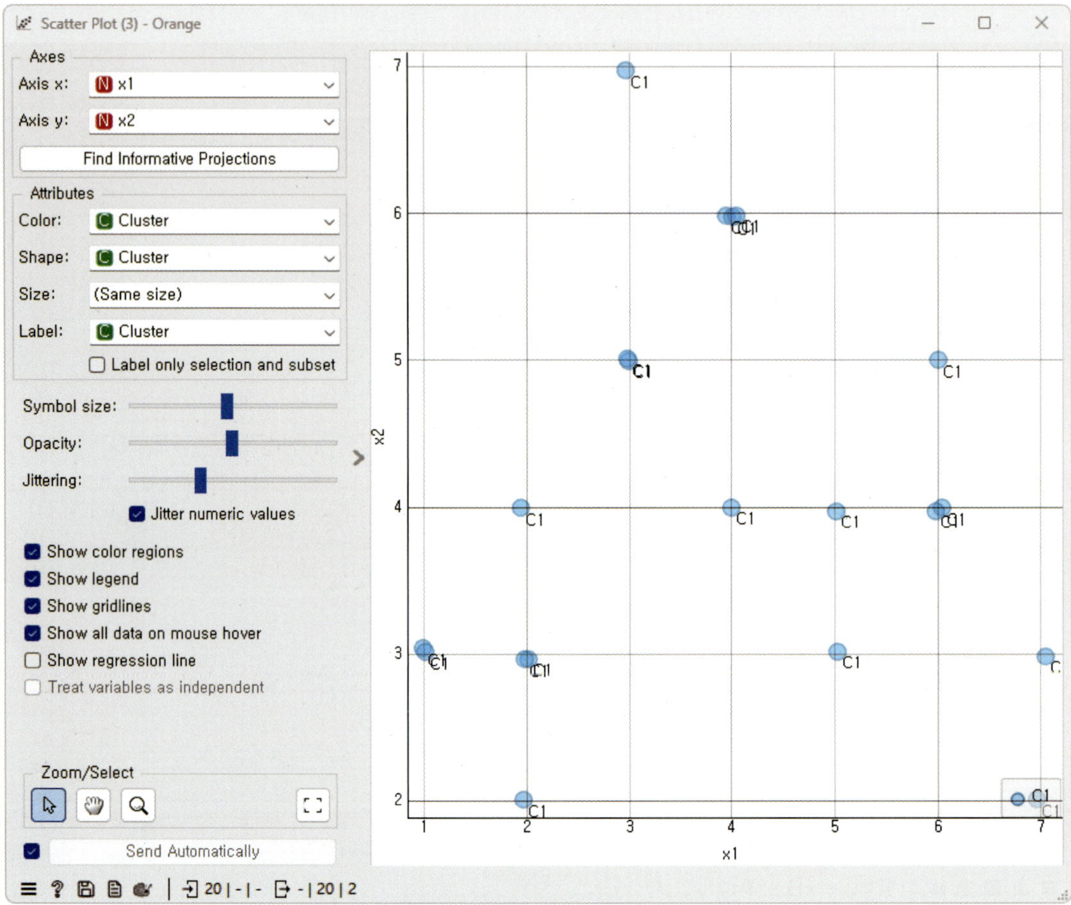

〈그림 11-13〉 DBSCAN과 Scatter Plot

[결과설명] DBSCAN 군집화의 결과가 나와 있다.

정리

- 비계층적인 군집화는 중심을 기준으로 군집의 수와 최초 시작점을 지정해야 한다. 비계층적인 군집방법을 일반적으로 K-평균 군집분석(K-means Clustering) 방법이라고 한다. 비계층적인 군집화 방법에서 K-평균 군집분석 방법이 가장 많이 사용되고 있기 때문이다.
- K-means 알고리즘은 군집화에서 가장 많이 사용하는 알고리즘이다. 이 방법은 군집의 중심점을 지정해 해당 중심에서 가장 가까운 점들을 선택한다. 선택한 점들의 평균 지점으로 군집 중심점을 이동하고 다시 가까운 점들을 선택한다.
- 군집별 실루엣 계수(Silouette Score)는 개별 데이터가 가지는 군집화의 지표로 이는 각각의 데이터가 해당 데이터와 같은 군집 내의 데이터와는 얼마나 가깝게 군집화가 되었고, 다른 군집에 있는 데이터와는 얼마나 멀리 분포되어 있는지를 나타내는 지표이다. 실루엣 계수가 가질 수 있는 값은 -1~1이며, 1에 가까울수록 군집화가 잘 되었음을 의미한다.

$$s(i) = \frac{b(i) - a(i)}{\max(a(i), b(i))}$$

- 로비안 방법(Louvian)은 군집화의 한 방법으로, 각 군집의 중심을 중심으로 데이터 포인트를 분류하는 방법이다.
  1단계: 초기 군집의 중심을 임의로 선택한다.
  2단계: 각 데이터 포인트를 가까운 군집의 중심으로 분류한다.
  3단계: 각 군집의 중심을 데이터 포인트의 평균으로 업데이트한다.
  4단계: 앞 2단계와 3단계를 반복한다.
- DBSCAN(Density-Based Spatial Clustering of Applications with Noise)은 밀도 기반 군집화 알고리즘이다. 밀도 기반 군집화란 데이터의 밀도를 기준으로 군집을 형성하는 알고리즘이다. DBSCAN은 데이터의 밀도를 기준으로 군집을 형성하므로, 데이터의 분포가 균일하지 않더라도 효과적으로 군집을 형성할 수 있다. 또한, DBSCAN은 군집의 개수를 사전에 지정할 필요가 없기 때문에, 데이터의 분포에 따라 적절한 군집의 개수를 자동으로 결정할 수 있다.

연습문제

1. 오렌지에 내장되어 있는 iris(붓꽃)를 이용하여 로지스틱 회귀분석을 실시해 보자. iris 데이터 세트를 이용하여 비계층적 군집분석을 실시해 보자.

제12장 이미지 군집화

제1절 이미지 군집화

이미지 군집화는 유사한 이미지를 그룹으로 나누는 비지도 학습방법을 말한다. 이미지의 콘텐츠, 스타일 또는 기타 특성에 따라 그룹을 형성할 수 있다. 이미지 군집화는 다음과 같은 다양한 응용 분야에서 사용된다.

- 이미지 검색: 이미지 군집화를 사용하여 검색 결과를 개선하고 관련 이미지를 더 잘 식별할 수 있다.
- 이미지 분류: 이미지 군집화를 사용하여 이미지를 자동으로 분류할 수 있다.
- 이미지 색상 추출: 이미지 군집화를 사용하여 이미지의 주된 색상을 추출할 수 있다.

이미지 군집화 방법에는 여러 가지가 있다. 가장 일반적인 방법은 다음과 같다.

- 유사도 기반 군집화: 이미지의 유사성을 사용하여 그룹을 형성한다. 유사도는 크게 거리 기반 유사도와 각도 기반 유사도로 나뉘며, 거리 기반 유사도의 대표적인 예는 유클리디안 유사도, 각도 기반 유사도의 대표적인 예는 코사인과 자카드 유사도이다.

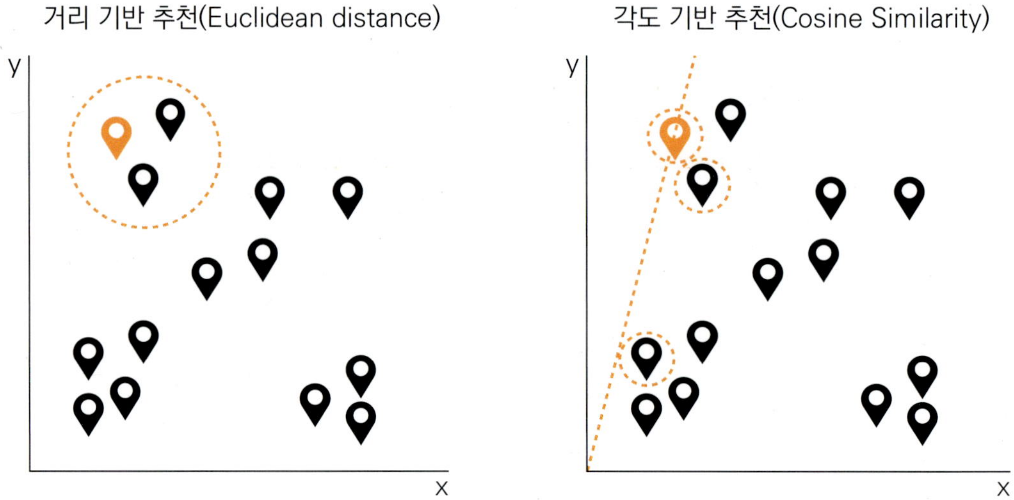

〈그림 12-1〉 유사도 측정방식

출처: https://m.blog.naver.com/sjc02183/221866765335

- 분할 기반 군집화: 이미지를 여러 개의 작은 그룹으로 나누는 과정을 반복하여 그룹을 형성한다. 각 그룹은 유사한 이미지로 구성된다.
- 중심 기반 군집화: 각 그룹에 중심 이미지를 할당하고 이미지가 중심 이미지와 가장 가까운 그룹에 속하도록 한다.

제2절 이미지 군집화 실행

[예제] 이미지 군집화는 비지도 학습의 한 종류로, 서로 유사한 특성을 가진 이미지들을 군집으로 묶는 작업과정을 말한다. 군집화 알고리즘은 이미지의 특성을 기반으로 군집을 형성한다. 이미지의 특성으로는 색상, 밝기, 질감, 모양 등이 있다. animal 폴더에 각각 호랑이, 얼룩말, 팬더의 그림파일 7개씩 저장하였다(animal 폴더에 21개 그림파일이 저장됨. 이는 저자가 구글 이미지 화면에서 서치해서 저장한 내용임). 이미지 군집화를 통해서 군집화를 실시해 보도록 하자.

[1단계] 이미지 군집화를 위해서는 Image Analytics 위젯을 이용한다. 만약 설치가 안 되어 있을 경우는 Options의 Add-Ons...에서 Image Analytics를 설치하면 된다.

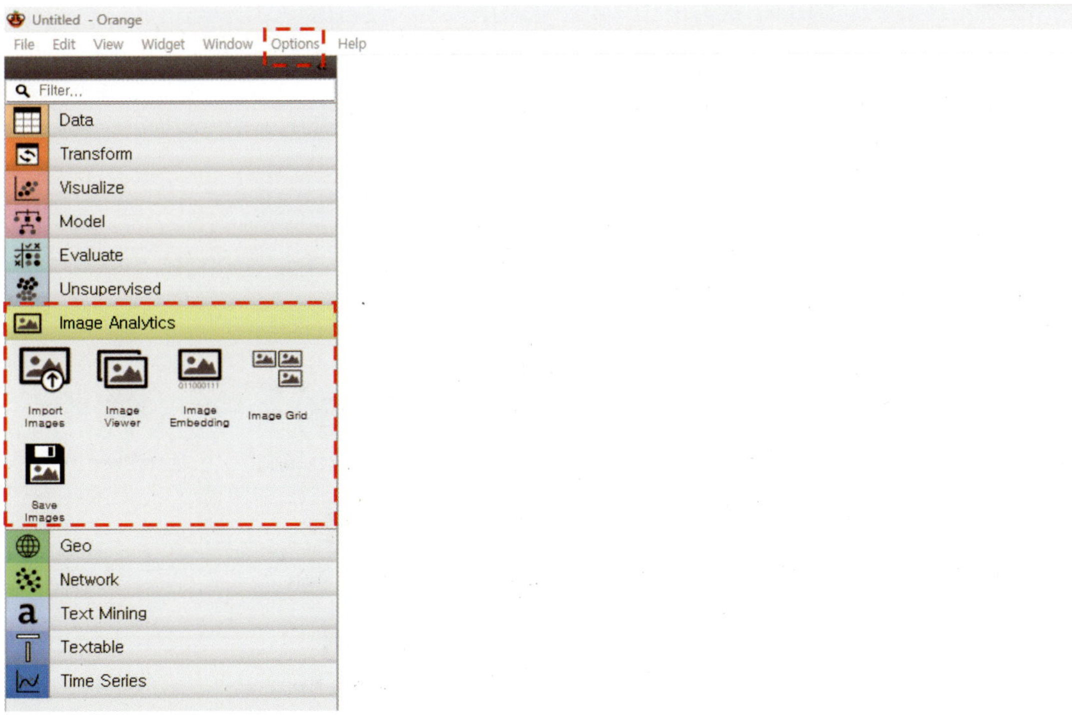

〈그림 12-2〉 Image Analytics 설치 확인

[2단계] Image Analytics란에서 Import Images를 눌러 animal 폴더를 지정한다.

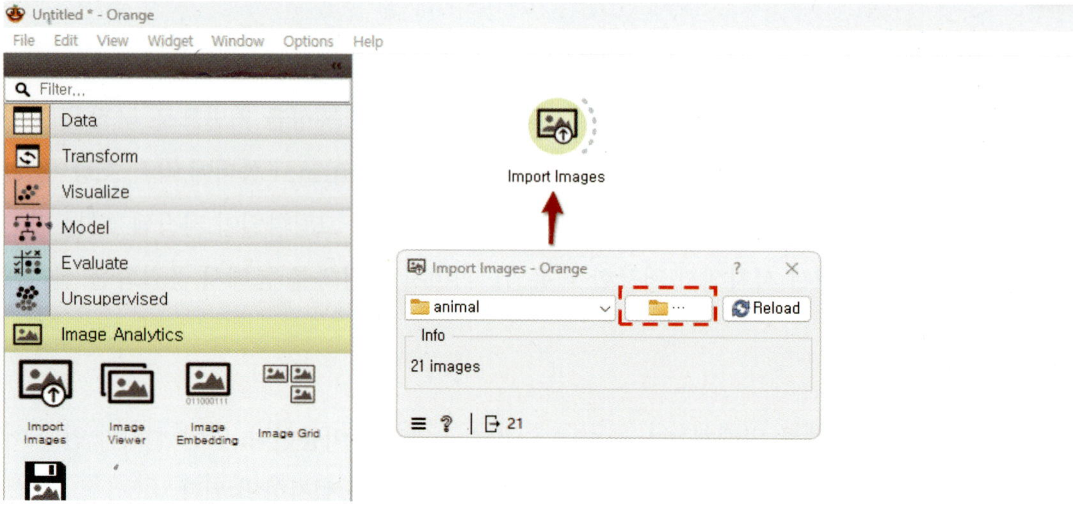

〈그림 12-3〉 Import Images

[결과설명] Info(정보)란에 21개의 images가 불러오기로 실행되었음을 나타내고 있다.

[3단계] 이어 〈그림 12-4〉와 같이 위젯을 연결한다.

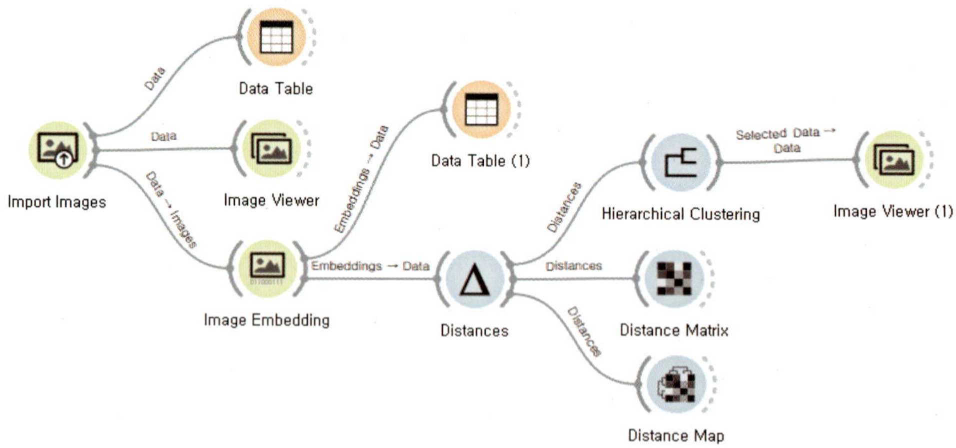

[데이터] ch12_1.ows

〈그림 12-4〉 워크 플로우

[4단계] Data Table 위젯을 누른다.

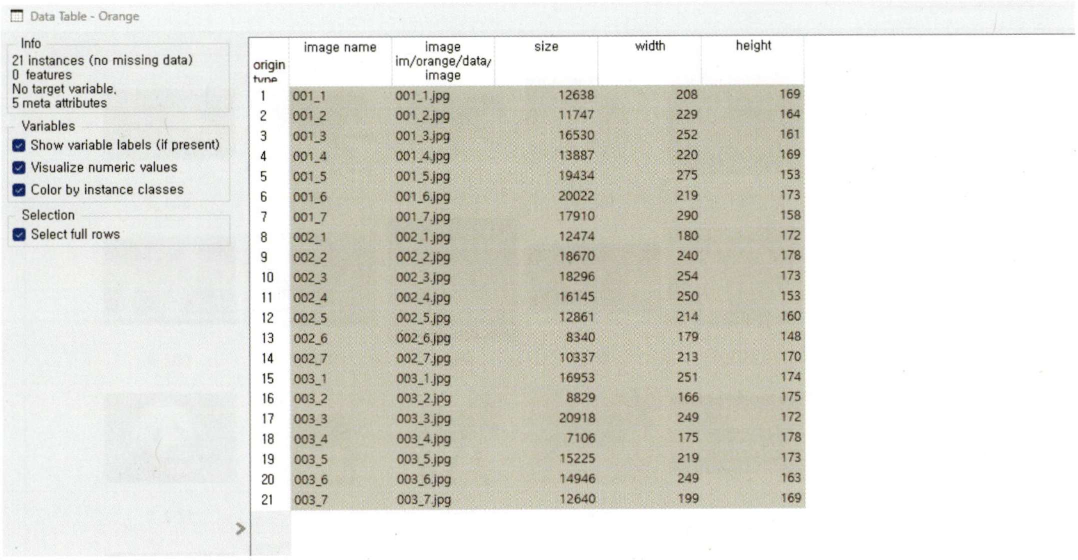

origin type	image name	image im/orange/data/ image	size	width	height
1	001_1	001_1.jpg	12638	208	169
2	001_2	001_2.jpg	11747	229	164
3	001_3	001_3.jpg	16530	252	161
4	001_4	001_4.jpg	13887	220	169
5	001_5	001_5.jpg	19434	275	153
6	001_6	001_6.jpg	20022	219	173
7	001_7	001_7.jpg	17910	290	158
8	002_1	002_1.jpg	12474	180	172
9	002_2	002_2.jpg	18670	240	178
10	002_3	002_3.jpg	18296	254	173
11	002_4	002_4.jpg	16145	250	153
12	002_5	002_5.jpg	12861	214	160
13	002_6	002_6.jpg	8340	179	148
14	002_7	002_7.jpg	10337	213	170
15	003_1	003_1.jpg	16953	251	174
16	003_2	003_2.jpg	8829	166	175
17	003_3	003_3.jpg	20918	249	172
18	003_4	003_4.jpg	7106	175	178
19	003_5	003_5.jpg	15225	219	173
20	003_6	003_6.jpg	14946	249	163
21	003_7	003_7.jpg	12640	199	169

〈그림 12-5〉 Data Table

[결과설명] 21개의 인스턴스, 속성도 없으며(0 features) 목표변수도 없다(No target variable). 5개의 메타 속성(5 meta attributes)인 image name, image 파일형태, size, width, height 등이 나타나 있다.

[5단계] Image Viewer를 누른다.

〈그림 12-6〉 Image Viewer

[결과설명] 호랑이 7마리(001_1, 001_2, … 001_7), 얼룩말 7마리(002_1, 002_2, … 002_7), 팬더 7마리(003_1, 003_2, … 003_7)의 이미지가 나타나 있다.

[6단계] Image Embedding을 누른다. 여기서 임베딩(Embedding)은 특정 데이터를 저차원 공간으로 변환하는 것을 말한다. 즉, 자연어처리에서 사람이 쓰는 자연어를 기계가 이해할 수 있도록 숫자형태인 vector로 바꾸는 과정 혹은 일련의 전체 과정을 의미한다. 그림, 단어, 문장 각각을 벡터로 변환해 벡터 공간(vector space)으로 끼워넣는다는 의미에서 임베딩이라고 한다.

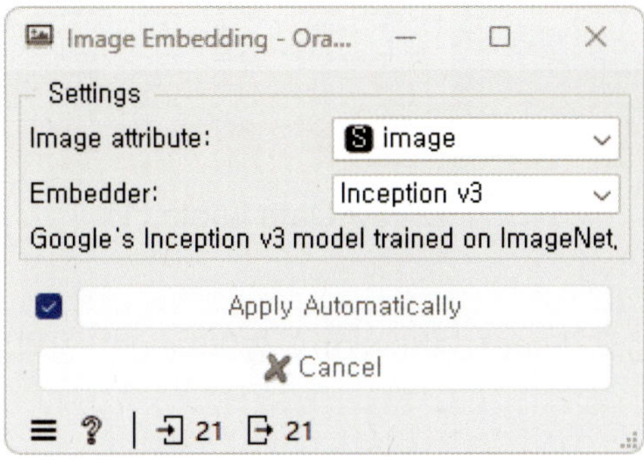

〈그림 12-7〉 Image Viewer

〈표 12-1〉 Image Embedding 설명

구분	내용	설명
Image attribute	image	이미지
	image names	이미지 이름
Embedder	Inception v3	Inception-v3은 48개 계층으로 구성된 컨벌루션 신경망으로 ImageNet 데이터베이스의 1백만 개가 넘는 영상에 대해 훈련된 신경망의 사전 훈련된 버전을 불러올 수 있음
	SqueezeNet (Local)	SqueezeNet은 18개 계층으로 구성된 컨벌루션 신경망으로 인터넷이 연결되지 않는 곳에서 사용가능함
	VGG-16	옥스퍼드대 연구팀에서 제공하는 VGG-16(Visual Geometry Group - 16 layers)은 학습 가능한 가중치를 갖는 계층은 16개임
	VGG-19	옥스퍼드대 연구팀에서 제공하는 VGG-19는 학습 가능한 가중치를 갖는 레이어는 19개임
	Painters	그림분석에 탁월한 임베더
	DeepLoc	세포사진과 과학사진 분석에 적합한 임베더
	openface	사람 얼굴 분석에 탁월한 임베더

[7단계] Data Table (1)을 누른다.

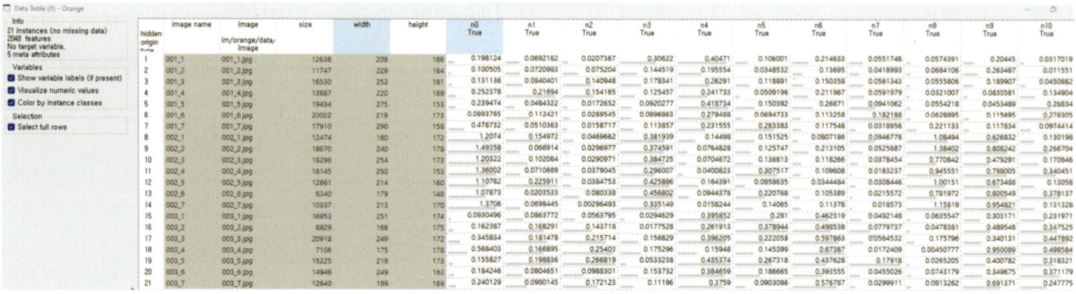

〈그림 12-8〉 Data Table (1)

[결과설명] 이미지 파일에 대한 크기(size), 너비(width), 높이(height) 등의 정보가 나타나 있다.

[8단계] Distances 위젯을 누른다.

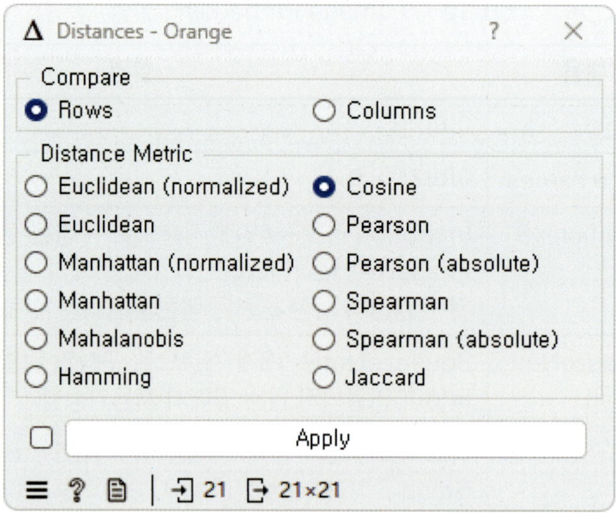

〈그림 12-9〉 Distance

〈표 12-2〉 Distances 설명

구분	내용	설명
Compare	Rows	행(rows)에 따른 인스턴스(instance)별로 거리를 계산함
	Columns	열(columns)에 따른 속성(features)별로 거리를 계산함
Distance Metric	Euclidean (normalized)	유클리디안 거리의 정규화
	Euclidean	유클리디안 거리 ed = $\sqrt{(x_1 - x_2)^2 + (y_1 - y_2)^2}$
	Cosine	$cos(\theta) = \frac{A \cdot B}{\lVert A \rVert \lVert B \rVert} = \frac{\sum_{i=1}^{n} A_i \times B_i}{\sqrt{\sum_{i=1}^{n} (A_i)^2} \times \sqrt{\sum_{i=1}^{n} (B_i)^2}}$
	Pearson	$\frac{n(\sum xy) - (\sum x)(\sum y)}{\sqrt{[n\sum x^2 - (\sum x)^2]\ [n\sum y^2 - (\sum x)^2]}}$
	Pearson(absolute)	피어슨 절대값
	Manhattan (normalized)	맨해턴 거리의 정규화
	Manhattan	맨해턴 거리, $\lvert x_1 - x_2 \rvert + \lvert y_1 - y_2 \rvert$
	Mahalanobis	$d_M = \sqrt{(\vec{x} - \vec{y})^{\Sigma^{-1}} (\vec{x} - \vec{y})^T}$
	Spearman	각 변수에 대해 순위를 매긴 값을 기반으로 상관관계를 계산함
	Spearman (abolute)	스피어만 상관계수의 절대값
	Hamming	해밍 거리(Hamming distance)는 같은 길이를 가진 2개의 문자열에서 같은 위치에 있지만 서로 다른 문자의 개수임(예, '1011101'과 '1001001' 사이의 해밍 거리는 2임)
	Jaccard	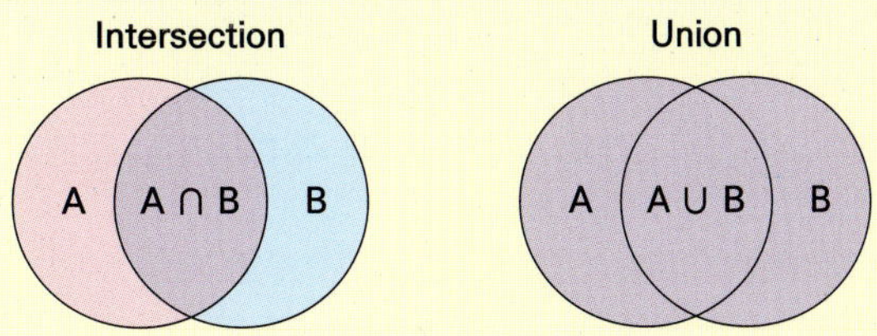 $J(A, B) = \frac{\lvert A \cap B \rvert}{\lvert A \cup B \rvert}$

[9단계] Hierachical Clustering을 클릭한다.

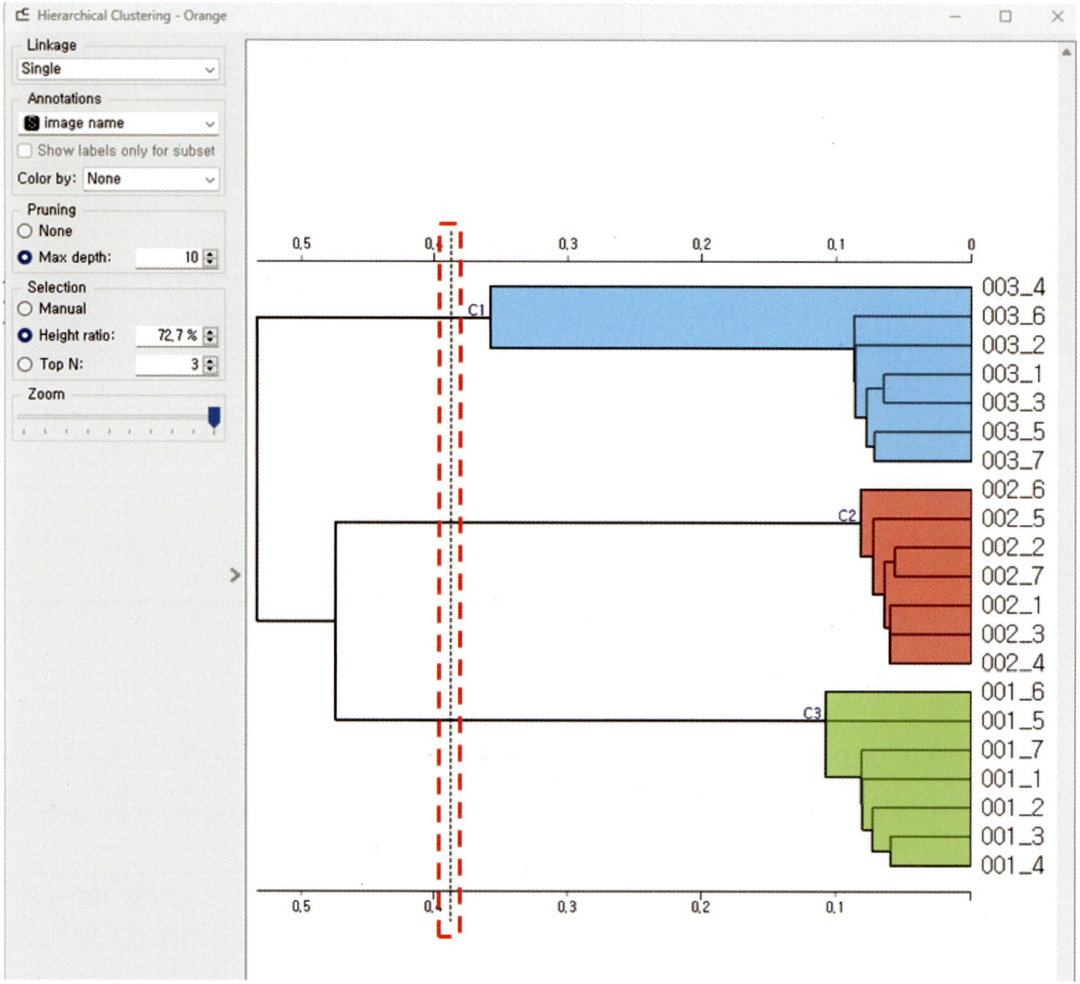

〈그림 12-10〉 Hierachical Clustering

[결과설명] 군집을 3개로 설정했을 때 각 해당 인스턴스가 나타나 있다.

[10단계] Distance Matrix를 클릭하면 〈그림 12-11〉과 같은 결과를 얻을 수 있다.

	001 1	001 2	001 3	001 4	001 5	001 6	001 7	002 1	002 2	002 3	002 4	002 5	002 6	002 7	003 1	003 2
001_1		28.874	28.794	32.423	31.776	37.322	30.139	44.015	46.643	43.354	46.935	44.529	46.982	47.066	46.755	49.941
001_2	28.874		27.182	28.255	29.530	35.992	29.157	44.031	46.756	45.046	47.871	45.223	46.124	46.918	44.713	48.249
001_3	28.794	27.182		24.897	34.576	40.348	27.310	44.785	47.828	45.129	48.288	45.571	46.888	47.690	46.272	49.516
001_4	32.423	28.255	24.897		34.722	39.191	28.962	46.780	49.464	46.582	50.040	47.673	48.443	48.712	46.495	49.515
001_5	31.776	29.530	34.576	34.722		35.735	31.446	44.460	47.139	45.672	48.036	45.507	47.555	47.434	43.868	47.733
001_6	37.322	35.992	40.348	39.191	35.735		37.825	52.512	54.476	51.052	54.575	52.271	53.769	53.924	51.594	54.889
001_7	30.139	29.157	27.310	28.962	31.446	37.825		42.840	45.124	43.156	46.099	44.283	44.354	45.701	44.405	47.842
002_1	44.015	44.031	44.785	46.780	44.460	52.512	42.840		28.558	24.677	27.652	27.362	30.037	27.360	44.536	48.546
002_2	46.643	46.756	47.828	49.464	47.139	54.476	45.124	28.558		26.416	26.316	26.699	28.715	22.897	45.978	50.145
002_3	43.354	45.046	45.129	46.582	45.672	51.052	43.156	24.677	26.416		25.141	24.925	28.522	23.518	45.467	49.428
002_4	46.935	47.871	48.288	50.040	48.036	54.575	46.099	27.652	26.316	25.141		27.892	31.911	26.278	47.677	51.179
002_5	44.529	45.223	45.571	47.673	45.507	52.271	44.283	27.362	26.699	24.925	27.892		29.190	25.692	45.886	49.668
002_6	46.982	46.124	46.888	48.443	47.555	53.769	44.354	30.037	28.715	28.522	31.911	29.190		27.080	46.822	50.465
002_7	47.066	46.918	47.690	48.712	47.434	53.924	45.701	27.360	22.897	23.518	26.278	25.692	27.080		46.538	50.954
003_1	46.755	44.713	46.272	46.495	43.868	51.594	44.405	44.536	45.978	45.467	47.677	45.886	46.822	46.538		27.358
003_2	49.941	48.249	49.516	49.515	47.733	54.889	47.842	48.546	50.145	49.428	51.179	49.668	50.465	50.954	27.358	
003_3	49.380	48.212	49.682	49.262	48.010	53.806	48.154	49.073	49.738	49.570	51.313	49.638	50.838	50.785	25.794	34.135

〈그림 12-11〉 Distance Matrix

[결과설명] 각 인서턴스별 거리가 계산되어 나타나 있다. 호랑이 7마리(001_1, 001_2, … 001_7), 얼룩말 7마리(002_1, 002_2, … 002_7), 팬더 7마리(003_1, 003_2, … 003_7) 간의 거리는 서로 먼거리임을 알 수 있다.

[11단계] Distance Map를 클릭하면 〈그림 12-12〉와 같은 결과를 얻을 수 있다.

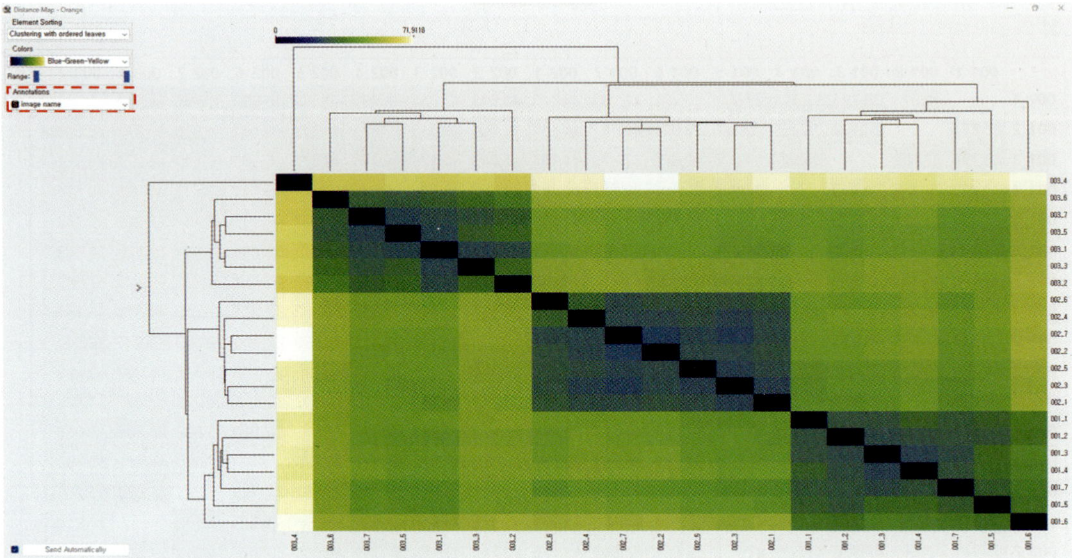

〈그림 12-12〉 Distance Map

[결과설명] 각 군집별 분류가 7마리씩 제대로 분류되었음을 알 수 있다.

[12단계] Hierachical Clustering에서 군집1(C1)을 설정한 다음 Image Viewers (1)을 클릭하면 〈그림 12-13〉과 같은 결과를 얻을 수 있다.

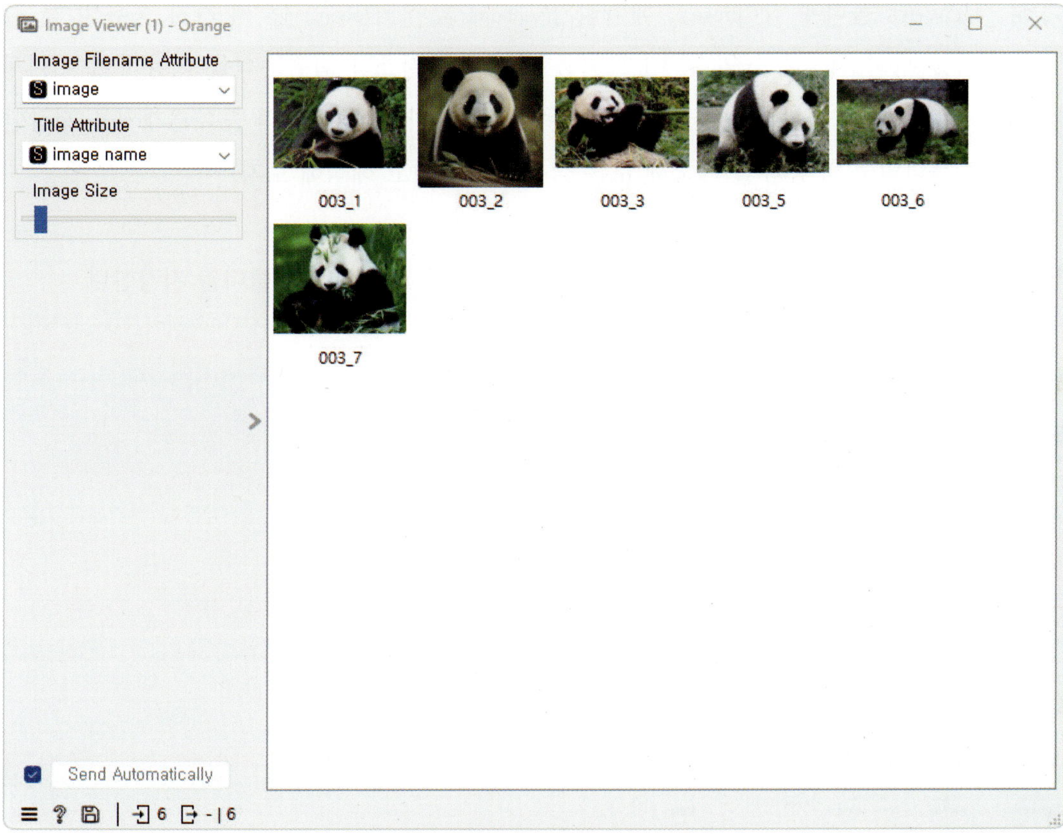

〈그림 12-13〉 Image Viewers (1)

[결과설명] 팬더 7마리가 군집1에 제대로 분류되었음을 알 수 있다.

제3절 이미지 분류 실행

[예제] flowers 폴더에 장미(roses), 해바라기(sunflowers), 작약(peony) 등 세 가지 종류의 꽃 각각 10개씩을 사전 저장해 놓았다. 이 그림을 가지고 로지스틱 회귀분석을 이용하여 이미지를 분류하는 연습을 실행해 보자. 이어 새로운 장미, 해바라기, 작약의 종류 3개씩을 저장한 flowers2 폴더의 꽃의 종류를 예측해 보는 실습을 실시하고 해석해 보자.

[1단계] Image Analytics란에서 Import Images를 눌러 flowers 폴더를 지정한다.

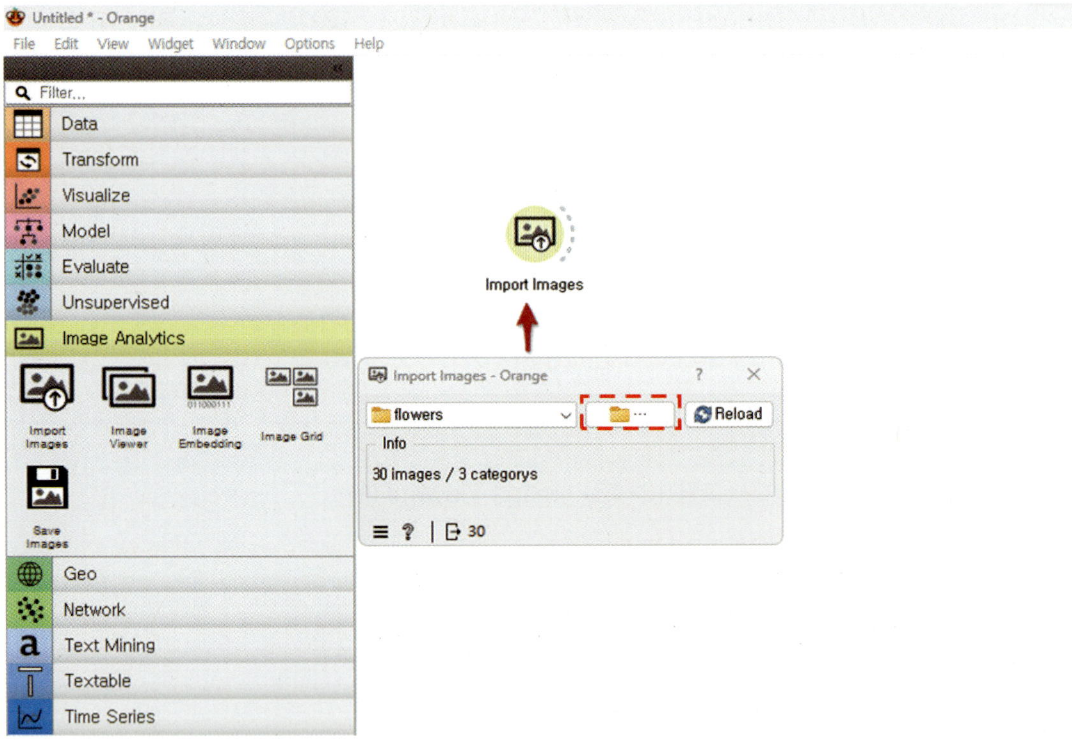

〈그림 12-14〉 Images 불러오기

[결과설명] Info(정보)란에 30개의 images가 불러오기와 여기에 3개의 카테고리 데이터가 연결되어 있음을 알 수 있다.

[2단계] 이어 〈그림 12-15〉와 같이 위젯을 연결한다.

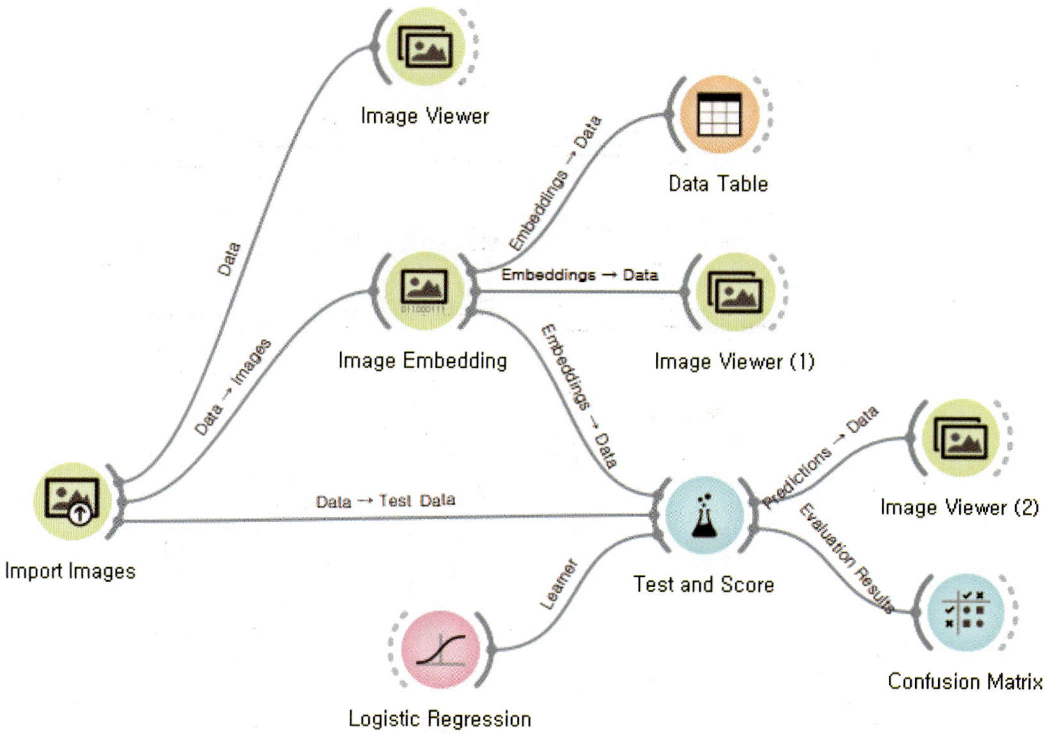

[데이터] ch12_2.ows

〈그림 12-15〉 워크 플로우

[3단계] Image Viewer 버튼을 누른다.

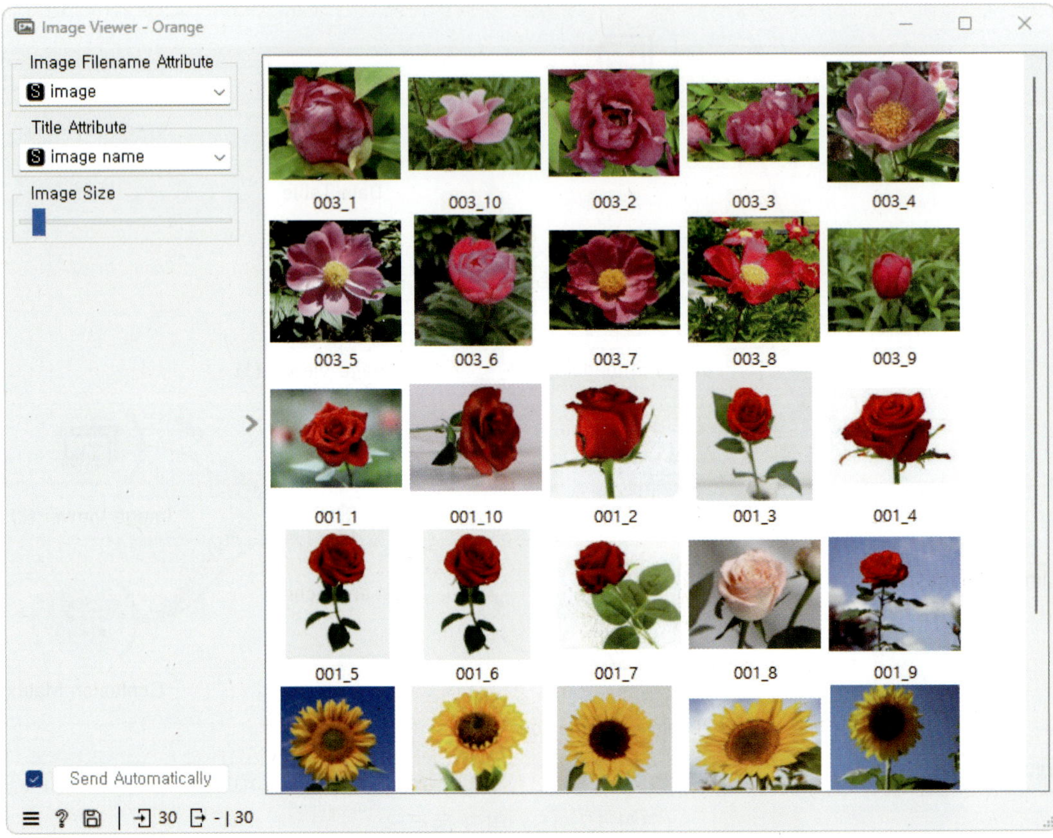

〈그림 12-16〉 Image Viewer

[결과설명] 꽃의 종류 장미 10개, 해바라기 10개, 작약 10개가 나타나 있다.

[4단계] Image Embedding 버튼을 누른다. 이는 컴퓨터가 이미지를 바로 읽어 들일 수 없기 때문에 컴퓨터가 이해할 수 있는 형태로 변환시켜 주는 것을 말한다. 여기서는 인터넷이 연결되지 않는 곳에서 사용가능한 SqueezeNet(18개 레이어로 구성된 컨벌루션 신경망)을 누른다.

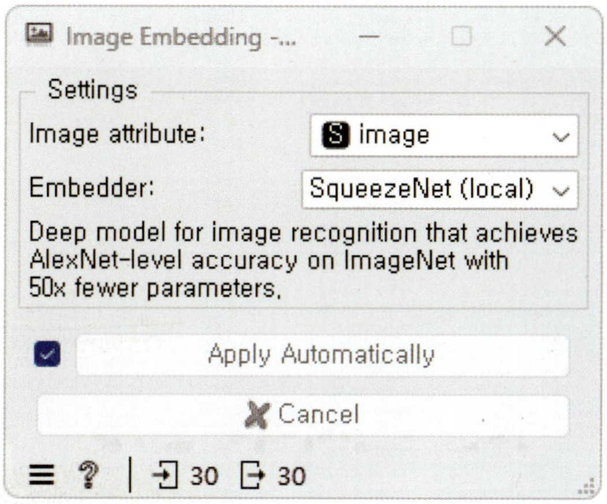

〈그림 12-17〉 Image Embedding

[5단계] Image Embedding과 연결된 Data Tables을 클릭한다.

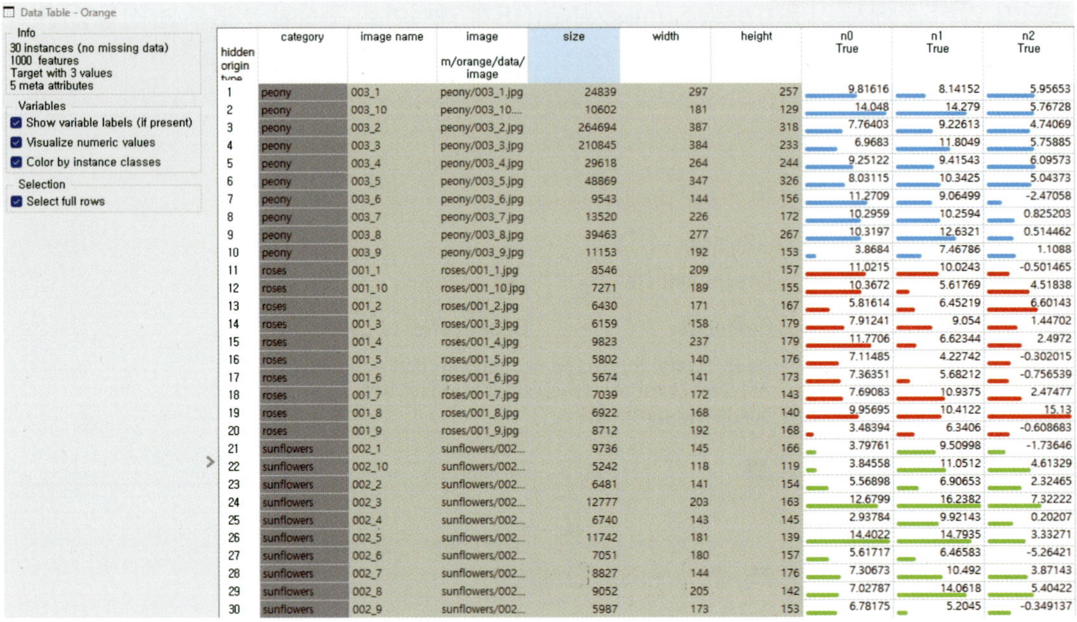

hidden origin type	category	image name	image m/orange/data/image	size	width	height	n0 True	n1 True	n2 True
1	peony	003_1	peony/003_1.jpg	24839	297	257	9.81616	8.14152	5.95653
2	peony	003_10	peony/003_10....	10602	181	129	14.048	14.279	5.76728
3	peony	003_2	peony/003_2.jpg	264694	387	318	7.76403	9.22613	4.74069
4	peony	003_3	peony/003_3.jpg	210845	384	233	6.9683	11.8049	5.75885
5	peony	003_4	peony/003_4.jpg	29618	264	244	9.25122	9.41543	6.09573
6	peony	003_5	peony/003_5.jpg	48869	347	326	8.03115	10.3425	5.04373
7	peony	003_6	peony/003_6.jpg	9543	144	156	11.2709	9.06499	-2.47058
8	peony	003_7	peony/003_7.jpg	13520	226	172	10.2959	10.2594	0.825203
9	peony	003_8	peony/003_8.jpg	39463	277	267	10.3197	12.6321	0.514462
10	peony	003_9	peony/003_9.jpg	11153	192	153	3.8684	7.46786	1.1088
11	roses	001_1	roses/001_1.jpg	8546	209	157	11.0215	10.0243	-0.501465
12	roses	001_10	roses/001_10.jpg	7271	189	155	10.3672	5.61769	4.51838
13	roses	001_2	roses/001_2.jpg	6430	171	167	5.81614	6.45219	6.60143
14	roses	001_3	roses/001_3.jpg	6159	158	179	7.91241	9.054	1.44702
15	roses	001_4	roses/001_4.jpg	9823	237	179	11.7706	6.62344	2.4972
16	roses	001_5	roses/001_5.jpg	5802	140	176	7.11485	4.22742	-0.302015
17	roses	001_6	roses/001_6.jpg	5674	141	173	7.36351	5.68212	-0.756539
18	roses	001_7	roses/001_7.jpg	7039	172	143	7.69083	10.9375	2.47477
19	roses	001_8	roses/001_8.jpg	6922	168	140	9.95695	10.4122	15.13
20	roses	001_9	roses/001_9.jpg	8712	192	168	3.48394	6.3406	-0.608683
21	sunflowers	002_1	sunflowers/002...	9736	145	166	3.79761	9.50998	-1.73646
22	sunflowers	002_10	sunflowers/002...	5242	118	119	3.84558	11.0512	4.61329
23	sunflowers	002_2	sunflowers/002...	6481	141	154	5.56898	6.90653	2.32465
24	sunflowers	002_3	sunflowers/002...	12777	203	163	12.6799	16.2382	7.32222
25	sunflowers	002_4	sunflowers/002...	6740	143	145	2.93784	9.92143	0.20207
26	sunflowers	002_5	sunflowers/002...	11742	181	139	14.4022	14.7935	3.33271
27	sunflowers	002_6	sunflowers/002...	7051	180	157	5.61717	6.46583	-5.26421
28	sunflowers	002_7	sunflowers/002...	8827	144	176	7.30673	10.492	3.87143
29	sunflowers	002_8	sunflowers/002...	9052	205	142	7.02787	14.0618	5.40422
30	sunflowers	002_9	sunflowers/002...	5987	173	153	6.78175	5.2045	-0.349137

〈그림 12-18〉 Data Tables

[결과설명] 데이터 테이블에 나타난 일부의 그림이다. 이는 임베딩된 꽃 30개에 대한 임의 속성 1,000개(n0, … n999), 5개 메타 속성(image name, image, size, width, height) 등을 나타내고 있다.

[6단계] Logistic Regression과 Test and Score가 연결되어 있는데 이 때 Test and Score를 더블 클릭한다.

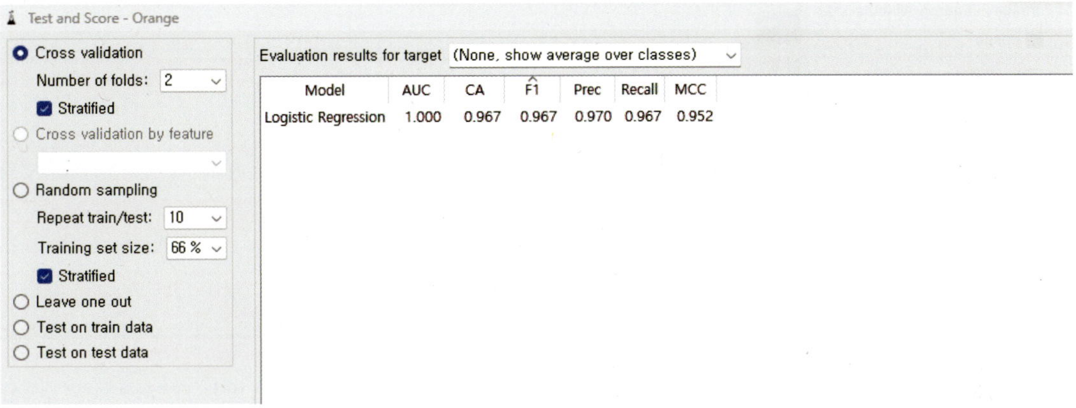

〈그림 12-19〉 Data Tables

[결과설명] 로지스틱회귀분석의 모델 학습성능을 나타내는 AUC(1.000), CA(0.967), F1(0.967), Precision(0.970), Recall(0.967), MCC(0.952) 등이 나타나 있다. 모두 우수한 학습 성능을 보이고 있음을 알 수 있다.

[7단계] 혼동행렬(confusion matrxi)을 클릭하면 〈그림 12-20〉과 같은 결과를 얻을 수 있다.

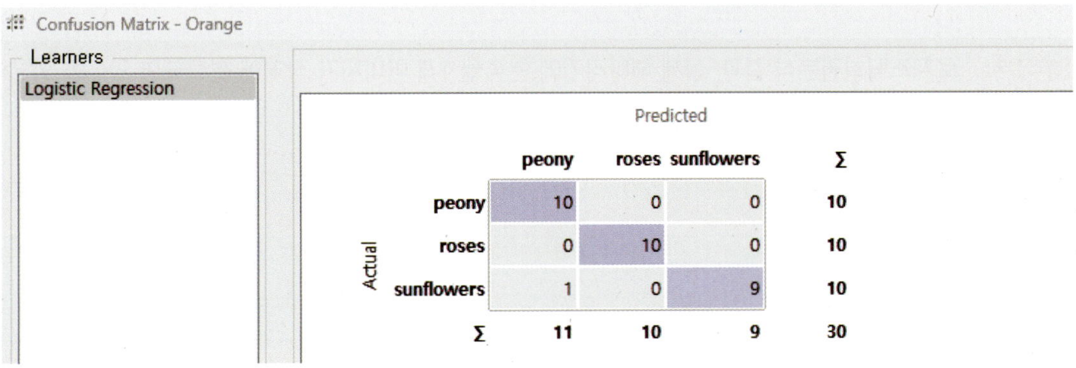

〈그림 12-20〉 혼동행렬

[결과설명] 실제 해바라기에 분류될 1개 이미지가 작약에 분류되어 있음을 알 수 있다.

[8단계] 이를 확인하기 위해서 Image Viewer (3)을 연결한다.

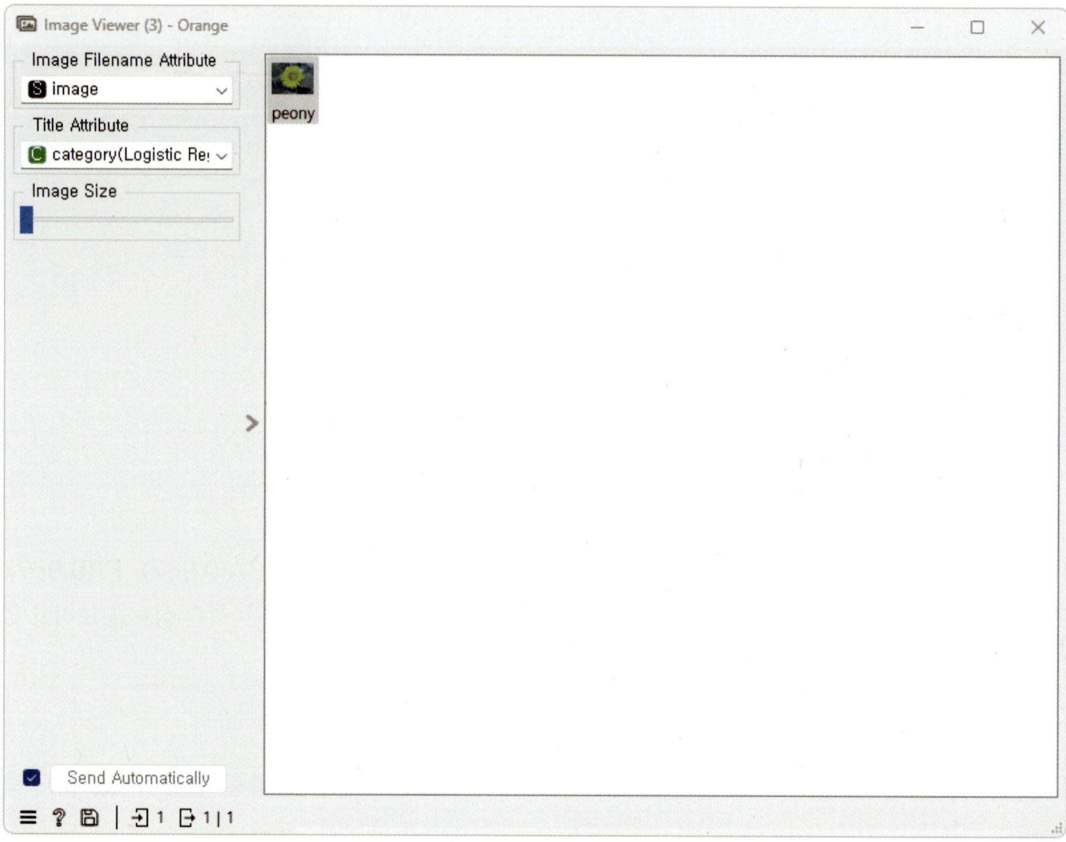

〈그림 12-21〉 Image Viewer (3)

[결과설명] 로지스틱회귀분석 결과, 실제 해바라기에 분류될 1개 이미지가 작약에 분류되어 있음을 알 수 있다.

[9단계] 새로운 꽃의 종류를 예측을 위해서 flowers2 폴더를 지정하고 Image Embedding을 실시한다.

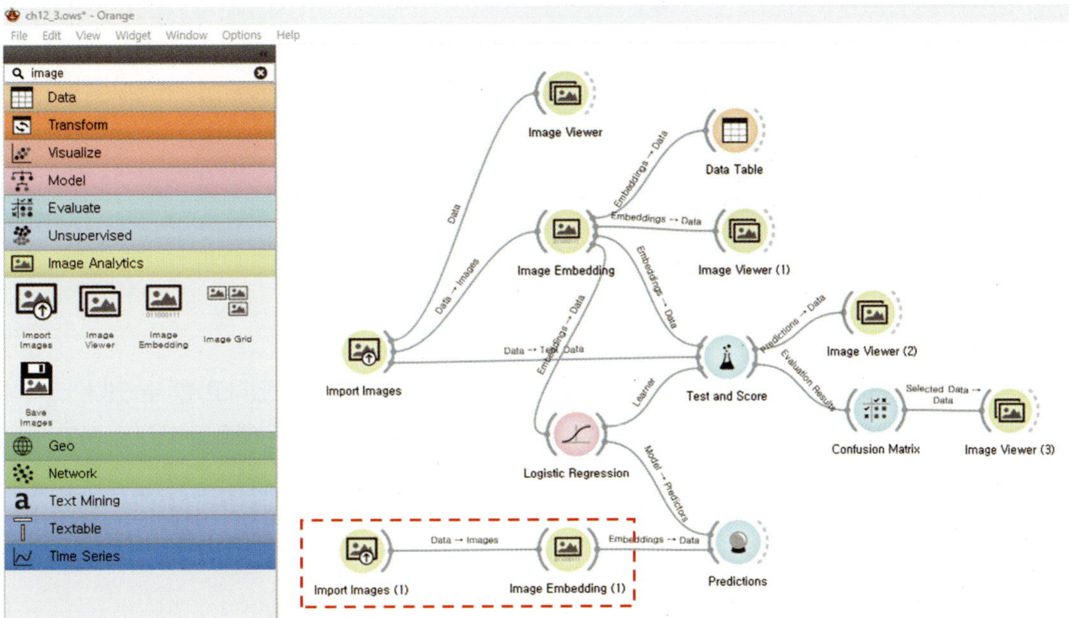

[데이터] ch12-3.ows

〈그림 12-22〉 신규 이미 예측을 위한 워크 플로우 작성

[10단계] 이어 변환된 이미지 데이터와 학습시킨 Predictions 버튼을 클릭을 한다.

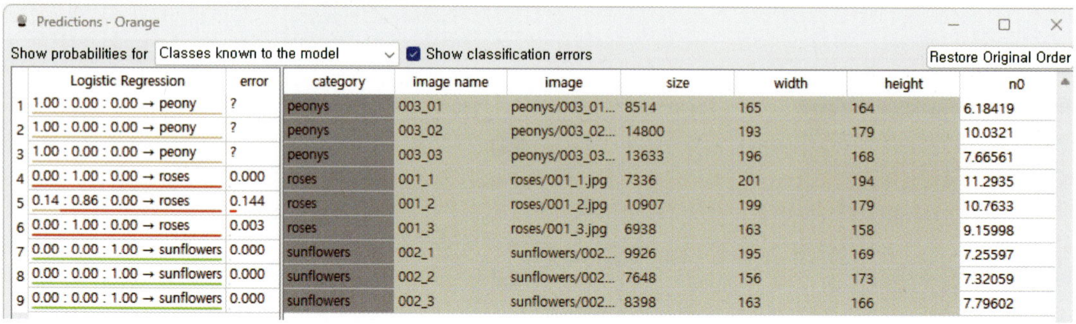

Predictions - Orange

Show probabilities for Classes known to the model ☑ Show classification errors Restore Original Order

	Logistic Regression	error	category	image name	image	size	width	height	n0
1	1.00 : 0.00 : 0.00 → peony	?	peonys	003_01	peonys/003_01...	8514	165	164	6.18419
2	1.00 : 0.00 : 0.00 → peony	?	peonys	003_02	peonys/003_02...	14800	193	179	10.0321
3	1.00 : 0.00 : 0.00 → peony	?	peonys	003_03	peonys/003_03...	13633	196	168	7.66561
4	0.00 : 1.00 : 0.00 → roses	0.000	roses	001_1	roses/001_1.jpg	7336	201	194	11.2935
5	0.14 : 0.86 : 0.00 → roses	0.144	roses	001_2	roses/001_2.jpg	10907	199	179	10.7633
6	0.00 : 1.00 : 0.00 → roses	0.003	roses	001_3	roses/001_3.jpg	6938	163	158	9.15998
7	0.00 : 0.00 : 1.00 → sunflowers	0.000	sunflowers	002_1	sunflowers/002...	9926	195	169	7.25597
8	0.00 : 0.00 : 1.00 → sunflowers	0.000	sunflowers	002_2	sunflowers/002...	7648	156	173	7.32059
9	0.00 : 0.00 : 1.00 → sunflowers	0.000	sunflowers	002_3	sunflowers/002...	8398	163	166	7.79602

〈그림 12-23〉 신규 이미지 예측

[결과설명] 세 종류 꽃 9개에 대한 예측결과, 모두 분류예측은 정확하게 하고 있다고 할 수 있다. 그러나 작약에 대해서는 오류를 계산하지 못하고 나머지 장미와 해바라기에 대해서는 예측을 제대로 하고 있음을 알 수 있다.

정리

- 이미지 군집화는 유사한 이미지를 그룹으로 나누는 비지도 학습방법을 말한다. 이미지의 콘텐츠, 스타일 또는 기타 특성에 따라 그룹을 형성할 수 있다. 이미지 군집화는 이미지 분류, 이미지 색상 추출 등을 실시할 수 있다.
- 유사도 기반 군집화는 거리 기반 유사도, 각도 기반 유사도, 분할기반, 중심기반 등의 군집화 방법이 있다.

연습문제

1. 각자 관심있는 이미지 데이터를 확보하여 군집화하는 연습을 실시해 보자.

제13장 장바구니 분석

제1절 개념

우리는 슈퍼마켓에 들어가서 함께 어울리는 모든 품목이 근처에 놓여 있다는 것을 깨달은 적이 있을 것이다. 아니면 너무 멀리 떨어져 있어서 중간에 의도하지 않은 다른 품목을 구매한 적도 있을 것이다.

이러한 진열에 따른 구매형태는 과거 수많은 사람들의 구매결과에 대한 결과가 축적된 데이터를 기반으로 이루어졌다는 사실이다. 장바구니 분석(Market Basket Analysis)은 슈퍼마켓에서 품목 배열, 콤보 할인 제안 및 판매량을 늘리기 위한 많은 수익성 있는 계획을 결정하는 데 자주 사용될 수 있다. 이는 연관 규칙 마이닝(Association Rule Mining)과 관련이 있다.

상품 추천, 즉 고객이 함께 많이 구매할 것 같은 상품을 예측하는 데에 가장 많이 활용되는 척도로는 신뢰도, 지지도, 향상도라는 것이 있다.

신뢰도(Confidence)는 X를 구매한 사람이 Y도 구매할 확률을 말한다. 이를 그림으로 나타내면 〈그림 13-1〉과 같다.

지지도(Support)는 좋은 규칙(구성비가 높고 빈도가 많은)을 찾거나 불필요한 연산을 줄이기 위한 기준으로 사용되는 것이다. 이는 전체 거래 중 출현빈도를 나타내는 것이다.

향상도(Lift)는 많이 팔리는 인기상품을 골라낼 때 활용되는 것으로 인기도라고 볼 수 있다.

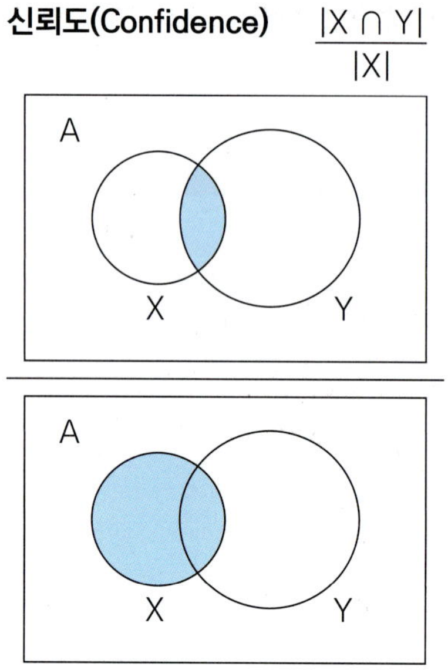

〈그림 13-1〉 신뢰도

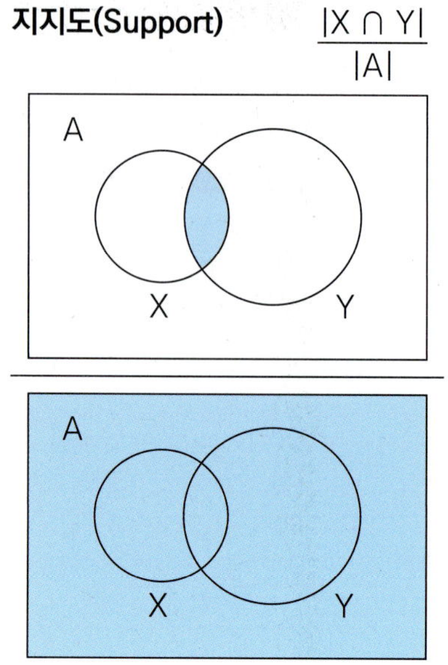

〈그림 13-2〉 지지도

즉, 향상도는 X를 구매했을 때 Y를 구매할 가능성에 관한 지표로, 분자는 신뢰도, 분모는 Y의 인기도를 의미한다. 향상도는 주어진 결과에 따른 연관 규칙의 신뢰도를 의미한다.

- **향상도** < 1: 선행 사건의 발생은 결과 사건의 발생과 음의 상관 관계가 있음
- **향상도** > 1: 선행 사건의 발생은 결과 사건의 발생과 양의 상관 관계가 있음
- **향상도** = 1: 선행 사건의 발생은 후속 사건의 발생과 상관 관계가 없으며 규칙은 우연일 수 있음

장바구니 분석은 유통업, 금융업, 보험업 등에서 이용가능하다.

- 유통업: 고객들이 함께 구매할 상품을 제안할 수 있다.
- 숙박업: 고객들이 특정 서비스를 받은 후 어떤 서비스를 다음으로 원하는지 선제안할 수 있다.
- 금융업: 기존 금융 서비스 내역을 통해 대출 같은 특정 서비스를 받을 가능성이 높은 고객을 발굴할 수 있다.
- 보험업: 정상적인 청구 패턴과 다른 패턴을 보이는 고객을 찾아 추가 조사를 실시할 수 있다.

제2절 예제 실행

[예제] 다음 데이터는 A마켓을 이용하는 고객 12명에 대한 거래 데이터이다. 마켓에서는 주로 milk, bread, butter, egg, cookies, ketchup이 주로 거래되었다. 여기서 1이라고 코딩된 것은 구매가 이루어진 경우이고 0는 구입이 안 된 경우를 나타낸다.

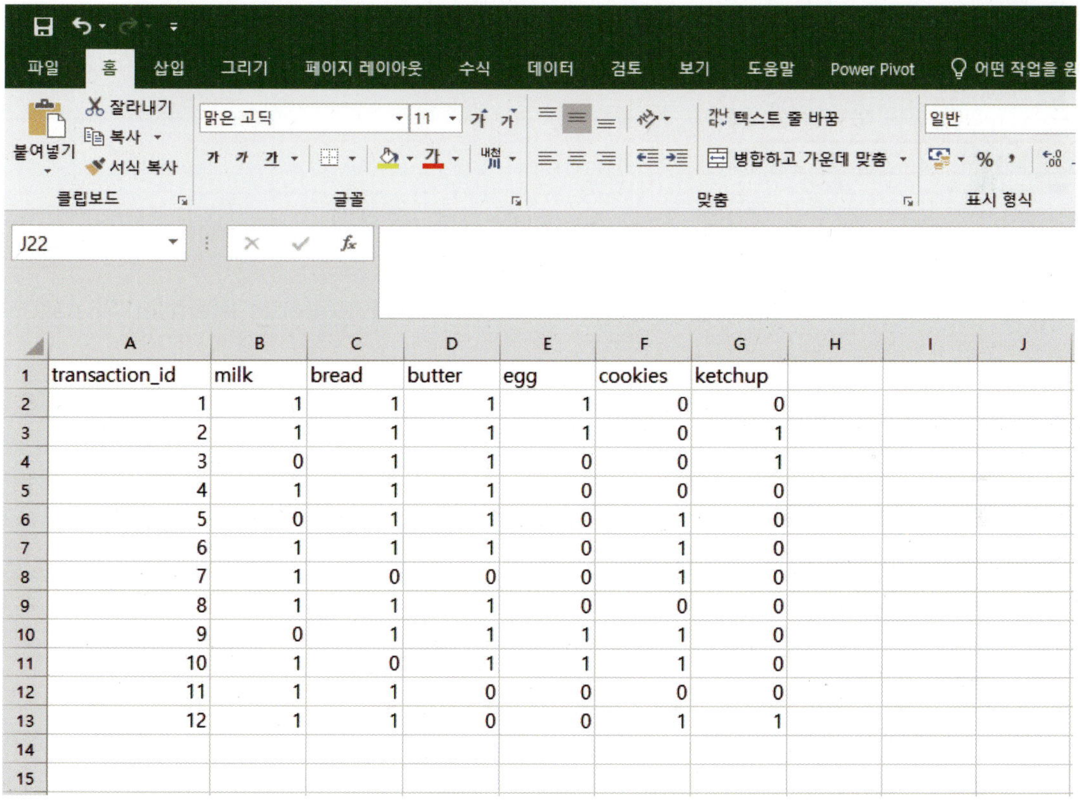

transaction_id	milk	bread	butter	egg	cookies	ketchup
1	1	1	1	1	0	0
2	1	1	1	1	0	1
3	0	1	1	0	0	1
4	1	1	1	0	0	0
5	0	1	1	0	1	0
6	1	1	1	0	1	0
7	1	0	0	0	1	0
8	1	1	1	0	0	0
9	0	1	1	1	1	0
10	1	0	1	1	1	0
11	1	1	0	0	0	0
12	1	1	0	0	1	1

[데이터] basket.xlsx

〈그림 13-3〉 고객거래 데이터

[1단계] 장바구니 분석을 위해서 Options에서 add-on(확장팩)에서 Associate를 설치하고 오렌지 프로그램을 다시 실행한다.

〈그림 13-4〉 Associate 프로그램 설치

[2단계] 파일에서 basket.xlsx를 연결하고 Associate에서 Frequents Ittemsets와 Association Rules를 연결한다.

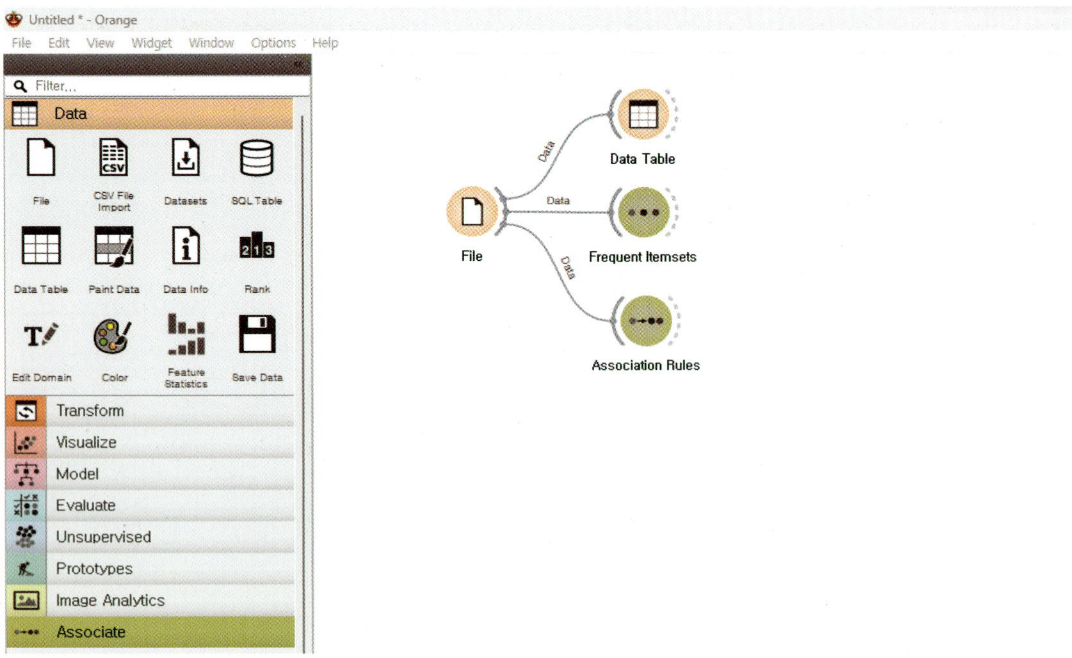

〈그림 13-5〉 Associate 워크 플로우

[3단계] 워크 플로우에서 Frequent Itemsets를 누른다. 이어 Frequent Itemsets창에서 Find Itemsets를 지정하고 클릭을 하면 오른쪽에 결과가 나타난다.

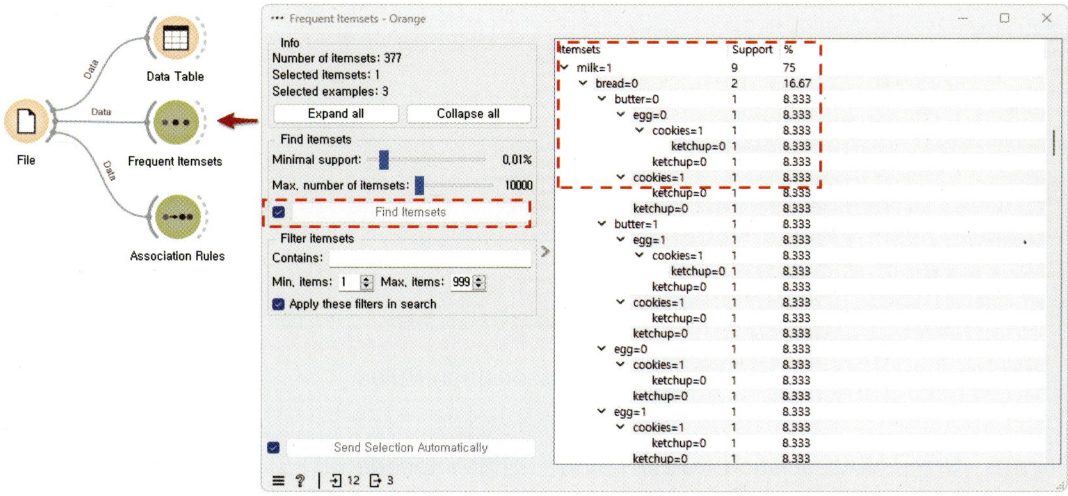

〈그림 13-6〉 Itemsets 결과창

[결과설명] 상품수(Number of Items)는 377로 나타났으며 결과를 보면 ∨milk = 1인 경우의 지지도(support) = 9, 75%(9/12)임을 알 수 있다. 바로 하단 ∨bread = 0의 경우의 해석은 우유를 구입했는데 빵을 구입하지 않은 경우는 2회로 지지도율은 16.67%(2/12)이다. 하단 ∨butter = 0은 우유를 구입했는데 빵을 구입하지 않고 버터를 구입하지 않는 경우는 1회로 지지율은 8.3%(1/12)임을 알 수 있다.

[4단계] Association Rules 버튼을 누르고 Find Rules 클릭하면 〈그림 13-7〉과 같은 결과를 얻을 수 있다.

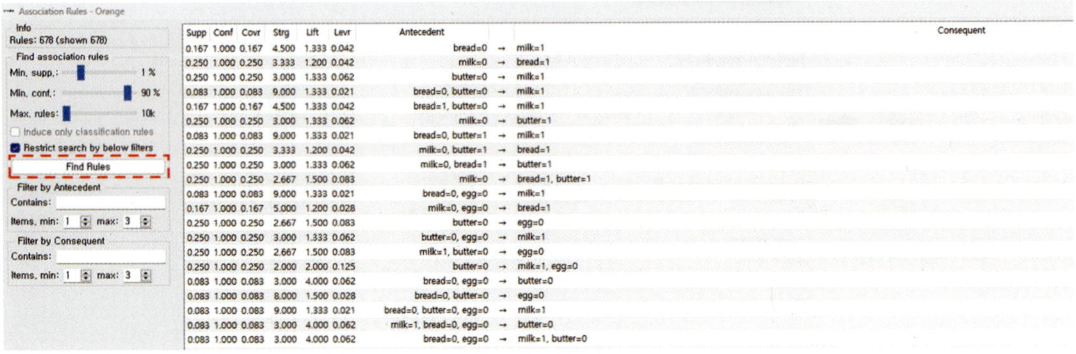

〈그림 13-7〉 Association Rules

[결과설명] 연관규칙(Association Rules) 결과에는 선행(Antecedent)과 결과(Consequent)가 나타나 있다. 첫 번째 행에서 선행은 bread=0, 결과는 milk=1이다. 이는 '빵을 구입하지 않고 우유를 구매할 고객'의 확률(Conf)은 1임을 알 수 있다. 결과에는 Supp(Support), Covr(Coverage), Strg(Strength), Lift, Levr(Leverage)가 나타나 있다.

정리

- 장바구니 분석(Market Basket Analysis)은 슈퍼마켓에서 품목 배열, 콤보 할인 제안 및 판매량을 늘리기 위한 많은 수익성 있는 계획을 결정하는 데 자주 사용될 수 있는 연관 규칙 마이닝(Association Rule Mining)의 일종이라고 할 수 있다.
- 상품 추천, 즉 고객이 함께 많이 구매할 것 같은 상품을 예측하는 데에 가장 많이 활용되는 척도로는 신뢰도, 지지도, 향상도를 사용한다.
  - 신뢰도(Confidence)는 X를 구매한 사람이 Y도 구매할 확률이다.
  - 지지도(Support)는 좋은 규칙(구성비가 높고 빈도가 많은)을 찾거나 불필요한 연산을 줄이기 위한 기준으로 전체 거래 중 출현빈도를 나타낸다.
  - 향상도(Lift)는 많이 팔리는 인기상품을 골라낼 때 활용되는 것으로 인기도라고 볼 수 있다.
    - 향상도 < 1: 선행 사건의 발생은 결과 사건의 발생과 음의 상관 관계가 있음
    - 향상도 > 1: 선행 사건의 발생은 결과 사건의 발생과 양의 상관 관계가 있음
    - 향상도 = 1: 선행 사건의 발생은 후속 사건의 발생과 상관 관계가 없으며 규칙은 우연일 수 있음

연습문제

1. 다음은 공항 면세점 음료코너에서의 고객 거래 내역이다(해당 품목 구입은 1, 구입하지 않은 경우는 0으로 표시함). 이 내용을 토대로 장바구니 분석에 의한 연관 규칙 마이닝을 실시하고 해석해 보자.

transaction id	milk	bread	butter	sandwich	coffee	water	tea
1	1	1	0	0	1	0	1
2	0	0	1	0	1	1	1
3	0	0	0	1	1	0	0
4	1	1	1	0	1	1	1
5	0	1	0	0	1	0	0

[데이터] exch13-1.xlsx

제14장 다차원 척도분석법

제1절 다차원 척도법

1.1 다차원 척도분석의 의의

우리는 주위의 여러 대상들과 관계를 맺으면서 살고 있다. 그리고 이들을 끊임없이 관찰하고 비교하는 가운데, 관찰 대상들을 좋아하는 것과 싫어하는 것 또는 서로 비슷한 것과 다른 것으로 분류하게 된다. 대상물을 인지하고 평가할 때 사용하는 기준은 사람에 따라 다를 수 있다. 그런데 인간은 인지 능력의 한계 때문에 대상물이 갖고 있는 모든 속성을 평가 기준으로 삼기보다는, 자신에게 편리하고 중요하다고 생각되는 몇 가지 속성만을 선택적으로 사용하는 경향이 높다. 예컨대 냉장고를 선택하는 기준으로 가격, 디자인, 광고, 실용성 등을 고려한다고 할 때, 사람에 따라 선택 기준에 대한 가중치가 다르기 때문에 각기 다른 냉장고를 고르게 된다.

다차원 척도분석(MDS: Multidimensional Scaling)은 인지도 분석(perceptual mapping)이라고도 하는데, 대상들 간의 관련 이미지(회사, 제품, 서비스 등)의 복잡한 관계를 적은 수의 차원(2차원 혹은 3차원)의 공간에서 단순한 구도로 시각화하여 주는 통계분석 기법이다. 이 기법은 앞에서 설명한 판별분석이나 군집분석과 같은 분류 기법이지만, 단순 분류의 특성을 넘어서서 대상물이 위치하는 지점을 시각적 구도 속에서 알려준다는 점에서 유용하게 사용된다.

이 분석법은 우리나라에서 현재 일부의 연구가들에 의하여 이용되고 있으며, 특히 마케팅 분야에서 매우 많이 사용하고 있다. 마케팅에서 사용되고 있는 적용 범위는 다음과 같다.

① 충성 고객과 일반 고객 사이의 회사에 대한 이미지 측정
② 시장 세분화 전략
③ 신제품 개발
④ 광고 효과 측정
⑤ 가격 분석
⑥ 유통 경로 결정
⑦ 소비자들이 중요하게 생각하는 제품의 특성 파악

이 분석 기법은 마케팅뿐만 아니라, 다른 사회과학이나 이학 분야에서도 널리 이용되고 있다.

다차원 척도분석 기법은 소비자가 대상을 인지하거나 평가할 때 어떠한 기준에 의해서 하게 되는지를 규명하기 위해서 적정수의 평가 차원을 결정하며, 그리고 규명된 각 차원이 의미하는 바와 각 차원에서의 좌표를 적절히 해석하는 등과 같은 여러 가지 목적을 가진다. 여기서 차원이란, 수학적으로 말해서 2차원은 평면을 구성하고, 3차원은 공간을 구성한다는 의미이다. 2차원이나 3차원과 같은 저차원은 관찰 대상들을 시각적으로 구분할 수 있게 해준다.

1.2 다차원 척도법의 실행 절차

연구자가 다차원 척도법을 실행하려면, 자료를 적합한 형태로 취합되고 분석이 쉽게 하기 위해서 다차원 척도법 절차를 잘 알아야 한다. 연구자가 해결해야 할 중요한 문제는 좌표 평면에서 차원 수를 몇 개로 결정하는 문제이다. 또한 차원의 이름을 결정하는 것도 중요한 문제이다. 마지막으로 획득된 결과에 대한 평가도 중요한 대목이다.

다차원 척도법의 실행 절차는 〈그림 14-1〉과 같다.

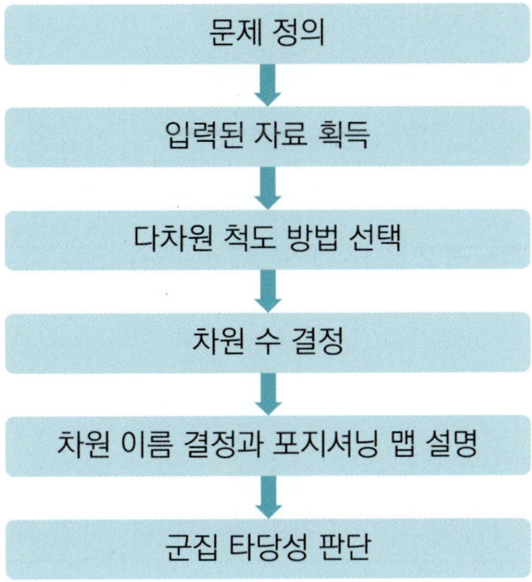

〈그림 14-1〉 다차원 척도법의 실행 절차

(1) 문제의 정의

문제 정의를 위해서 연구자는 다차원 척도법의 결과가 어디에 쓰일 것인지에 대하여 정확하게 파악하고 있어야 한다. 즉, 어떤 문제를 다차원 척도법으로 시각화할 것인가의 고민이 선행되어야 한다.

(2) 입력 자료 획득

다차원 척도에서의 입력 자료는 유사성 또는 선호도의 자료가 이용된다. 유사성이나 선호도의 자료는 정량형태와 정성형태로 대별될 수 있는데, 정량형태의 자료는 유사성이나 선호도가 등간척도나 비율척도로 측정하여 얻어진 자료이며, 정성자료는 서열척도에 의하여 얻어진 자료를 말한다.

(3) 다차원 척도방법 선택

다차원 척도법은 주로 소비자들의 심리상에 위치해 있는 평가 대상들의 상대적인 위치를 도표화하여 나타내는 기법이다. 다차원 척도법(MDS)의 종류로는 전통적 다차원 척도법, 반복 다차원 척도법, 가중 다차원 척도법 등이 있다.

전통적 다차원 척도법(Classical MDS)은 비유사성 행렬이 단 1개인 경우로 가장 간단한 다차원 척도법이다. 반복 다차원 척도법(Replicated MDS)은 하나 이상의 자료 행렬을 분석하는 경우에 사용되는 방법이다. 가중 다차원 척도법(Weighted MDS)은 개인별이나 또는 세부적인 집단별 평가를 할 수 있는 다차원 척도법으로 INDISCAL(INdividual DIfference SCALing)이라고도 한다.

(4) 차원 수 결정

다차원 척도법은 입력 자료를 이용하여 공간상에서 관찰 대상들 간의 상대적인 거리를 가능한 정확히 위치시킴으로써 다차원 평가 공간을 형성한다. 관찰 대상들의 상대적인 거리의 정확도를 높이기 위해서, 다차원 공간에의 적합(fitting)은 더 이상의 개선이 안 될 때까지 반복적으로 계속된다. 이 적합의 정도를 스트레스 값(stress value)으로 표현한다. 다른 말로 하면, 스트레스 값은 불일치의 정도(badness of fits, lack of fit measure)로 볼 수 있다. 스트레스 값의 크기에 따라 차원 수 결정이 적절한지 여부를 판단한다.

스트레스 값은 실제 거리와 적합된 거리 사이의 오차 정도를 나타내는 것으로서, 다음과 같은 공식에 의해 측정된다.

$$S=\sqrt{\frac{\sum_{1=i,\, i\neq j}^{n}(d_{ij}-\hat{d}_{ij})^2}{\sum_{1=i,\, i\neq j}^{n}(d_{ij})^2}}$$

d_{ij} = 관찰 대상 i부터 j까지의 실제 거리
$\hat{d}_{ij}$ = 프로그램에 의하여 추정된 거리

분석 프로그램에 의해 추정된 거리가 실제와 일치하면, $(d_{ij} - \hat{d}_{ij})$는 0이 되어 스트레스 값은 0이 된다. 이것은 추정이 완벽함을 의미한다. 크루스칼(Kruskal)은 추정이 잘 되었는지 여부를 나타내는 적합 정도를 〈표 14-1〉과 같이 제시하고 있다. 스트레스 값이 줄어드는 방향으로 분석 과정을 반복하면 관찰 대상들의 좌표가 변화되어 간다.

이론적으로 n개 대상에 대여 n-1 차원에서 완벽한 적합이 이루어질 수 있다. 그러나 3차원이 넘는 포지셔닝 맵은 시각적인 제한으로 인하여 분석이 거의 불가능하다.

〈표 14-1〉 스트레스 값 해석

스트레스 값	적합정도
0.2 이상	매우 나쁨
0.2	나쁨
0.1	보통
0.05	좋음
0.025	매우 좋음
0	완벽함

(5) 차원 이름과 포지셔닝 맵 설명

차원의 수가 결정되면 연구자는 차원의 이름을 결정해야 한다. 요인분석에서 요인이름을 결정하는 것과 같은 원리로, 다차원 척도법에서도 연구자 자신이 각 차원의 이름을 결정해야 한다. 차원의 이름을 결정하는 방법은 관찰 대상들에 대해서 잘 알고 있는 전문가(관리자나 연구자의 경험)에 의한 방법, 개체의 특성을 고려한 회귀분석을 통한 방법, 점수 간의 상관계수가 높은 속성을 차원 이름으로 이용하는 방법, 그리고 브랜드와 같은 외형적인 특성(physical characteristic)에 의한 방법 등이 있다.

각 차원에 이름을 부여하고 나면, 포지셔닝 맵을 얻을 수 있다. 포지셔닝 맵이란 소비자들이 제품, 상표 등을 평가하는 기준에 비추어 볼 때 어떠한 평가를 하고 있는가를 나타내 주는 것이다. 포지션이란 소비자들이 특정 대상에 대하여 느끼는 심리적 공간상의 위치를 말한다. 포지셔닝 맵은 시장과 경쟁 구조에 대한 기초적인 진단을 통하여 소비자들의 인지 → 선호 → 선택에 이르는 일련의 과정을 일관성 있게 이해할 수 있게 해 주므로, 신제품 개발, 시장 세분화, 포지셔닝, 마케팅믹스 전략 등에 효과적으로 이용할 수 있다.

(6) 신뢰성과 타당성 검정

다차원 척도분석의 결과에 대해 신뢰성과 타당성을 알아보기 위해서는 모델의 적합도 지수(idex of fit)를 알아보아야 한다. 모델의 적합도 지수는 회귀분석에서 R^2과 유사한 것이다. 적합도 지수는 0과 1 사이에 있으며, 0.6 이상이면 설명력이 높다고 할 수 있다. 또한 신뢰성 검정을 동일한 측정 도구를 사용하여 1차 측정한 후에 재측정을 하여, 두 측정값들 간의 차이를 분석하는 test-retest reliability를 사용하는 방법이 있다.

제2절 예제실행

[예제] 서울부터 부산까지 경부고속도로에 있는 인터체인지 간의 거리를 다차원 척도법에 의해서 나타내는 연습을 해 보자. 서울부터 부산까지 경부고속도로의 거리표는 다음과 같다.

〈표 14-1〉 주요 도시별 인터체인지 거리표

	서울	수원	천안	대전	구미	동대구	부산
서울	0	31.23	83.50	152.27	254.10	305.36	427.95
수원	31.23	0	52.27	121.00	22.87	274.13	396.72
천안	83.50	52.27	0	68.77	170.60	221.86	344.50
대전	152.27	121.00	68.77	0	101.83	153.09	275.73
구미	254.10	22.87	170.60	101.83	0	51.26	173.90
동대구	305.36	274.13	221.86	153.09	51.26	0	122.64
부산	427.95	396.72	344.50	275.73	173.90	122.64	0

[데이터] ch14-1.xlsx

[1단계] 다차원 척도법을 실행하기에 앞서 먼저 거리 파일을 불러오기 위해서 Unsupervised 란에서  아이콘을 드래그한다. 이후 데이터 ch14-1.xlsx를 연결한다.

[2단계] 그런 다음 〈그림 14-2〉와 같은 워크 플로우를 완성한다.

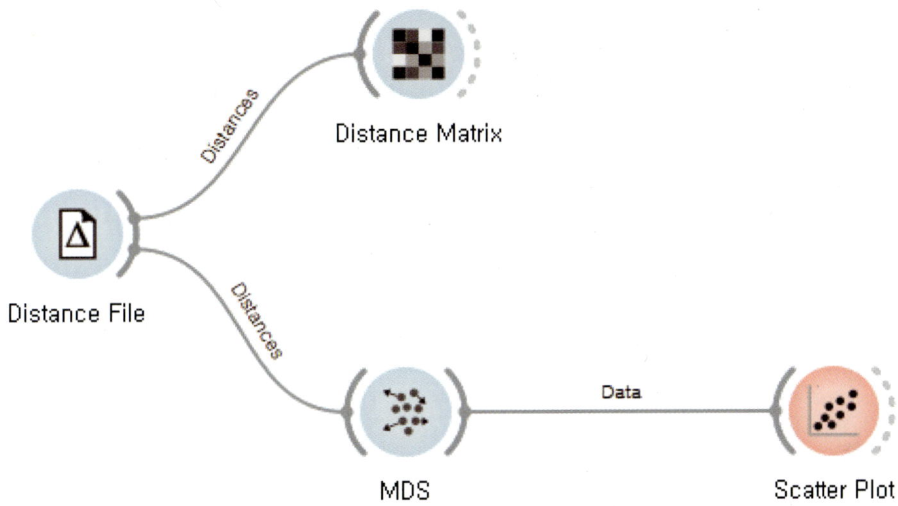

[데이터] ch14_1.ows

〈그림 14-2〉 MDS 워크 플로우

[3단계] 워크 플로우에서 Distance Matrix를 더블 클릭한다.

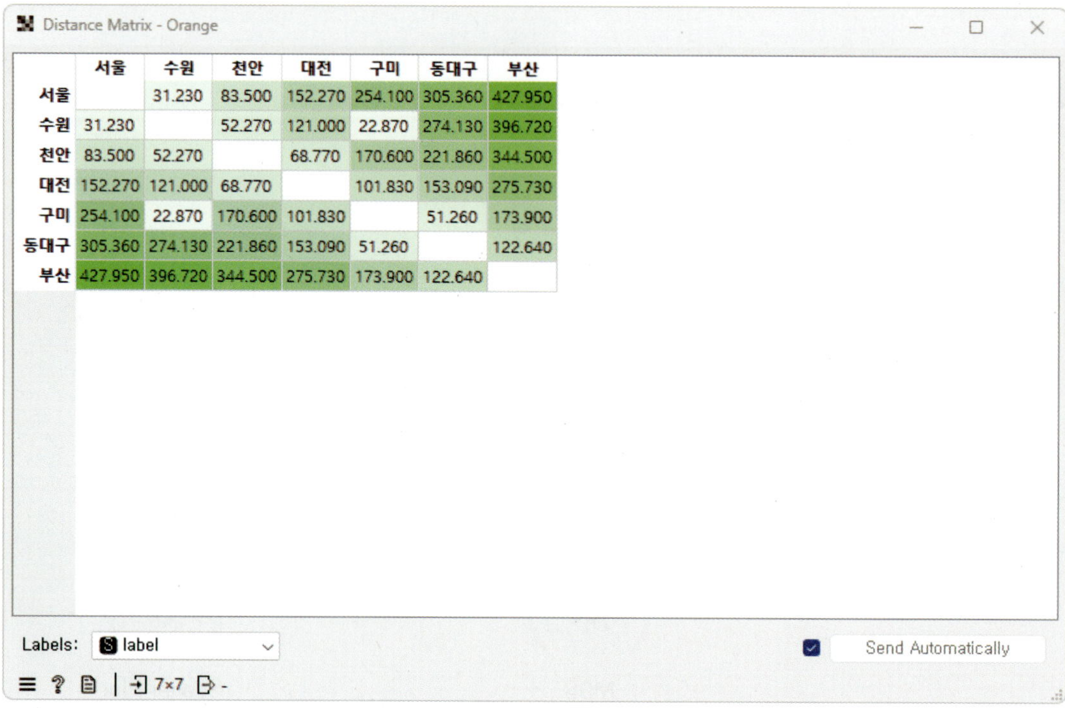

	서울	수원	천안	대전	구미	동대구	부산
서울		31.230	83.500	152.270	254.100	305.360	427.950
수원	31.230		52.270	121.000	22.870	274.130	396.720
천안	83.500	52.270		68.770	170.600	221.860	344.500
대전	152.270	121.000	68.770		101.830	153.090	275.730
구미	254.100	22.870	170.600	101.830		51.260	173.900
동대구	305.360	274.130	221.860	153.090	51.260		122.640
부산	427.950	396.720	344.500	275.730	173.900	122.640	

〈그림 14-3〉 Distance Matrix

[결과설명] 각 지역별 인터체인지 거리가 나타나 있다.

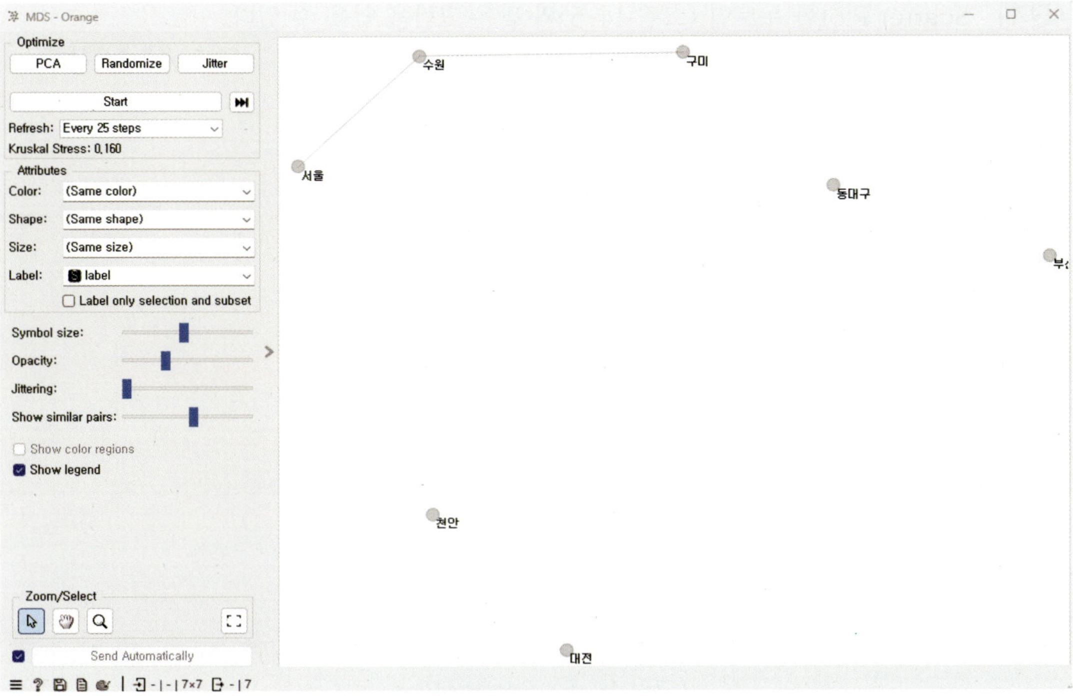

〈그림 14-4〉 MDS

[결과설명] 각 지역 간의 거리에 따른 다차원 척도가 나타나 있다. 서울-수원, 천안-대전이 서로 가까운 거리임을 시각적으로 확인할 수 있다. Kruskal Stress는 0.160으로 다차원 척도에 의한 적합정도는 보통임을 알 수 있다.

[4단계] Scatter Plot를 누르면 〈그림 14-5〉와 같은 그림을 얻을 수 있다.

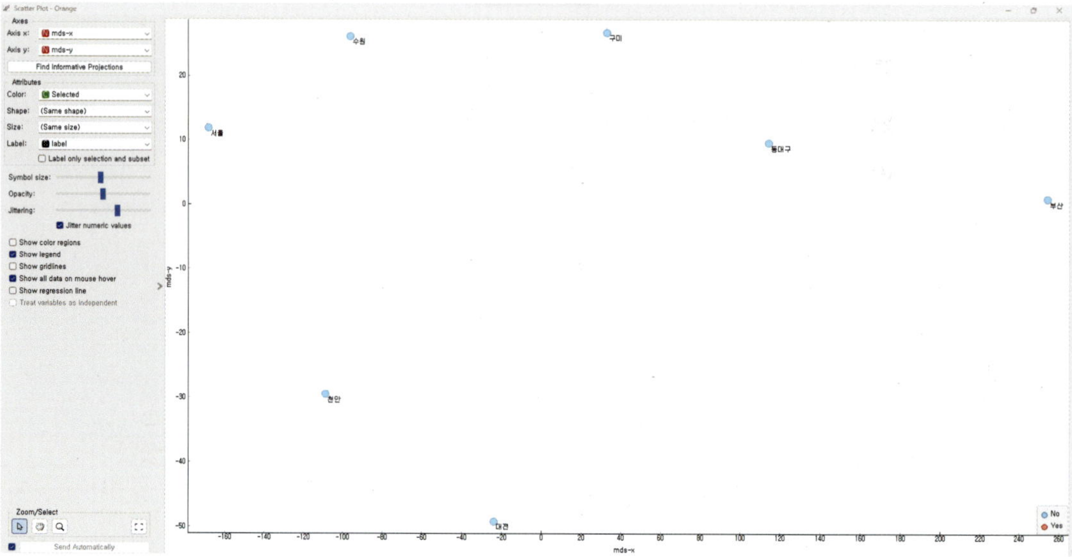

〈그림 14-5〉 Scatter Plot

[결과설명] x축과 y축에 MDS-x와 MDS-y를 지정한 결과 각 지역별 거리 내용이 시각적으로 나타나 있음을 확인할 수 있다.

제3절 예제실행

[예제] 다음은 온라인 쇼핑회사의 이미지 조사를 실시한 것이다(com은 우리 회사이고 A부터 I까지는 경쟁회사라고 생각해보자). 이 자료를 이용하여 다차원 척도법을 이용하여 분석하고 해석해 보자.

〈표 14-2〉 기업 이미지 조사

	com	A	B	C	D	E	F	G	H	I
com	0	6.61	5.94	2.33	2.56	4.06	2.50	2.33	2.44	6.17
A	6.61	0	5.39	2.61	2.56	2.39	3.50	2.39	4.94	6.94
B	5.94	5.39	0	3.44	4.11	2.17	4.00	3.72	6.61	2.83
C	2.33	2.61	3.44	0	6.94	4.06	2.22	2.67	2.50	2.50
D	2.56	2.56	4.11	6.94	0	2.39	2.17	2.61	7.06	2.50
E	4.06	2.39	2.17	4.06	2.39	0	4.06	3.67	5.61	3.50
F	2.50	3.50	4.00	2.22	2.17	4.06	0	2.28	2.83	6.94
G	2.33	2.39	3.72	2.67	2.61	3.67	2.28	0	2.56	2.44
H	2.44	4.94	6.61	2.50	7.06	5.61	2.83	2.56	0	2.39
I	6.17	6.94	2.83	2.50	2.50	3.50	6.94	2.44	2.39	0

[1단계] 다차원 척도법을 실행하기에 앞서 먼저 거리 파일을 불러오기 위해서 Unsupervised 란에서  아이콘을 드래그한다. 이후 데이터 ch14_2.xlsx를 연결한다.

[2단계] 그런 다음 〈그림 14-6〉과 같은 워크 플로우를 완성한다.

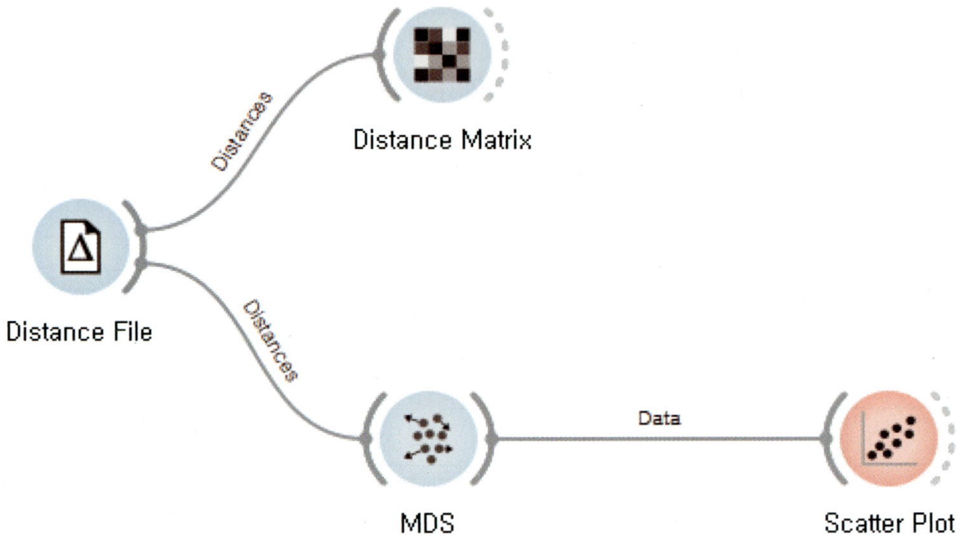

[데이터] ch14_2.ows

〈그림 14-6〉 MDS 워크 플로우

[3단계] 워크 플로우에서 Distance Matrix를 더블 클릭한다.

	com	A	B	C	D	E	F	G	H	I
com		6.610	5.940	2.330	2.560	4.060	2.500	2.330	2.440	6.170
A	6.610		5.390	2.610	2.560	2.390	3.500	2.390	4.940	6.940
B	5.940	5.390		3.440	4.110	2.170	4.000	3.720	6.610	2.830
C	2.330	2.610	3.440		6.940	4.060	2.220	2.670	2.500	2.500
D	2.560	2.560	4.110	6.940		2.390	2.170	2.610	7.060	2.500
E	4.060	2.390	2.170	4.060	2.390		4.060	3.670	5.610	3.500
F	2.500	3.500	4.000	2.220	2.170	4.060		2.280	2.830	6.940
G	2.330	2.390	3.720	2.670	2.610	3.670	2.280		2.560	2.440
H	2.440	4.940	6.610	2.500	7.060	5.610	2.830	2.560		2.390
I	6.170	6.940	2.830	2.500	2.500	3.500	6.940	2.440	2.390	

〈그림 14-7〉 Distance Matrix

[결과설명] 각 기업별 인터체인지 거리가 나타나 있다.

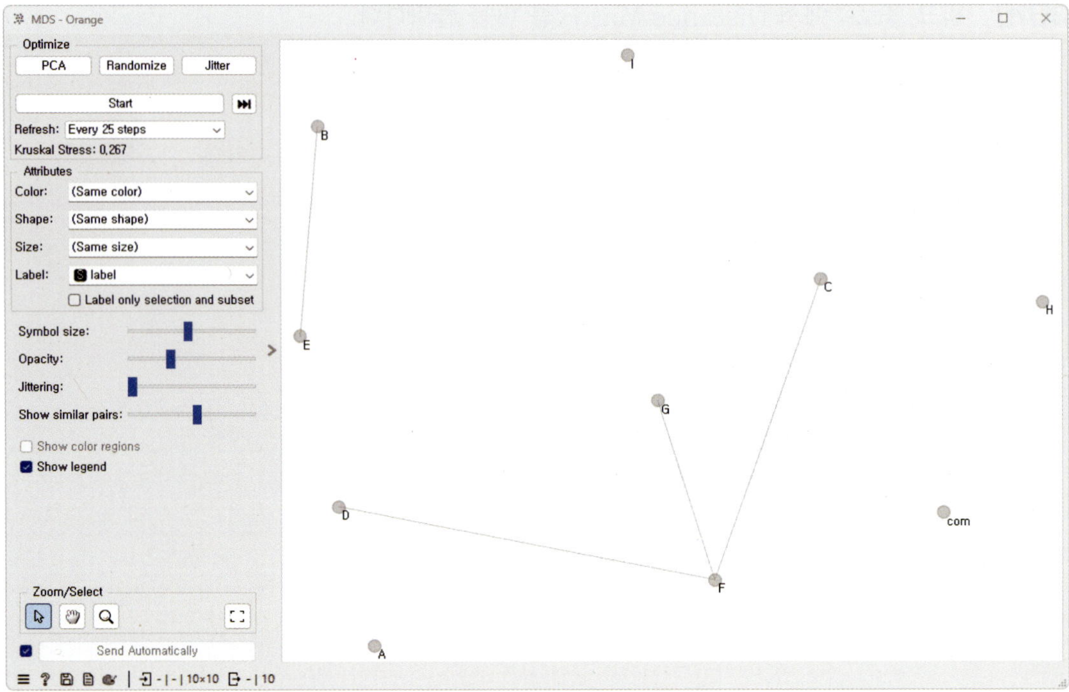

〈그림 14-8〉 MDS

[결과설명] 각 기업 간의 거리에 따른 다차원 척도가 나타나 있다. B-E, com-H 기업의 이미지가 서로 가까운 거리임을 시각적으로 확인할 수 있다.

[4단계] Scatter Plot를 누르면 〈그림 14-9〉와 같은 그림을 얻을 수 있다.

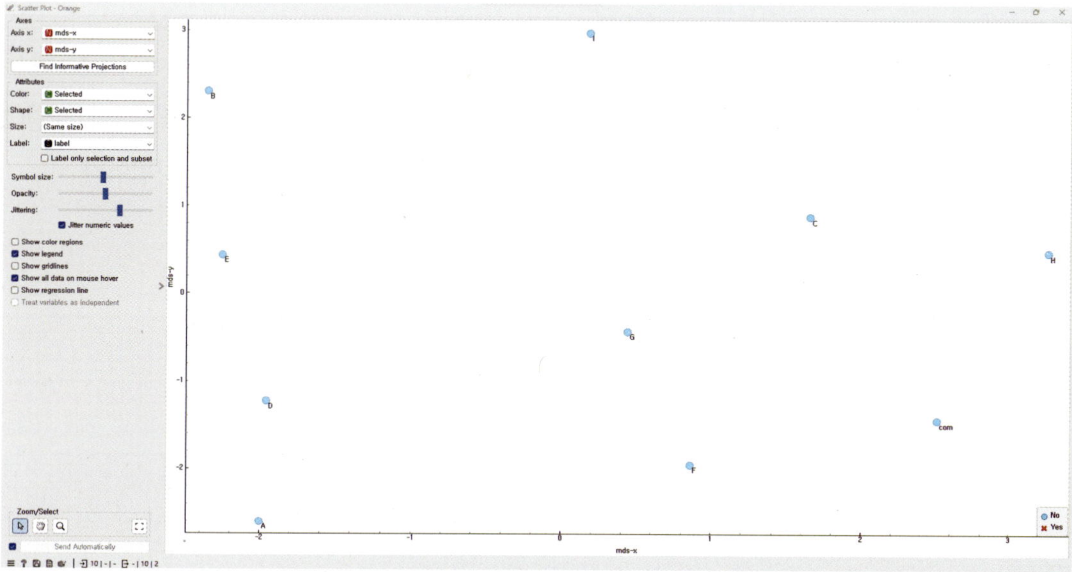

〈그림 14-9〉 Scatter Plot

[결과설명] x축과 y축에 MDS-x와 MDS-y를 지정한 결과 각 기업별 거리 내용이 시각적으로 나타나 있음을 확인할 수 있다.

정리

- 다차원 척도분석(MDS: Multidimensional Scaling)은 인지도 분석(perceptual mapping)이라고도 하는데, 대상들 간의 관련 이미지(회사, 제품, 서비스 등)의 복잡한 관계를 적은 수의 차원(2차원 혹은 3차원)의 공간에서 단순한 구도로 시각화하여 주는 통계분석 기법이다.
- 다차원 척도법은 다음과 같은 분야에서 사용된다.
  ① 충성 고객과 일반 고객 사이의 회사에 대한 이미지 측정
  ② 시장 세분화 전략
  ③ 신제품 개발
  ④ 광고 효과 측정
  ⑤ 가격 분석
  ⑥ 유통 경로 결정
  ⑦ 소비자들이 중요하게 생각하는 제품의 특성 파악
- 다차원 척도법은 스트레스 값에 의해서 적합정도를 해석한다.

스트레스 값	적합정도
0.2 이상	매우 나쁨
0.2	나쁨
0.1	보통
0.05	좋음
0.025	매우 좋음
0	완벽함

연습문제

1. 평소 관심을 갖고 있는 조직이나 대상에 대하여 고객 이미지 조사를 실시하고 다차원 척도법에 의해서 이미지 분석을 해 보자.

제15장 대응일치분석

제1절 대응일치분석 개념

사회과학적인 조사연구 조사에서 측정 대상을 상호 배타적인 집단으로 분류하는 데는 명목척도가 많이 이용되고 있다. 이 명목척도로 응답된 자료는 교차분석에 의해 분할표를 통해 정리될 수 있다. 여기서 분할표(교차분석표)란 데이터를 행(row)과 열(column)의 형태로 배열한 것으로 사실을 쉽게 파악할 수 있도록 하는 표를 의미한다.

분석프로그램에서는 최적화 척도법(optimal scaling)에 의한 지각도를 제공한다. 여기서 지각도(perceptual map)는 일종의 포지셔닝 맵으로서 소비자들이 제품에 대하여 심리적으로 느끼는 공간상의 상대적 위치를 말한다. 지각도를 통해 소비자들이 판단, 선호하는 기업 및 속성의 평가를 통해, 이 결과를 차원에 나타냄으로써 자사와 경쟁 기업들과의 위치를 파악할 수 있다. 최적화척도법의 종류로는 예컨대, ① 대응일치분석(ANACO: Correspondence Analysis), ② 동질성 분석(HOMALS: Homogeneity Analysis), ③ 비선형 주성분분석(PRINCALS: Nonlinear Principal Components Analysis), ④ 비선형 정준상관분석(OVERALS: Nonlinear Canonical Correlation Analysis) 등이 있다.

이 장에서는 행과 열의 유사성 분석을 통해 상관 관계를 파악하는 대응일치분석에 대해 주로 설명하기로 한다. 대응일치분석은 다차원 척도분석(MDS: Multidimensional Scaling)의 방법으로 행(속성)과 열(회사별, 브랜드별, 제품별 등)의 분할표로 나타낼 수 있는 질적 자료의 분석

방법이다. 다차원 척도에 있어 전통적인 다변량 분석방법은 판별분석과 요인분석에 의존하여 왔다. 대응일치분석 기법은 지각도를 나타내는 방법으로 실무 분야에서 자주 사용되는 방법이다. 대응일치분석은 지각도를 구축하여 주고 차원의 수를 줄여주는 데 유용한 기법이다. 대응일치분석의 장점은 이항 또는 명목척도 등과 같이 질적 자료로 획득된 자료의 수를 줄여 주고, 속성 사이의 각 수준별 관측치들을 저차원(예컨대, 2차원 평면)으로 나타낼 수 있어 비유사성을 확인할 수 있다. 대응일치분석에는 대개 열 프로파일과 행 프로파일 탐색 및 카이제곱 통계를 사용한 독립성 검정이 포함된다. 그러나 대응일치분석의 단점은 탐색적인 자료 분석 기법이므로 가설검정에는 적합하지 않다는 점, 적정한 수의 차원을 제공하지 못한다는 점이다. 또한 행(속성)과 열(브랜드)에 대한 이상치에 민감하므로 결과 해석시에 일부 대상 및 속성이 누락될 우려가 있다는 점 등이다.

제2절 예제실행1

[예제] 〈표 15-1〉은 커피 전문점의 하루 연령대(Age)에 따른 음료 판매량(Product Sale)을 교차분석표로 나타낸 것이다. 이 데이터는 〈그림 15-1〉과 같은 엑셀 데이터로 나타낼 수 있다. 이 내용을 대응일치분석으로 시각화하고 전략을 제시해 보자.

〈표 15-1〉 연령대별 음료 판매 현황

Age \ Product Sales		Product Sales			전체
		A	B	C	
Age	Mature Indiv	20	10	44	74
	Middle Age	40	10	40	90
	Young Adults	20	20	20	60
전체		80	40	104	224

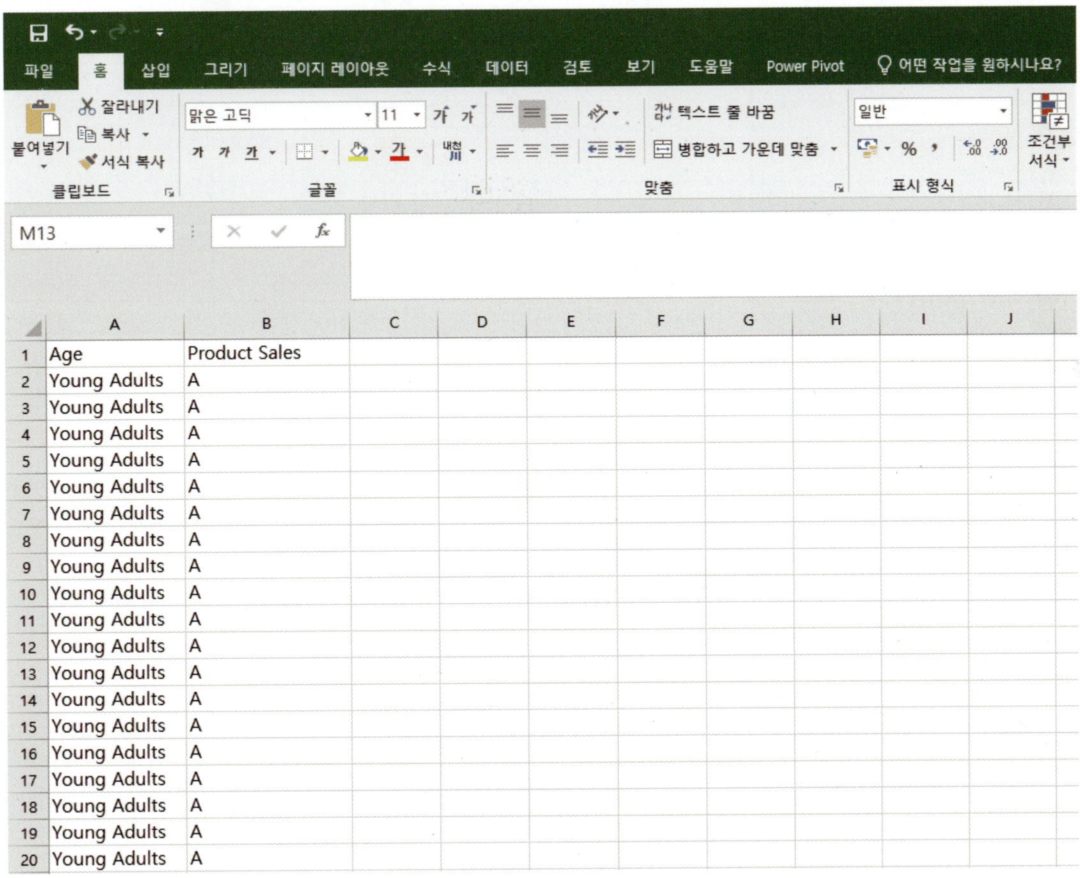

[데이터] ch15_1.xlsx

〈그림 15-1〉 데이터 창

[1단계] 오렌지 프로그램 File에서 ch15_1.xlsx를 연결한다.

[2단계] 이어 〈그림 15-2〉와 같이 워크 플로우를 만든다.

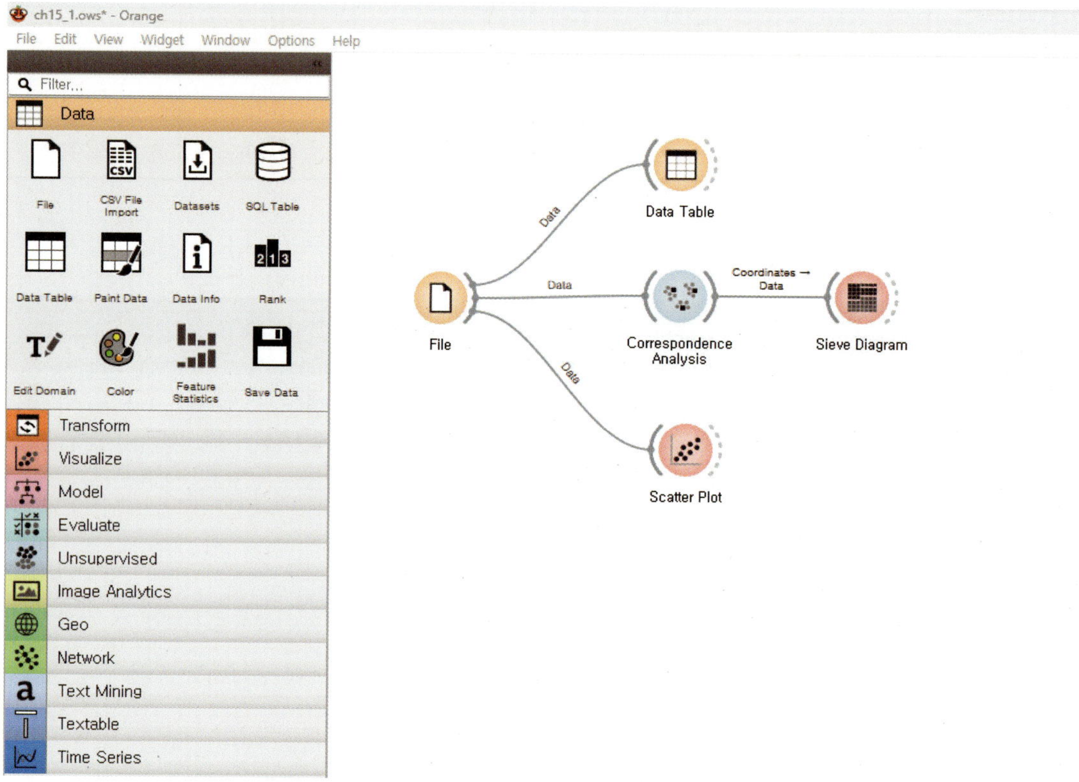

[데이터] ch15_1.ows

〈그림 15-2〉 대응일치분석 워크 플로우

[3단계] Data Table 위젯을 누른다.

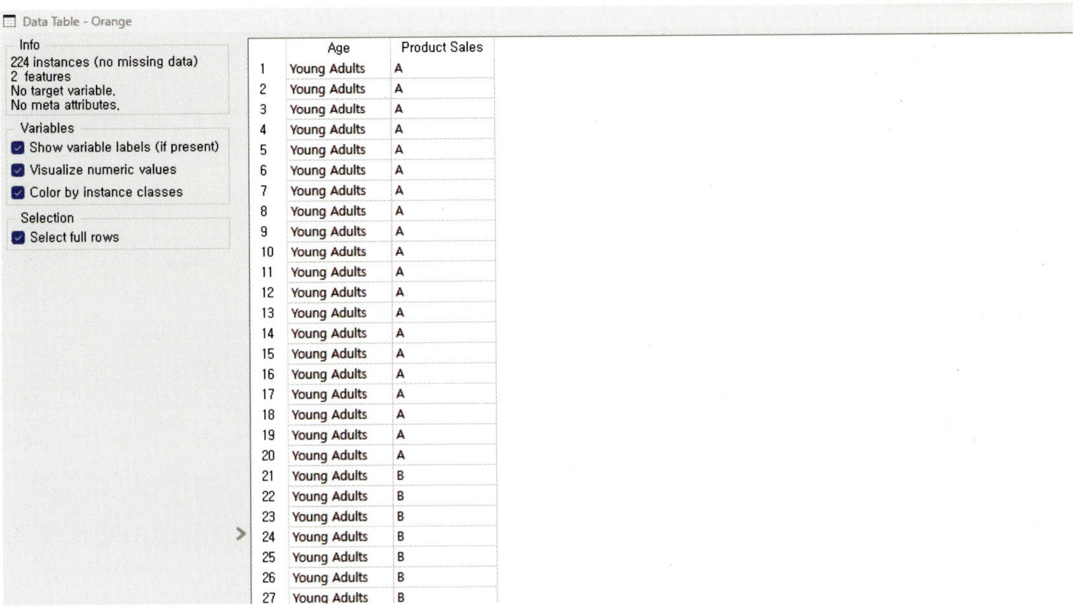

〈그림 15-3〉 Data Table

[결과설명] 인스턴스는 224명이고 변수(features)는 두 가지(Age, Product Sales)이다. 종속변수(target variable)와 메타변수(meta attributes)는 없다.

[4단계] Correspondence Analysis를 누른다.

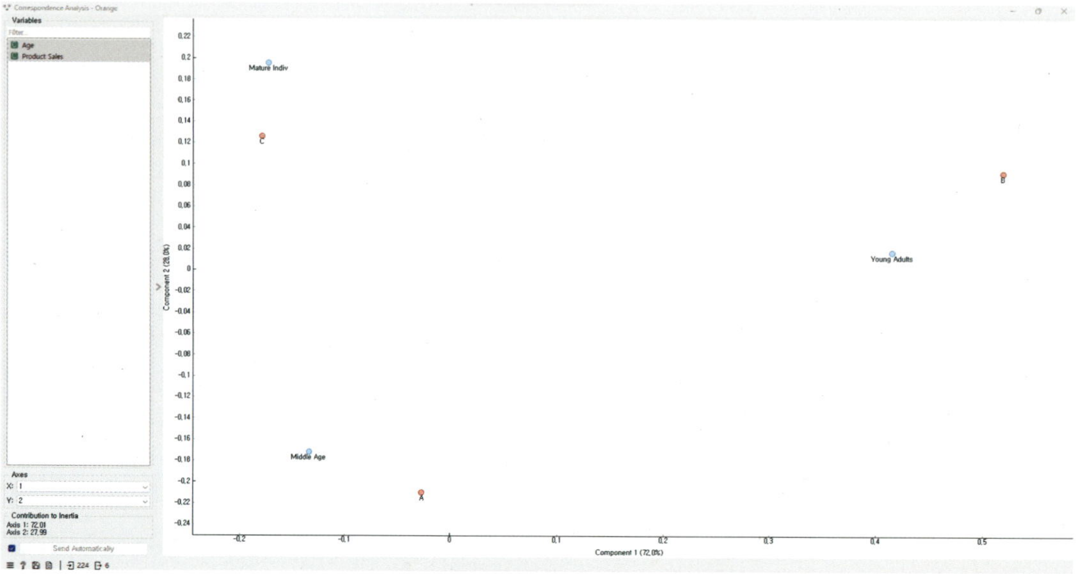

〈그림 15-4〉 Correspondence Analysis

[결과설명] 젊은 연령대(Young Adults)는 B음료를, 중년 연령대(Middle Age)는 A음료를, 장년층(Mature indiv)은 C음료를 주로 주문한 것으로 나타났다.

[5단계] Scatter Digram를 누른다.

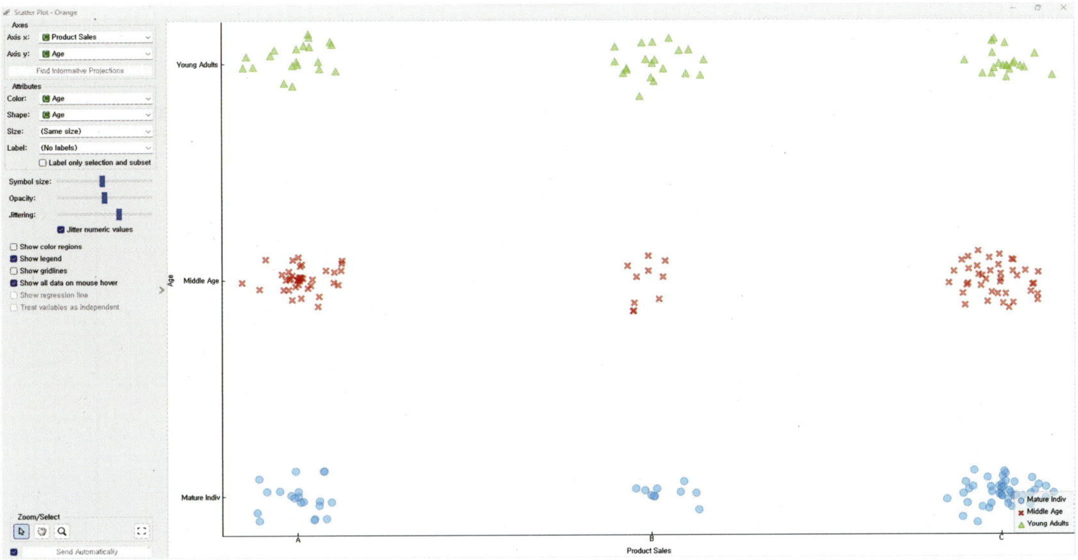

〈그림 15-5〉 Scatter Diagram

[결과설명] 젊은 연령대(Young Adults)는 B음료를, 중년 연령대(Middle Age)는 A음료를, 장년층(Mature indiv)은 C음료를 주로 주문한 것을 시각화해서 나타낸 것이다.

[6단계] Sieve Diagram를 누른다.

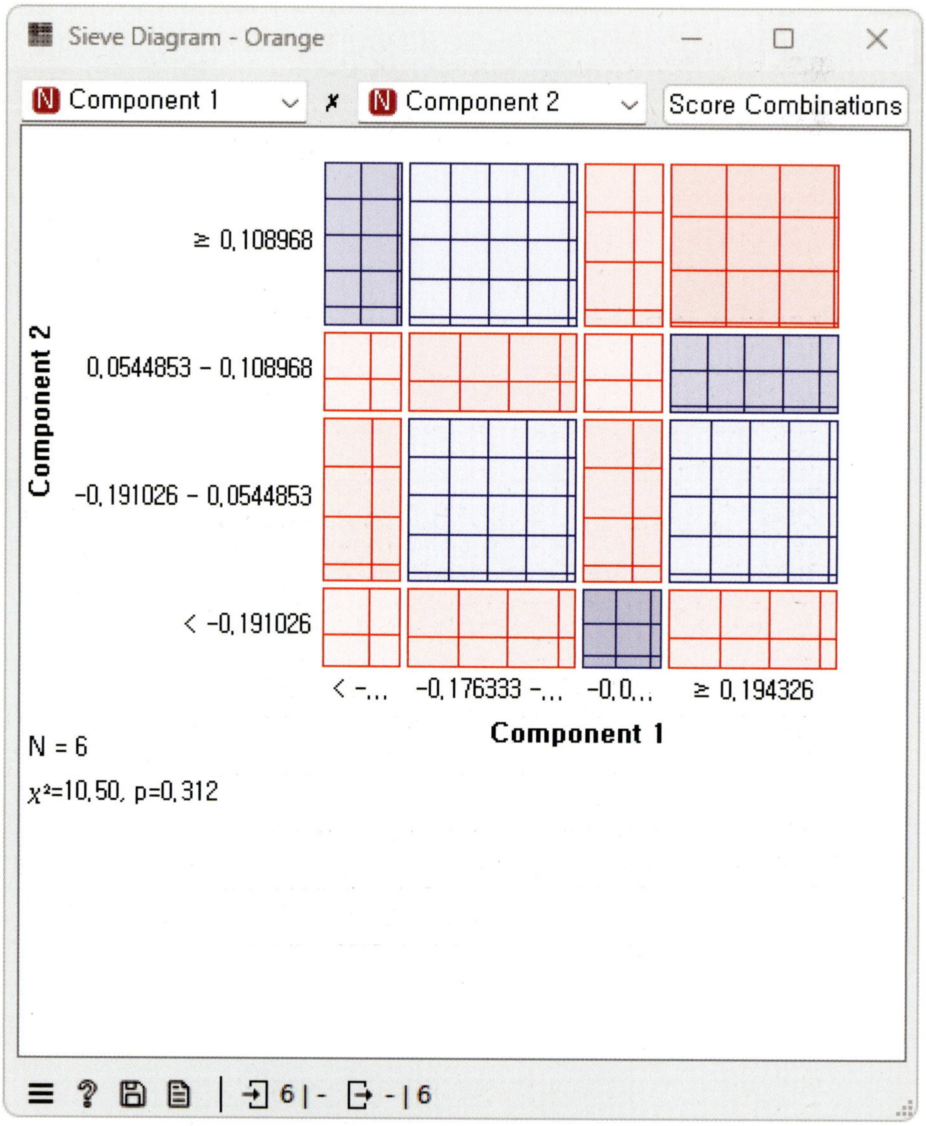

〈그림 15-6〉 Sieve Diagram

[결과설명] Sieve diagram는 질적변수에 대해 독립성 가정하에서 계산된 기대빈도수에 대하여 이원교차표에 해당하는 관측빈도의 차이를 나타내는 그래프를 말한다.

제3절 예제실행2

[예제] 오렌지 프로그램 데이터 세트(Datasets)에 내장된 타이타닉 난파선 관련한 승객 데이터를 이용하여 생존자 여부를 확인해 보자. 승객 데이터(Datasets의 Titanic)는 survived(yes, no), status(first, second, third, crew), age(adult, child), sex(male, female)로 구성되어 있다.

[1단계] 오렌지 프로그램  에서 Titanic를 연결한다.

[2단계] 이어 〈그림 15-7〉과 같이 워크 플로우를 만든다.

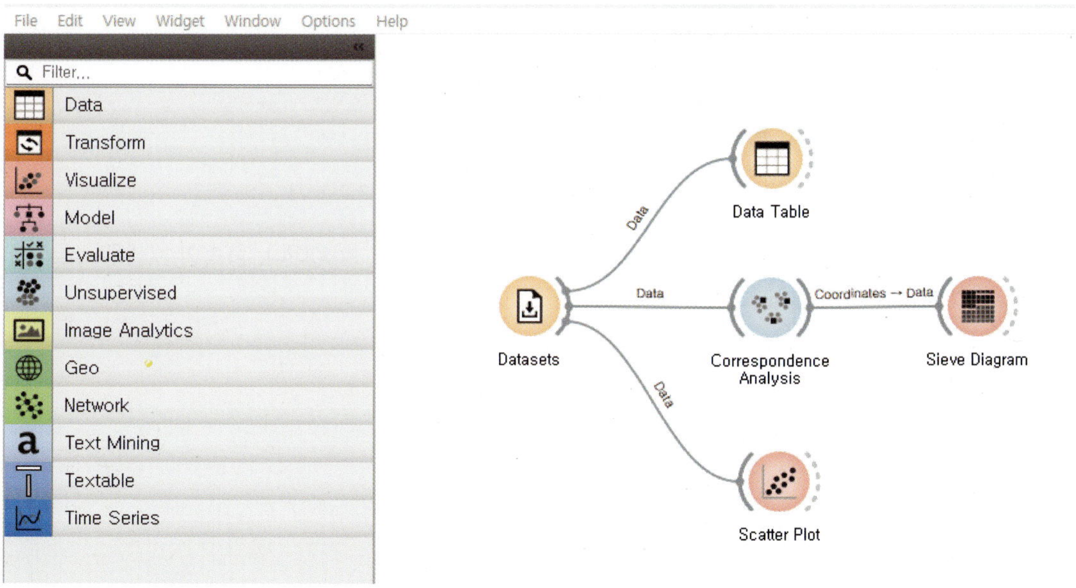

[데이터] ch15_2.ows

〈그림 15-7〉 대응일치분석 워크 플로우

[3단계] Data Table 위젯을 누른다.

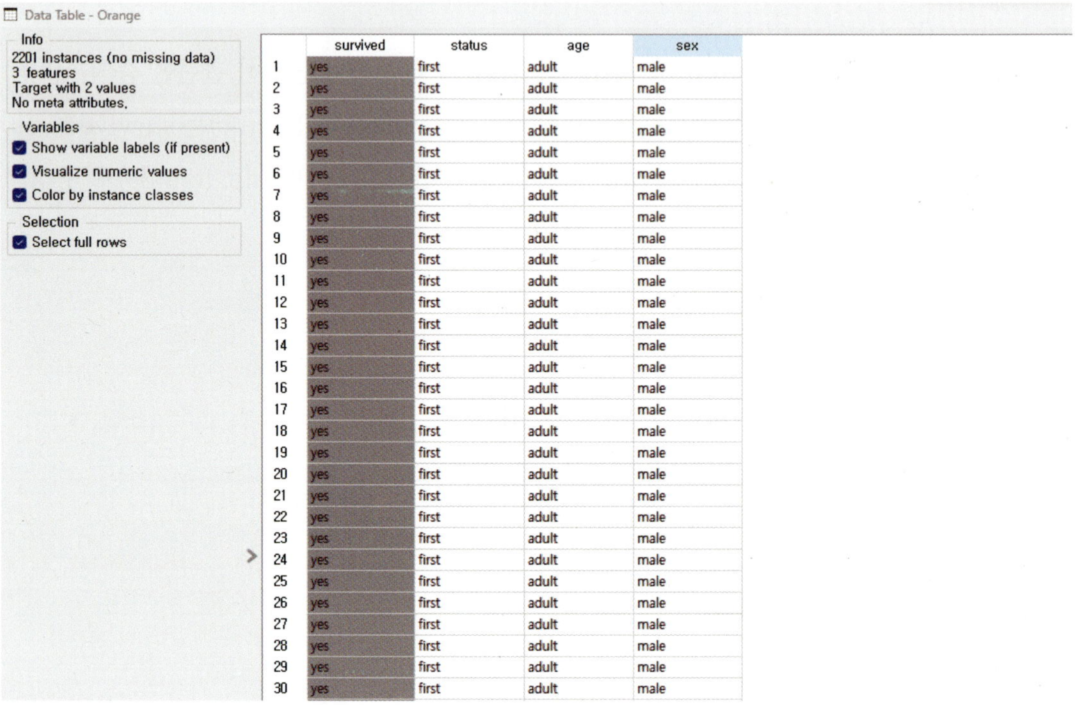

	survived	status	age	sex
1	yes	first	adult	male
2	yes	first	adult	male
3	yes	first	adult	male
4	yes	first	adult	male
5	yes	first	adult	male
6	yes	first	adult	male
7	yes	first	adult	male
8	yes	first	adult	male
9	yes	first	adult	male
10	yes	first	adult	male
11	yes	first	adult	male
12	yes	first	adult	male
13	yes	first	adult	male
14	yes	first	adult	male
15	yes	first	adult	male
16	yes	first	adult	male
17	yes	first	adult	male
18	yes	first	adult	male
19	yes	first	adult	male
20	yes	first	adult	male
21	yes	first	adult	male
22	yes	first	adult	male
23	yes	first	adult	male
24	yes	first	adult	male
25	yes	first	adult	male
26	yes	first	adult	male
27	yes	first	adult	male
28	yes	first	adult	male
29	yes	first	adult	male
30	yes	first	adult	male

〈그림 15-8〉 Data Table

[결과설명] 인스턴스는 2,201명이고 features는 세 가지(satus, age, sex)이다. 종속변수(생존=yes, 사망=no)는 1개(survived)가 나타나 있다.

[4단계] Correspondence Analysis를 누른다.

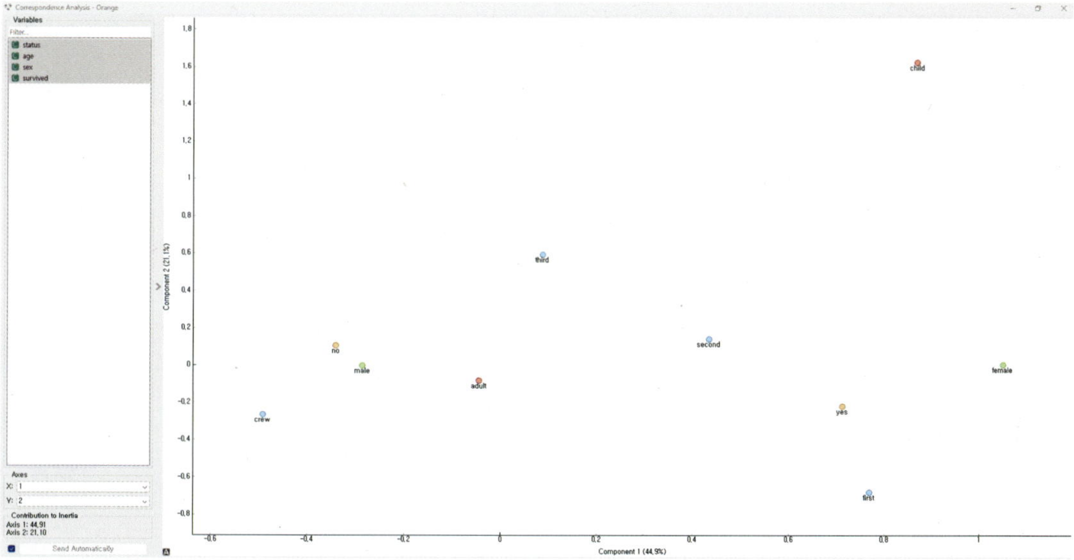

〈그림 15-9〉 Correspondence Analysis

[결과설명] Component 1(성분1)의 값 0을 기준으로 오른쪽의 값을 보면 1등실, 여성, 높은 승선 등급이 생존 가능성이 높음을 알 수 있다.

[5단계] Scatter Digram를 누른다.

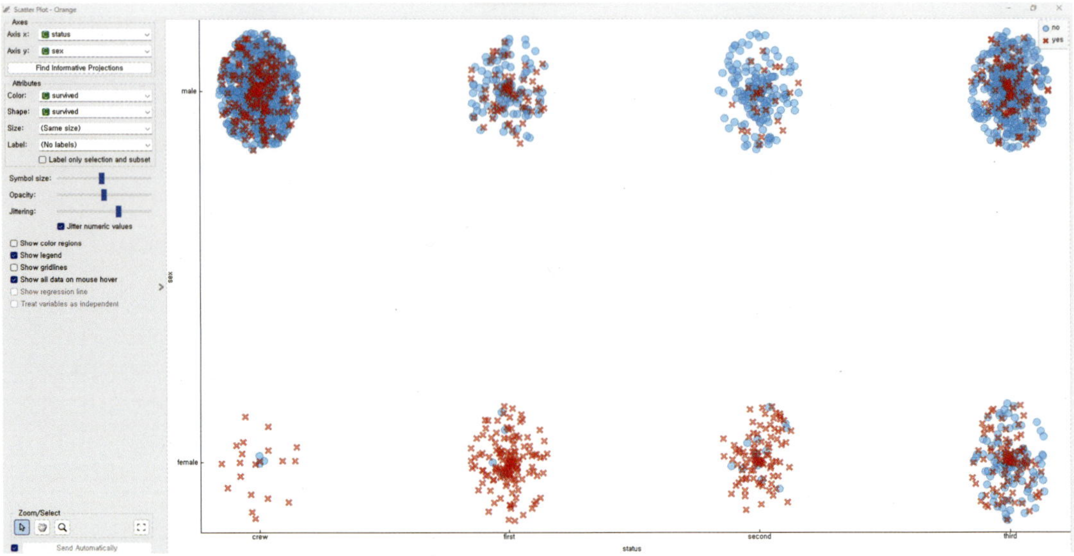

〈그림 15-10〉 Scatter Diagram

[결과설명] 여성은 남성보다 생존율이 높았고, 사회경제적 계층이 높은 사람은 사회경제적 계층이 낮은 사람보다 생존율이 높았다. 즉, 높은 사회경제적 계층과 여성의 생존율이 높음을 알 수 있다.

[6단계] Sieve Diagram를 누른다.

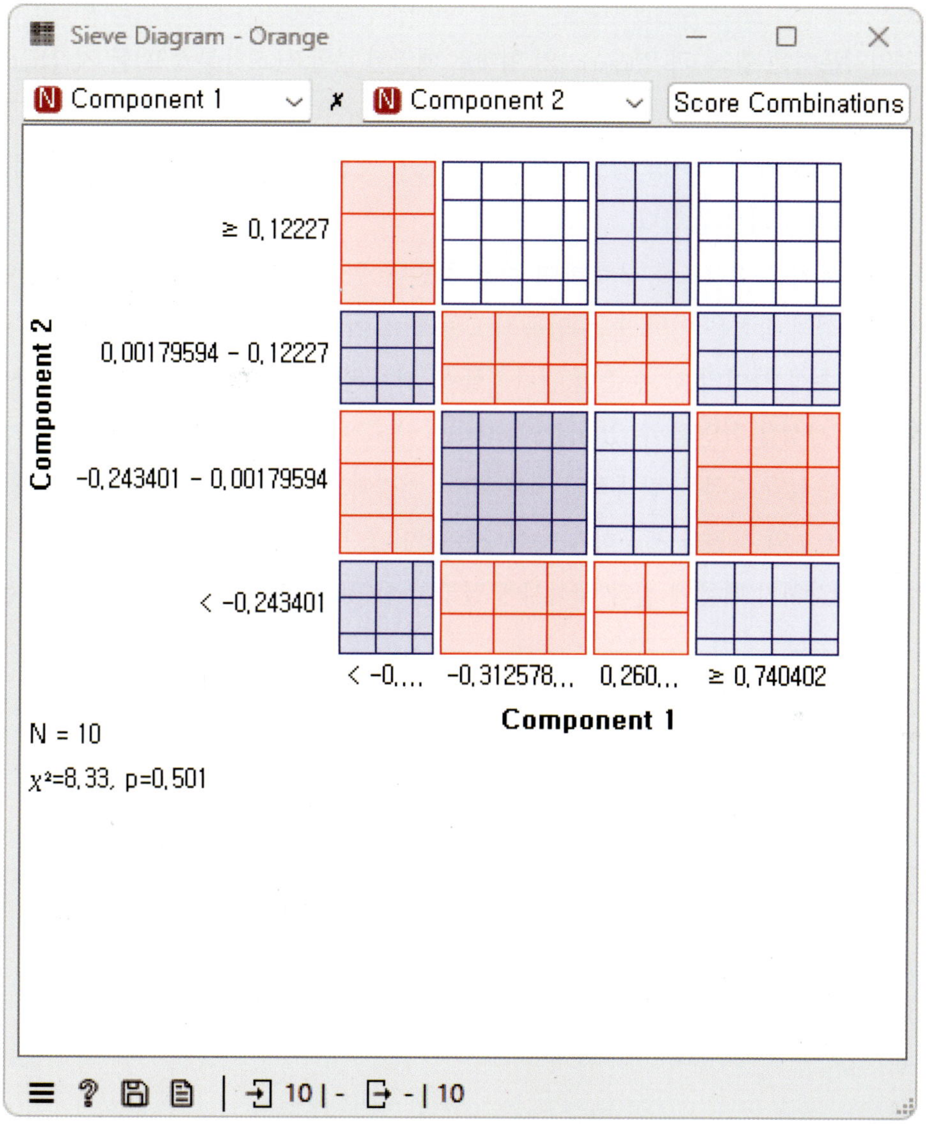

〈그림 15-11〉 Sieve Diagram

[결과설명] Sieve diagram은 질적변수에 대해 독립성 가정하에서 계산된 기대빈도수에 대하여 이원교차표에 해당하는 관측빈도의 차이를 나타내는 그래프를 출력한 것이다.

정리

- 대응일치분석은 행(row)과 열(column)의 형태로 배열된 분할표(교차분석표)를 지각도(perceptual map)를 통해 제공해 주는 최적화 척도법(optimal scaling)이다.
- 지각도는 일종의 포지셔닝 맵으로서 소비자들이 제품에 대하여 심리적으로 느끼는 공간 상의 상대적 위치를 말한다.
- 대응일치분석은 지각도를 구축하여 주고 차원의 수를 줄여주는 데 유용한 기법이다. 대응일치분석의 장점은 이항 또는 명목척도 등과 같이 질적 자료로 획득된 자료의 수를 줄여 주고, 속성 사이의 각 수준별 관측치들을 저차원(예컨대, 2차원 평면)으로 나타낼 수 있어 비유사성을 확인할 수 있다.
- 대응일치분석의 단점은 탐색적인 자료 분석 기법이므로 가설검정에는 적합하지 않다는 점, 적정한 수의 차원을 제공하지 못한다는 점이다. 또한 행(속성)과 열(브랜드)에 대한 이상치에 민감하기 때문에 결과 해석시에 일부 대상 및 속성이 누락될 우려가 있다는 점 등이 있다.

연습문제

1. 다음은 S기업의 종사자 중 연령별 이용 통신사를 조사하여 교차분석표로 정리한 것이다.

통신사 / 연령대		통신사			전체
		KT	LGU+	SK텔레콤	
연령대	20대	15	15	10	40
	30대	20	20	30	70
	40대	20	16	30	66
	50대	12	22	20	54
전체		67	73	90	230

이와 관련한 데이터(exch15_1.xlsx)를 이용하여 대응일치분석을 실시하고 결과를 해석해 보자.

제4부 시각화와 인공지능

16장 텍스트 마이닝

17장 지도 시각화

18장 ChatGpt 마이닝

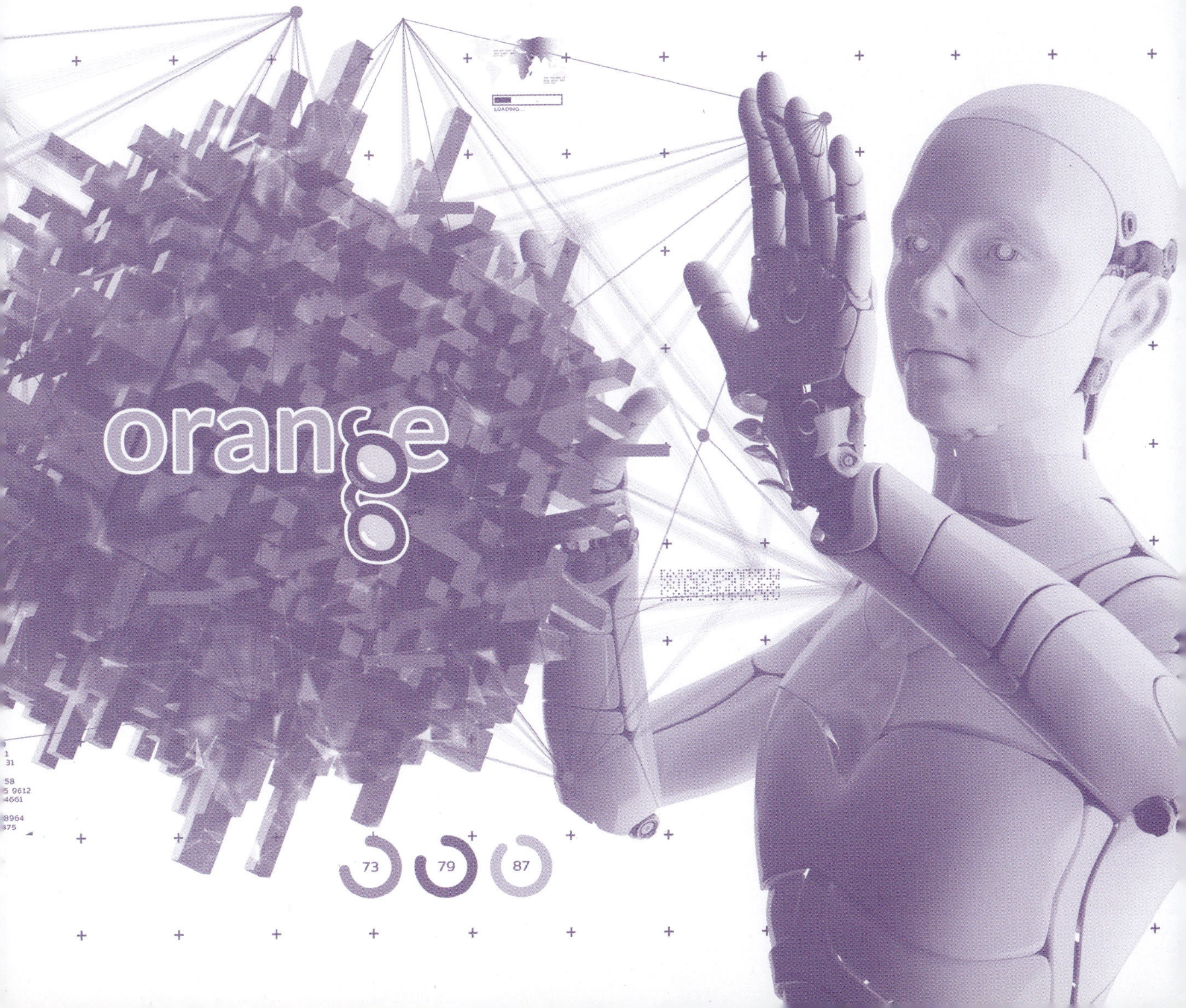

제16장 텍스트 마이닝

제1절 텍스트 마이닝의 개념

텍스트 마이닝(text mining)은 컴퓨터 기술을 사용하여 텍스트 데이터에서 유용한 정보를 추출하는 프로세스이다. 텍스트 데이터는 웹사이트, 블로그, 소셜 미디어, 이메일, 서적, 논문 등 다양한 형태로 존재한다. 텍스트 마이닝은 이러한 텍스트 데이터에서 의미 있는 패턴과 추세를 발견하여 의사결정, 마케팅, 고객 서비스, 연구 개발 등 다양한 분야에서 활용된다.

텍스트 마이닝은 형식이 없는 비정형 데이터로부터 통계적 의미가 있는 개념이나 특성을 추출하고 이들간의 패턴이나 추세 등을 고품질 정보를 추출해 내는 과정이라고 할 수 있다.

텍스트 마이닝의 주요 단계는 데이터 수집, 데이터 전처리, 데이터 분석, 결과 해석의 과정을 거친다.

데이터 수집 텍스트 마이닝을 수행하기 위해서는 먼저 텍스트 데이터를 수집해야 한다. 텍스트 데이터는 다양한 방법으로 수집할 수 있다다. 예를 들어, 웹 크롤링(web crawling)을 사용하여 웹사이트에서 텍스트 데이터를 수집하거나, 소셜 미디어 플랫폼에서 API를 사용하여 텍스트 데이터를 수집할 수 있다. 또는 다양한 sns 채널이나 홈페이지 등에서 정보를 수집할 수 있다.

데이터 전처리 텍스트 데이터는 정제되지 않은 상태로 수집되기 때문에, 데이터 전처리 과정을 통해 유효한 정보를 추출할 수 있도록 해야 한다. 이 과정에서 문자 정제(특수문자, 공백, 숫자 등을 제거), 품사 태깅(단어의 품사를 태깅하여 단어의 의미를 파악할 수 있도록 함) 등을 실시할 수 있다.

데이터 분석 데이터 전처리 과정을 통해 정제된 데이터는 다양한 분석 기법을 사용하여 분석한다. 분석방법은 통계적 분석(단어의 출현 빈도, 단어 간의 동시 출현 빈도 등을 통계적으로 분석하여 의미 있는 패턴을 발견), 머신 러닝(텍스트 데이터와 관련된 레이블 데이터를 사용하여 머신 러닝 모델을 학습시켜, 새로운 텍스트 데이터에 대한 정보를 예측), 자연어 처리(텍스트 데이터의 의미를 이해하고, 새로운 정보를 추출) 등이 해당한다.

결과 해석 데이터 분석을 통해 얻은 결과는 해석 과정을 통해 의미 있는 정보를 도출해야 한다. 정보 도출은 데이터 분석 결과에서 의미 있는 패턴과 추세를 발견하는 것이다. 도출된 정보를 시각적으로 표현하여 이해하기 쉽게 해야 한다. 정보 활용은 도출된 정보를 의사결정, 마케팅, 고객 서비스, 연구 개발 등 다양한 분야에 적용할 수 있다.

제2절 예제 분석

[예제] A도시는 매년 축제를 개최한다. 축제 만족도를 측정하면서 응답자(n=229명)의 반응 조사도 함께 실시하였다. 이 데이터를 이용하여 텍스트 마이닝과 감성분석을 실시하여 전략 방향을 설정해 보도록 하자.

[1단계] 본격적인 텍스트 마이닝에 앞서 중요한 것은 데이터를 수집하고 정갈하게 정리하는 것이다. 오렌지 프로그램에서는 한글에 대한 감성분석을 제공하지 않기 때문에 고객의견 내용을, 즉 한글 텍스트를 번역기를 사용하여 번역하는 것이 유용하다. 구글번역기는 인공지능(AI)을 활용한 '인공신경망 기계 번역'을 한다. 단어나 구에서 더 나아가 문장 전체를 기준으로 번역하기도 한다. 문장의 맥락을 이해하기 때문에 문법 규칙이 다르거나 어순이 정반대여도 괜찮다. 현재의 구글 번역과 네이버의 파파고, 딥엘 등 주요 번역 서비스가 이 방식을 사용하고 있다. 방대한 양의 데이터를 기반으로 한 초거대 AI도 번역에서 뛰어난 성능을 보인다.

[2단계] 여기서는 구글 스프레드 시트를 이용한 번역을 추천한다. 다량을 동시에 번역하기 위해서는 GOOGLETRANSLATE 함수를 사용한다. C2칼럼에 =GOOGLETRANSLATE (B2, "auto","en")을 입력하다. 여기서 GOOGLETRANSLATE 함수는 GOOGLETRANSLATE (텍스트, [출발어], [도착어])의 순서이다.

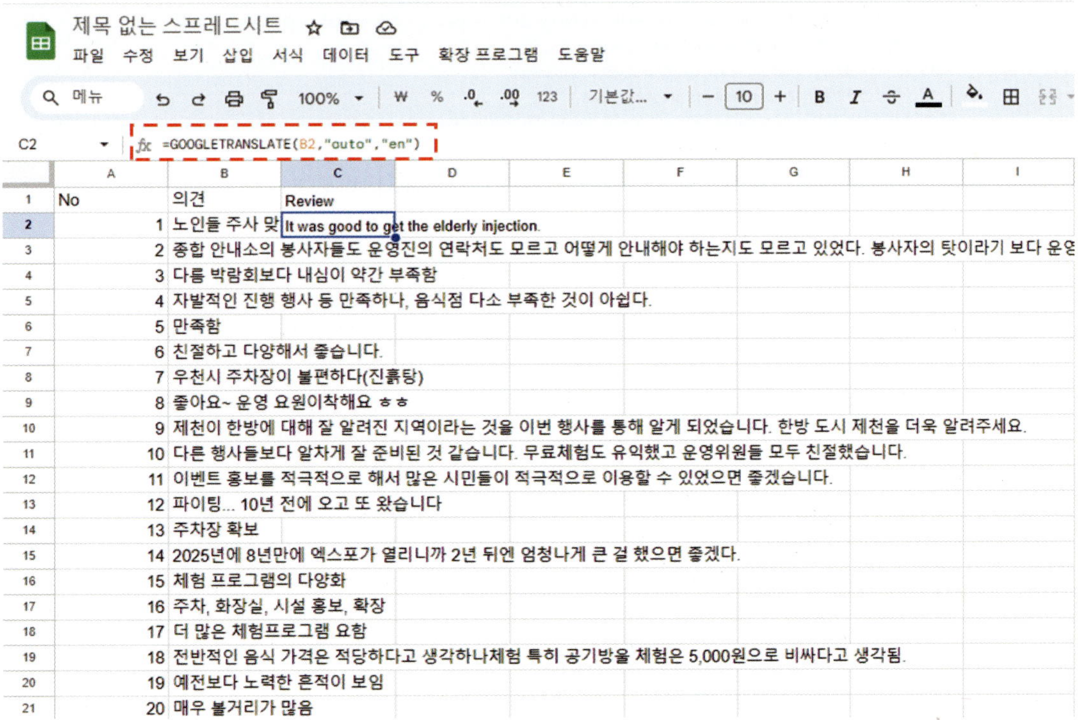

〈그림 16-1〉 구글스프레드시트에서 번역기 사용

[3단계] 자동완성기능으로 C2칼럼에서 십자가(+)표시가 나타난 후에 드롭다운 기능으로 나머지 내용을 모두 번역한다.

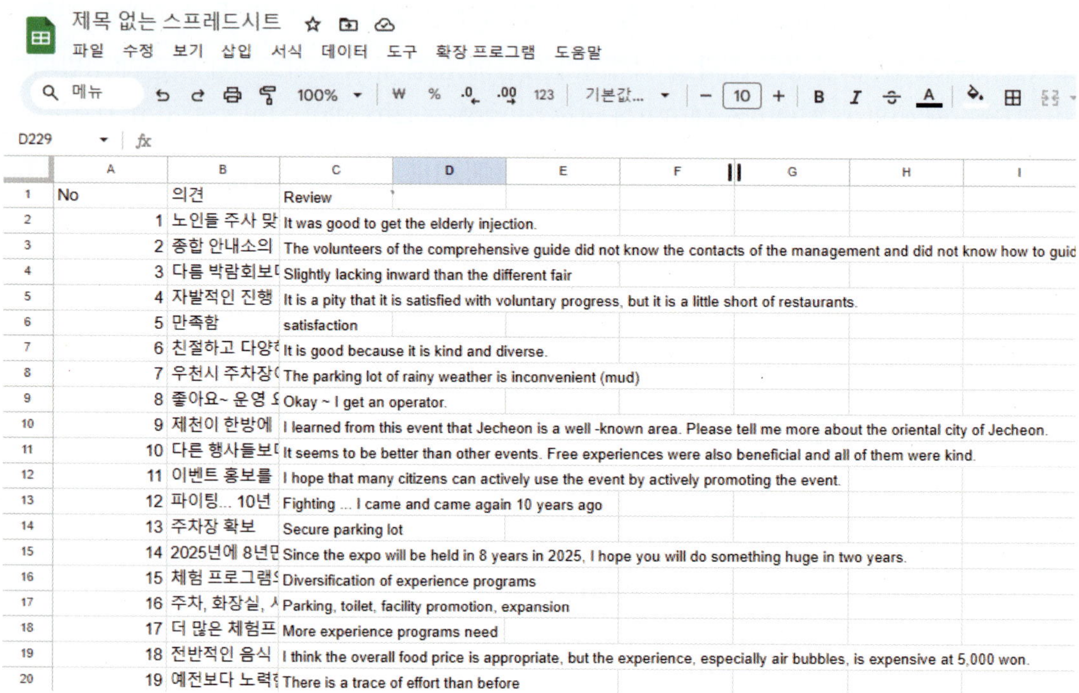

	A	B	C
1	No	의견	Review
2	1	노인들 주사 맞	It was good to get the elderly injection.
3	2	종합 안내소의	The volunteers of the comprehensive guide did not know the contacts of the management and did not know how to guic
4	3	다름 박람회보다	Slightly lacking inward than the different fair
5	4	자발적인 진행	It is a pity that it is satisfied with voluntary progress, but it is a little short of restaurants.
6	5	만족함	satisfaction
7	6	친절하고 다양하	It is good because it is kind and diverse.
8	7	우천시 주차장(	The parking lot of rainy weather is inconvenient (mud)
9	8	좋아요~ 운영 오	Okay ~ I get an operator.
10	9	제천이 한방에	I learned from this event that Jecheon is a well -known area. Please tell me more about the oriental city of Jecheon.
11	10	다른 행사들보다	It seems to be better than other events. Free experiences were also beneficial and all of them were kind.
12	11	이벤트 홍보를	I hope that many citizens can actively use the event by actively promoting the event.
13	12	파이팅... 10년	Fighting ... I came and came again 10 years ago
14	13	주차장 확보	Secure parking lot
15	14	2025년에 8년만	Since the expo will be held in 8 years in 2025, I hope you will do something huge in two years.
16	15	체험 프로그램의	Diversification of experience programs
17	16	주차, 화장실, 시	Parking, toilet, facility promotion, expansion
18	17	더 많은 체험프	More experience programs need
19	18	전반적인 음식	I think the overall food price is appropriate, but the experience, especially air bubbles, is expensive at 5,000 won.
20	19	예전보다 노력한	There is a trace of effort than before

〈그림 16-2〉 구글스프레드시트에서 번역

[4단계] 앞 내용에서 한글명 칼럼('의견')을 삭제하고 textmining 폴더에 textreveiew.xlsx 파일로 저장한다.

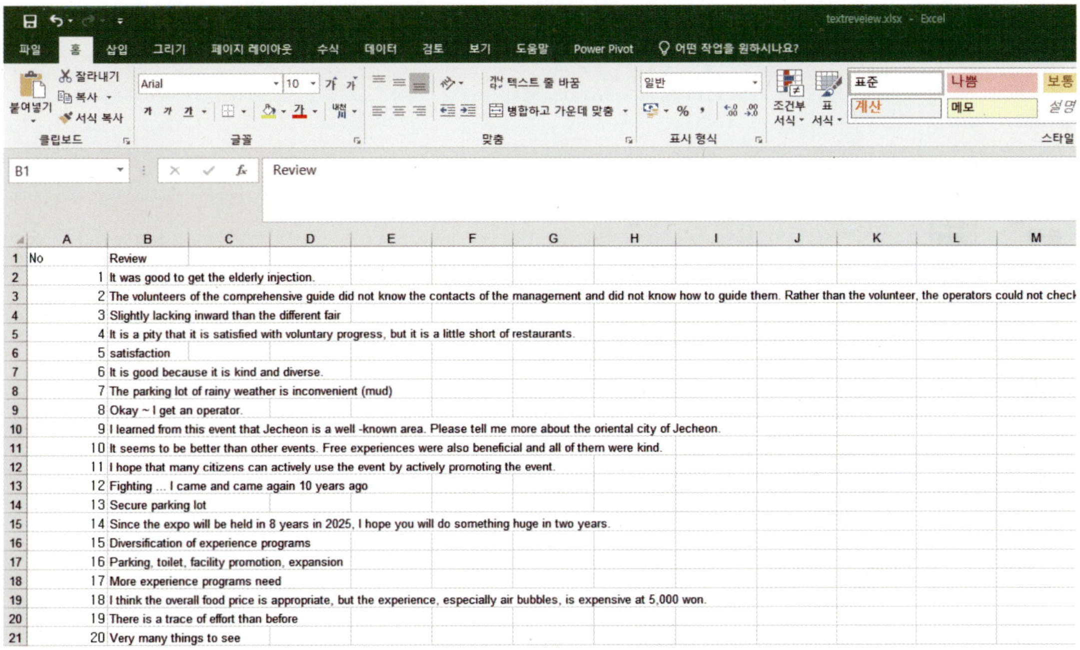

[데이터] textreveiew.xlsx

〈그림 16-3〉 데이터 파일 저장

[5단계] 이 데이터를 이용하여 오렌지 프로그램에서 감성분석을 실시해 보도록 하자. 이를 위해서는 오렌지의 Options의 Add-ons...(추가기능)를 누른다. 여기서 Text와 Textable 프로그램을 설치한다.

[6단계] Text와 Textable을 설치한 다음 Textming창에서 Corpus(Corpus)를 불러와 데이터 파일을 연결한다. 여기서 말뭉치(Corpus: 코퍼스)는 분석하고자 하는 텍스트 모음 전체를 말한다. 토큰(Token)은 분석을 위해 사용하고자 하는 텍스트 단위이다. 토큰화(Tokenization)는 토큰 단위로 정보를 나누는 작업이다. 토큰의 기준에 따라 단어 토큰화, 문자 토큰화 등이 있다.

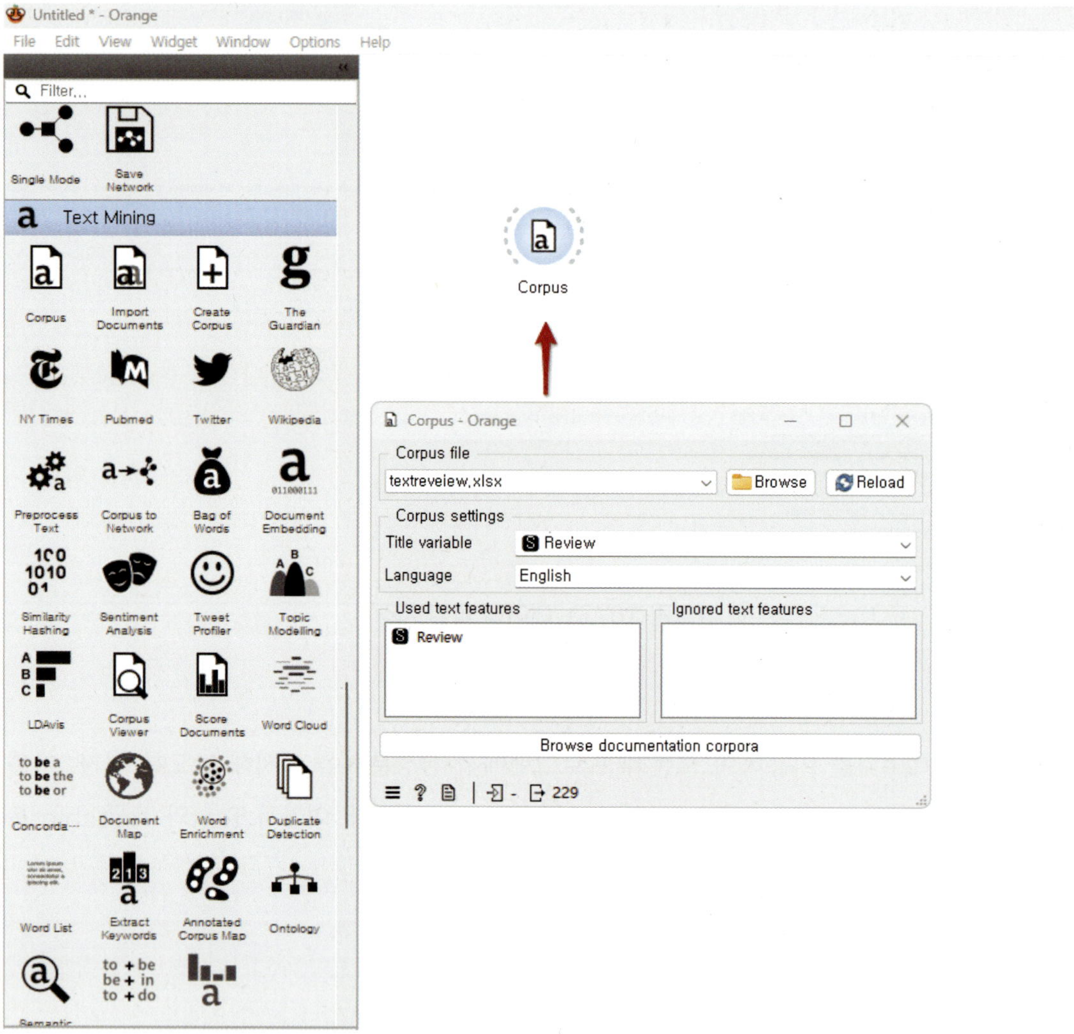

〈그림 16-4〉 데이터 파일 연결

[7단계] 이어 다양한 위젯을 연결하여 〈그림 16-5〉와 같이 워크 플로우를 만든다.

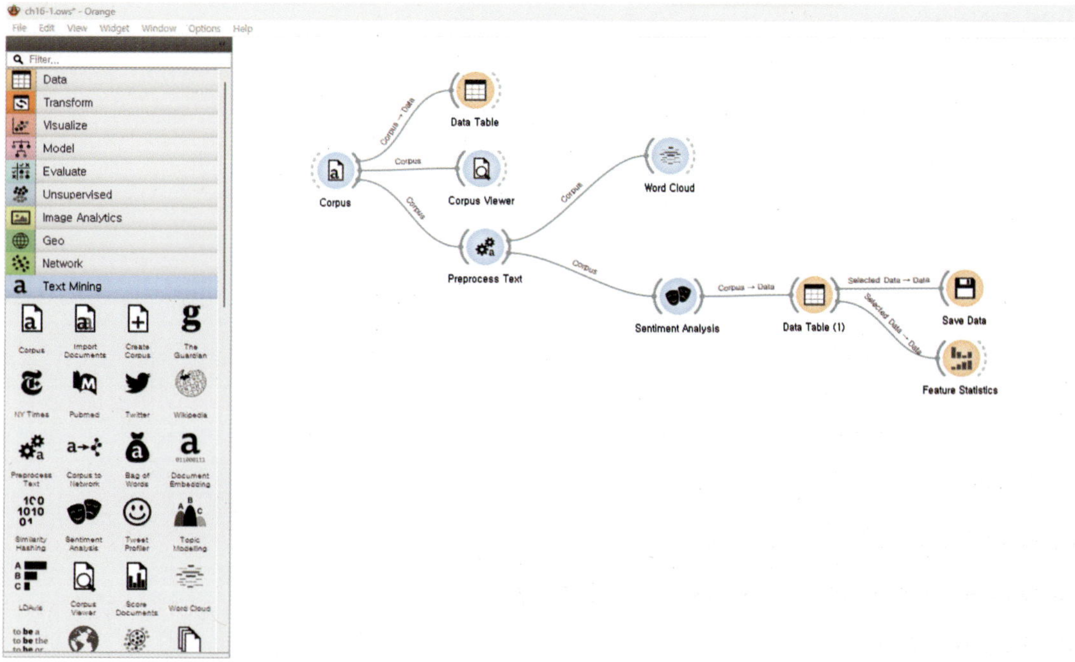

[데이터] ch16-1.ows

〈그림 16-5〉 워크 플로우

[8단계] 워크 플로우에서 Data Table를 클릭한다.

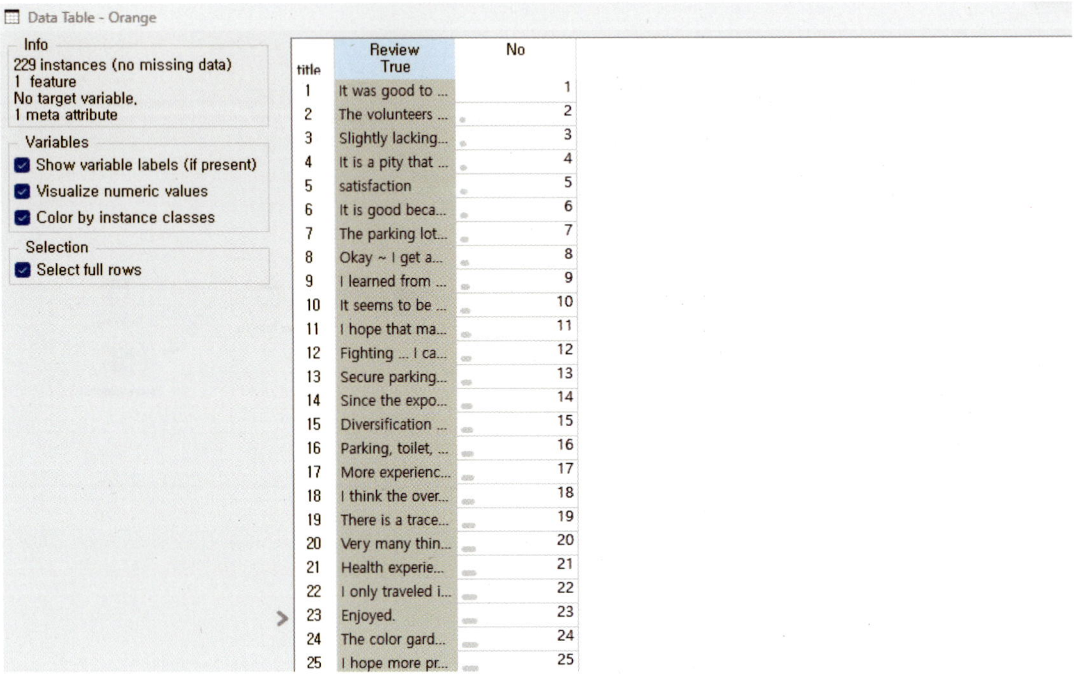

〈그림 16-6〉 Data Table

[결과설명] 데이터 파일의 현황이 나타나 있다. 229명의 응답자(instance) 자료가 있으며 종속변수(target variable)는 없으며 1개의 메타 속성이 있음을 알려주고 있다.

[9단계] 이어 Corpus Viewer를 누른다.

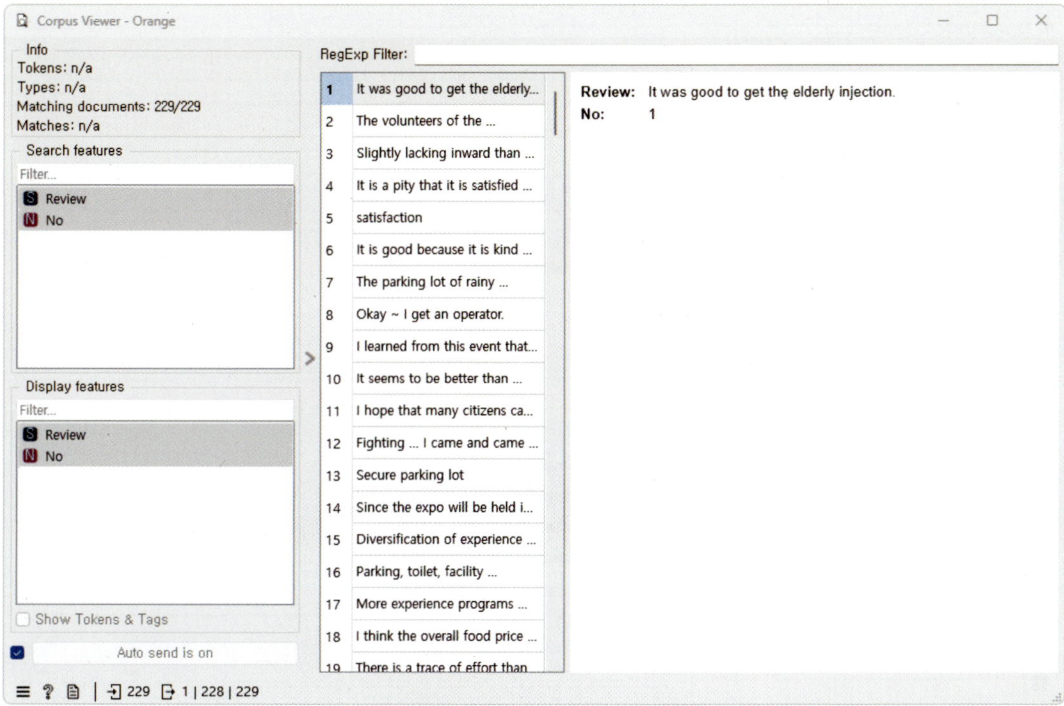

〈그림 16-7〉 Corpus Viewer

[결과설명] 각 인스턴스별로 말뭉치와 어휘가 정리되어 있음을 확인할 수 있다.

[10단계] 데이터 전처리를 위해서 Preprocess Text 버튼을 클릭한다.

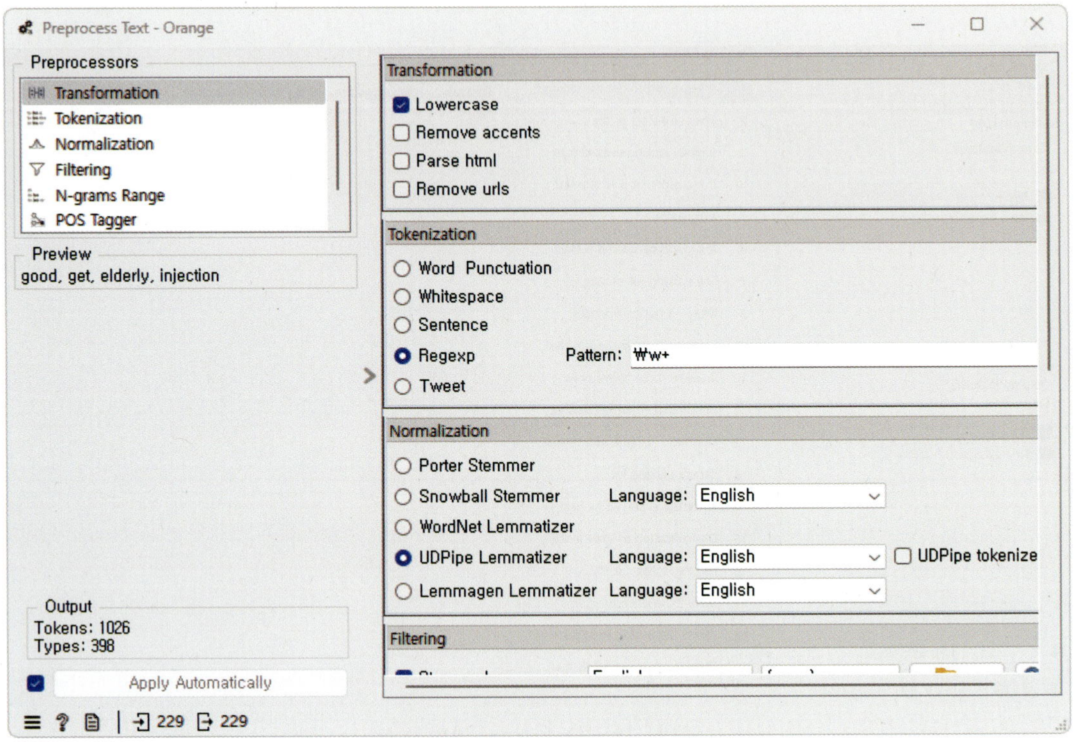

〈그림 16-8〉 Preprocess Text

Preprocessor의 기능을 표로 정리해서 나타낼 수 있다(표 16-1 참고).

〈표 16-1〉 Preprocessor 기능 설명

Preprocessor	기능 설명
Transformation (=Cleansing)	• Lowerrcase: 소문자로 변환한다. • Remove accents: 악센트를 제거한다. • Parse html html: 태그를 탐지하고 텍스트만 구문 분석한다. • Remove urls: url을 제거한다.
Tokenization	• Word Punctuation: 단어 단위로 나누고 구두점을 유지한다. • Whitespace: 공백으로 나눈다. • Sentence: 문장 단위로 나눈다. • Regexp Pattern: 정규식으로 나눈다. 기본은 단어 단위로 나눈다. • Tweet: 사전 훈련된 Twitter 모델로 나눈다. 해시태그, 이모티콘 및 기타 특수 기호를 유지한다.
Normalization	• Porter Stemmer: 포터 어간 추출기를 적용한다. • Snowball Stremmer: 포터 어간 추출기 개선된 버전을 적용한다. • WordNet Lemmatizer: 영어의 대규모 어휘 DB이다. 명사, 동사, 형용사, 부사는 동의어 집합으로 그룹화되며 각각 고유한 개념을 표현한다. • UDPipe: 사전 훈련된 모델을 적용한다. • Lemmagen: 사전 훈련된 모델을 적용한다.
Filtering	• Stopwords: 불용어를 제거한다. (*.txt 파일 업로드) • Lexicon: 파일에 제공한 단어만 남긴다. (*.txt) • Regexp: 정규식과 일치하는 단어는 제거한다. 기본값은 구두점을 제거하는 정규식이다. • Document frequency: 문장의 빈도수이다. • Most frequent tokens: 지정된 토큰 빈도수 순위에 해당하는 토큰만 남긴다. 기본값 100은 가장 자주 사용하는 100개의 토큰이다. • POS tags: 형태소(의미를 가진 가장 작은 말의 단위)에 대해 품사를 파악해 부착(tagging)하는 작업이다.
N-grams Range	• Range N: 앤그램의 범위를 지정한다.
POS Tagger	• Averaged Percetron Tagger: 평균 퍼셉트론 태거는 NLTK에서 사전 훈련된 영어 품사(POS) 태거를 말한다. • Treebank POS Tagger (MaxEnt): 자연어 처리(NLP)에서 텍스트의 구문적 구조를 분석하는 방식 중 한 가지이다.

[11단계] 이어 Word Cloud 버튼을 누른다.

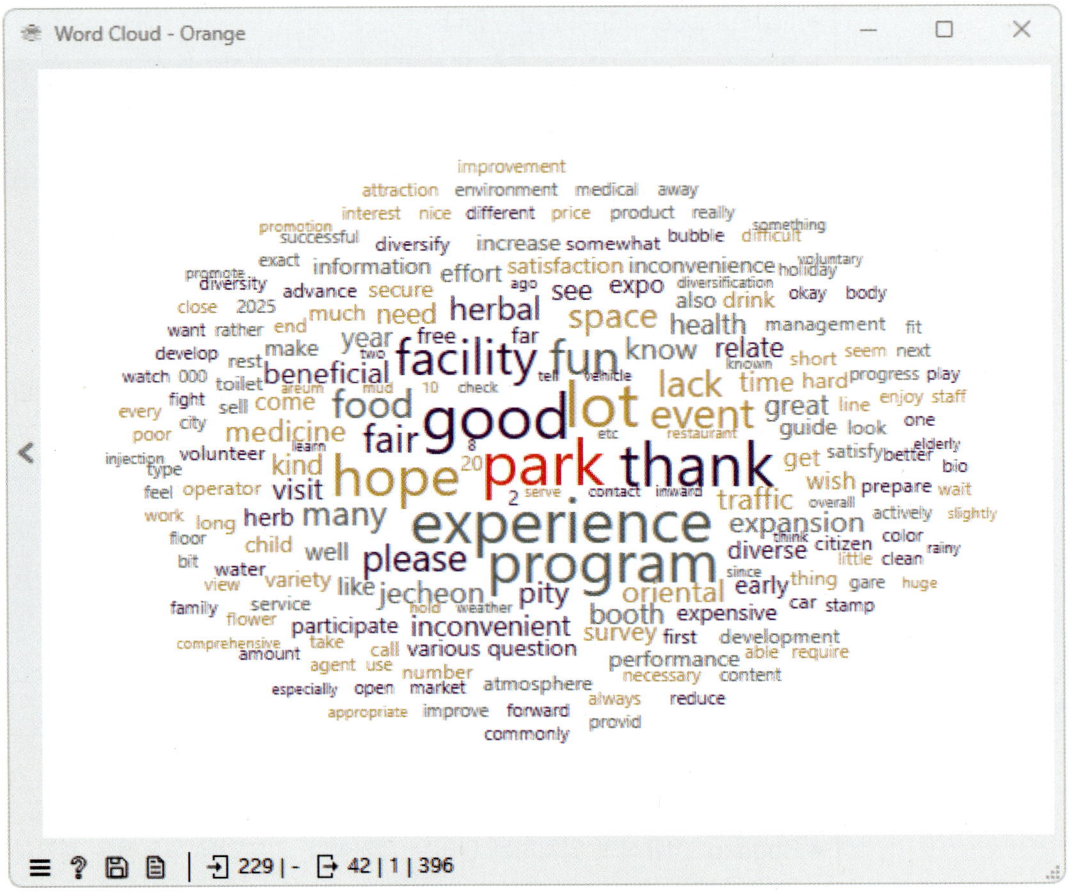

〈그림 16-9〉 Word Cloud

[결과설명] 단어의 빈도수가 높으면 글자도 크게 나타난다. Park, Tank, good, experience, program의 빈도수가 높음을 알 수 있다. 자세히 보면 숫자(2, 5, 8, 10, 20)와 문자 etc는 큰 의미가 없어 보이기 때문에 이들을 제거하고 분석하도록 하자. 이를 위해서 먼저 텍스트 파일형태로 이 단어들을 저장해 놓는다(unusable.txt). Preprocessor의 Filtering 기능을 사용하면 된다.

[12단계] Preprocessor의 Filtering 기능을 사용하기 위해서 워크 플로우에서 Preprocess Text 위젯을 누른다. 이어 사전에 불용어 처리를 위해서 Filtering창의 Stopword에서 텍스트 파일을 연결한다.

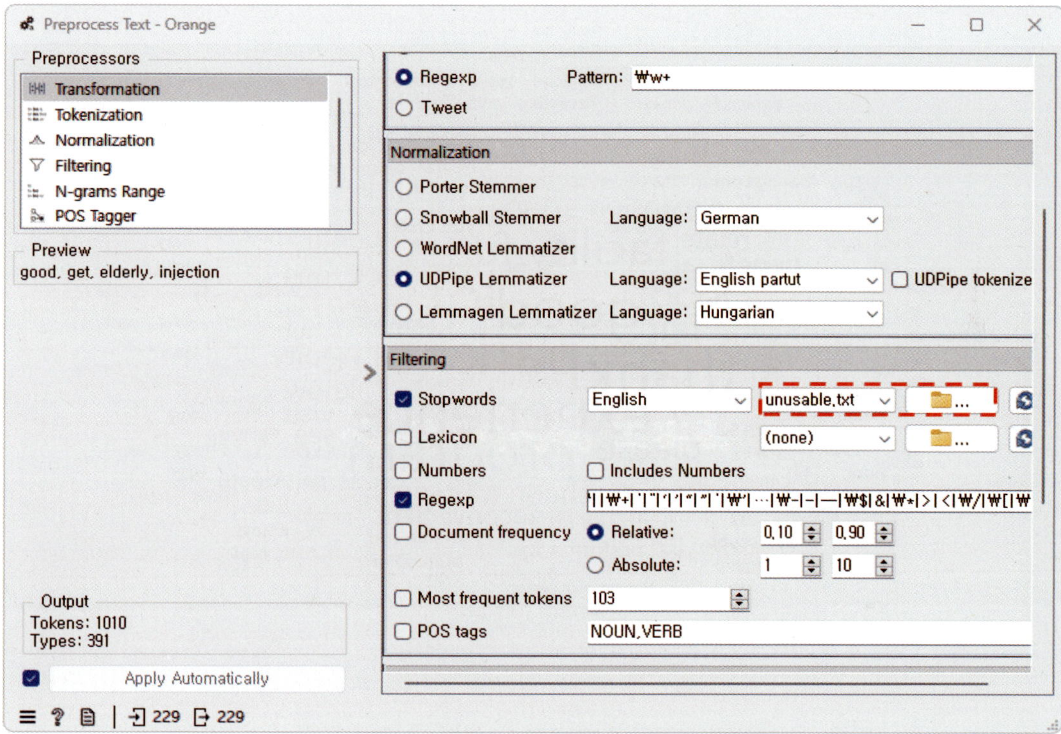

〈그림 16-10〉 Filtering창의 Stopword

[13단계] 다시 Word Cloud 버튼을 누른다.

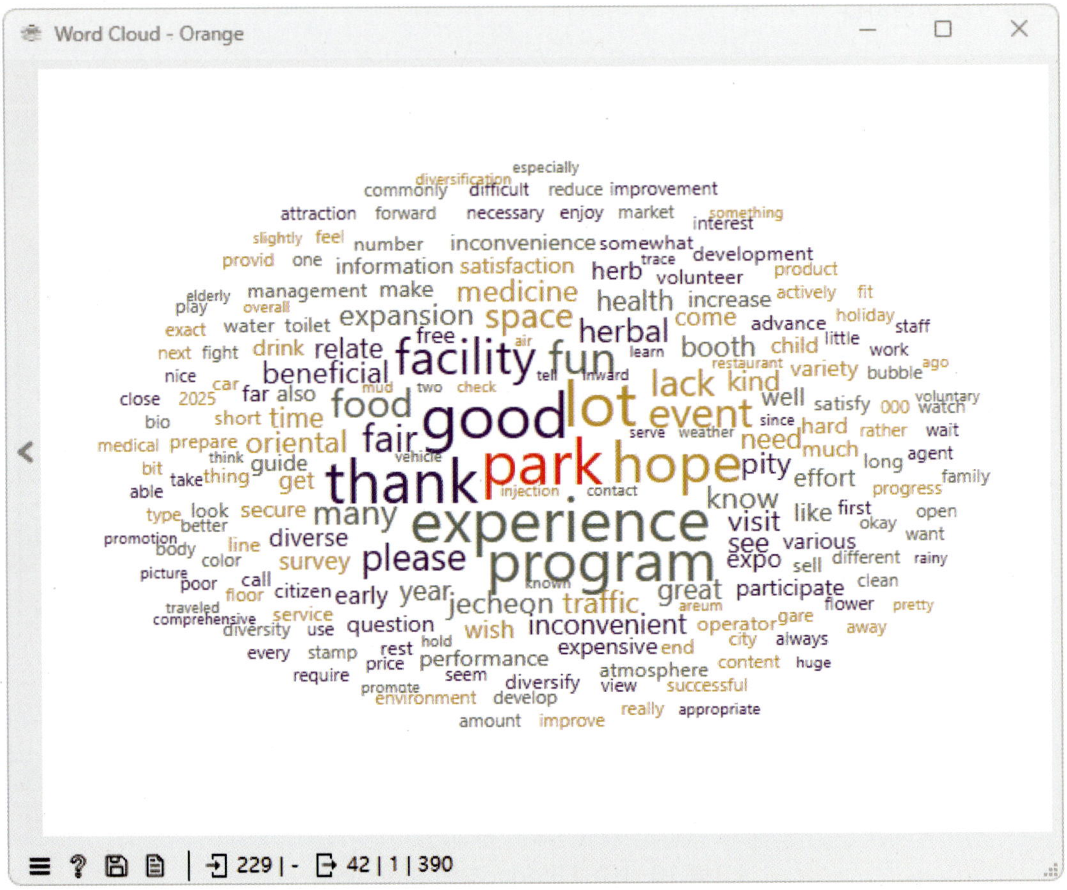

〈그림 16-11〉 Word Cloud

[결과설명] 여전히 Park, Tank, good, experience, program의 빈도수가 높음을 알 수 있다. 또한 앞 Word Cloud에 등장했던 숫자(2, 5, 8, 10, 20)와 문자 'etc'는 제거되어 나타나지 않음을 알 수 있다.

[14단계] Sentiment Analysis 위젯을 눌러 감성분석(sentiment analysis)을 확인한다.

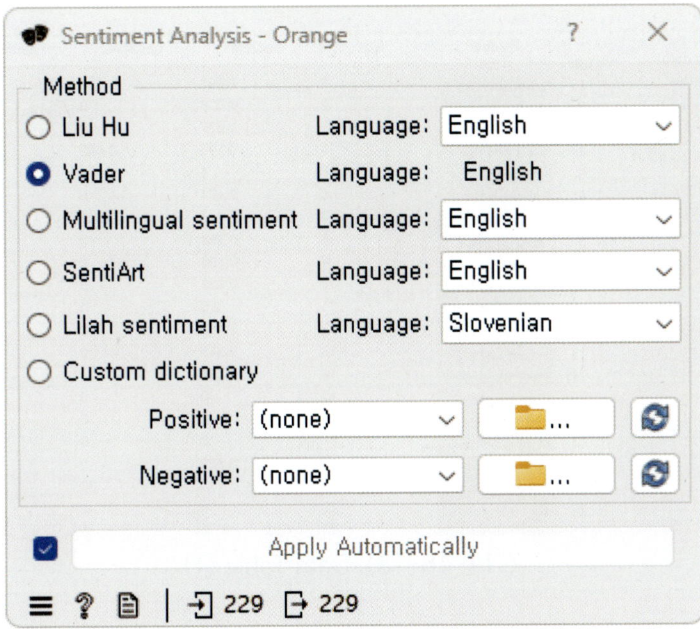

〈그림 16-12〉 Sentiment Analysis

감성분석은 문서의 주관적인 감성/의견/감정/기분 등을 파악하는 방법이다. 일반적으로 어휘 기반 감성 분석은 감성이 표현될 수 있는 명사, 형용사, 동사를 대상으로 모든 단어에 대해 긍정 혹은 부정의 감성을 붙여서 감성 사전을 구축한 후에 이를 기반으로 텍스트에 대한 감성 분석을 수행하는 방식이다. 감성 (어휘) 사전은 다양한 방식이 있다. 대표적으로 규칙 기반으로 트위터나 메타 같은 소셜 미디어에서 좋은 성능을 보이는 VADER방식(pos, neg, neu, compound[-1~+1])과 덴마크의 핀 아럽 닐센(Finn Arup Nielsen)이 2009년부터 2011년까지 수작업으로 -5에서 5 사이의 극성을 부여한 영단어 리스트를 사용하는 AFINN방식이 있다. 오렌지에는 Liu-Hu(NLTK에 포함된 Lexicon 기반 감성 분석 모듈), Vader(소셜 미디어의 텍스트에 특화된 감성 분석 모듈), VSM(Vector Space Model) 기반의 감성 분석 모듈을 사용하는 SentiArt 등이 있다.

[15단계] 이어 Data Table (1)을 클릭한다.

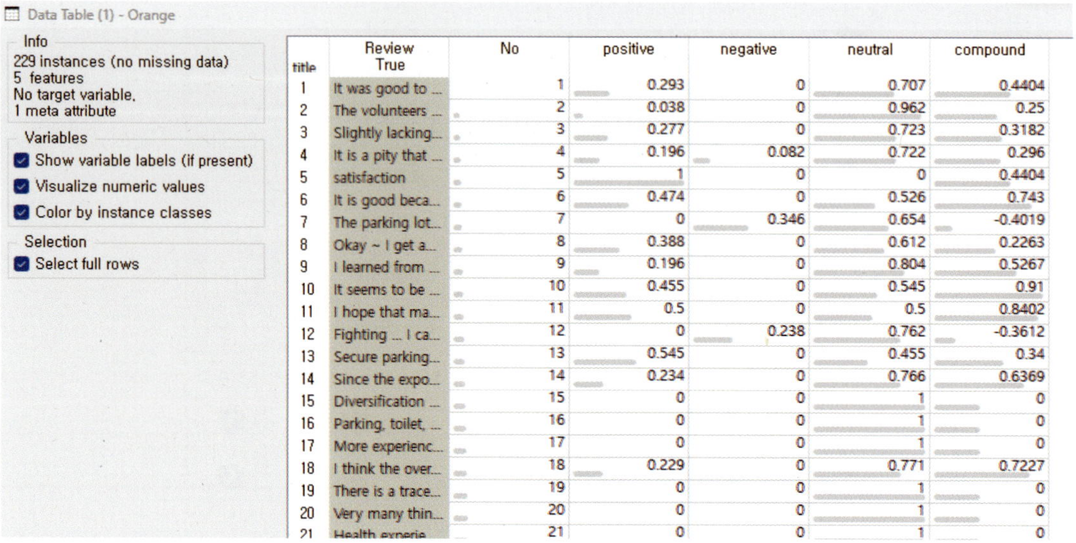

〈그림 16-13〉 Data Table (1)

[결과설명] title1의 예를 들면, It was good to get the elderly injection의 경우는 긍정(positive)은 0.293, 부정(negative)은 0, 중립(neutral)은 0.707로 혼합정도(compound)는 0.4404임을 알 수 있다. compound은 −1과 +1 사이에 값을 갖는데 +1에 가까운 값을 보이면 문맥이 전반적으로 긍정임을 알 수 있다.

[16단계] 감성분석의 전체 기술통계 내용을 확인하기 위해서 Data Table (1) 화면에서 Title1 부터 끝까지 범위를 다음과 같이 정한다.

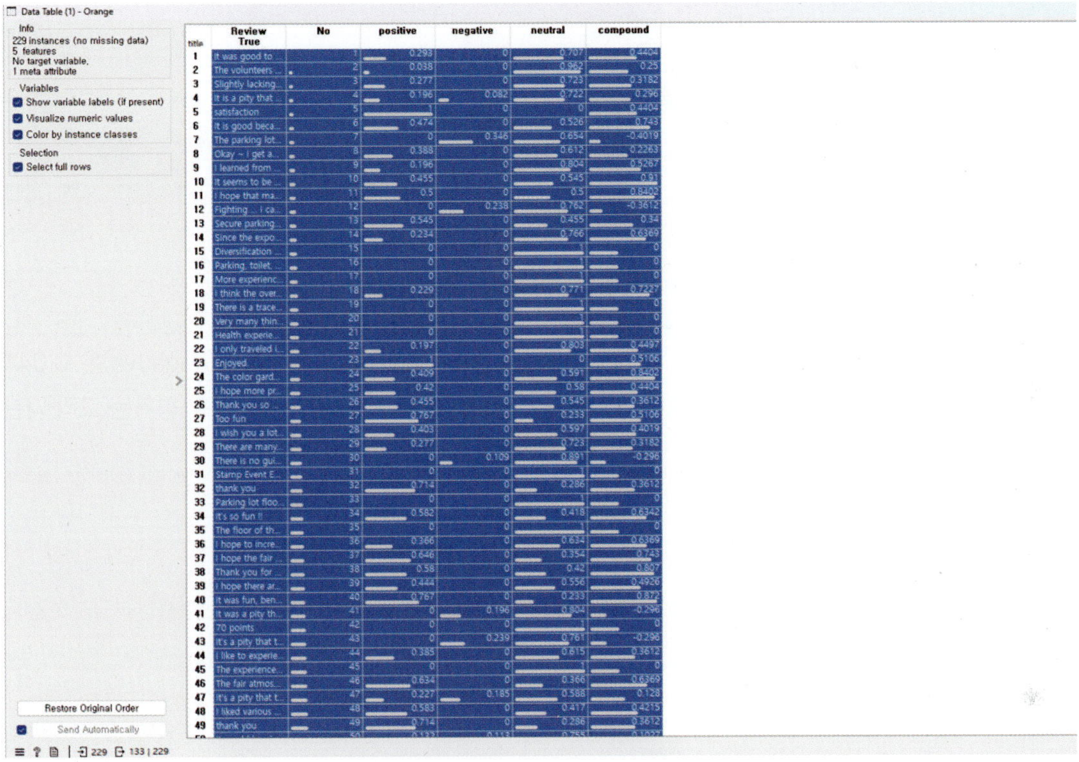

〈그림 16-14〉 범위설정

[17단계] 이어 save data 위젯을 연결하여 textreveiew_result.xlsx로 저정한다. 이런 다음 엑셀창에서 기술통계량을 계산할 수 있다. 또는 Feature Statistics 위젯을 누른다.

〈그림 16-15〉 Feature Statistics

[결과설명] 감성분석결과 중립(neutral) 의견은 0.61, 긍정(positive)은 0.33, 부정(negative)은 0.044이며 compound는 0,287임을 알 수 있다. 따라서 감성분석결과 A지역의 축제에 대한 평가는 그리 나쁜 평가가 아님을 알 수 있다.

정리

- 텍스트 마이닝(text mining)은 컴퓨터 기술을 사용하여 텍스트 데이터에서 유용한 정보를 추출하는 프로세스이다.
- 텍스트 마이닝은 형식이 없는 비정형 데이터로부터 통계적 의미가 있는 개념이나 특성을 추출하고 이들간의 패턴이나 추세 등을 고품질 정보를 추출해 내는 과정이라고 할 수 있다.
- 텍스트 마이닝의 주요 단계는 데이터 수집, 데이터 전처리, 데이터분석, 결과해석의 과정을 거친다.
- 감성 분석(sentiment analysis)은 문서의 주관적인 감성/의견/감정/기분 등을 파악하는 방법이다. 일반적으로 어휘 기반 감성 분석은 감성이 표현될 수 있는 명사, 형용사, 동사를 대상으로 모든 단어에 대해 긍정 혹은 부정의 감성을 붙여서 감성 사전을 구축한 후에 이를 기반으로 텍스트에 대한 감성 분석을 수행하는 방식이다.

  감성분석은 긍정(positive), 부정(negative), 중립(neutral), 혼합정도(compound) 수치를 보고 해석한다.

연습문제

1. exch16-1.xlsx의 자료는 jupyter_bucks 커피점을 이용하는 고객 32명에 대한 반응 조사(텍스트)를 실시한 내용이다. 이를 토대로 텍스트마이닝 분석을 실시하고 감성분석 결과를 중심으로 해석해 보자.

제17장 지도 시각화

제1절 지도 시각화

1.1 지도 시각화

오렌지3는 데이터 시각화에 다양한 기능을 제공하는 도구이다. 그 중에서도 지도 시각화는 오렌지3의 강력한 기능 중 하나이다. 오렌지3를 사용하면 다양한 데이터를 사용하여 지도 시각화를 쉽게 만들 수 있다. 지도 시각화는 데이터의 분포, 패턴, 추세 등을 시각적으로 이해하는 데 도움이 되는 강력한 도구이다. 분석자는 지도 시각화를 통해서 관심지역의 패턴과 추세를 쉽게 알아볼 수 있다. 해당 지역의 특성을 물론 가격 예측이나 공기의 질, 주요 인프라 등 다양한 주변 여건을 파악할 수 있다.

오렌지 프로그램에서 지도 위젯을 추가하면 지도 화면이 나타난다. 지도 화면에서 데이터 패널을 사용하여 시각화할 데이터를 선택한다. 데이터는 CSV, Excel, SQL 등 다양한 형식으로 사용할 수 있다.

1.2 오렌지3를 이용한 지도 시각화 과정

오렌지3 프로그램은 코드 없이 드래그 앤 드롭으로 데이터를 분석하고 시각화할 수 있는 도구이다. 지도를 그리기 위해서는 다음과 같은 과정을 거친다.

1단계: 오렌지3 프로그램을 실행하고, 상단 메뉴에서 Options → Add-ons를 클릭한다.
2단계: Add-ons창에서 Geo와 Time Slice 라이브러리를 설치한다. 설치 후 프로그램을 재시작한다.
3단계: File 위젯을 선택하고, 원하는 데이터 파일을 불러온다. 데이터 파일에는 지도에 표시할 위치 정보가 있어야 한다(예, 국가명, 도시명, 위도, 경도 등).
4단계: Geocoding 위젯을 선택하고, File 위젯과 연결한다. Geocoding 위젯에서는 위치 정보를 기반으로 좌표를 생성하는 기능을 가지고 있다. Geocoding 위젯을 더블 클릭하고, 위치 정보를 선택한다.
5단계: Map 위젯을 선택하고, Geocoding 위젯과 연결한다. Map 위젯에서는 좌표를 지도에 표시한다. Map 위젯을 더블 클릭하고, 원하는 지도 스타일과 마커 모양을 선택한다. 또한, 데이터의 다른 속성을 색상, 크기, 라벨 등으로 표현할 수 있다.

제2절 스타벅스 매장을 지도에 나타내기

[예제] 오렌지3를 이용하여 서울 시내에 위치한 스타벅스 매장을 지도에 표시하는 방법에 대하여 알아보자. 여기서는 스타벅스 매장의 위치 정보(https://www.starbucks.co.kr/store/store_map.do)에서 스타벅스 전국 매장 정보를 크롤링(Crawling)한 데이터를 미리 파이썬 프로그램으로 정리한 데이터 파일(starbuck.csv, starbuck.xlsx(작업 과정 중에 한글깨짐이 발생할 수 있어 이 파일로 다시 저장함))을 이용하기로 한다. 데이터 다운 방법은 이 장의 끝부분 부록에 표시해 놓았다.

[1단계] 먼저 오렌지 프로그램 Options에서 Add-ons...를 눌러 Geo 라이브러리를 다운한다. 이어 다시 오렌지 프로그램을 다시 실행한다.

[2단계] Data에서 File 위젯을 눌러 starbucks.xlsx 파일을 지정한다.

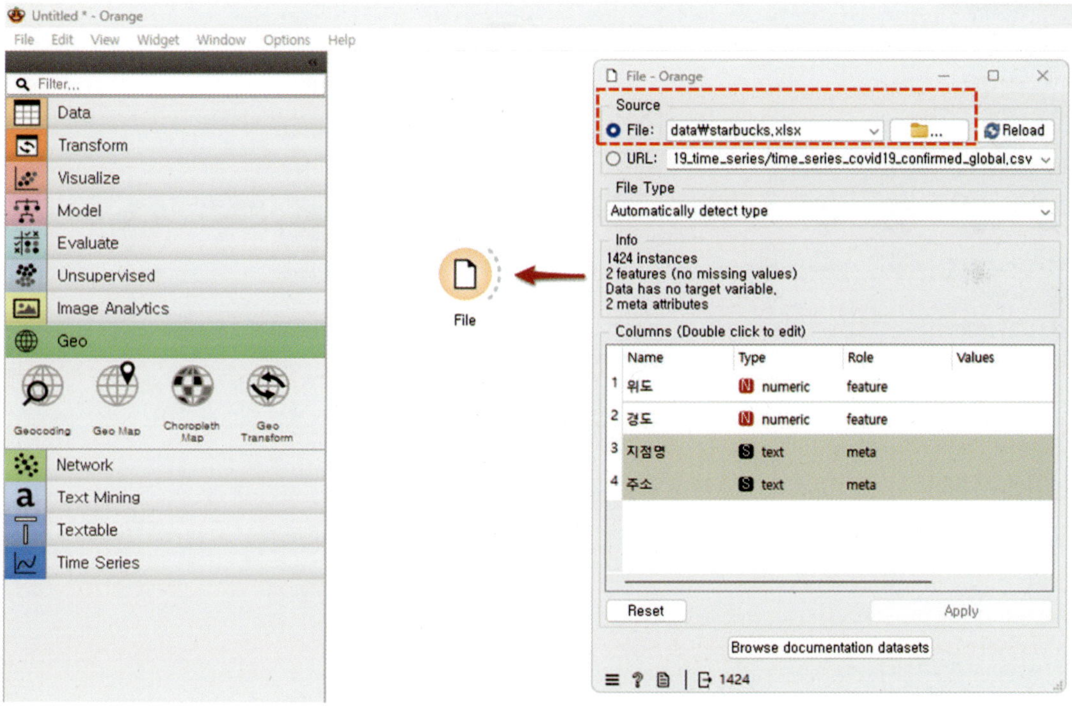

〈그림 17-1〉 데이터 불러오기

[3단계] 이어 〈그림 17-2〉와 같은 워크 플로우를 작성한다.

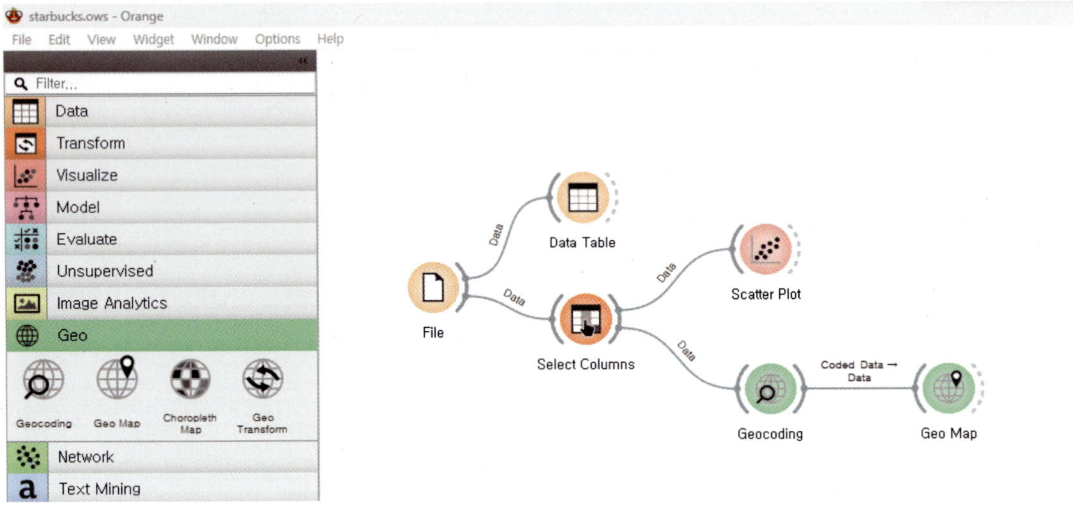

[데이터] starbucks.ows

〈그림 17-2〉 스타벅스 지도 워크 플로우

[4단계] 워크 플로우에서 Data Table을 더블 클릭한다.

	지점명	주소	위도	경도
1	구로호텔	서울특별시 구...	37.4831	126.899
2	구로디지털타워	서울특별시 구...	37.4834	126.896
3	구로디지털로	서울특별시 구...	37.4859	126.896
4	구로에이스	서울특별시 구...	37.4845	126.894
5	구로하이엔드	서울특별시 구...	37.4816	126.893
6	신림DT	서울특별시 관...	37.4809	126.908
7	신세계아이앤씨	서울특별시 구...	37.4859	126.892
8	가산그레이트	서울특별시 금...	37.4794	126.887
9	W-Mall	서울특별시 금...	37.4773	126.888
10	독산사거리	서울특별시 금...	37.4715	126.899
11	역삼아레나빌딩	서울특별시 강...	37.5011	127.043
12	논현역사거리	서울특별시 강...	37.5102	127.022
13	신사역성일빌딩	서울특별시 강...	37.5141	127.021
14	국기원사거리	서울특별시 강...	37.4995	127.031
15	스탈릿대치R	서울특별시 강...	37.4947	127.063
16	봉은사역	서울특별시 강...	37.515	127.063
17	압구정윤성빌딩	서울특별시 강...	37.5228	127.029
18	코엑스별마당	서울특별시 강...	37.5102	127.06
19	삼성역섬유센터R	서울특별시 강...	37.5078	127.061
20	압구정R	서울특별시 강...	37.5274	127.033
21	수서역R	서울특별시 강...	37.488	127.103
22	양재강남빌딩R	서울특별시 강...	37.4852	127.037
23	선릉동신빌딩R	서울특별시 강...	37.5053	127.05
24	봉은사로선정릉	서울특별시 강...	37.5113	127.048
25	강남오거리	서울특별시 강...	37.5021	127.027

〈그림 17-3〉 Data Table

[결과설명] 1,424개의 인스턴스가 나타나 있고 2개의 features(위도, 경도)를 갖고 있고 타깃변수는 없고(No target variablels) 2개의 메타 속성(2 meta atrributes)을 보이고 있다. 참고로 메타 속성(meta atrributes)은 본 분석에서 사용되지 않는 다른 데이터를 설명해 주는 보조 데이터를 말한다.

[5단계] Select Columns를 눌러 지도 그리기에 사용할 변수를 구체화한다.

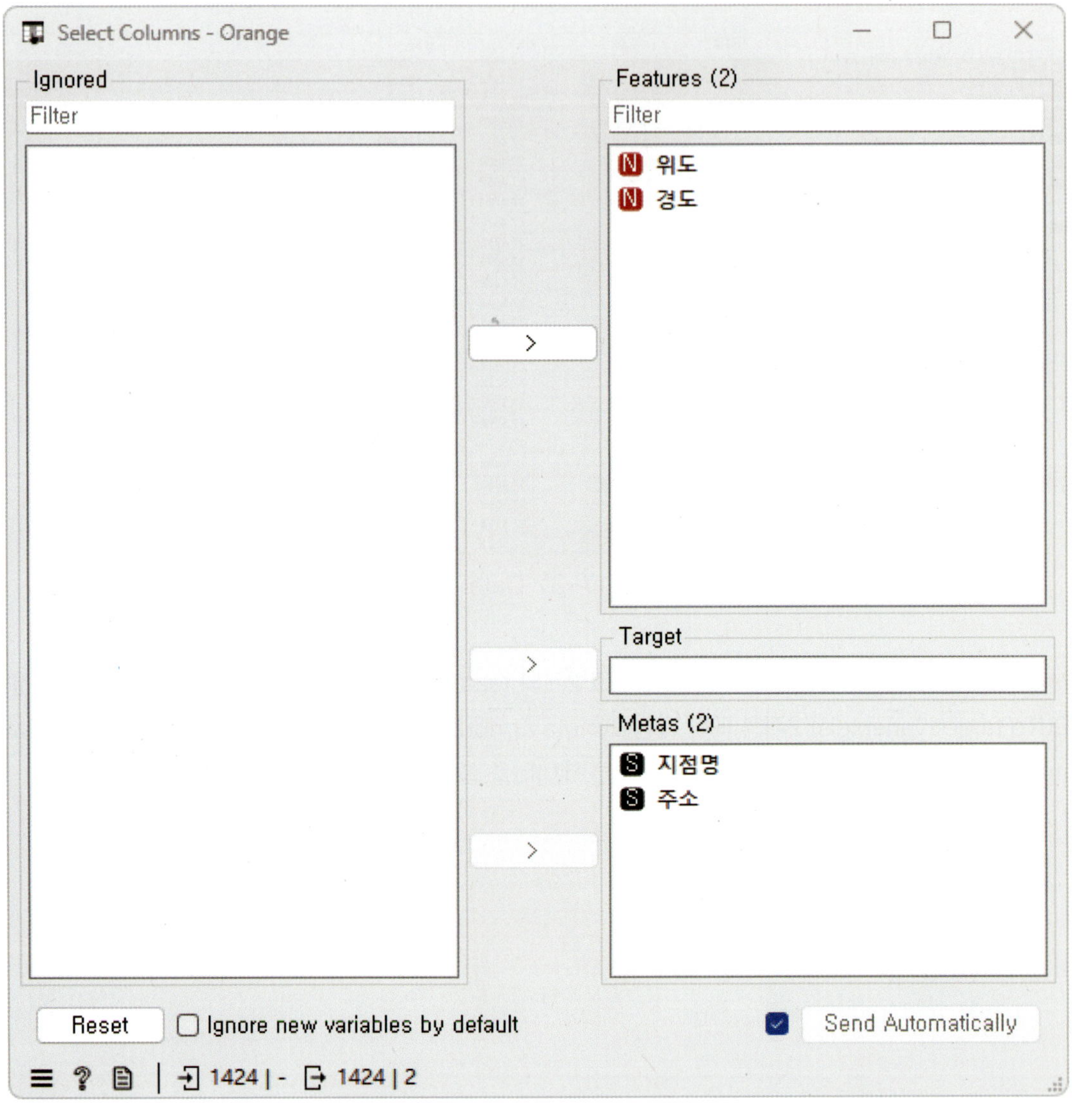

〈그림 17-4〉 Select Columns

[결과설명] 속성란에는 2개의 변수(위도, 경도)가 나타나 있고 Meta (2)란에는 지점명과 주소가 나타나 있다.

[6단계] Scatter Plot를 누른다. 그러면 〈그림 17-5〉와 같은 그림을 얻을 수 있다.

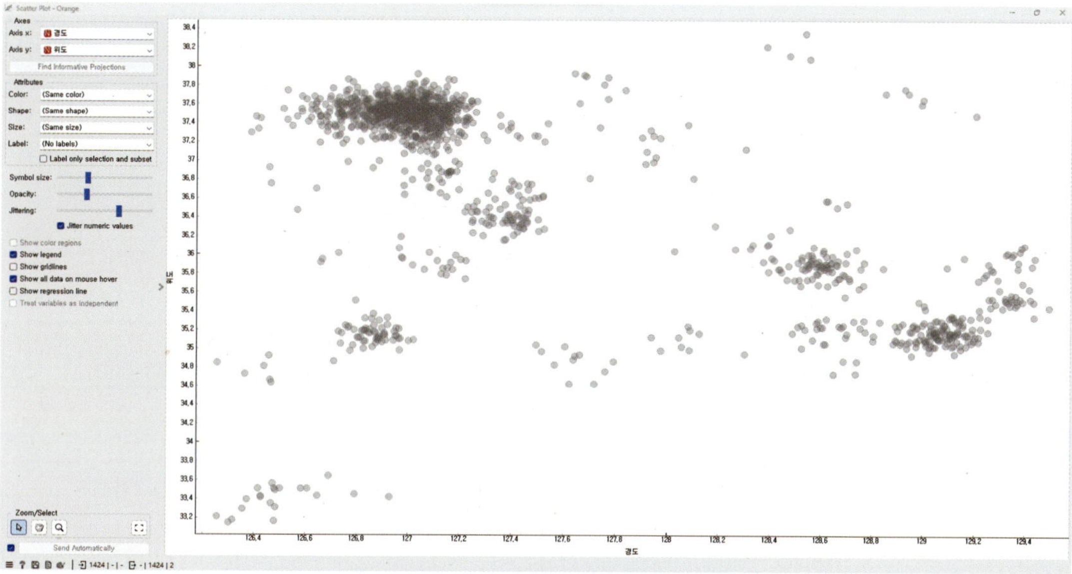

〈그림 17-5〉 Scatter Plot

[결과설명] x축(Axis X)에는 경도, y축(Axis Y)에는 위도를 나타낸 결과이다. 위도와 경도를 경도를 고려했을 때 서울, 부산, 대구에 스타벅스 매장이 많이 자리하고 있음을 대략적으로 알 수 있다.

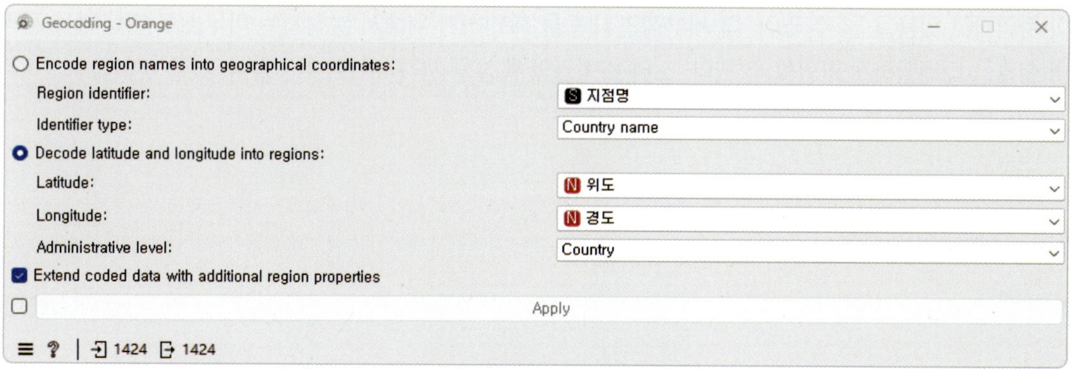

〈그림 17-6〉 Geocoding

[결과설명] Latitude:란에는 위도를, Logitude:란에는 경도를 지정하였다.

[7단계] Geo Map를 더블 클릭한다.

〈그림 17-7〉 Geo Map

[결과설명] 다양한 지도(Map) 형태에서 OpenStreeMap를 설정하고 Latitude에 위도, Longitude에 경도를 나타내었다. 앞 Scatter Plots 결과에서 설명한 것처럼, 서울, 부산, 대구에 스타벅스 매장이 많이 자리하고 있음을 알 수 있다. 더 세부적인 내용을 확인하기 위해서 분석자는 마우스로 확대해서 지역별 현황을 디테일하게 확인할 수 있다. 소위 스벅권의 특성을 시각적으로 확인할 수 있을 것이다.

제3절 코로나19 확진자 현황

[예제] 존스 홉킨스 대학 시스템 과학 엔지니어링 센터(Center for Systems Science and Engineering)에서 제공하는 존스 홉킨스 대학교(Johns Hopkins University)에서 깃허브에 매일 업데이트하고 있는 코로나 확진자, 사망자, 완치자 데이터 중 확진자 데이터를 오렌지로 가져와서 분석하기로 한다.

깃허브 URL: https://raw.githubusercontent.com/CSSEGISandData/COVID-19/master/csse_covid_19_data/csse_covid_19_time_series/time_series_covid19_confirmed_global.csv

이 곳의 데이터를 정리해 놓은 것이 covid-19.xlsx 파일이다. 이를 이용하여 지도에 확진자 현황을 표시하는 방법을 알아보자.

[1단계] 위치(위도, 경도)와 날짜 정보를 활용하여 시간의 흐름에 따른 데이터의 변화를 지도에 나타내기 위하여 Add-on을 통해 Geo, Time Series를 설치한다.

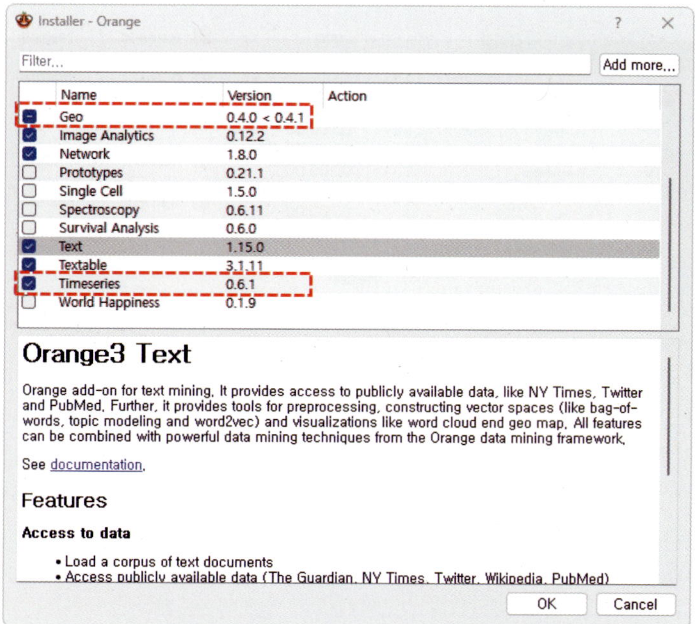

〈그림 17-8〉 Geo와 Time Series 설치

[2단계] 먼저 파일 위젯에 covid-19.xlsx을 연결하고 Apply 버튼을 누른다.

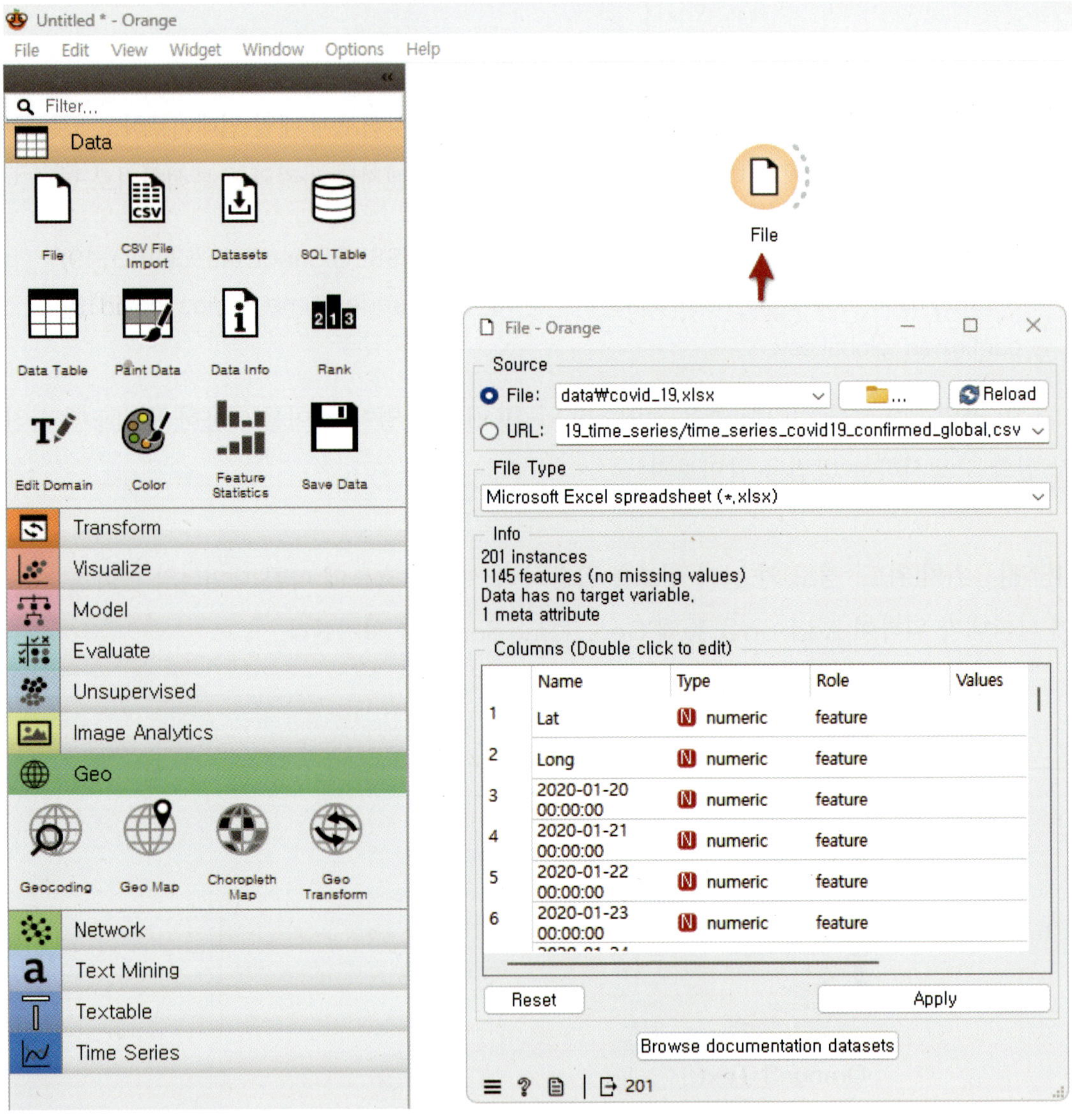

[데이터] ch17-2.ows

〈그림 17-9〉 파일 위젯 연결

[3단계] 이후 <그림 17-10>과 같이 위젯을 연결한다.

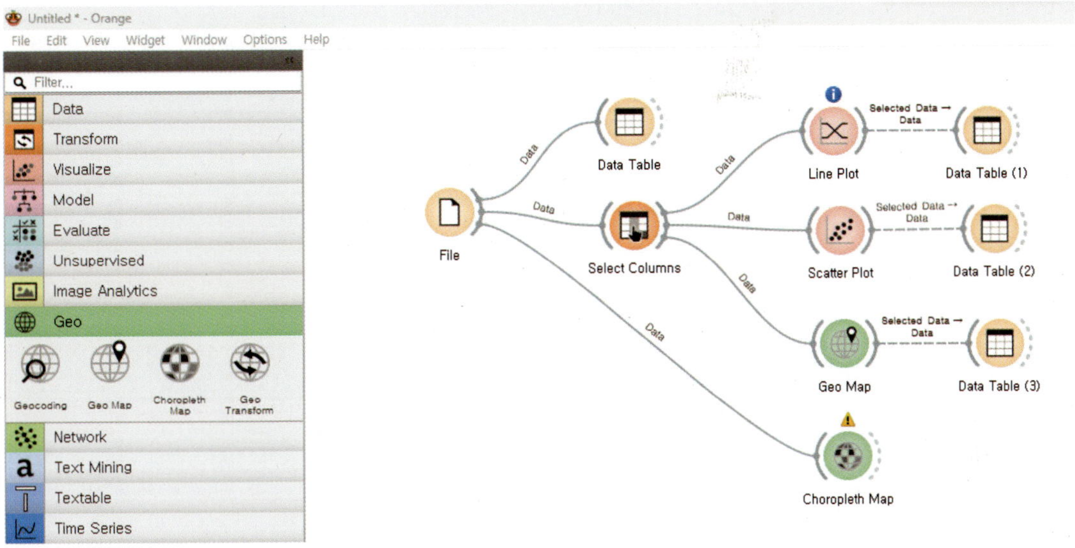

[데이터] ch17-1.ows

<그림 17-10> 파일 위젯 연결

[4단계] 앞의 〈그림 17-10〉에서 Data Table 버튼을 누른다.

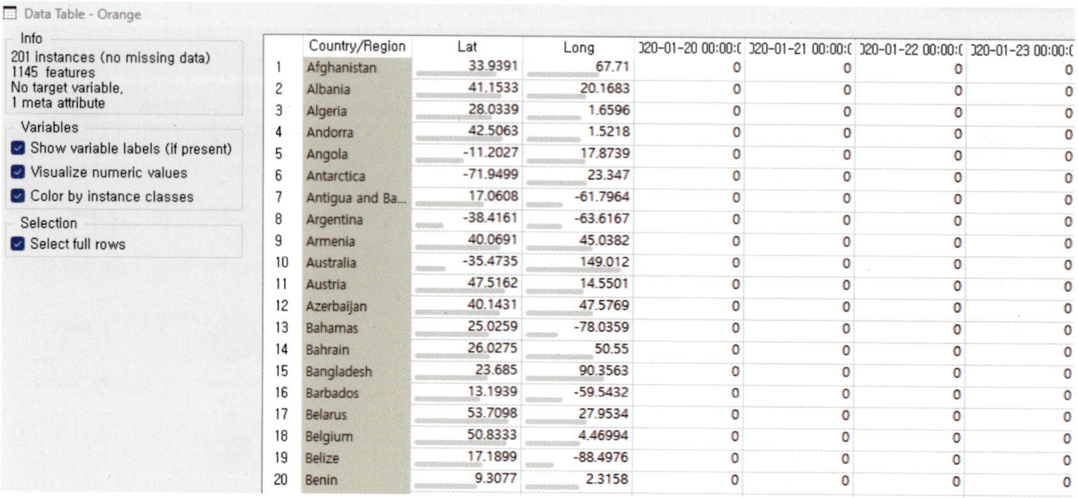

Data Table - Orange

Info
201 instances (no missing data)
1145 features
No target variable.
1 meta attribute

Variables
Show variable labels (if present)
Visualize numeric values
Color by instance classes

Selection
Select full rows

	Country/Region	Lat	Long	]20-01-20 00:00:(	]20-01-21 00:00:(	]20-01-22 00:00:(	]20-01-23 00:00:(
1	Afghanistan	33.9391	67.71	0	0	0	0
2	Albania	41.1533	20.1683	0	0	0	0
3	Algeria	28.0339	1.6596	0	0	0	0
4	Andorra	42.5063	1.5218	0	0	0	0
5	Angola	-11.2027	17.8739	0	0	0	0
6	Antarctica	-71.9499	23.347	0	0	0	0
7	Antigua and Ba...	17.0608	-61.7964	0	0	0	0
8	Argentina	-38.4161	-63.6167	0	0	0	0
9	Armenia	40.0691	45.0382	0	0	0	0
10	Australia	-35.4735	149.012	0	0	0	0
11	Austria	47.5162	14.5501	0	0	0	0
12	Azerbaijan	40.1431	47.5769	0	0	0	0
13	Bahamas	25.0259	-78.0359	0	0	0	0
14	Bahrain	26.0275	50.55	0	0	0	0
15	Bangladesh	23.685	90.3563	0	0	0	0
16	Barbados	13.1939	-59.5432	0	0	0	0
17	Belarus	53.7098	27.9534	0	0	0	0
18	Belgium	50.8333	4.46994	0	0	0	0
19	Belize	17.1899	-88.4976	0	0	0	0
20	Benin	9.3077	2.3158	0	0	0	0

〈그림 17-11〉 Data Table

[결과설명] 201개의 인스턴스, 1,145개의 변수(features)가 있고, 타깃변수는 없고(No target variable), 메타변수 1개(1 meta variable)가 나타나 있다.

[5단계] Select Columns 위젯을 누른다.

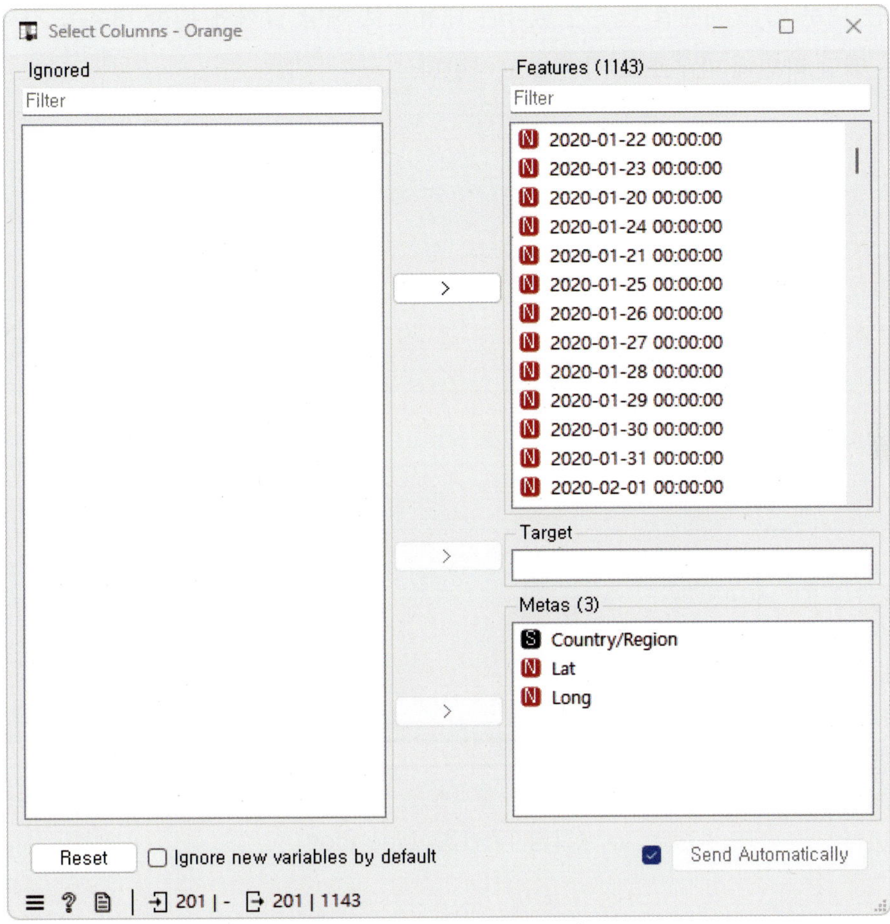

〈그림 17-12〉 Select Column

[결과설명] 고려대상 변수는 1,143개(Features (1143))가 나타나 있다. Meta 변수는 Country/Region, Lat, Long 등 3개 변수를 지정하였다.

[6단계] Select Columns 위젯과 연결된 Line Plot를 누른다. Line Plot 오른쪽 하단에 Data has too many features. Only firtst 200 features are shown이라는 문구가 나와 있다. 이는 너무 많은 시계열 변수가 있다는 내용으로 해당 날짜에 대한 내용을 자세히 보기 위해서는 해당 라인에 마우스로 사선을 표시한다.

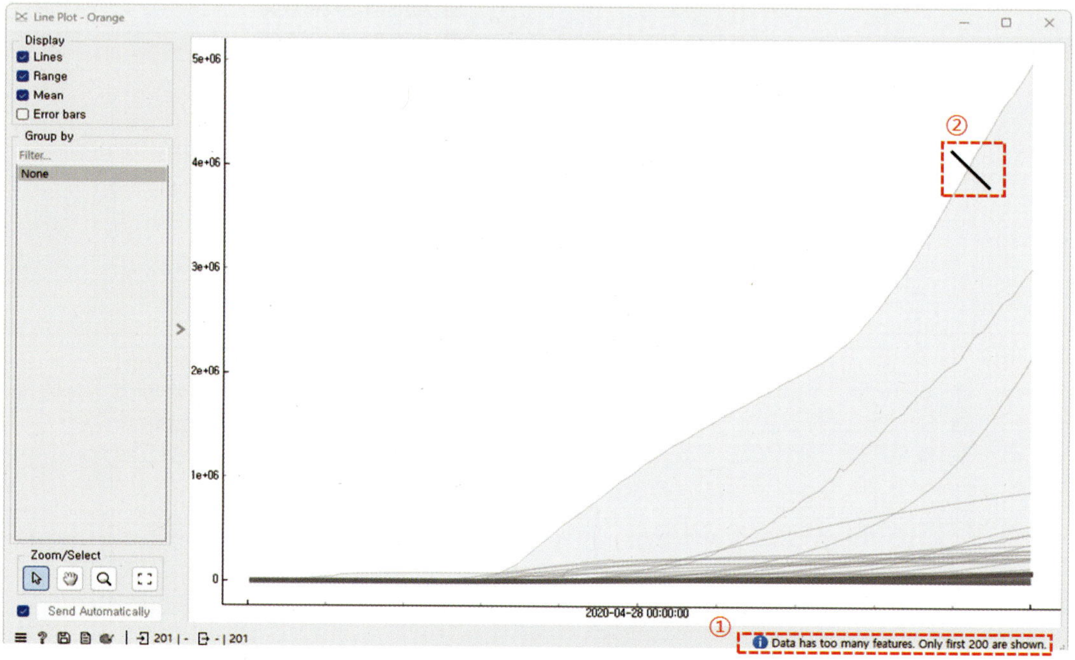

〈그림 17-13〉 Line Plot

[7단계] 이어 Data Tables (1)을 클릭한다.

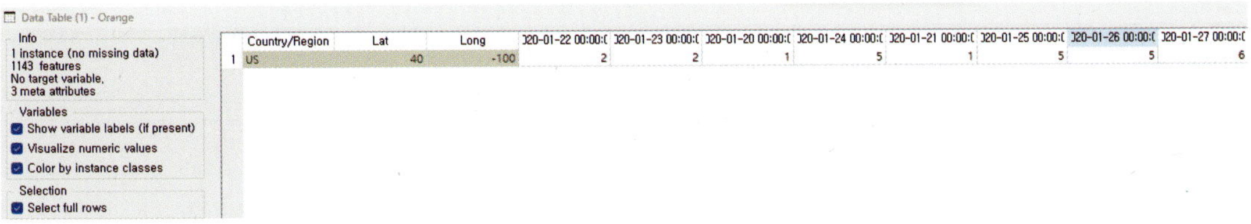

〈그림 17-14〉 Data Tables (1)

[결과설명] 해당 라인은 미국 확진자 데이터로 확진자가 지속적으로 증가하고 있음을 나타낸다.

[8단계] 다음으로 Scatter Plot를 누른다.

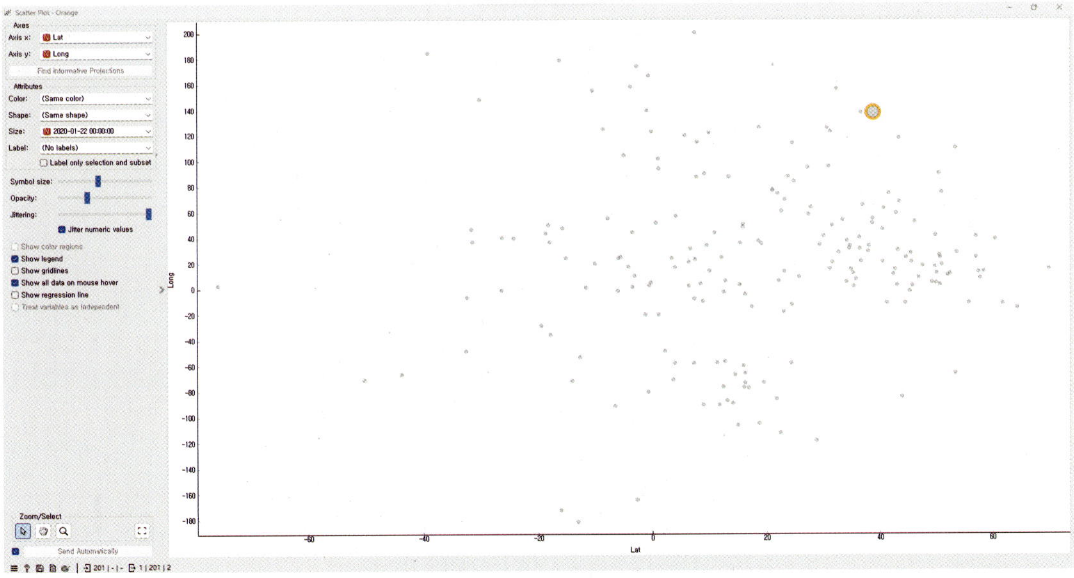

〈그림 17-15〉 Scatter Plot

[결과설명] 2020년 1월 22일의 확진자 수가 위도(lat)와 경도(long)에 따라 나라별로 나타나 있다.

[9단계] 원이 큰 곳을 마우스로 클릭하고 Data Tables (2)을 클릭한다.

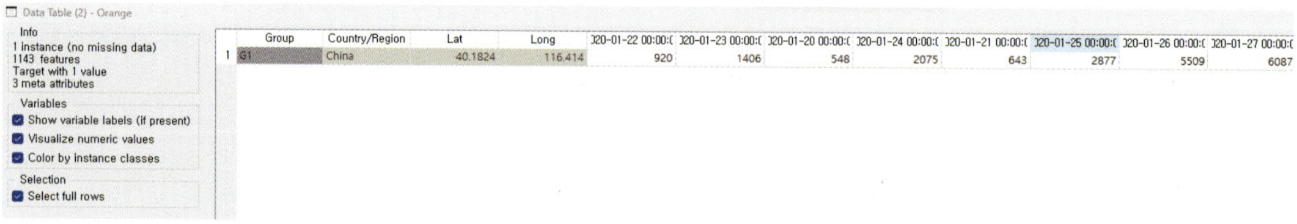

〈그림 17-16〉 Data Tables (2)

[결과설명] 원이 가장 큰 지역은 중국으로 2020년 1월 22일 920명이고 계속 증가하는 패턴을 보이고 있다.

[10단계] File과 연결된 Choropleth map를 누른다.

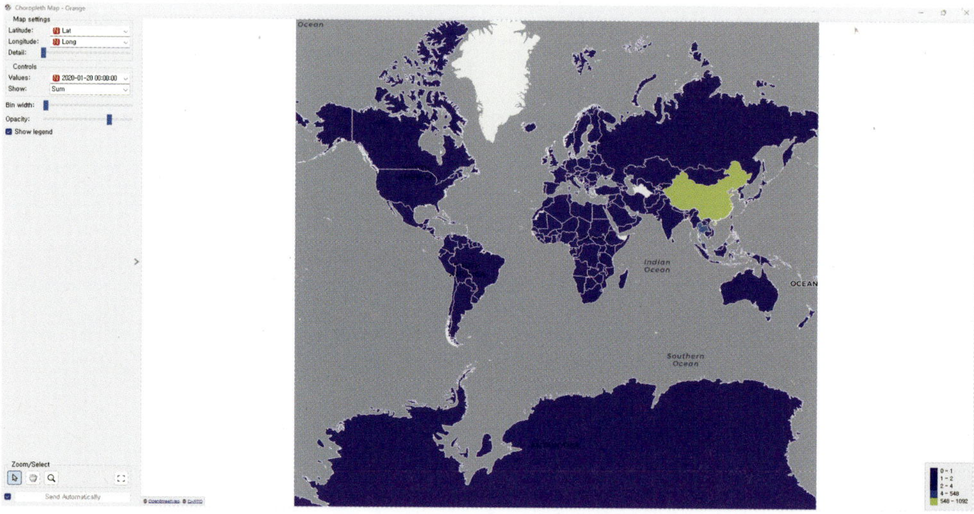

〈그림 17-17〉 Choropleth map

[결과설명] 단계 구분도(Choropleth map)는 지도에 지역별 특성을 색깔로 나타내는 그림으로 이를 통해서 지역이나 국가별 다양한 특성의 차이를 알아보는데 유용하다. 2020년 1월 20일의 각국별 전체(sum) 확진자 수가 나타나 있다. 오른쪽 하단에는 범례도 나타나 있다. 중국지역의 확진자 수가 가장 많음을 알 수 있다.

〈그림 17-18〉 Geo Map

[결과설명] 2020년 1월 22일의 확진자 수 위도(lat)와 경도(long)에 따른 나라별 점이 나타나 있다. 중국이 확진자가 가장 많음을 알 수 있다.

[11단계] 원이 큰 곳을 마우스로 클릭하고 Data Tables (3)을 클릭한다.

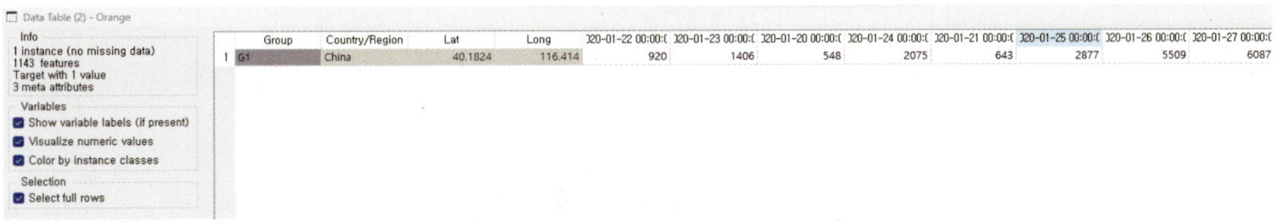

〈그림 17-19〉 Data Tables (3)

[결과설명] 원이 가장 큰 지역은 중국으로 2020년 1월 22일 920명이고 계속 증가하는 패턴을 보이고 있다.

[12단계] 원이 큰 곳을 마우스로 클릭하고 Data Tables (3)을 클릭한다.

[13단계] 다음으로 날짜별 데이터를 일정한 시간 간격으로 살펴보기 위해 Time Slice를 연결하고 데이터 값을 지도에 표시하기 위해 Geo Map을 연결하는 방법을 알아본다. 앞 워크플로우에서 ch17-1.ows에 추가하여 Transpose 위젯을 연결한다. 이는 Country/Region 변수의 행과 열을 변환하기 위한 것이다. 이에 앞서 지도의 좌표를 나타내는 위도(Lat)와 경도(Long)의 역할(Role)을 feature에서 meta 형식으로 변경한다.

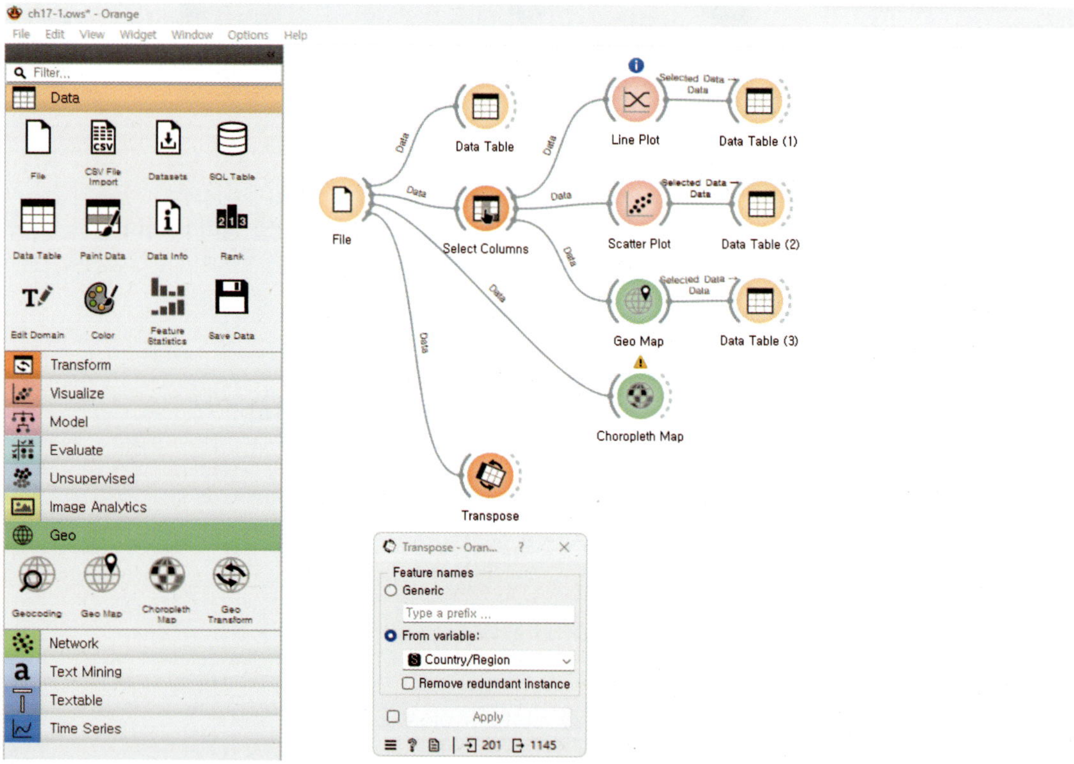

〈그림 17-20〉 Transpose

[14단계] Transpose와 새로운 위젯 Data Table를 연결하고 더블 클릭하면 〈그림 17-21〉과 같은 화면을 얻을 수 있다.

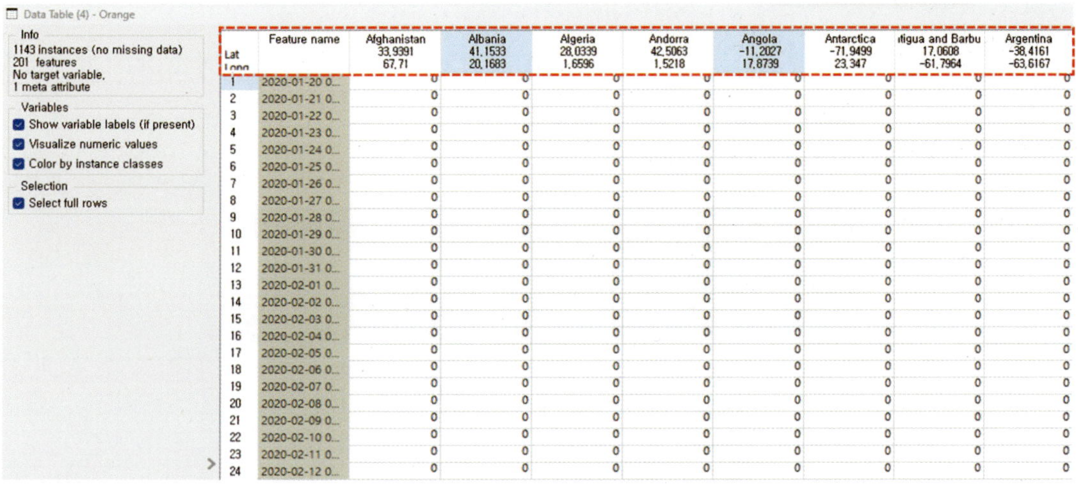

〈그림 17-21〉 Data Tables (4)

[15단계] 이어 Edit Domain을 눌러 Variable에서 맨 하단의 Feature name을 date라는 새로운 변수로 네이밍(Name)하고 형식(Type)을 Time으로 변경하고 [Apply] 버튼을 누른다.

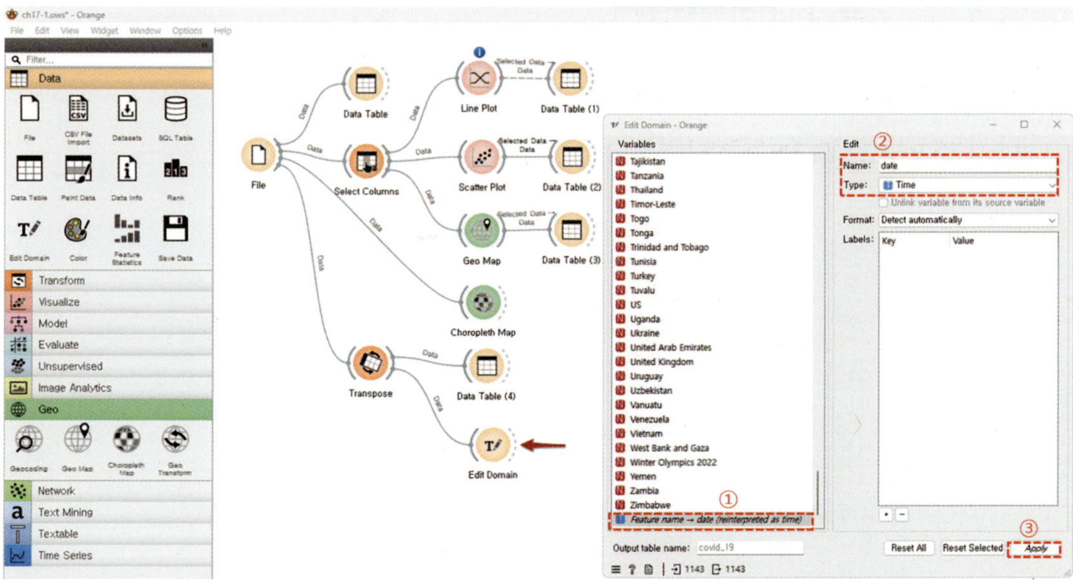

〈그림 17-22〉 Edit Domain

[16단계] 이어 Time Slice 위젯을 연결한다. TIme Slice 위젯에서 1일 단위로 변화(Custom step size)를 확인하기 위해서 1일 단위(1 day)로 표시하였고 날짜 구간은 2020-01-20과 2020-01-21로 설정하였다.

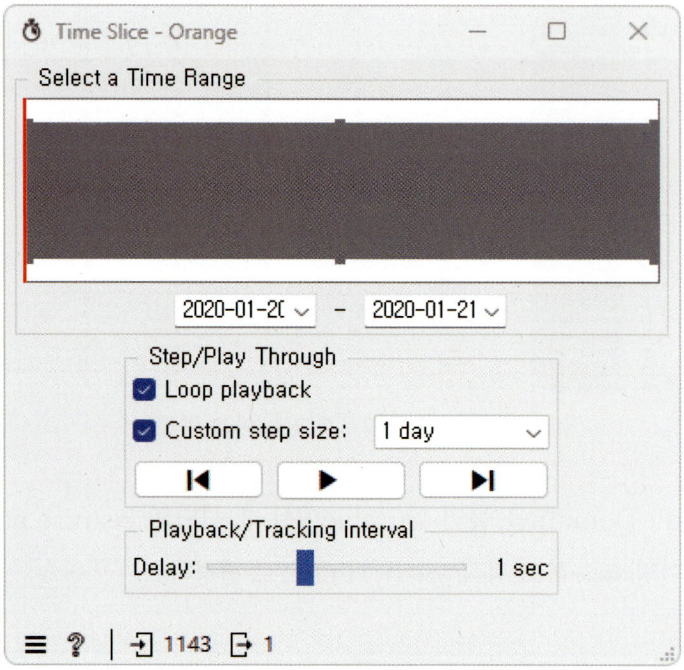

〈그림 17-23〉 Time Slice 1

[17단계] TIme Slice와 Data Tables (5) 위젯을 연결한다. 이어 Time Slice에서 Play (▶) 버튼을 실행한다.

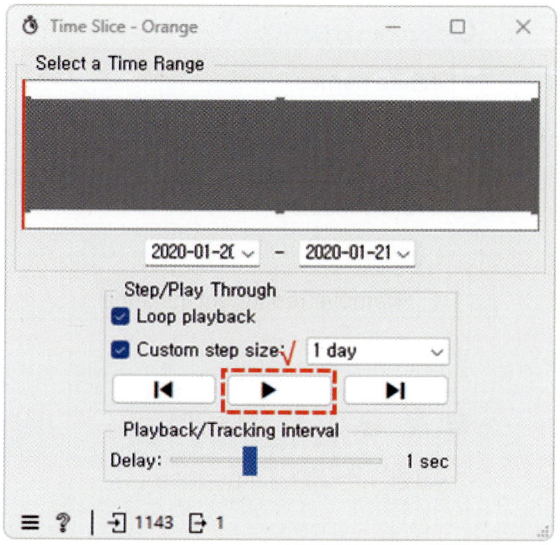

〈그림 17-24〉 Time Slice 2

이어 Data Tables (5)을 클릭하면 1일 단위로 날짜가 변경됨을 알 수 있다.

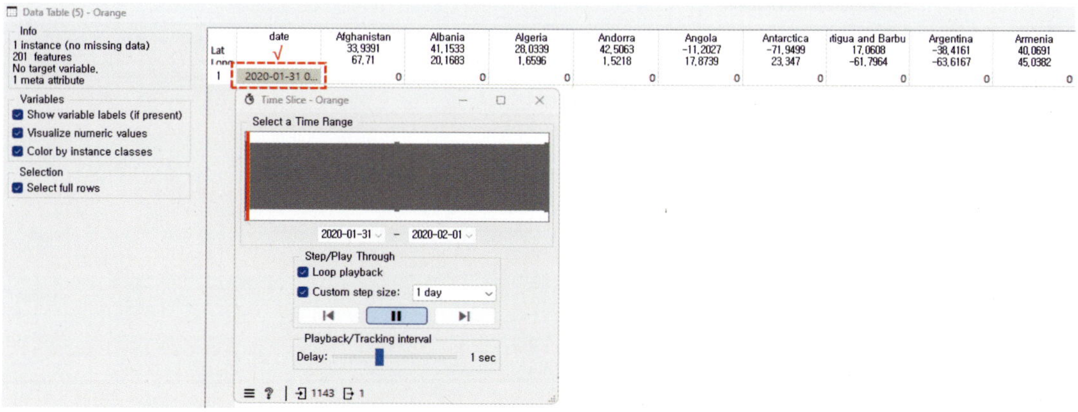

〈그림 17-25〉 Time Slice의 Play 실행

[18단계] Time Slice를 설정하고 행과 열을 원 상태로 변환시키기 위해서 Transpose (1) 위젯을 연결한다. 이어 Generic을 설정하고 [Apply] 버튼을 누른다.

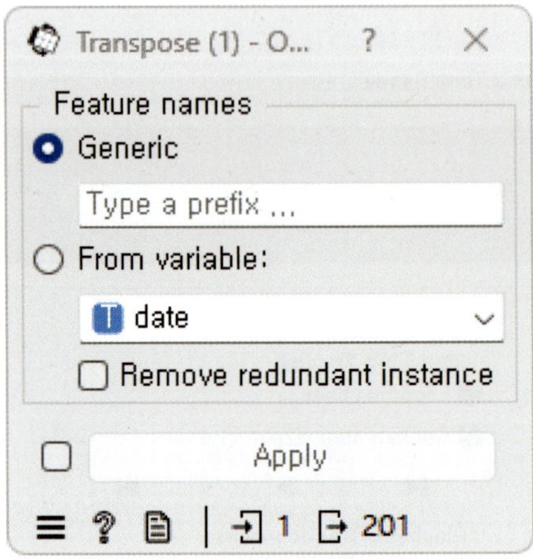

〈그림 17-26〉 Transpose (1)

[19단계] Data Table을 연결한다. 이어 Choropleth Map (1)을 연결한다.

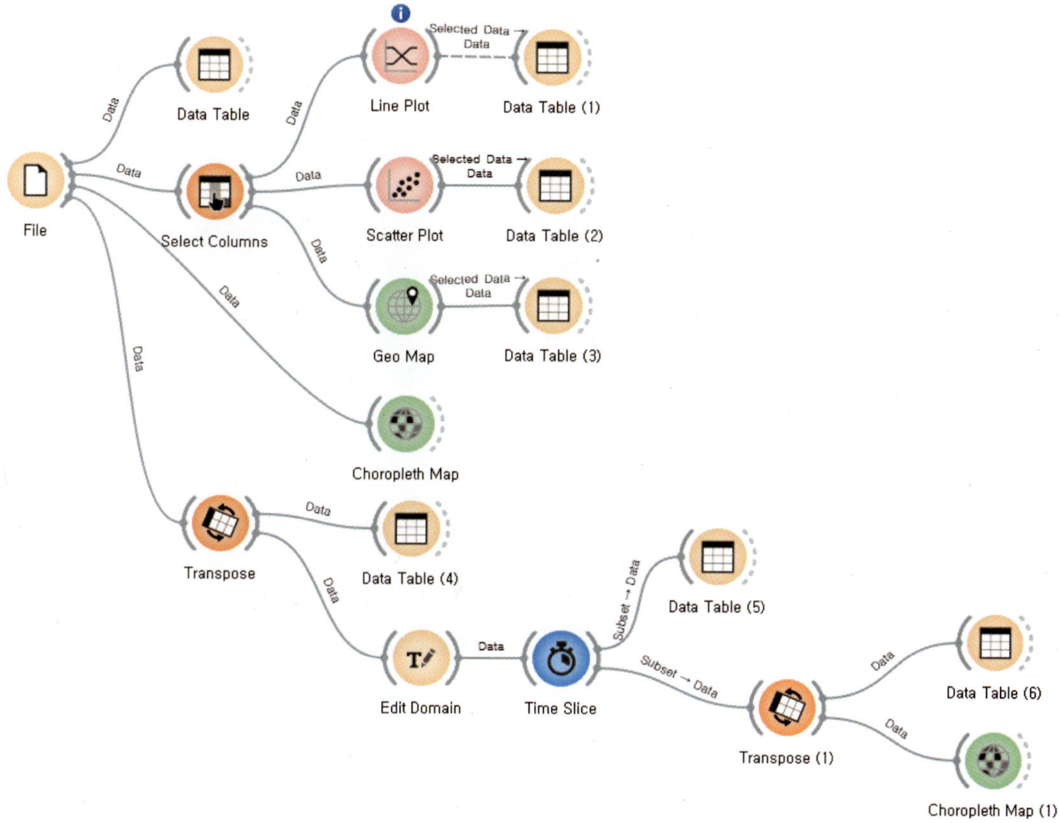

[데이터] ch17-2.ows

〈그림 17-27〉 최종 화면

[20단계] Choropleth Map (1)을 더블 클릭해서 오픈해 놓고 앞 Time Slice 위젯에서 Time Slice에서 Play(▶) 버튼을 실행한다. 맵 설정(Map Settings)란에서는 Value는 Feature1을 Show는 확진자 평균값(mean)을 설정하였다.

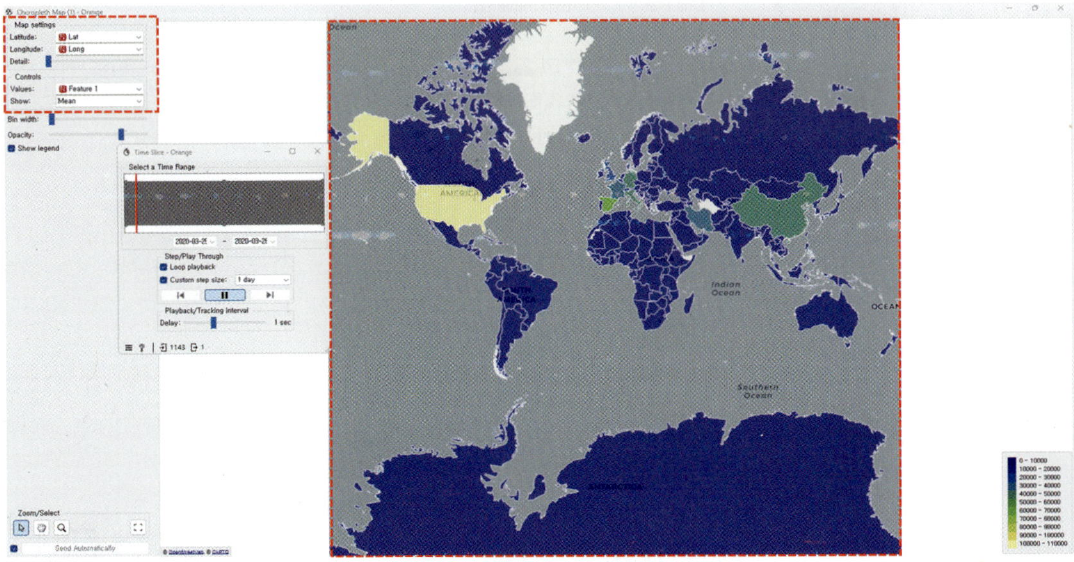

〈그림 17-28〉 Choropleth Map (1)

[결과설명] 일자별로 확진자 수가 변화되고 있으며 이에 대한 범례가 오른쪽 하단에 나타나 있다. 나라별 확진자 수에 대한 구분을 시각적으로 확인할 수 있다.

제4절 위도와 경도 파악하기

주소를 알고 위도와 경도를 알면 지도 표시하기가 용이하다. 실제 업무에서 주소를 알고 위도와 경도를 삽입하는 방법을 알아놓으면 지도표시 작업이 편리하다.

[1단계] 먼저 엑셀에서 작업한 데이터 파일(address.xlsx) 저장한다.

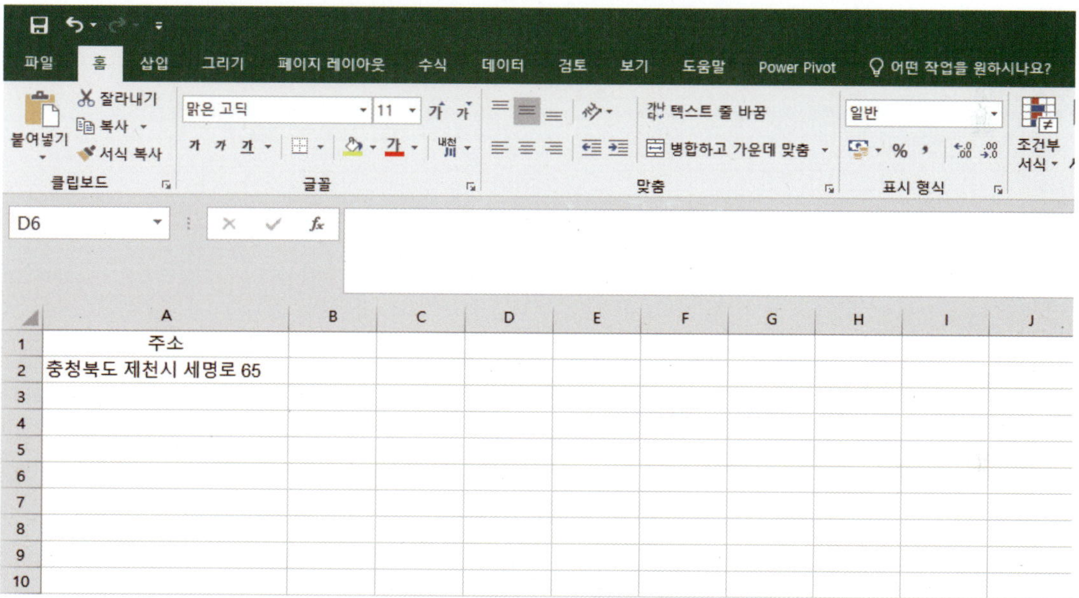

[데이터] address.xlsx

〈그림 17-29〉 엑셀파일

[2단계] 구글(Google) 스프레드시트에서 데이터 파일(address.xlsx)을 연다.

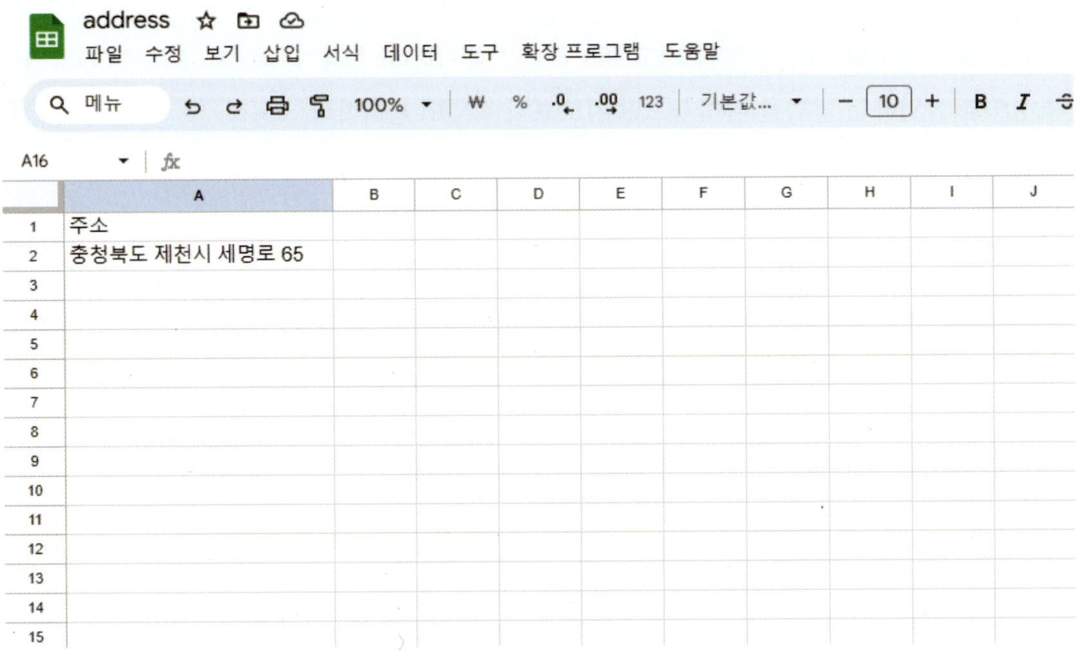

〈그림 17-30〉 구글 스프레드시트

[3단계] 전체 화면의 확장 프로그램에 있는 부가기능, 부가기능 설치하기 클릭한다. 이어서 검색창에 Geocode를 입력하고 가장 처음에 뜨는 Geocode by Awesome Table을 다운받는다.

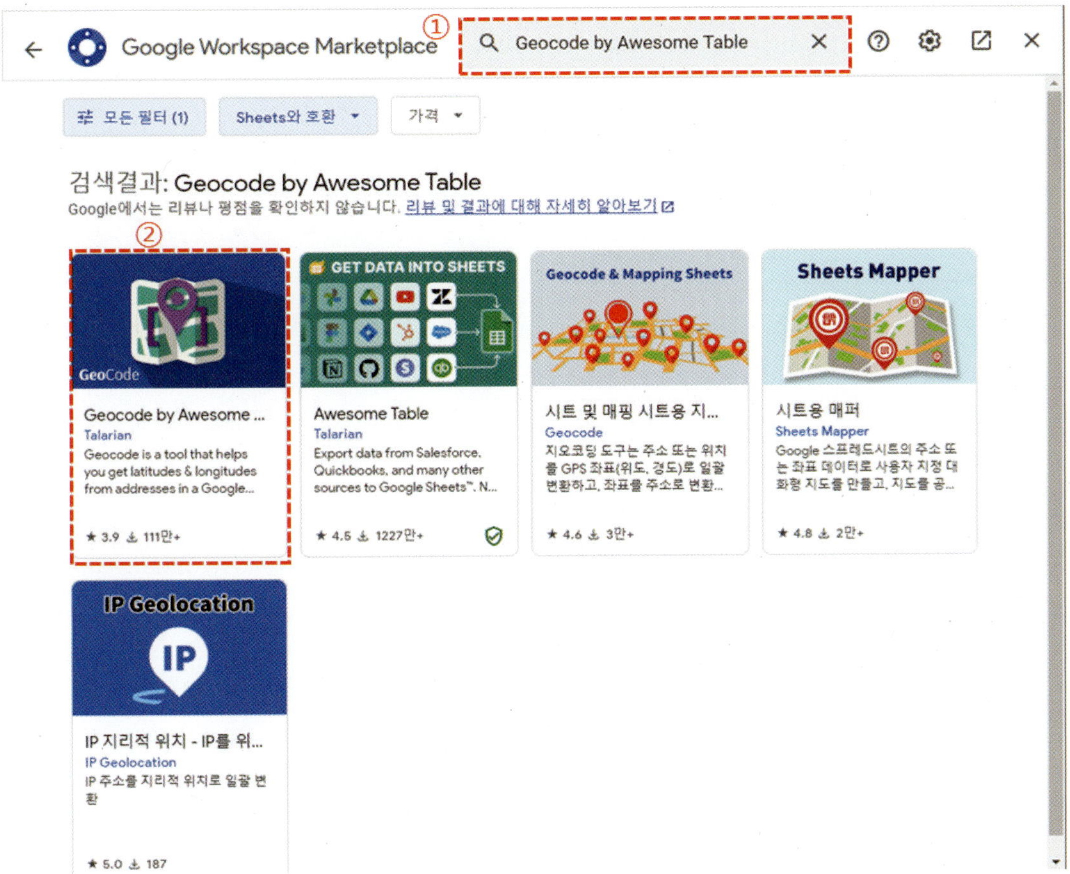

〈그림 17-31〉 Geocode by Awesome Table

[4단계] 이어 확장 프로그램을 설치하고 나서 확장프로그램 → Geocode by Awesome Table을 눌러 Start Geocoding을 누르면 자동적으로 다음과 같이 자동으로 위도(Latitude)와 경도(Longitude)가 생성됨을 알 수 있다. 이 파일을 저장하여 오렌지3나 다른 프로그램에서 이용하면 된다.

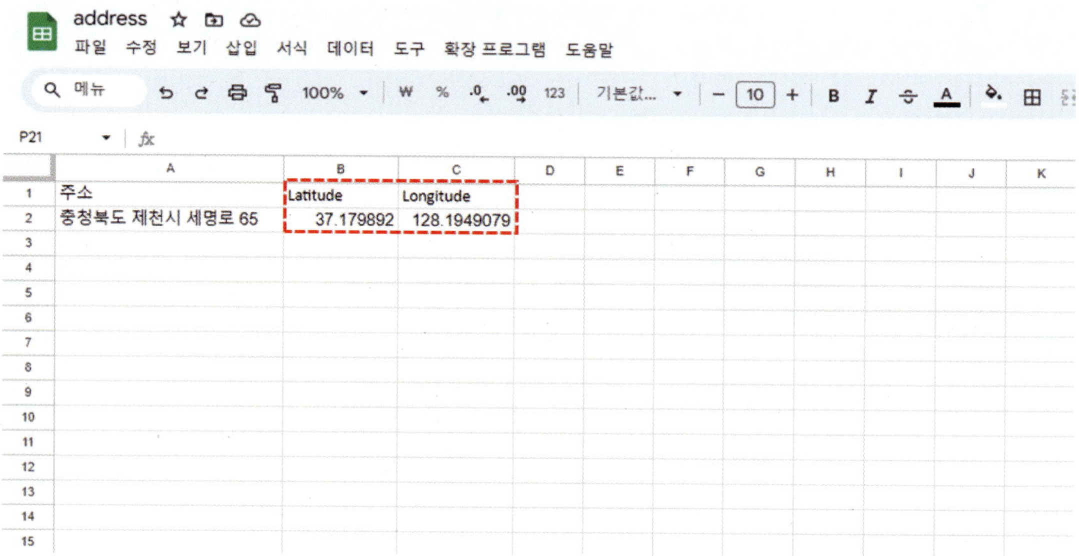

〈그림 17-32〉 위도와 경도 생성

[5단계] 〈그림 17-33〉에서 아래 칸은 주소로 사용할 컬럼이 있는 컬럼명이다. 이를 확인하고 CREATE MAP를 클릭한다.

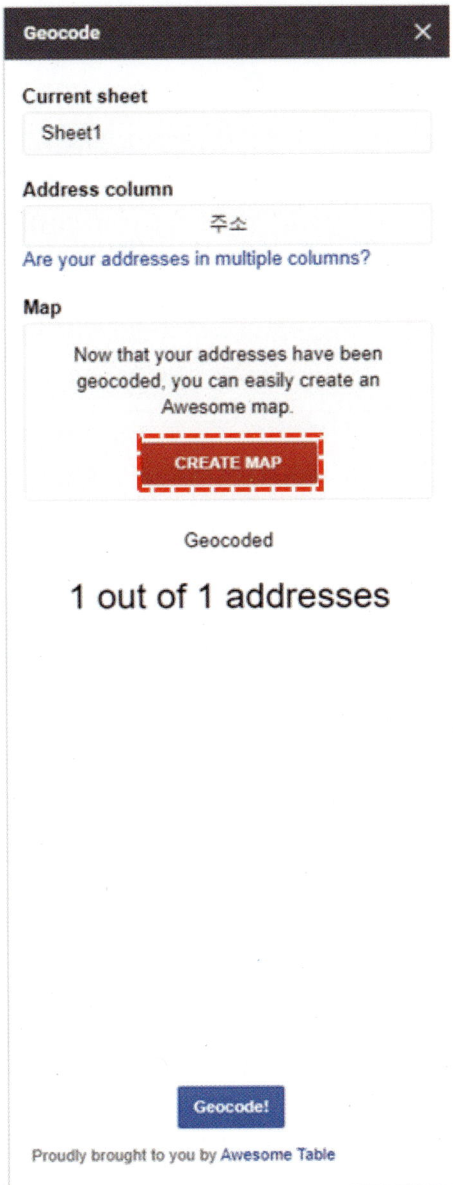

〈그림 17-33〉 Geocode 지도 확인하기

[6단계] 지시에 의해서 계속을 누르면 다음과 같은 지도를 얻을 수 있다.

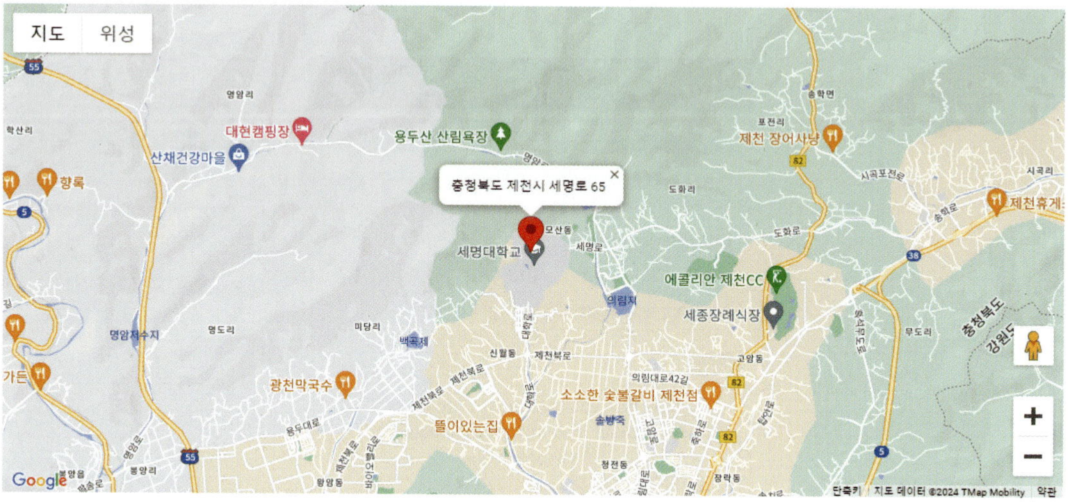

〈그림 17-34〉 주소지 지도 확인

정리

- 오렌지3는 데이터 시각화에 다양한 기능을 제공하는 도구이다. 그 중에서도 지도 시각화는 오렌지3의 강력한 기능 중 하나이다. 지도 시각화는 데이터의 분포, 패턴, 추세 등을 시각적으로 이해하는 데 도움이 되는 강력한 도구이다.
- Add-ons창에서 Geo와 Time Slice 라이브러리를 이용하여 일자별 데이터 변화 상황을 시각적으로 확인할 수 있다.
- 구글에서 Geocode를 입력하고 가장 처음에 뜨는 Geocode by Awesome Table을 이용하면 주소지에 따른 위도와 경도 좌표를 얻을 수 있다.

연습문제

1. 다음 데이터는 서울시 도서관 현황자료(seoullibrary.xlsx)이다. 이 자료를 이용하여 서울시 도서관 자료를 지도상에 표시해 보자.

제18장 ChatGpt 마이닝

제1절 ChatGpt

현생 인류는 도구의 사용과 기술로 발달로 지금까지 지배종으로 군림하여 왔다. 지금까지 혁명은 농업혁명, 산업혁명, 정보혁명, 인공지능(AI) 혁명 네 차례라고 할 수 있다. 농업혁명으로 농업 생산량을 기반으로 인간의 수가 급격히 늘어났다. 이어진 산업혁명은 생활수준의 향상에 기여하였으며 인터넷을 기반으로 한 정보혁명으로 지구를 네트워크로 연결하여 시간과 공간의 제약을 줄여 주었다. 앨런 튜링이 연구를 시작한 지 등장한 인공지능의 개념이 데이터 증가, 반도체와 하드웨어 발전, 딥러닝과 머신러닝의 학습 성능 향상, 트랜스포머와 같은 알고리즘의 등장은 날로 급변하는 상황을 가져왔다. 특히, 2016년에 알파고가 인간을 이긴 사건 이래로 5년 만에 인간 이상의 글쓰기 능력과 그림 그리기 능력을 갖춘 챗GPT은 기대 이상의 수준을 보이고 있다. 챗GPT는 글쓰기, 그림, 음악, 영상 등 다양한 분야의 생성형 AI가 나타나 인간 이상의 능력을 보여주고 있다.

AI는 인간 수준의 인공일반지능(AGI)을 넘어 초지능(super intelligence)으로 진화할 것이다. 인공지능 스스로 결정을 내리고 새로운 아이디어를 창출할 수 있는 컴퓨터 도구이다.

ChatGPT는 OpenAI에서 개발한 대규모 언어 모델(LLM) 기반 챗봇이다. GPT-3이라는 LLM을 기반으로 하며, 자연어 처리(NLP) 및 인공지능(AI) 기술을 사용하여 인간과 같은 대화를 나눌 수 있다. ChatGPT는 다양한 용도로 사용할 수 있다. 고객 서비스, 교육, 엔터테인먼트 등 다양한 분야에서 활용될 수 있다. 예를 들어, 고객 서비스에서 ChatGPT를 사용하여 고객의 질문에 답변하거나, 교육에서 ChatGPT를 사용하여 학생들에게 개별화된 학습을 제공하거나, 엔터테인먼트에서 ChatGPT를 사용하여 게임이나 대화형 스토리텔링을 제공할 수 있다.

ChatGPT는 아직 개발 중이지만, 다음과 같은 다양한 분야에서 이미 활용되고 있다.

- 고객 서비스: ChatGPT는 고객 서비스 에이전트의 업무를 지원하는 데 사용될 수 있다. 고객의 질문에 답변하거나, 주문을 처리하거나, 문제 해결을 도울 수 있다.
- 교육: ChatGPT는 학생들에게 개별화된 학습을 제공하는 데 사용될 수 있다. 학생들의 학습 수준과 관심사에 따라 맞춤화된 콘텐츠를 제공할 수 있다.
- 엔터테인먼트: ChatGPT는 게임이나 대화형 스토리텔링을 제공하는 데 사용될 수 있다. 사용자와 상호 작용하며 몰입감 있는 경험을 제공할 수 있다.

제2절 빵 마이닝

[예제] 전 세계 사람들이 빵을 선호한다. 빵을 선호하는 이유는 맛과 풍미, 편리성, 활용성에 있다고 할 수 있다. 먹고 싶은 빵 관련 정보를 ChatGPT를 통해서 세부적으로 알아보도록 하자.

[1단계] 먼저 오렌지 프로그램 Options에서 Add-ons...를 눌러 Prototype 라이브러리를 다운한다. 이어 다시 오렌지 프로그램을 다시 실행한다.

[2단계] Data란에서 File 위젯을 불러와 bread.xlsx를 연결한다.

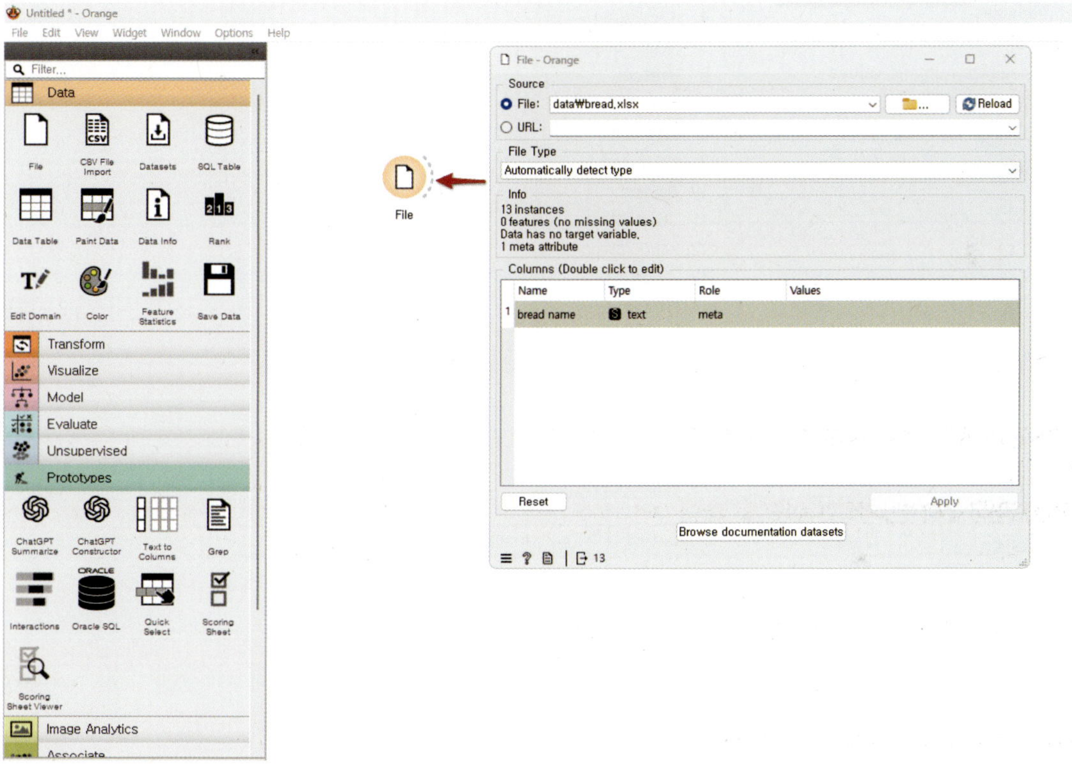

[데이터] ch18-1.ows

〈그림 18-1〉 Data File 연결

[3단계] Data Table을 연결하여 bread.xlsx 상태를 확인한다.

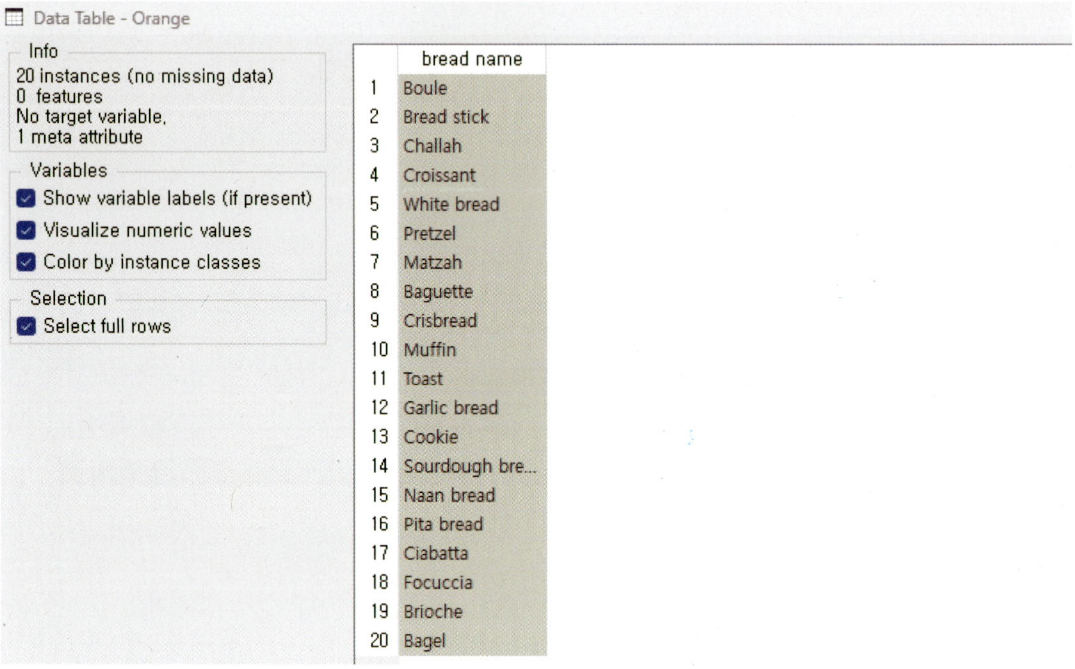

〈그림 18-2〉 Data Table

[4단계] File과 Prototypes의 ChatGPT Constructor를 연결한다. 이어 자신의 ChatGpt API Key와 gpt3.5 turbo나 gpt 4.0중에서 Model 사양을 선택한다. 이어 ChatGPT 프롬프트를 구성을 살펴 본다. 여기서 프롬프트(Prompt)의 시작(Start)에 'Given is a bread name. Please construct a description that include its appearance, taste, flavor profile, Texture, ingredients, and special qualities. Use at most 150 words.'을 입력하고 Apply 버튼을 누른다.

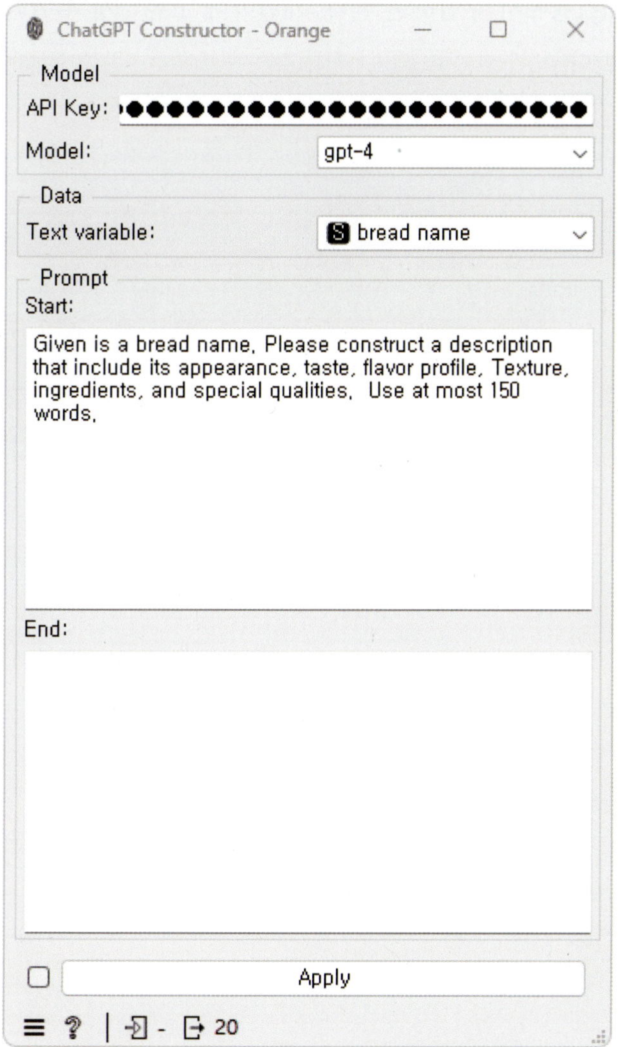

〈그림 18-3〉 ChatGPT Constructor 설정

여기서 API(Application Programming Interface) Key는 어떤 프로그램 기능을 외부의 프로그램에서 호출해서 사용할 수 있게 만든 열쇠이다. ChatGPT Constructor를 사용하기 위해서 ChatGPT API Key를 발급받아야 사용할 수 있다. OpenAI API Key는 OpenAI의 인공지능 서비스에 접근하기 위해 필요한 일종의 패스라고 생각하면 된다. Key는 개인 또는 기업이 OpenAI의 다양한 인공지능 기능을 사용할 수 있게 해 주는 고유한 코드다. 예를 들어, 텍스트를 생성하거나 이미지를 만드는 인공지능 서비스를 이용하려면, 이 API 키를 사용하여 OpenAI 시스템(https://openai.com/)에 접속해야 한다. 오렌지에서 사용할 API Key는 월정액을 지불하고 OpenAI 시스템에서 구입하면 된다. 개인마다 고유하게 부여되므로 노출되지 않도록 주의를 기울여야 한다.

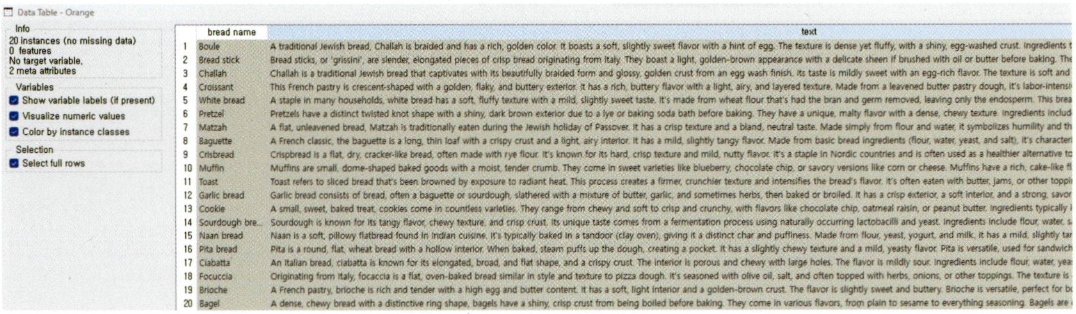

〈그림 18-4〉 Data Table 연결

[5단계] ChatGPT Constructor 설정을 완료한 다음 Data Table, Corpus, Corpus Viewer를 연결한다.

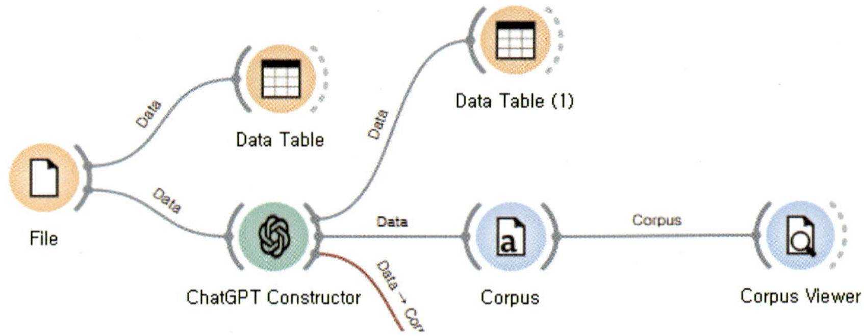

〈그림 18-5〉 ChatGPT Constructor와 연결

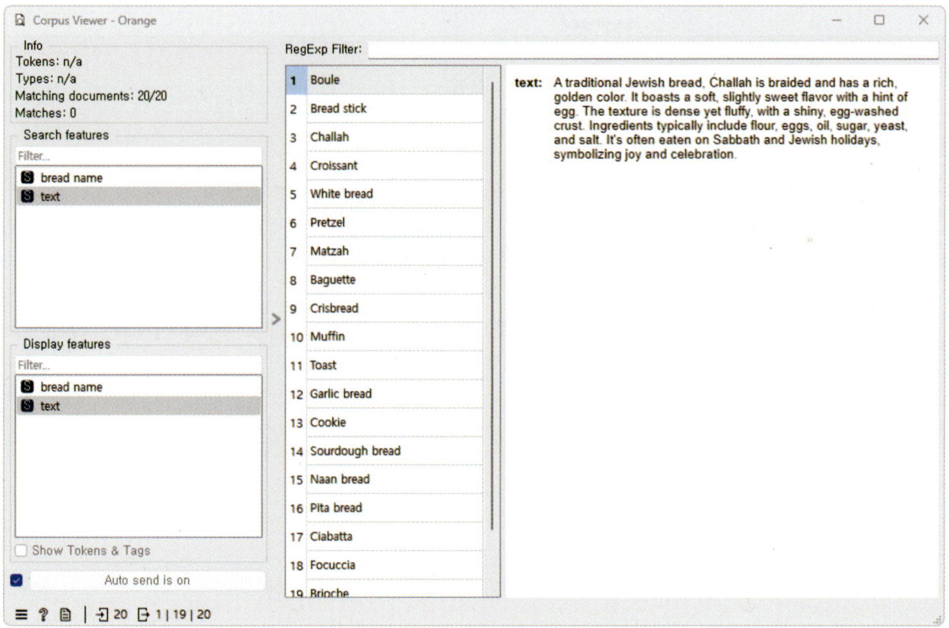

〈그림 18-6〉 Corpus Viewer 결과(일부)

[결과설명] 여기서 프롬프트의 시작은 ChatGPT 생성자에 입력한 텍스트이고 그 뒤에 데이터 파일의 쿠키 이름 속성이 나온다. ChatGPT 생성자의 출력은 빵에 대한 설명이 포함된 추가 행이 있는 데이터 테이블이다.

[6단계] Corpus Viewer를 연결하여 실행 결과를 확인한다.

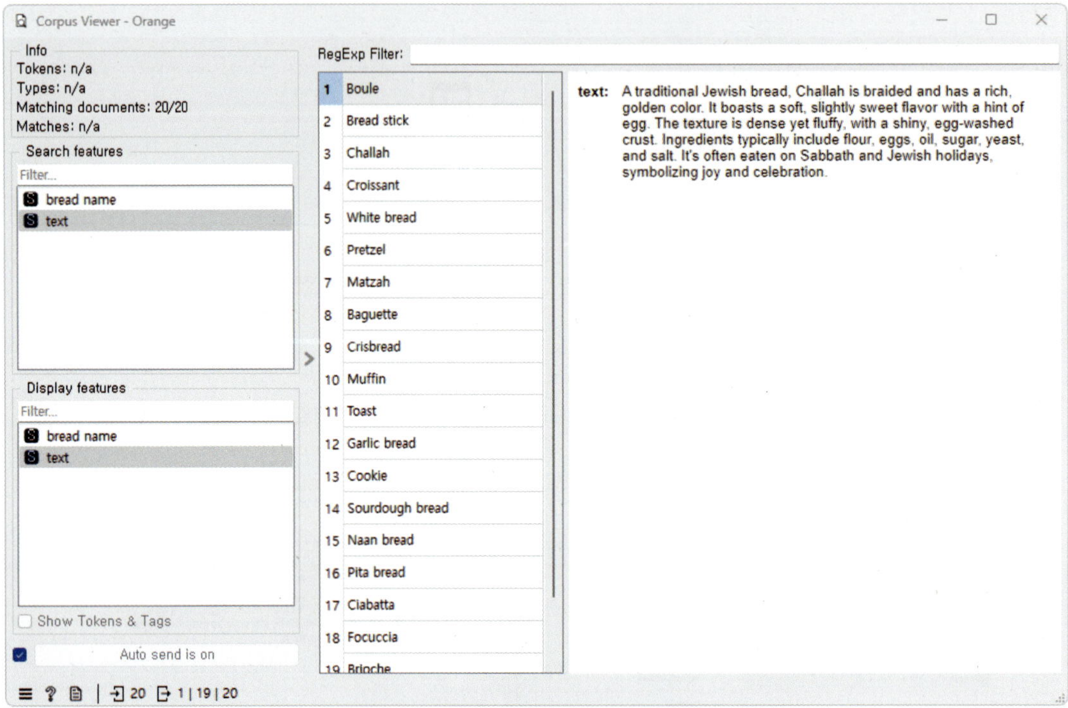

〈그림 18-7〉 Corpus Viewer

[결과설명] 각종 빵 이름을 클릭하면 빵에 대한 설명이 길게 나타남을 알 수 있다. 코퍼스 뷰어에서 더 쉽게 읽을 수 있다.

[7단계] 데이터 테이블에 텍스트 코퍼스가 포함되어 있음을 표시하고 텍스트마이닝하려는 텍스트가 "텍스트" 속성, 즉 ChatGPT 생성자가 생성한 속성에 저장되도록 지정해야 한다. 코퍼스 데이터를 Document Embedding 위젯에 전달하도록 한다. 여기서 BERT 문장 임베딩을 사용하여 각 빵 설명을 임베딩, 즉 숫자 벡터로 전환한다. 그런 다음 데이터 테이블 위젯을 사용하여 임베딩 결과를 확인한다.

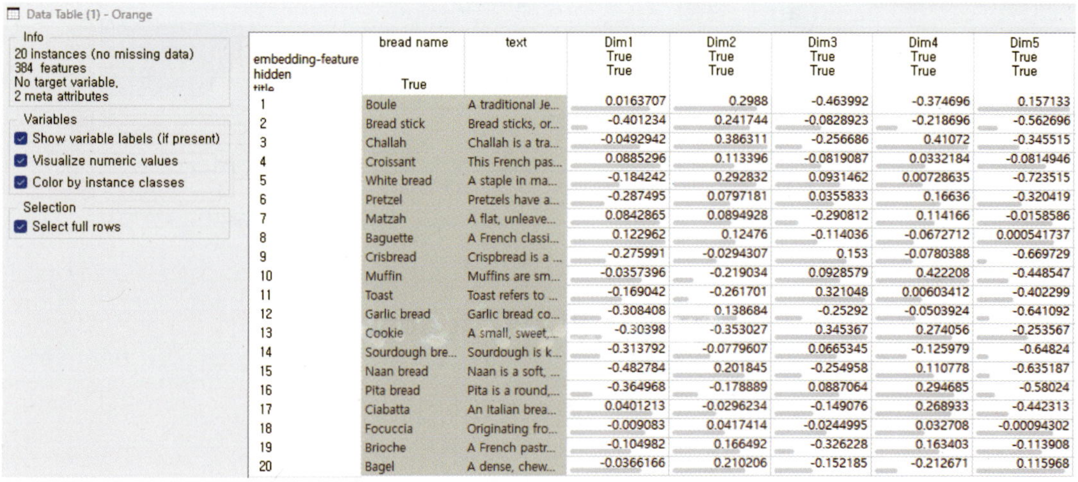

embedding-feature hidden title	bread name True	text	Dim1 True True	Dim2 True True	Dim3 True True	Dim4 True True	Dim5 True True
1	Boule	A traditional Je...	0.0163707	0.2988	-0.463992	-0.374696	0.157133
2	Bread stick	Bread sticks, or...	-0.401234	0.241744	-0.0828923	-0.218696	-0.562696
3	Challah	Challah is a tra...	-0.0492942	0.386311	-0.256686	0.41072	-0.345515
4	Croissant	This French pas...	0.0885296	0.113396	-0.0819087	0.0332184	-0.0814946
5	White bread	A staple in ma...	-0.184242	0.292832	0.0931462	0.00728635	-0.723515
6	Pretzel	Pretzels have a...	-0.287495	0.0797181	0.0355833	0.16636	-0.320419
7	Matzah	A flat, unleave...	0.0842865	0.0894928	-0.290812	0.114166	-0.0158586
8	Baguette	A French classi...	0.122962	0.12476	-0.114036	-0.0672712	0.000541737
9	Crisbread	Crispbread is a ...	-0.275991	-0.0294307	0.153	-0.0780388	-0.669729
10	Muffin	Muffins are sm...	-0.0357396	-0.219034	0.0928579	0.422208	-0.448547
11	Toast	Toast refers to ...	-0.169042	-0.261701	0.321048	0.00603412	-0.402299
12	Garlic bread	Garlic bread co...	-0.308408	0.138684	-0.25292	-0.0503924	-0.641092
13	Cookie	A small, sweet,...	-0.30398	-0.353027	0.345367	0.274056	-0.253567
14	Sourdough bre...	Sourdough is k...	-0.313792	-0.0779607	0.0665345	-0.125979	-0.64824
15	Naan bread	Naan is a soft, ...	-0.482784	0.201845	-0.254958	0.110778	-0.635187
16	Pita bread	Pita is a round,...	-0.364968	-0.178889	0.0887064	0.294685	-0.58024
17	Ciabatta	An Italian brea...	0.0401213	-0.0296234	-0.149076	0.268933	-0.442313
18	Focuccia	Originating fro...	-0.009083	0.0417414	-0.0244995	0.032708	-0.00094302
19	Brioche	A French pastr...	-0.104982	0.166492	-0.326228	0.163403	-0.113908
20	Bagel	A dense, chew...	-0.0366166	0.210206	-0.152185	-0.212671	0.115968

〈그림 18-8〉 임베딩 후 Data Table 연결

[결과설명] 각 빵에 대한 여기서 BERT 문장 임베딩을 사용하여 각 빵 설명을 임베딩(숫자 벡터로 전환)한 결과를 알 수 있다.

[8단계] 테이블 위젯을 이용한 임베딩 이후 각 빵 종류별 거리(Distance)를 구하고 Hierachical Clustering을 실시한다.

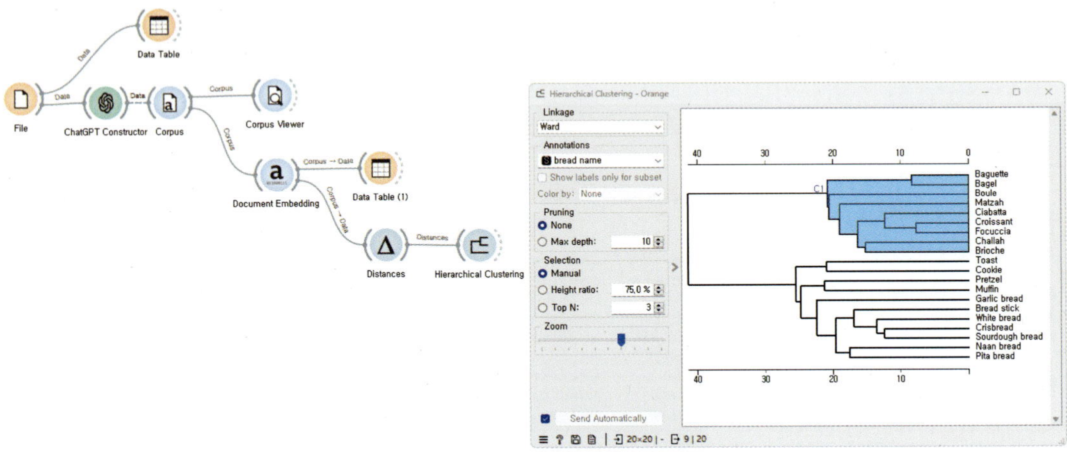

〈그림 18-9〉 계층적 군집분석

[결과설명] 빵 종류별 비슷한 빵이 군집화되어 있음을 알 수 있다.

[9단계] 빵 이름만으로는 많은 것을 정확하게 알 수 없기 때문에 빵 이미지가 필요하다. 우리의 목표는 빵의 군집화를 선택하고 해당 빵이 실제로 어떻게 보이는지 확인하는 것이다. 이미지를 이용한 군집 탐색을 위해서 빵의 이미지가 담긴 폴더(breads)를 사전에 준비해야 한다. Import Images에서 bread 폴더를 연결하고 Image Viewer도 연결한다.

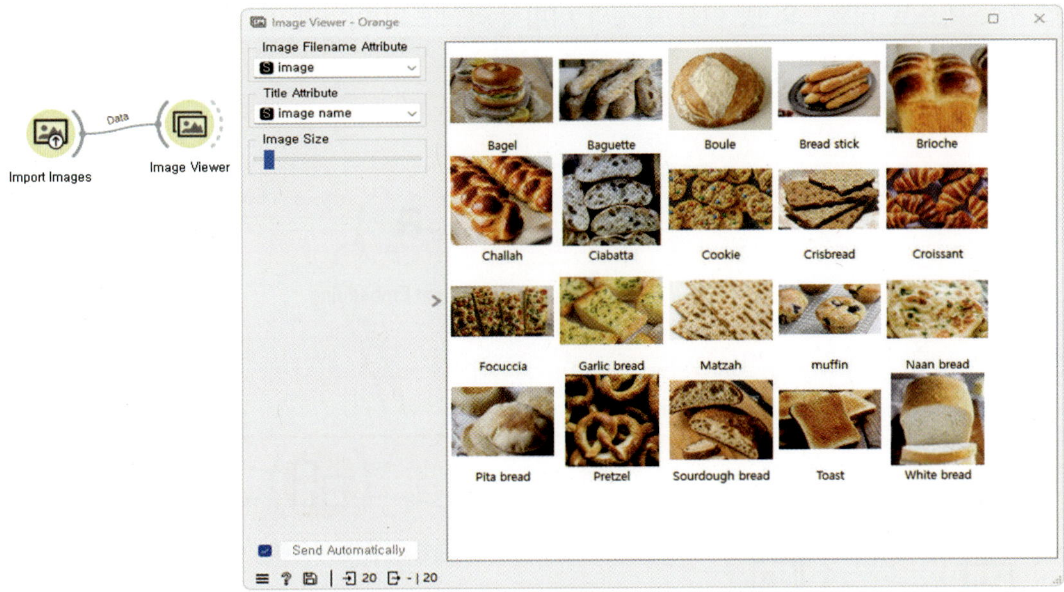

〈그림 18-10〉 Image Viewer 살펴보기

[결과설명] 이미지 가져오기 위젯을 사용하여 빵 이미지를 오렌지에 로드하고 이미지 뷰어 위젯을 사용하여 로드된 데이터를 확인할 수 있다.

[10단계] 오렌지는 데이터와 함께 이미지를 전혀 전달하지 않지만 대신 필드 중 하나에 이미지 파일의 위치를 저장하는 이미지 가져오기를 사용할 때 데이터 테이블을 구성한다. 그런 다음 이미지를 표시할 때 이미지 뷰어를 사용한다.

[11단계] 이제 텍스트 데이터를 이미지 데이터와 병합(Merge Data)하도록 하자. 이는 텍스트 삽입 후에 텍스트 레코드의 빵 이름 속성과 이미지 레코드의 이미지 이름 속성을 사용하여 두 파일의 행을 일치시키기 위한 목적이다.

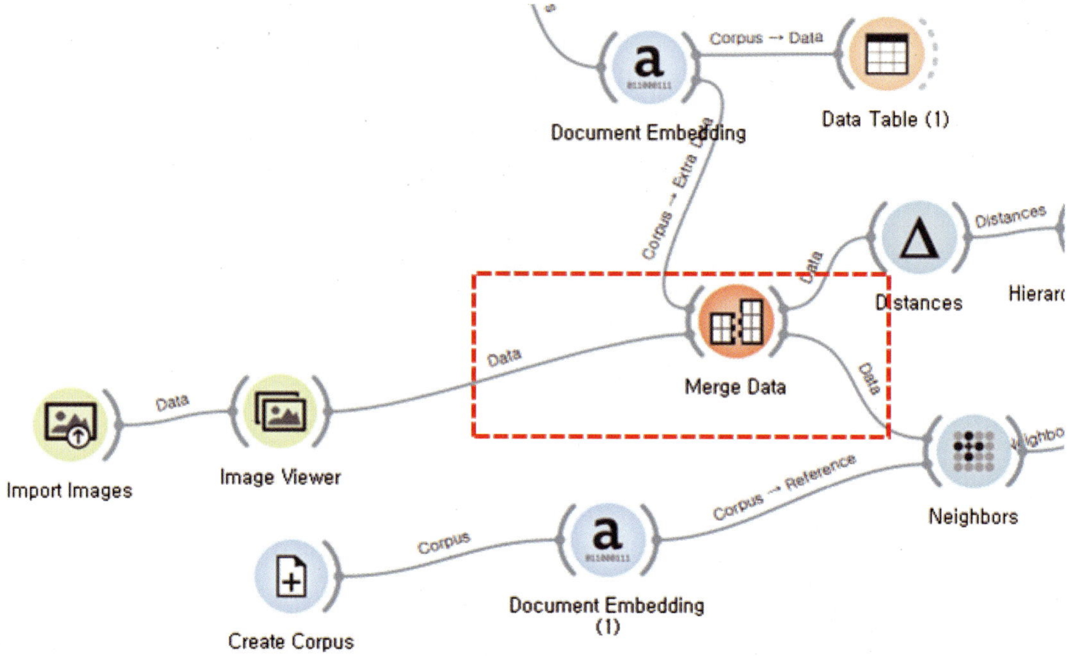

〈그림 18-11〉 데이터 병합

[12단계] 병합된 데이터 세트를 사용하여 군집화를 수행하고 빵 그룹의 이미지를 관찰할 수 있다. 또한 덴드로그램에서 선택된 빵에 대한 설명을 요약해 볼 수도 있다.

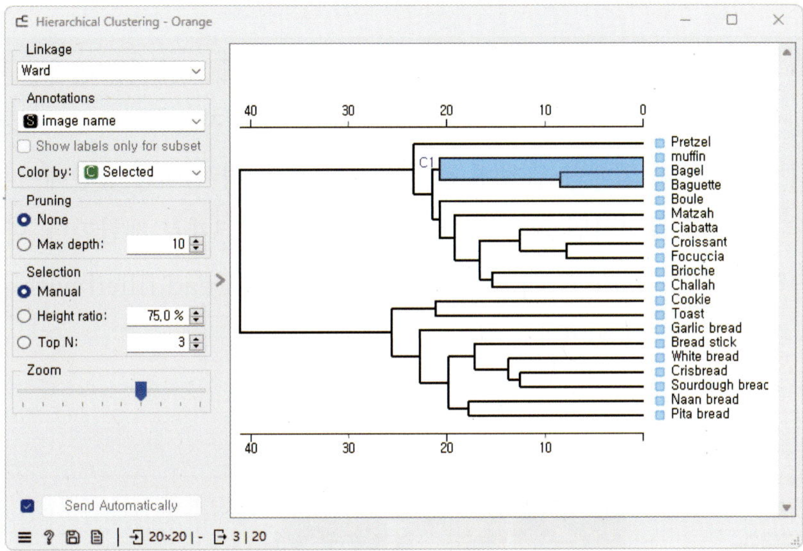

〈그림 18-12〉 덴드로그램

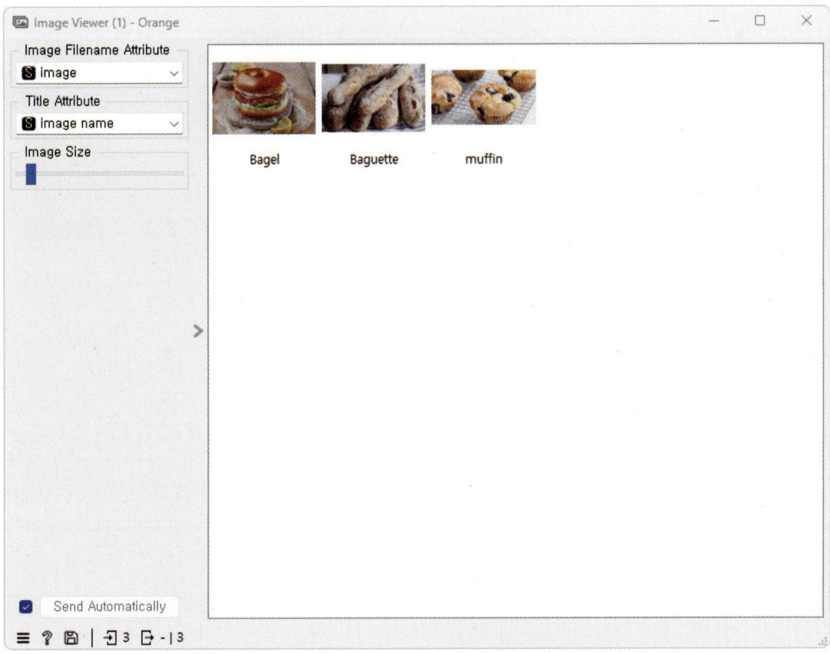

〈그림 18-13〉 유사한 빵 리스트

[13단계] 마지막으로 계층적 군집화 덴드로그램에서 선택한 빵에 대한 모든 설명으로부터 요약을 구성하도록 ChatGPT 요약 위젯에 요청할 수 있다. 이를 통해 빵 세계의 시각적 브라우저를 확인할 수 있다.

[14단계] 빵 벡터 공간의 원하는 빵과 최근접 이웃을 확인해 보자. 즉, 원하는 빵의 제목을 쓰고 어떤 빵이 가장 잘 어울리는지 알아보자. 원하는 빵을 작성하려면 Create Corpus를 사용한다. 텍스트를 문서 임베딩 위젯에 전달한 다음 빵 설명 임베딩 공간에서 가장 가까운 이웃을 찾는다. 이번에도 코사인 거리를 사용하고 이웃 수를 3개로 제한한다. 마지막으로 이미지 뷰어를 사용하여 Create Corpus에서 작성한 텍스트(bread filled with garlic)와 가장 일치하는 설명을 가진 빵 이미지를 표시한다.

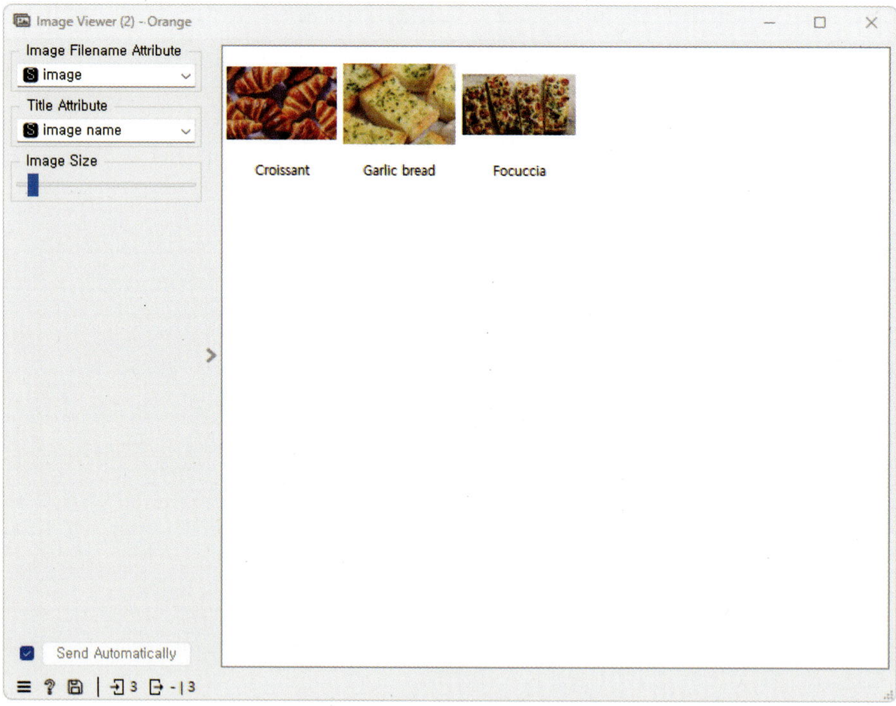

〈그림 18-14〉 원하는 빵 보여주기

[결과설명] Croissant, Garlic bread, Focuccia가 먹고 싶은 빵 리스트이고 이에 대한 그림이 나타나 있다.

[15단계] 지금까지 작업한 워크 플로우를 나타내면 〈그림 18-15〉와 같다.

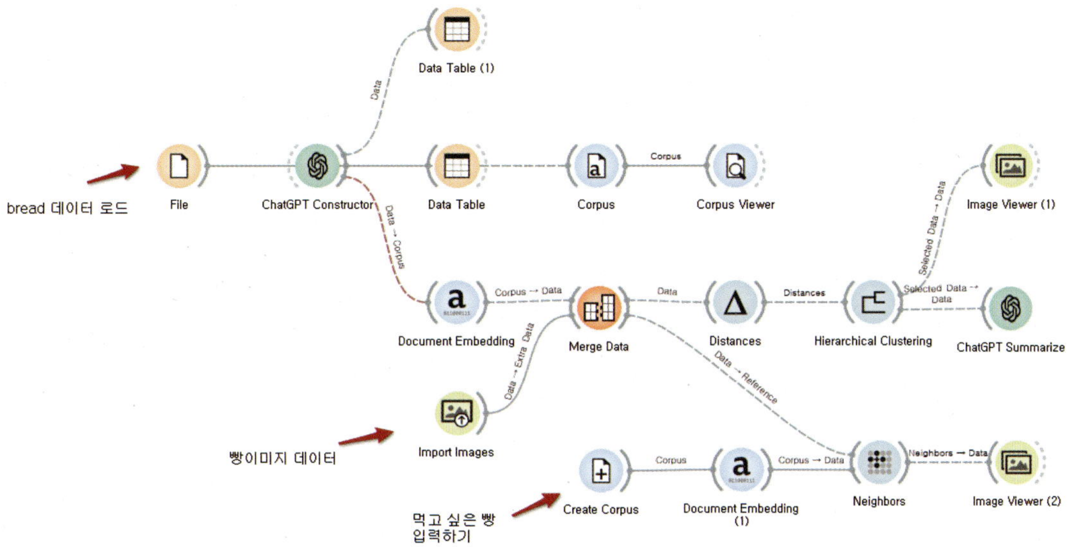

[데이터] ch18-1.ows

〈그림 18-15〉 워크 플로우

정리

- 챗GPT는 글쓰기, 그림, 음악, 영상 등 다양한 분야의 생성형 AI가 나타나 인간 이상의 능력을 보여주고 있다.
- ChatGPT는 아직 개발 중이지만 고객 서비스, 교육, 엔터테인먼트 등에서 사용가능하다.
  — 고객 서비스: ChatGPT는 고객 서비스 에이전트의 업무를 지원하는 데 사용될 수 있다. 고객의 질문에 답변하거나, 주문을 처리하거나, 문제 해결을 도울 수 있다.
  — 교육: ChatGPT는 학생들에게 개별화된 학습을 제공하는 데 사용될 수 있다. 학생들의 학습 수준과 관심사에 따라 맞춤화된 콘텐츠를 제공할 수 있다.
  — 엔터테인먼트: ChatGPT는 게임이나 대화형 스토리텔링을 제공하는 데 사용될 수 있다. 사용자와 상호 작용하며 몰입감 있는 경험을 제공할 수 있다.
- ChatGPT를 서치 정보를 시각화하기 위해서 ① 관심 데이터 저장, ② 그림 파일 저장, ③ 희망 사항 등을 입력하여 정확한 정보를 확보할 수 있다.

연습문제

1. 평소 자신이 먹고 싶은 음식의 종류와 그림 이미지를 준비한 다음 ChatGPT를 이용하여 설명도 생성해 보고, 먹고 싶은 음식 그림도 생성해 보도록 하자.

인공지능과 데이터 분석을 위한 **오렌지**

참고자료

김계수(2017), 가치창출을 R빅데이터 분석, 한나래 아카데미.

이사카와 아키히코 지음, 신상재, 이진화 옮김(2018), 인공지능을 위한 수학, 프리렉.

쿠지라 히코우즈쿠에 지음, 윤인성 옮김(2020), 파이썬을 이용한 머신러닝, 딥러닝 실전 개발 입문, 위키북스

Hair Jr. J. F., Black, W. C., Barbin, B. J., Anderson, R. E.(2019), Multivariate Data Analysis, Eighth Edition, Cengage.

K-Nearest Neighbors Algorithm - Latest Guide to K-Nearest Neighbors: https://www.analyticsvidhya.com/blog/2022/01/introduction-to-knn-algorithms/

Machine Learning Basics with the K-Nearest Neighbors Algorithm: https://towardsdatascience.com/knn-algorithm-what-when-why-how-41405c16c36f

Python Machine Learning - K-nearest neighbors (kNN): https://www.w3schools.com/python/python_ml_knn.asp

https://www.kdnuggets.com/5-super-cheat-sheets-to-master-data-science

인공지능과 데이터 분석을 위한 **오렌지**
해답

제1장 오렌지 설치 가이드

1. 오렌지 프로그램의 장점

   오렌지 프로그램은 데이터 분석 및 기계 학습에 대한 강력하고 사용하기 쉬운 도구이며 노코딩 접근, 다양한 기능, 시각화 및 확장성으로 인해 초보자부터 전문가까지 다양한 사용자에게 적합하다.

   - 노코딩으로 쉽게 데이터 분석을 할 수 있고 시각화가 우수하다.
   - 다양한 기능: 오렌지는 데이터 분석 및 기계 학습에 필요한 다양한 기능(데이터 탐색, 데이터 전처리, 머신 러닝 모델 구축 및 평가 등이 포함됨)을 포함하며, 오렌지는 다양한 데이터 분석 및 기계 학습 작업에 사용할 수 있다.
   - 시각화: 오렌지는 데이터를 시각화하는 강력한 기능을 제공하고 이를 통해 사용자는 데이터를 더 잘 이해하고 분석 결과를 더 쉽게 해석할 수 있다.
   - 확장성: 오렌지는 커뮤니티에서 제공하는 다양한 플러그인과 확장을 지원하여 사용자는 오렌지의 기능을 사용자 지정하고 확장할 수 있다.

2. ex1.xlsx 파일을 연결하기 위해 데이터창에서  란을 드래그하고 연결한다. Visualize 란에서  을 드래그한다. 이어 File과 Scatter Plot으로 아래와 같이 연결한다.

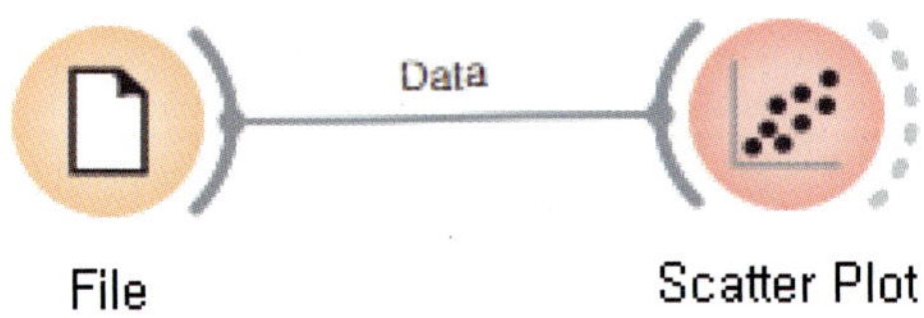

마우스로 Scatter Plot를 더블 클릭하면 다음과 같은 결과를 얻을 수 있다.

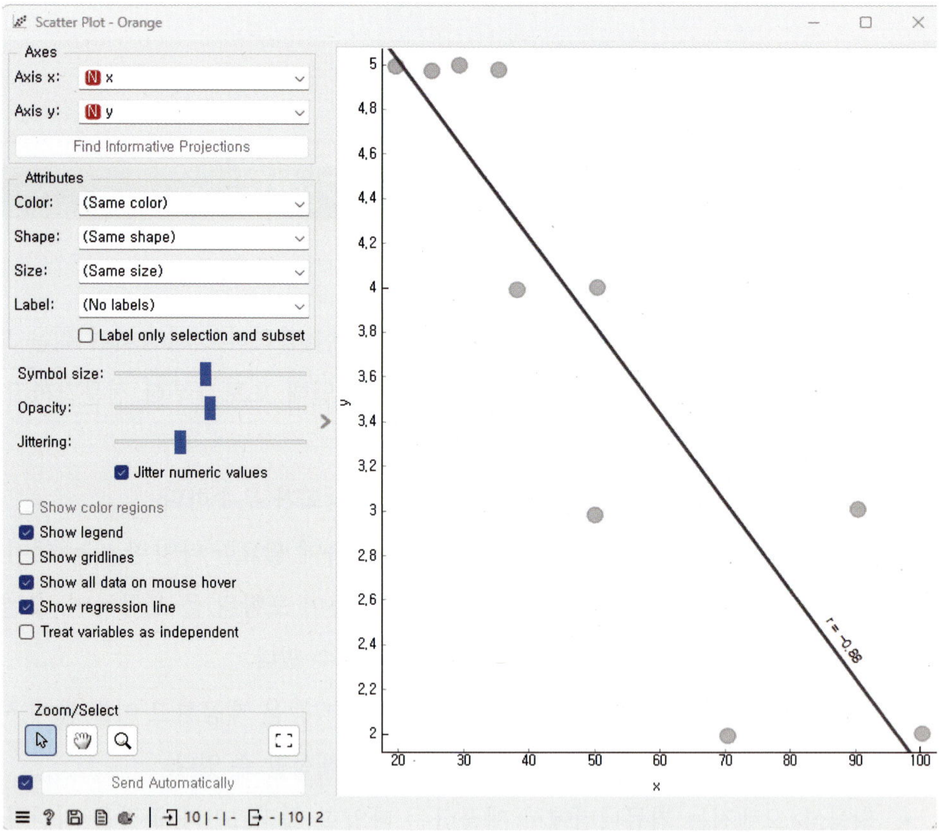

[결과설명] 오렌지 프로그램으로 산점도를 그려 본 결과, 상관계수(r)는 −0.880이며 음의 상관관계 즉, 출근시간이 길어지면 직장만족도가 낮아짐을 알 수 있다. 관련한 추정 회귀직선이 음의 상관으로 연결되어 있음을 알 수 있다.

제2장 인공지능과 데이터 분석 기초

1. 인공지능으로서의 머신러닝은 지도학습, 비지도학습, 강화학습으로 나눈다. 지도학습(supervised learning)은 데이터에 사전에 붙어 있는 정답 라벨을 이용하여 카테고리를 분류하거나 예측하는 경우에 해당한다. 오렌지 프로그램을 기준으로 하면 다음과 같이 분류할 수 있다.

지도학습

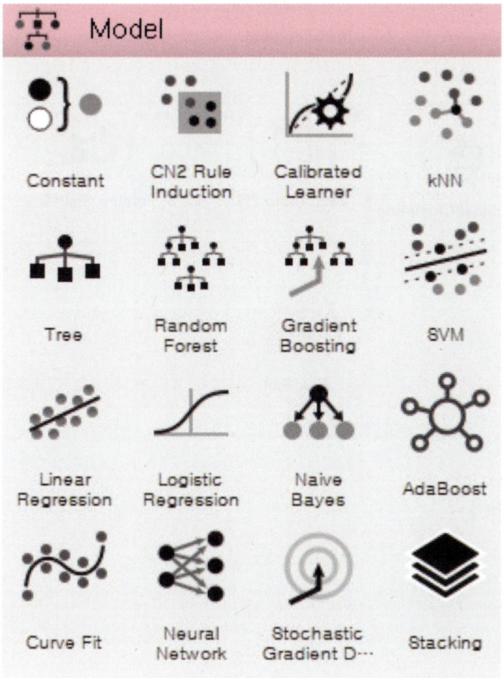

비지도학습

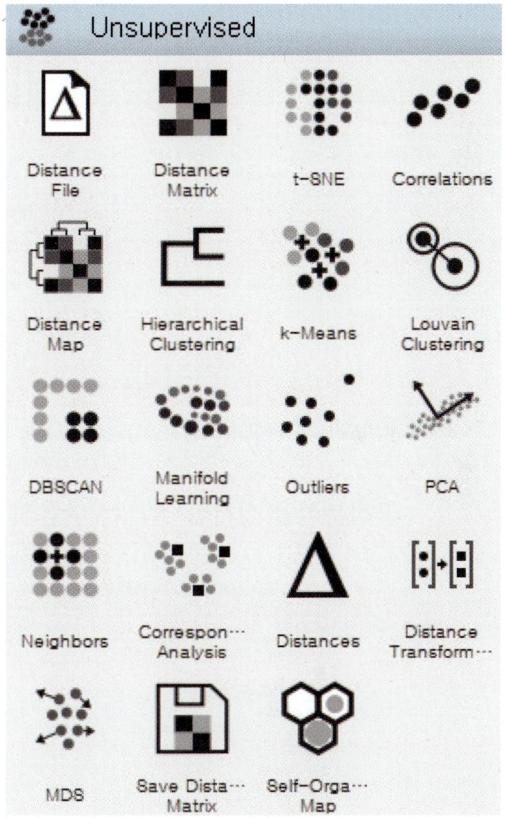

강화학습은 에이전트(agent)와 환경(environment)이 상호작용하여 환경은 에이전트에 보상하고 에이전트는 환경에 행동하는 것이다. 강화학습의 대표적인 예는 바둑과 장기 인공지능, 로봇동작의 시뮬레이션이 해당한다.

2. 계층적 군집분석을 실시하기 위해서 다음과 같은 워크 플로우를 그린다. 이어 ch2_2.csv 를 연결한다.

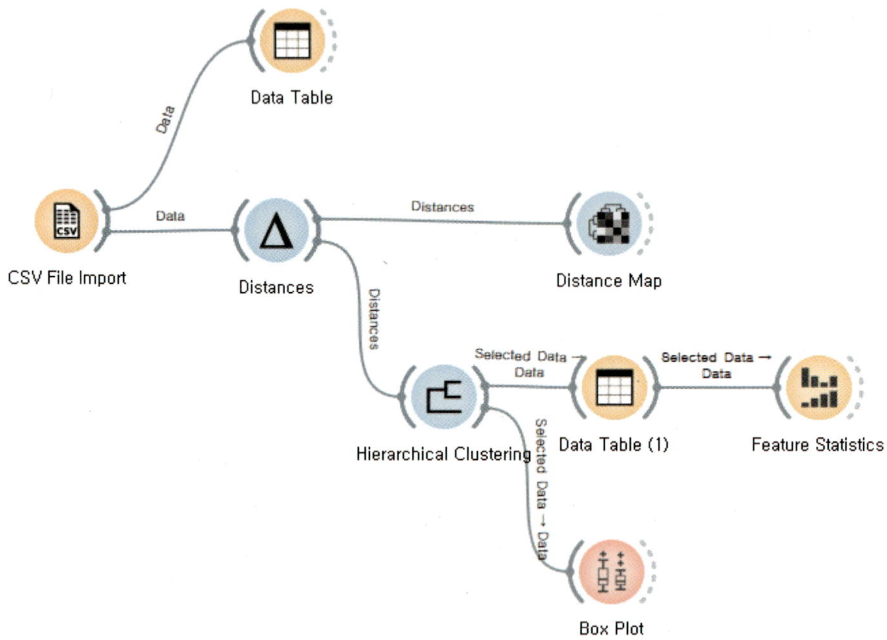

[데이터] exch2_2.ows

군집분석을 실시한 결과는 다음과 같다.

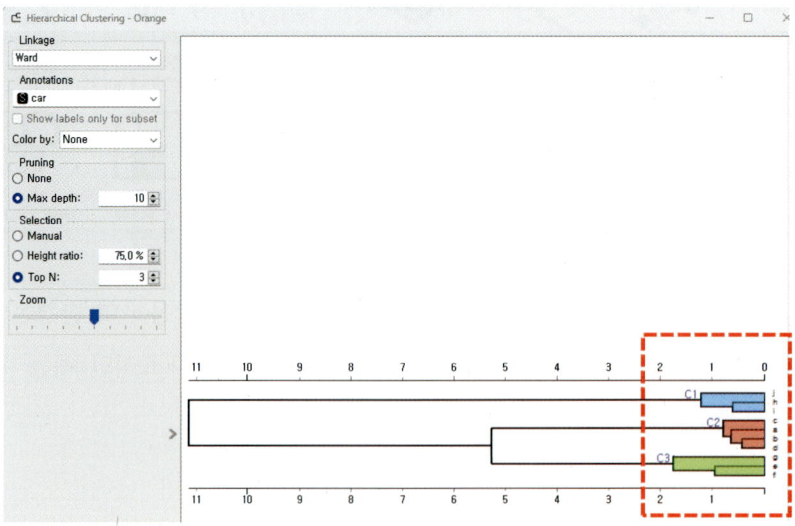

1그룹(C1)에는 h, i, j차종 브랜드가, 2그룹(C2)에는 a, b, c, d 자동차 브랜드, 3그룹에는 d, e, f 자동차 브랜드가 묶이는 것을 알 수 있다. Data Table (1)과 연결된 Feature Statistics 위젯을 클릭하면 군집별 구체적인 통계량을 확인할 수 있다. 즉, C1 군집은 x1(외형의 크기), x2(배터리 용량)를 덜 중요시 하는 그룹, C2군집은 x1(외형의 크기), x2(배터리 용량)를 중간 중요시 하는 그룹, C1군집은 x1(외형의 크기), x2(배터리 용량)를 매우 중요시 하는 그룹임을 알 수 있다.

3. CSV File Import에 happiness1.csv 데이터를 연결하고 CSV File Import (1)에 happiness2.csv 데이터를 연결한다.

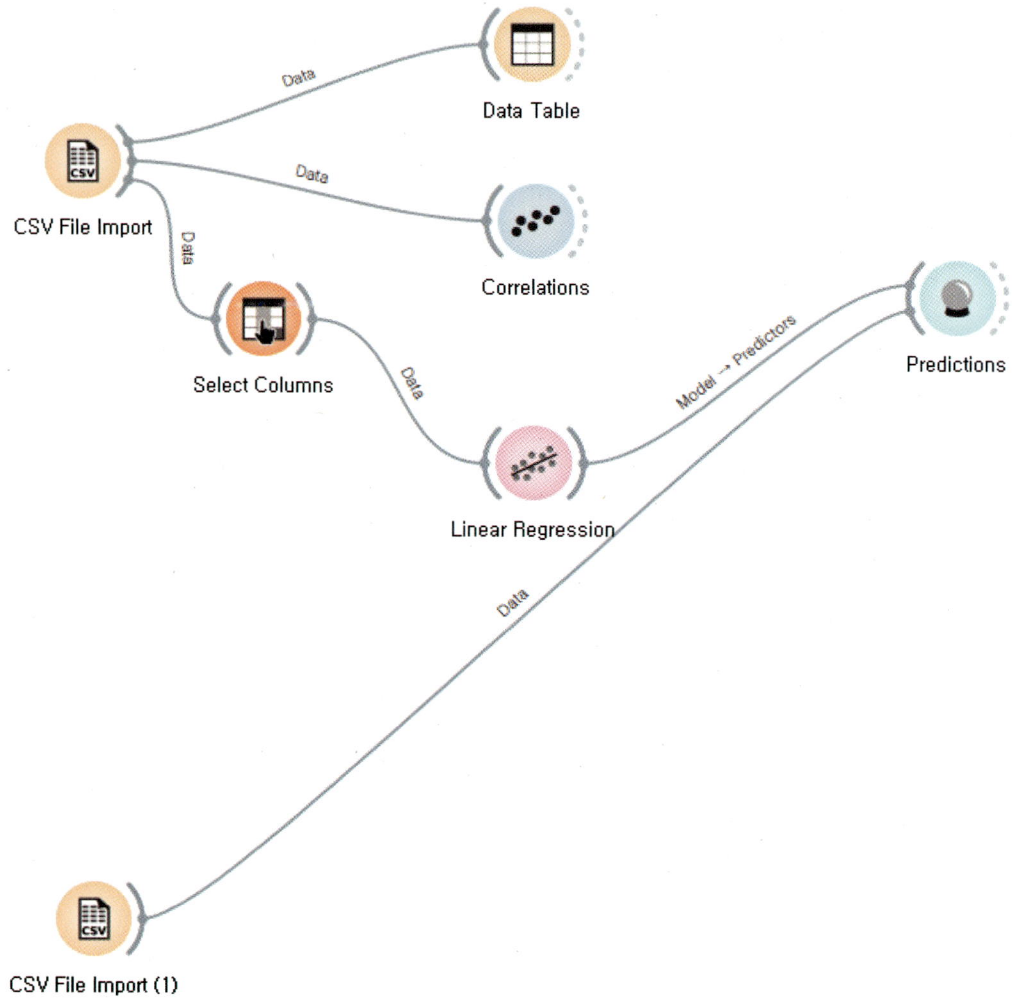

[데이터] ch2_ex_prediction.ows

Linear Regression을 눌러 상수항과 기울기를 확인한다.

Coefficients: coefficients: 5 instances, 2 variables
Features: numeric (no missing values)
Metas: string

	name	coef
1	intercept	0.383663
2	x1	0.103548
3	x2	0.149182
4	x3	0.189236
5	x4	0.476531

이 자료를 이용하여 추정회귀식을 만들 수 있다.

$$\hat{Y} = 0.383 + 0.103x_1 + 0.149x_2 + 0.189x_3 + 0.476x_4$$

이어 Predictions 위젯을 누르면 9명의 직장인의 행복정도가 예측되어 있음을 알 수 있다.

Predictions - Orange

	Linear Regression	x1	x2	x3	x4
1	5	4	4	5	5
2	1	1	1	1	1
3	3	3	3	3	3
4	5	5	5	5	5
5	5	5	5	4	5
6	3	3	3	3	3
7	4	4	4	4	4
8	4	4	4	4	4
9	4	4	3	4	5

제3장 데이터 관리

1. 다음과 같이 워크 플로우를 작성하여 연결하면 된다(exch3.ows).

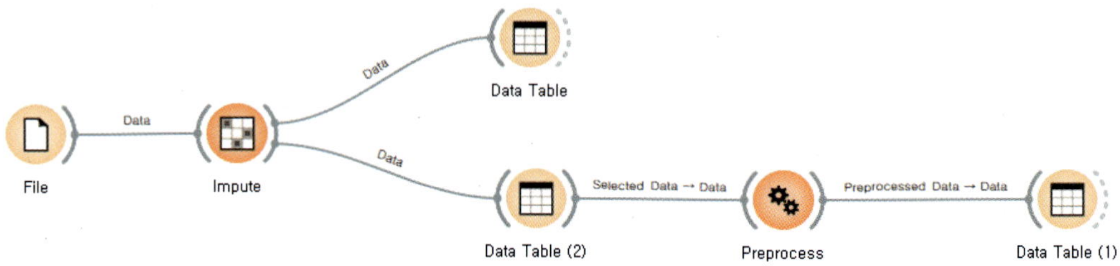

분석결과 Data Table (2)란을 확인하면 가격 7번째 셀이 82.50으로 대체(impute)된 것을 알 수 있다.

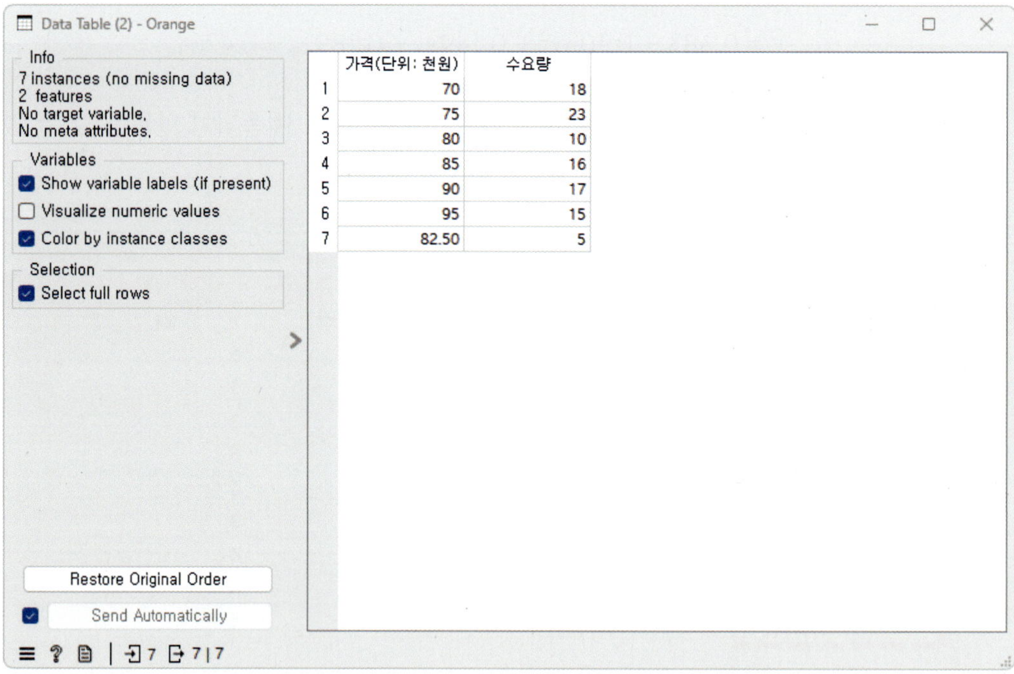

이어 Preprocess를 연결하여 정규화를 실시한 결과는 다음과 같다.

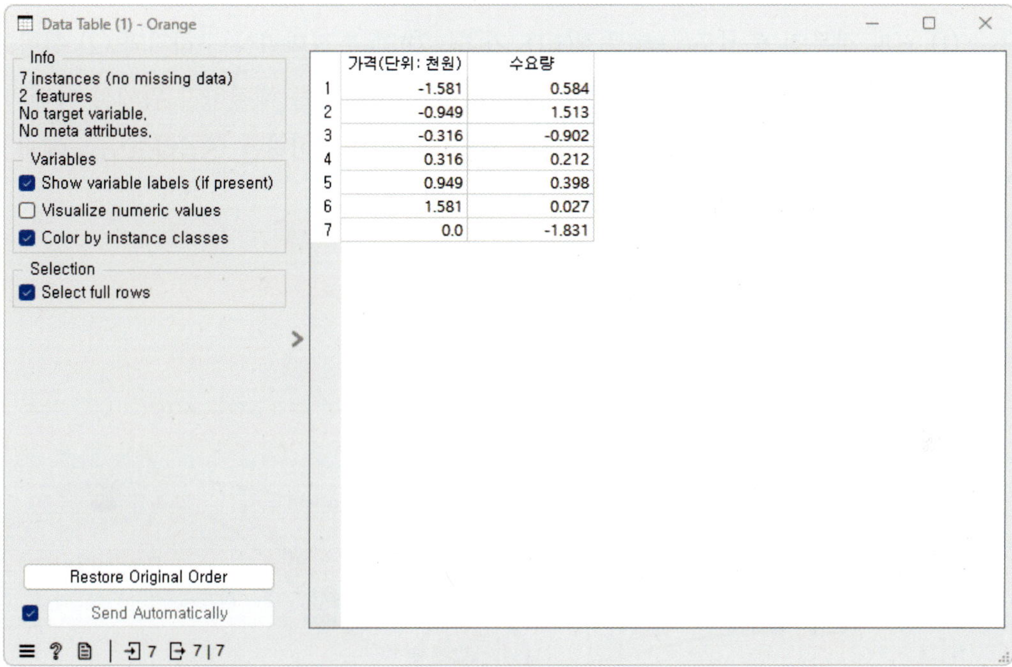

제4장 선형회귀모델

1. (1) 커피 전문점 충성도(y)=f(품질(x1), 가격(x2))의 추정회귀식 구하기와 (2) 선형회귀모델에서 평가지표인 MSE, RMSE, MAE, R^2를 산출하기를 해결하기 위해서 아래와 같은 워크 플로우를 작성한다. File란에서는 exch41.xlsx 데이터를 연결하고 role에서 y변수를 target으로 설정하는 것을 잊으면 안 된다.

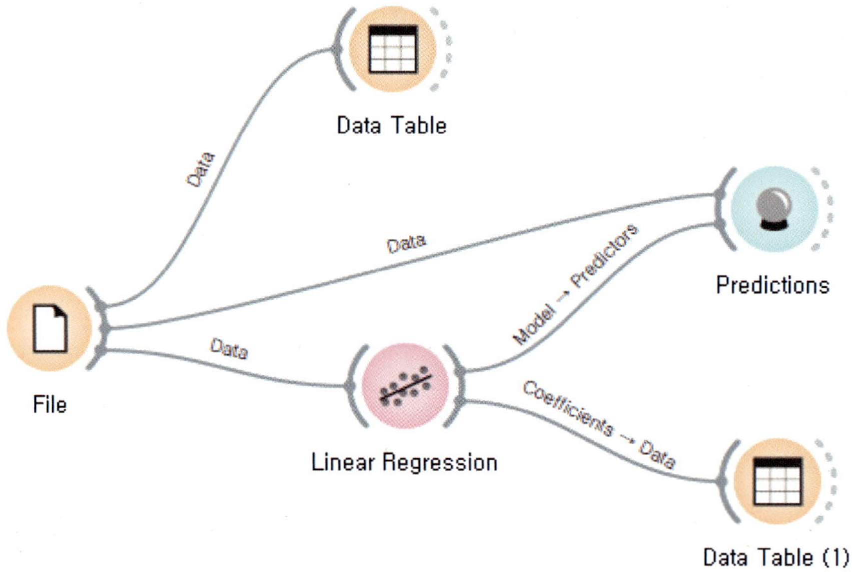

[데이터] exch41.ows

Data Table (1)을 더블 클릭하여 $\hat{Y} = 0.535 + 0.976x_1 + 0.25x_2$를 구할 수 있다. 이어 Predictions를 더블 클릭하여 선형회귀모델 평가지표를 확인할 수 있다. MSE = 0.456, RMSE = 0.675, MAE = 0.585, MAPE = 0.122, R^2 = 0.951임을 확인할 수 있다.

이어 예측을 위해서 File (1)에 exch4_pre.xlsx 데이터를 연결하고 앞의 Linear Regression과 Predictions (1)을 연결하고 File (1)과 Predictions (1)을 연결한다.

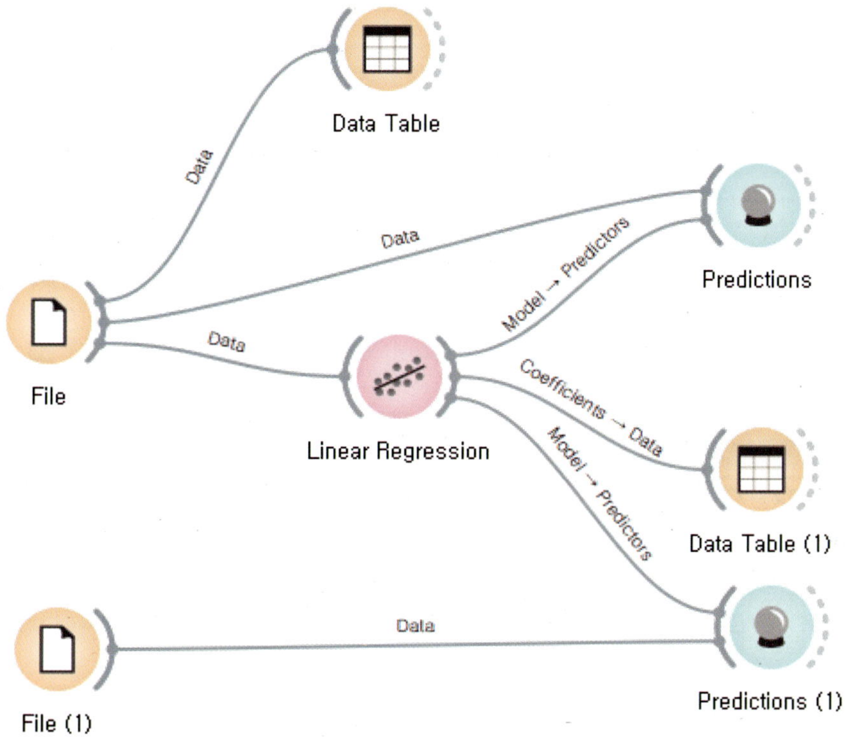

[데이터] exch41.ows

Predictions (1)을 더블 클릭하면 다음을 얻을 수 있다.

Predictions (1) - Orange

	Linear Regression	x1	x2
1	8	6	7

여기서, 신규고객이 품질(x1), 가격(x2)에 대하여 각각 6, 7점에 반응을 보인다면 점포 충성도는 8임을 알 수 있다.

2. Amazon의 주가를 예측하기 위해서 다음과 같은 워크 플로우를 작성한다.

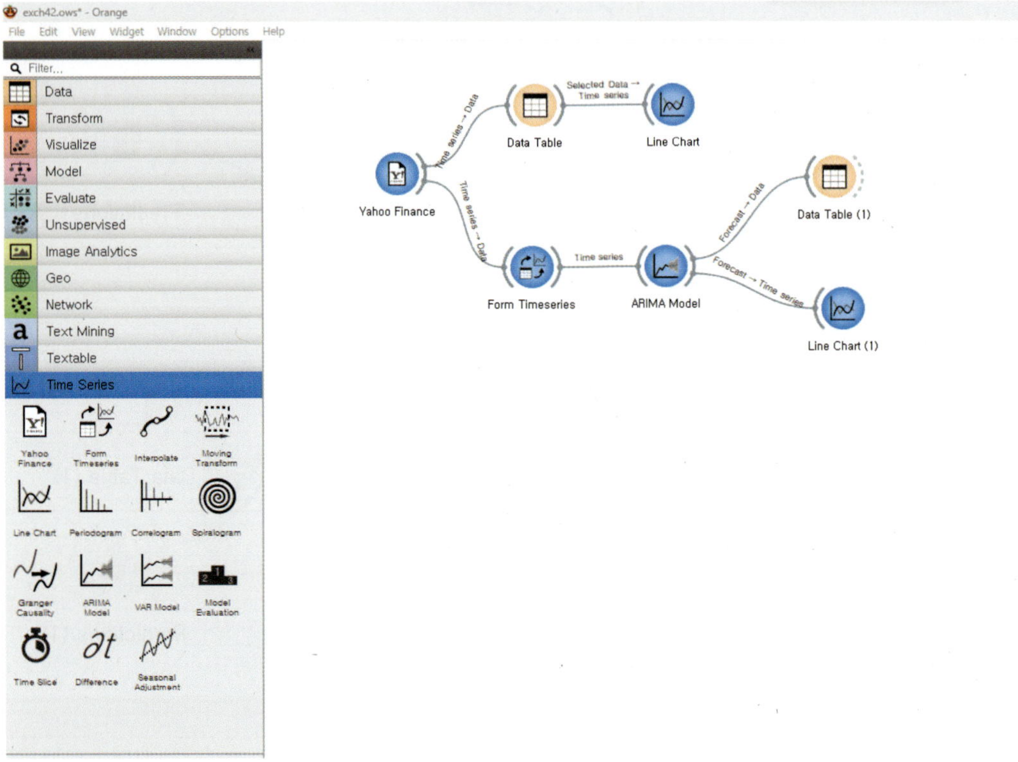

[데이터] exch42.ows

ARIMA(1, 1, 1)를 지정하고 Data Table (1)와 Line Chart (1)을 눌러 종가를 확인할 수 있다. 특히 Line Chart (1)를 눌러 마우스를 해당 선에 올려 놓으면 인터랙티브(Interactive)한 결과를 얻을 수 있다.

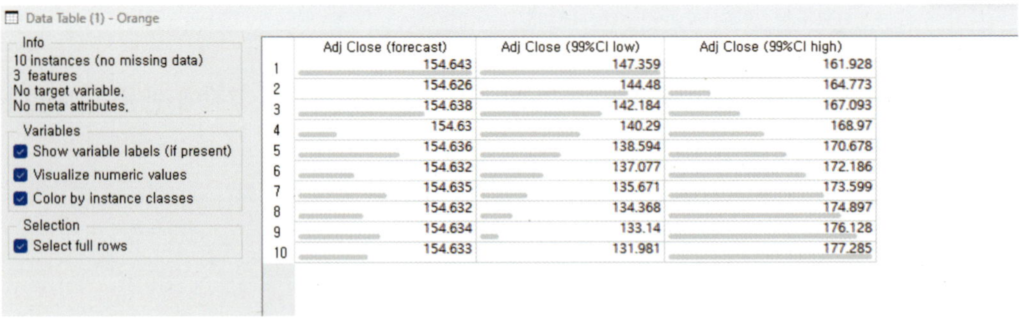

	Adj Close (forecast)	Adj Close (99%CI low)	Adj Close (99%CI high)
1	154.643	147.359	161.928
2	154.626	144.48	164.773
3	154.638	142.184	167.093
4	154.63	140.29	168.97
5	154.636	138.594	170.678
6	154.632	137.077	172.186
7	154.635	135.671	173.599
8	154.632	134.368	174.897
9	154.634	133.14	176.128
10	154.633	131.981	177.285

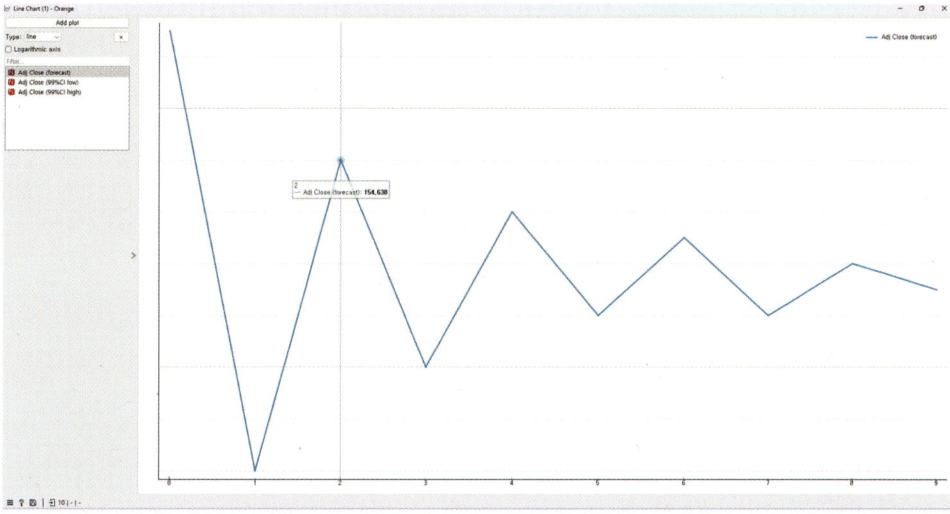

제5장 로지스틱회귀분석

1. File 위젯에 company.xlsx를 연결한다. 이어 다음과 같은 워크 플로우를 작성한다.

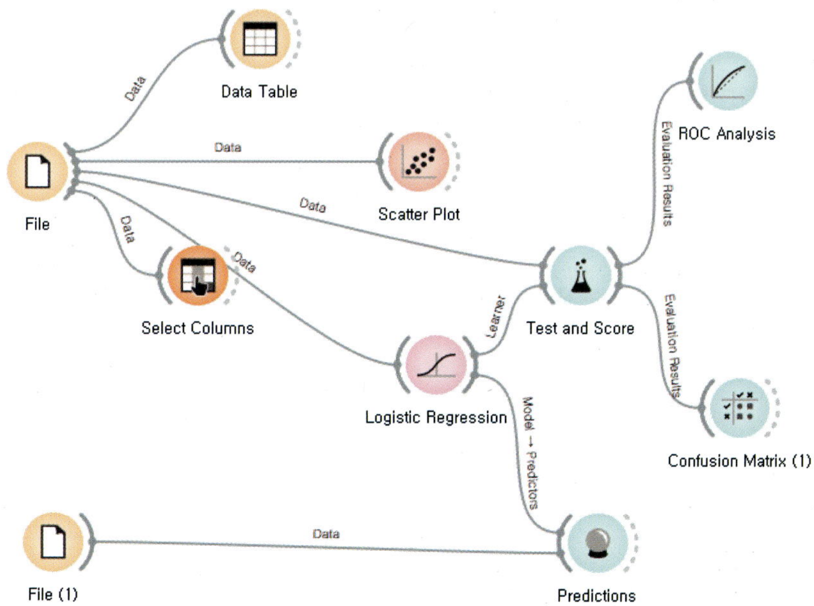

[데이터] exch51.ows

Test and Score를 눌러 다음의 결과를 확인한다. 각 로지스틱회귀모델 지표가 나타나 있다.

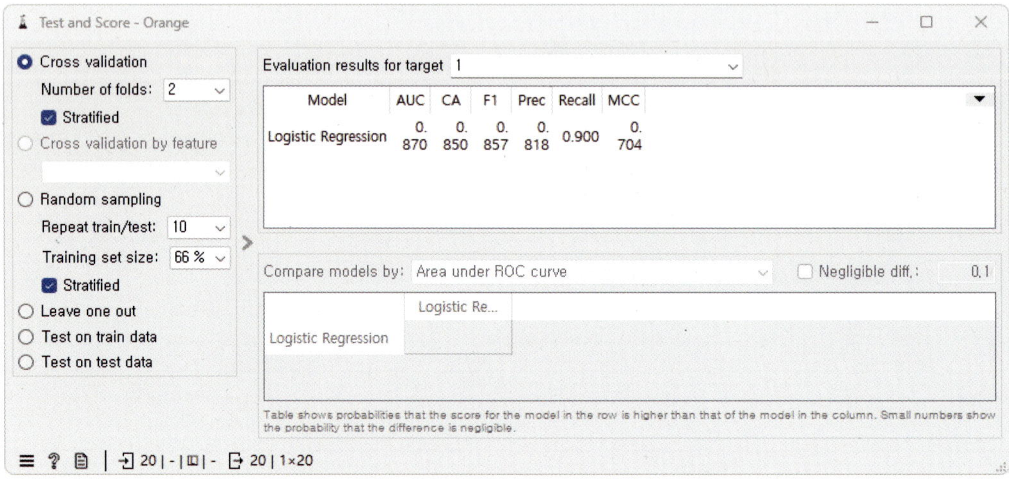

ROC Analysis를 누르면 다음과 같은 결과를 얻을 수 있다.

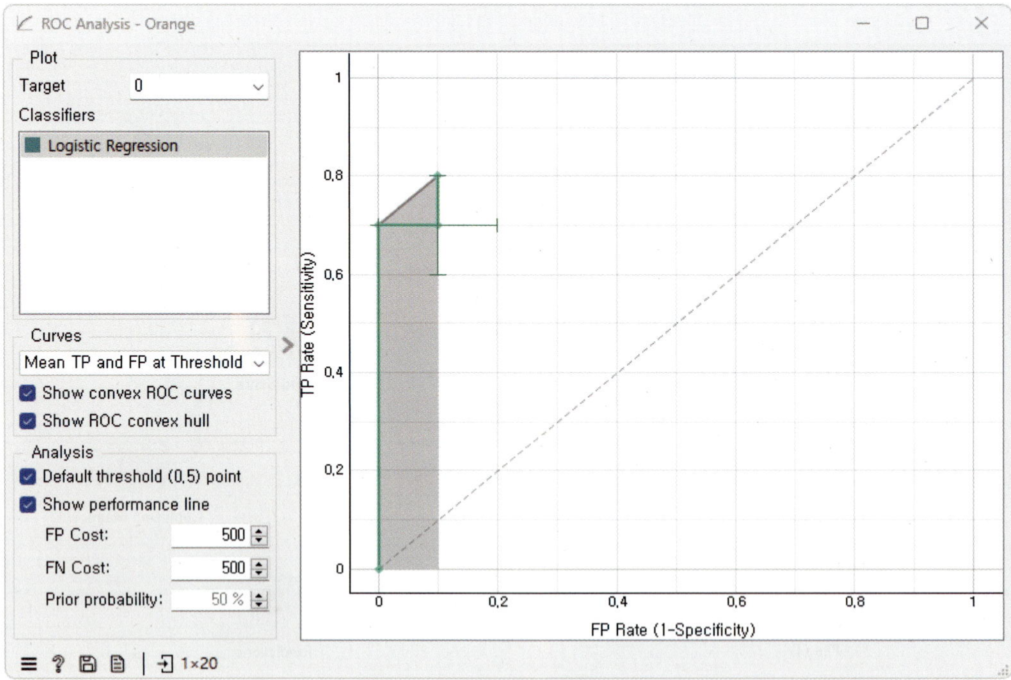

Confusion Matrix (1)를 누르면 다음과 같은 결과를 얻을 수 있다.

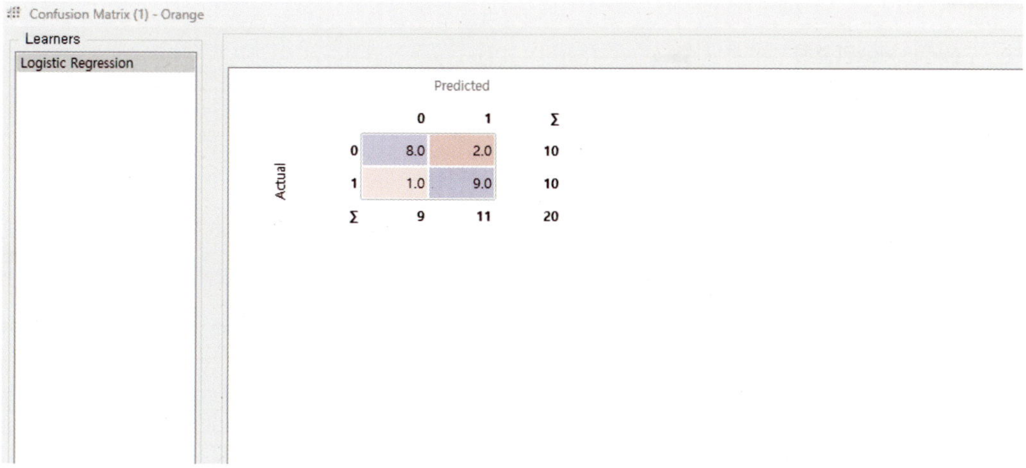

두 결과를 통해서 평가지표가 대체로 기준치보다 낮아 로지스틱 회귀모델의 성능은 우수하다고 판단할 수 없음을 알 수 있다.

이어 새로운 유보표본(company_test.xlsx)을 File (1)에서 불러오고 predictions를 연결한다. predictions를 더블 클릭하면 다음과 같은 결과를 얻을 수 있다.

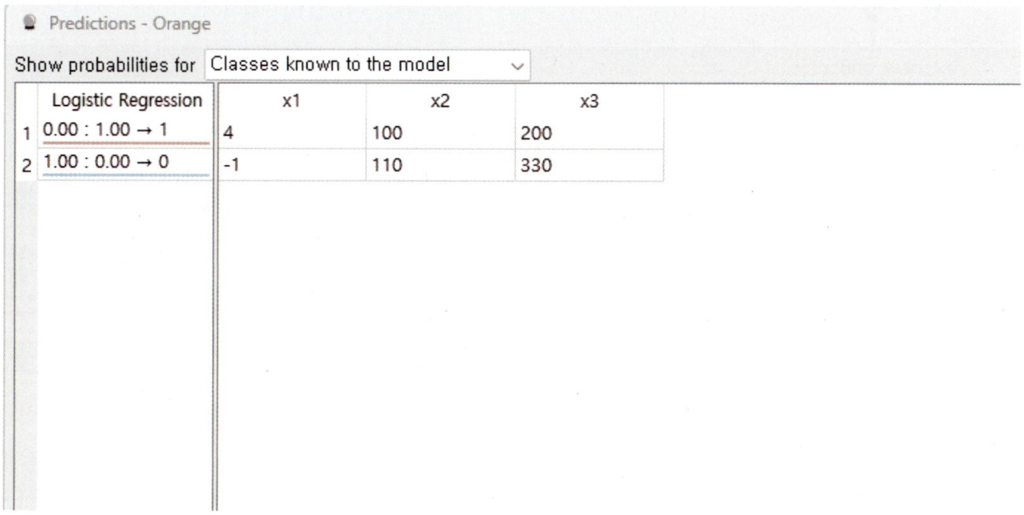

[결과설명] 유보표본 첫 번째는 1(건전기업)에 분류되고 유보표본 두 번째는 0(부도기업)에 분류됨을 알 수 있다.

제6장 kNN

1.

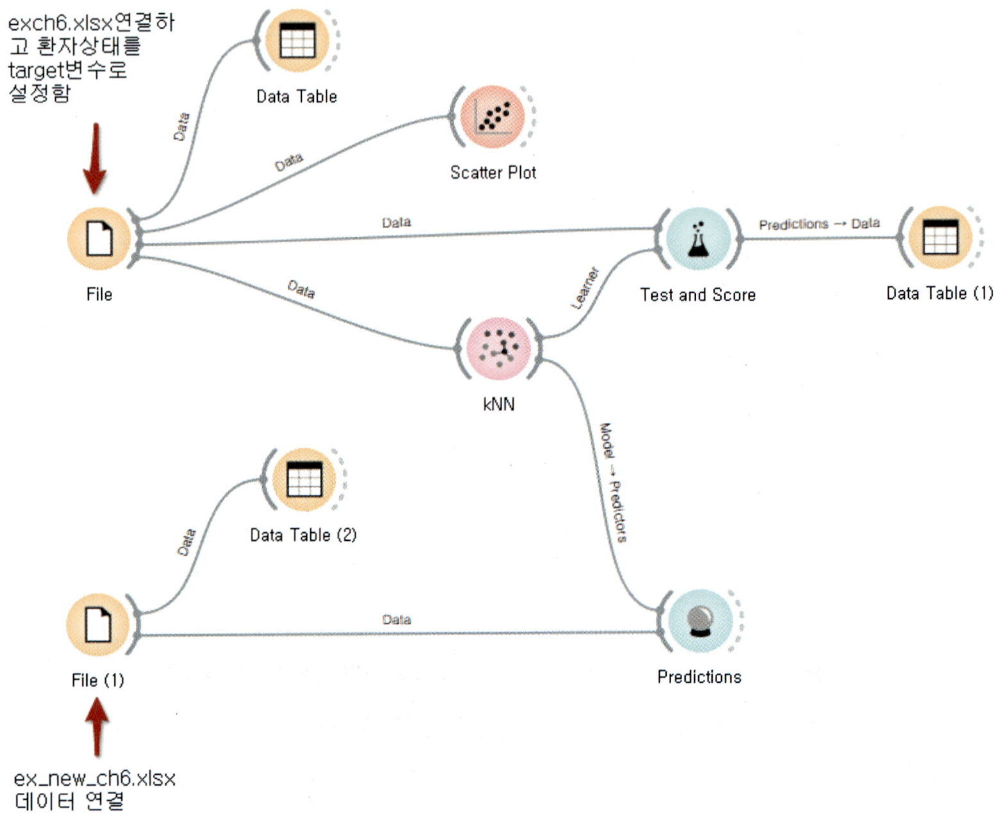

워크 플로우를 작성하고 Test and Score를 확인할 수 있다.

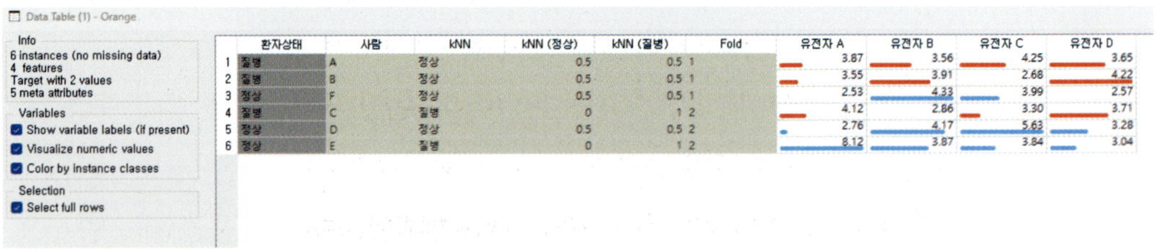

	환자상태	사람	kNN	kNN (정상)	kNN (질병)	Fold	유전자 A	유전자 B	유전자 C	유전자 D
1	질병	A	정상	0.5	0.5	1	3.87	3.56	4.25	3.65
2	질병	B	정상	0.5	0.5	1	3.55	3.91	2.68	4.22
3	정상	F	정상	0.5	0.5	1	2.53	4.33	3.99	2.57
4	질병	C	질병	0	1	2	4.12	2.86	3.30	3.71
5	정상	D	정상	0.5	0.5	2	2.76	4.17	5.63	3.28
6	정상	E	질병	0	1	2	8.12	3.87	3.84	3.04

분석결과 유전자 정보 B가 낮고 유전자 정보 D가 높을 경우는 질병에 걸릴 확률이 높음을 알 수 있다. 이와같은 정보를 토대로 Predictions를 눌러 확인한 결과 다음과 같은 결과를 얻을 수 있다.

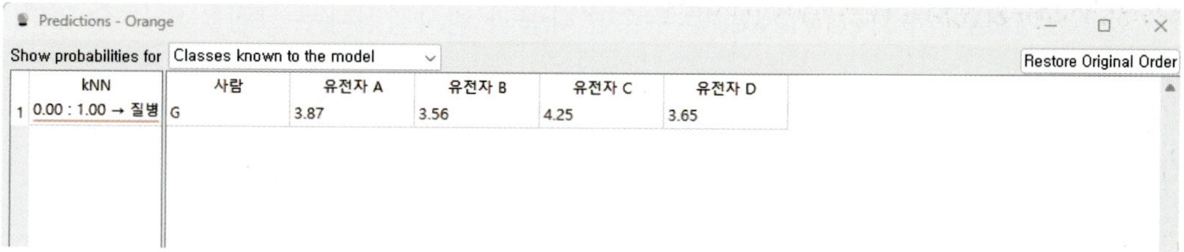

kNN모델 분석결과 새로운 개체는 질병이 있는 것으로 예측된다.

제7장 의사결정나무

1. 다음과 같은 워크 플로우를 작성한다.

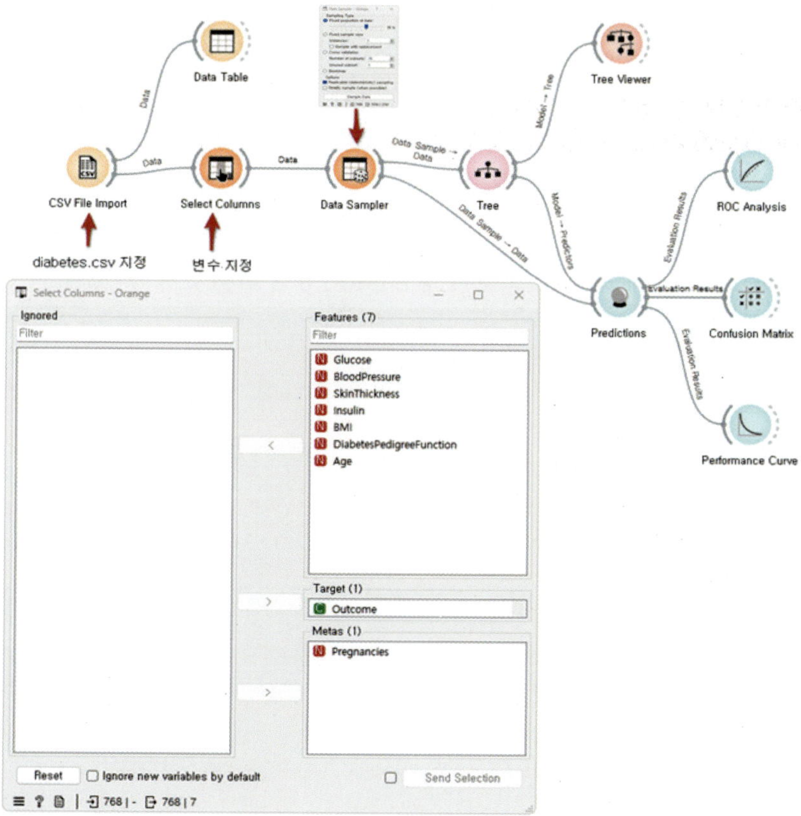

[데이터] exch71.ows

앞 그림에서 Tree Viewer를 누르면 다음과 의사결정나무 그림을 얻을 수 있다.

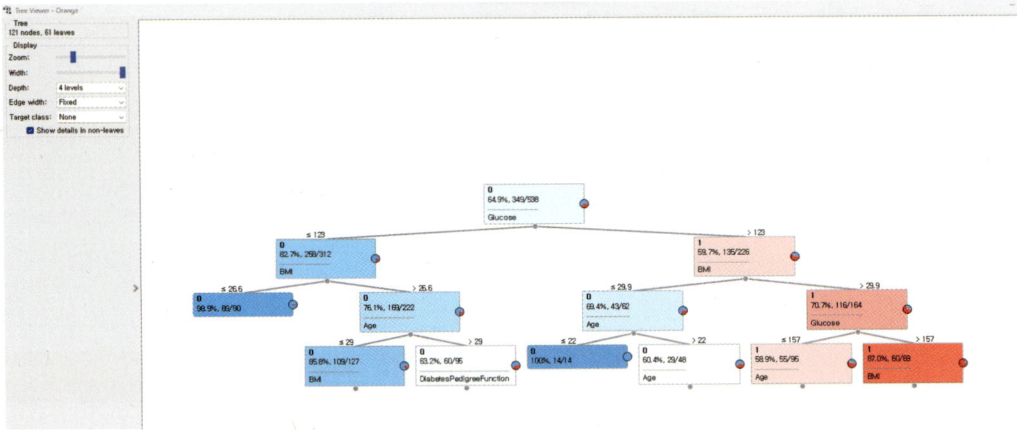

[결과설명] 여기서는 나무의 깊이(Depth)를 4 levels로 정한 결과이다. 당뇨에 걸리지 않는(349명) 경우(0)는 Glucose(글루코스 내성(glucose tolerance), 실험 후의 혈당수치)의 양이 123 이하인 경우이고 BMI((비만도 수치, weight in kg/(height in m)^2)가 중요한 변수임을 알 수 있다. 당뇨에 걸리는 경우(1)는 Glucose이 123 이상이고 BMI가 29.9 이상인 경우에 해당함을 알 수 있다. 즉, Glucose와 BMI 변수가 당뇨 발병에 중요한 변수임을 확인할 수 있다.

Predictions, ROC Analysis, Confusion Matrix, Performance Curve 위젯을 눌러 Tree 모델의 세부 결과, 모델의 성능 및 타당성을 확인할 수 있다.

제8장 랜덤 포레스트

1. 랜덤 포레스트와 트리 비교

내용	랜덤 포레스트	트리
기본 내용	복수의 의사결정나무	단일 의사결정나무
편향(Bias)-분산(Variance) 트레이드 오프	낮은 분산, 과적합 가능성 줄여줌	높은 분산, 과적합 가능성 높음
예측 정확성	앙상블 기반 정확성 높음	과적합 가능성 높음
견고성	이상치와 노이즈에 견고함	이상치와 노이즈에 민감함
훈련시간	다수의 트리 구축으로 훈련시간 느림	단일 나무 구축으로 훈련시간 빠름
변수 중요성	변수 중요도의 점수 제공	변수 중요도 제공하나 신뢰도가 낮음
사용	복잡한 업무, 고차원 데이터	단순한 업무, 해석 용이성

2. 물고기 종류를 구분하기 위한 Tree, Random Forest, Gradient Boosting, AdaBoost, Stochastic Gradient Descent 분석을 위해서 다음과 같은 워크 플로우 작성할 수 있다. Select Columns에서 Weight, Length, Diagonal, Height, Width는 Features 변수로 하고 Species를 Target 변수로 설정하는 것을 잊지 말아야 한다.

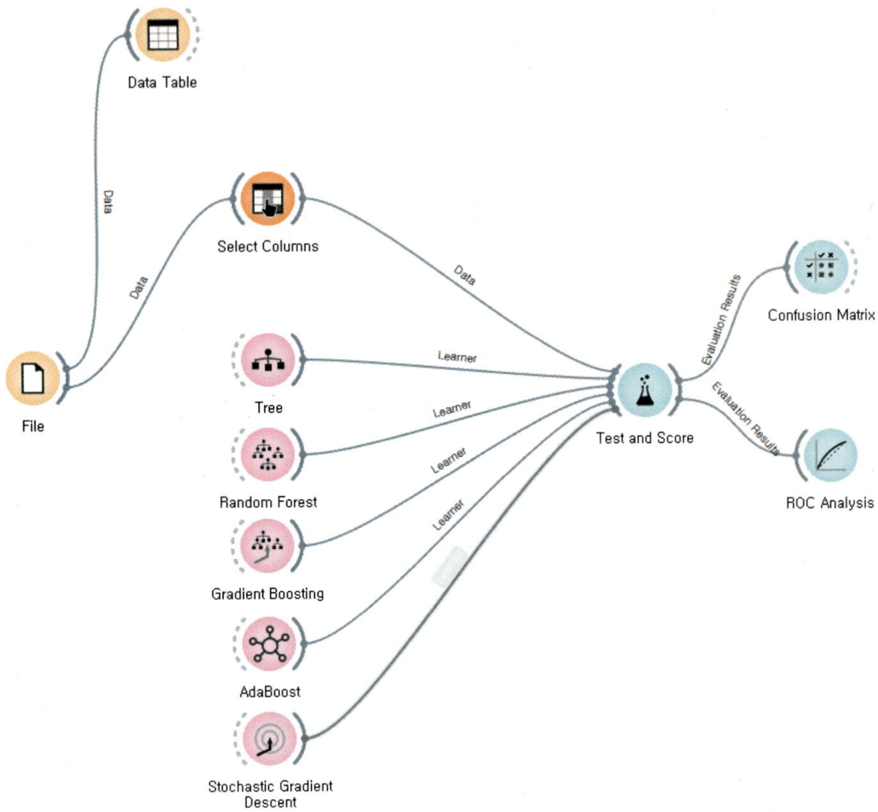

[데이터] exch82.ows

분석결과 Gradient Boosting, Random Forest에 의한 분석 성능이 가장 우수한 것으로 나타났다.

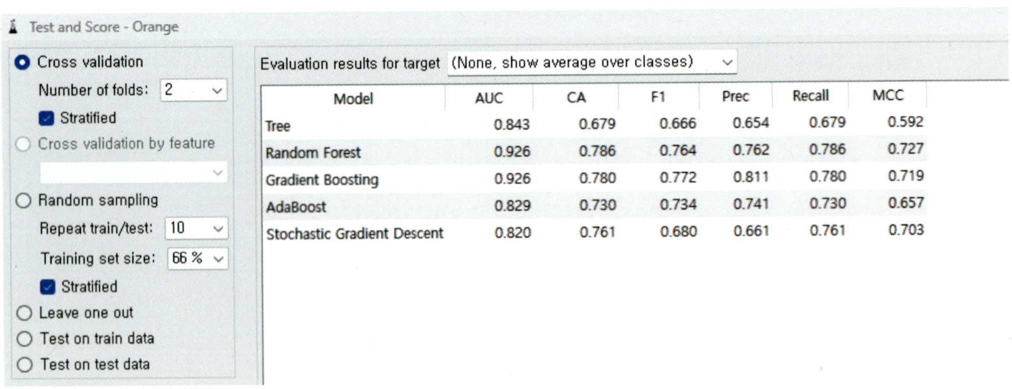

Model	AUC	CA	F1	Prec	Recall	MCC
Tree	0.843	0.679	0.666	0.654	0.679	0.592
Random Forest	0.926	0.786	0.764	0.762	0.786	0.727
Gradient Boosting	0.926	0.780	0.772	0.811	0.780	0.719
AdaBoost	0.829	0.730	0.734	0.741	0.730	0.657
Stochastic Gradient Descent	0.820	0.761	0.680	0.661	0.761	0.703

제9장 신경망

1. 물고기 종류를 구분하기 위한 신경망 분석결과를 Tree, Random Forest, Gradient Boosting, AdaBoost, Stochastic Gradient Descent 분석과 비교하기 위해서 다음과 같은 워크 플로우를 작성한다.

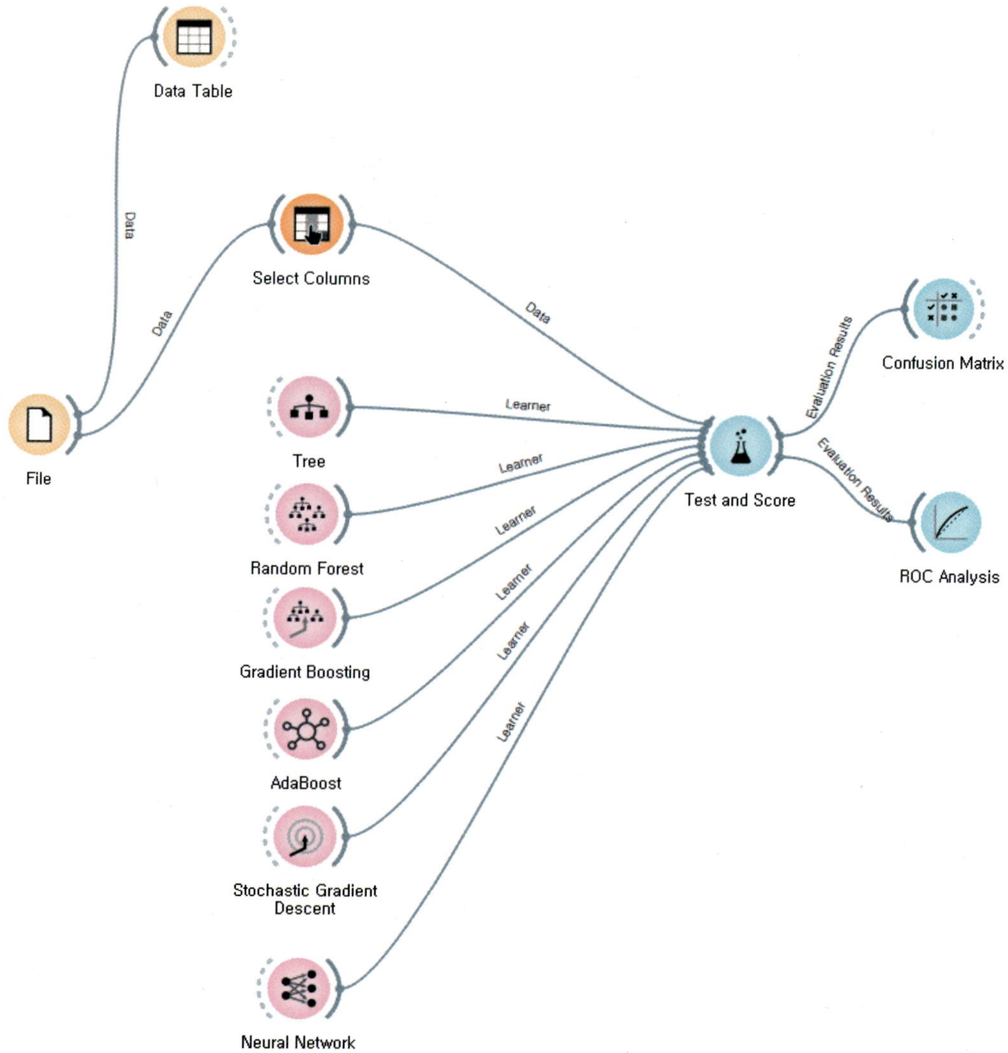

[데이터] exch91.ows

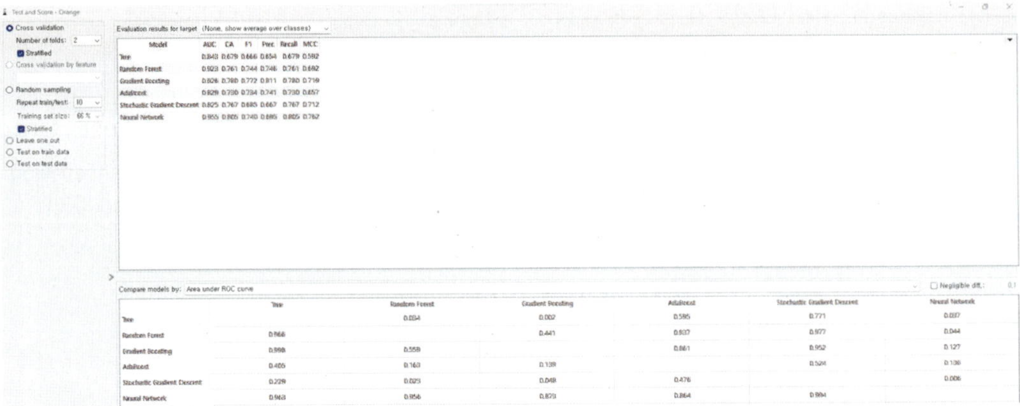

[결과설명] Test and Score 내용을 눌러 결과를 확인한 결과, Neuro network에 의한 분석 성능이 가장 우수한 것으로 나타났다.

제10장 계층적 군집화

1. exch10_1.ows의 워크 플로우를 연다. 데이터 exch10_1.xlsx를 연결한다.

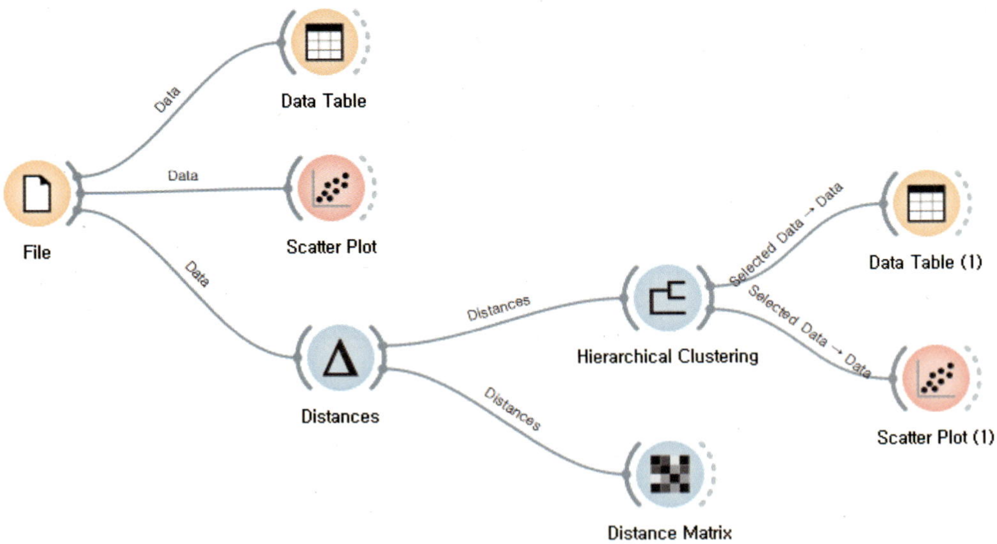

Hierachical Clustering을 누르면 같은 결과를 얻을 수 있다.

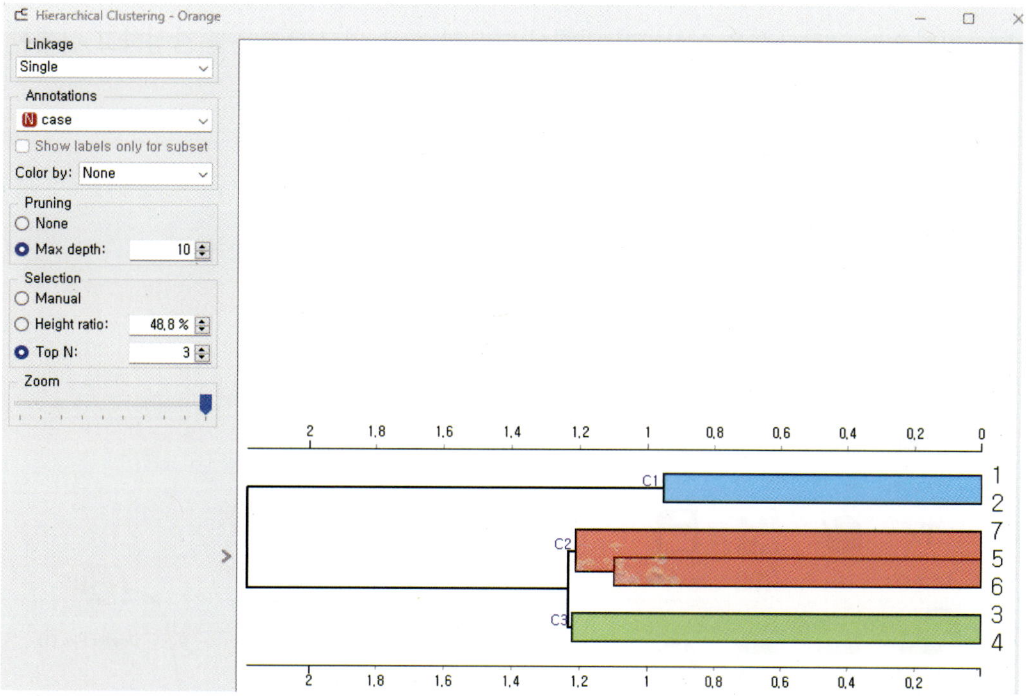

[결과설명] 군집1(C1)은 인스턴스 1, 2, 군집2(C2)은 5, 6, 7, 군집 3(C3)은 3, 4 인스턴스와 관계가 있음을 알 수 있다. 군집1은 모든 요인을 중요시 하는 군, 군집2은 자동차 구매 시 고려 요소가 없는 군, 군집3은 중간적인 군으로 명명할 수 있다.

제11장 비계층적 군집화

1. 비계층적 군집분석을 실시하기 위해서 다음과 같은 워크 플로우를 작성하고 실행한 다음 각자 군집에 대하여 해석을 하면 된다.

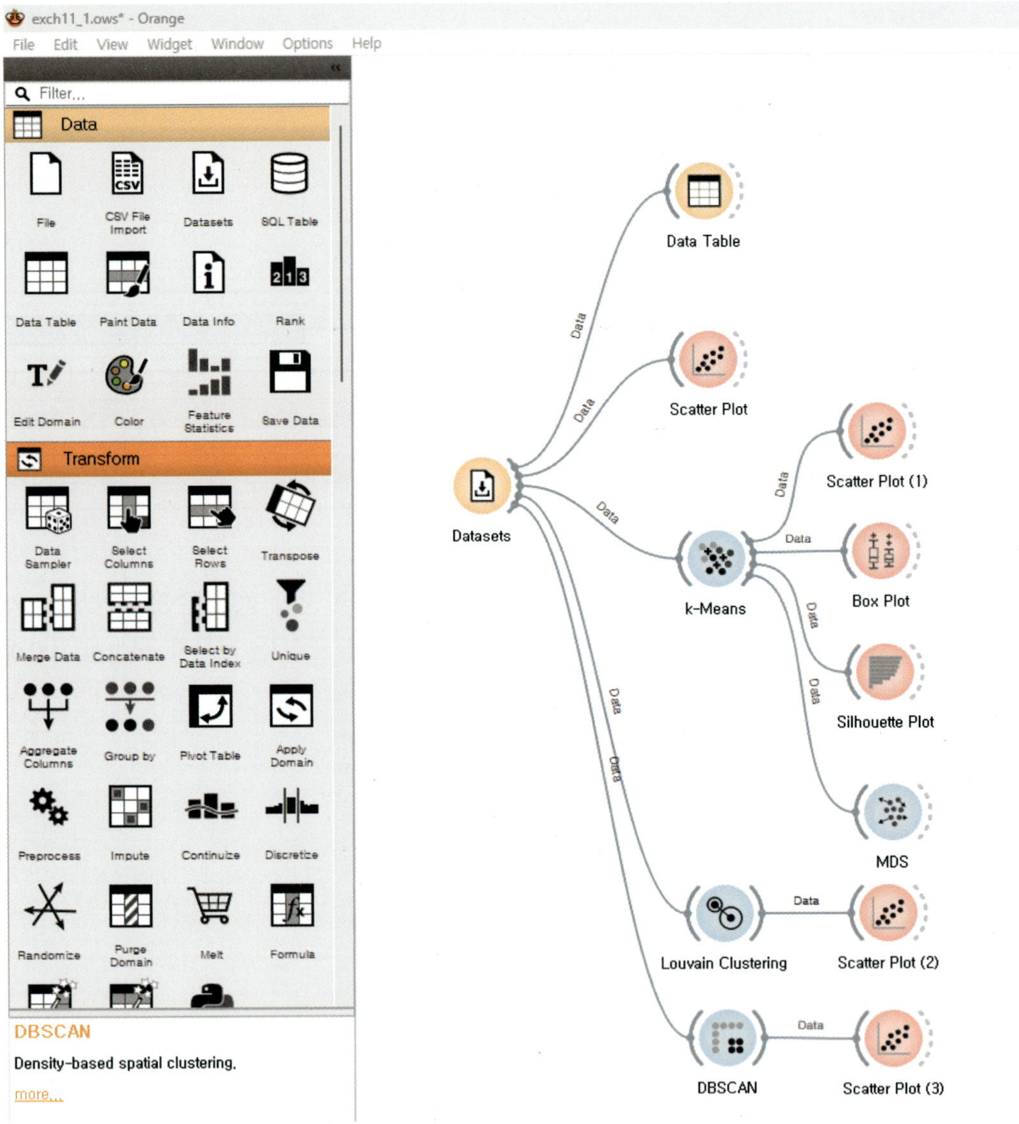

[데이터] exch11_1.ows

제12장 이미지 군집화

각자 실행해 볼 것을 권한다.

제13장 장바구니 분석

1. 다음과 같은 워크 플로우를 작성한다.

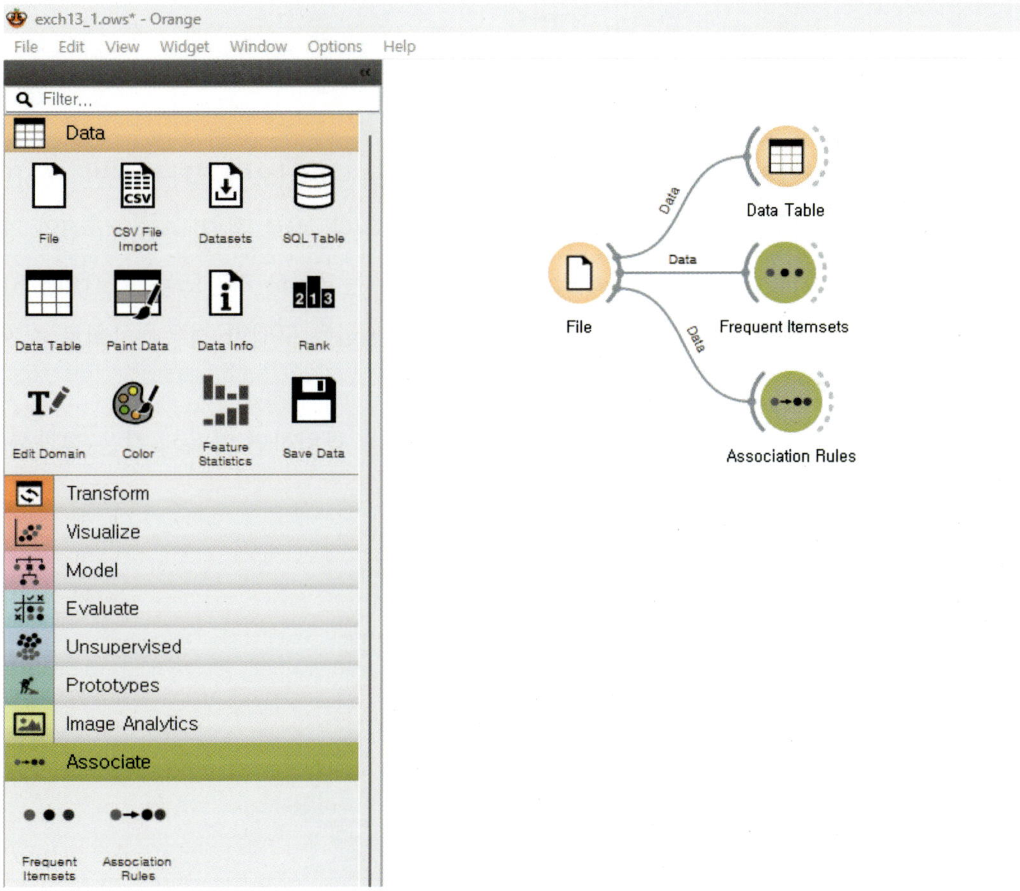

Frequent Itemsets를 누른다.

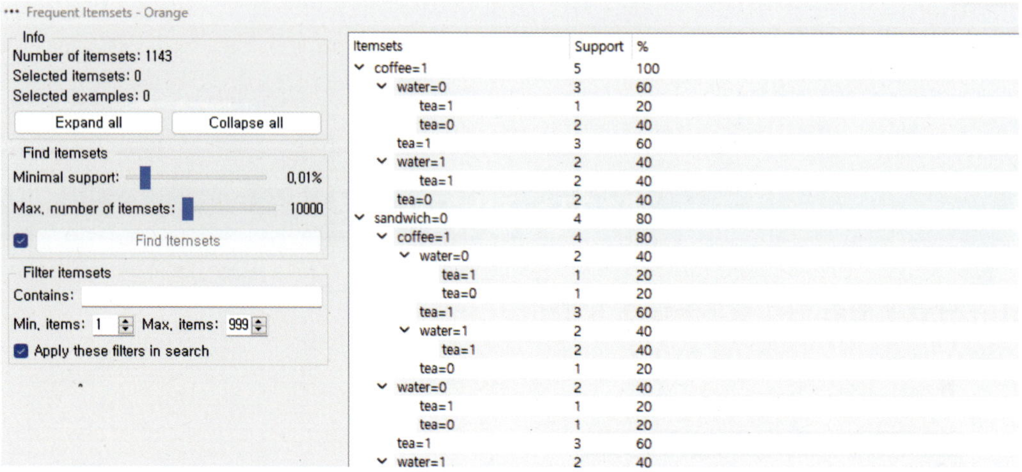

결과 상단에서 상품수(Number of Items)는 1143으로 나타났으며 결과를 보면 ∨coffee=1인 경우의 지지도(support)=5, 100%(5/5)임을 알 수 있다. 바로 하단 ∨water=0의 경우의 해석은 커피를 구입했는데 물을 구입하지 않은 경우는 3회로 지지도율은 60%(3/5)이다. 하단 ∨tea=1은 커피를 구입했는데 물을 구입하지 tea를 구입한 경우는 1회로 지지도율은 20%(1/5)임을 알 수 있다.

Association Rules 버튼을 누르고 Find Rules 클릭하면 다음과 같은 결과를 얻을 수 있다.

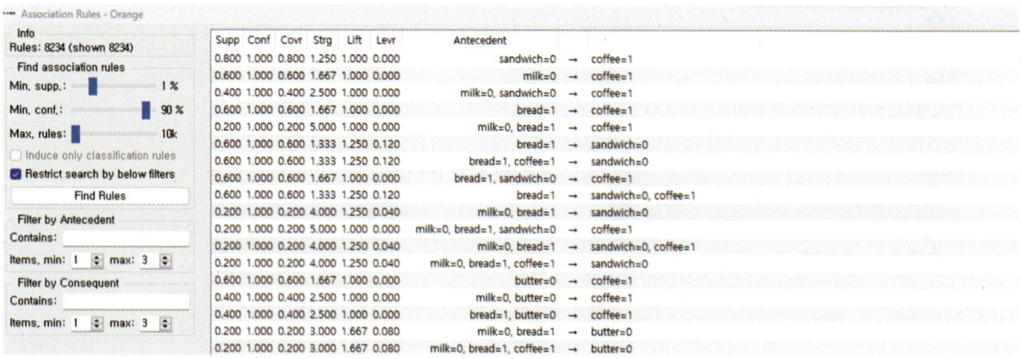

첫 행의 경우 선행(Antecedent)과 결과(Consequent)가 나타나 있다. 첫 번째 행에서 선행은 sandwich=0, 결과는 coffee=1이다. 이는 sandwich를 구입하지 않고 coffee를 구매할 고객'의 확률(Conf)은 1임을 알 수 있다. Supp는 Support, Covr(Coverage), Strg(Strength), Lift, Levr(Leverage) 등의 결과가 나타나 있다.

제14장 다차원 척도분석법

각자 실행해 보고 결과를 해석해 보자.

제15장 대응일치분석

1. 워크 플로우(exch15_ows)를 작성한다. File 위젯에 exch15_1.xlsx를 연결한다. 이어 Correspondence Analysis를 누른다.

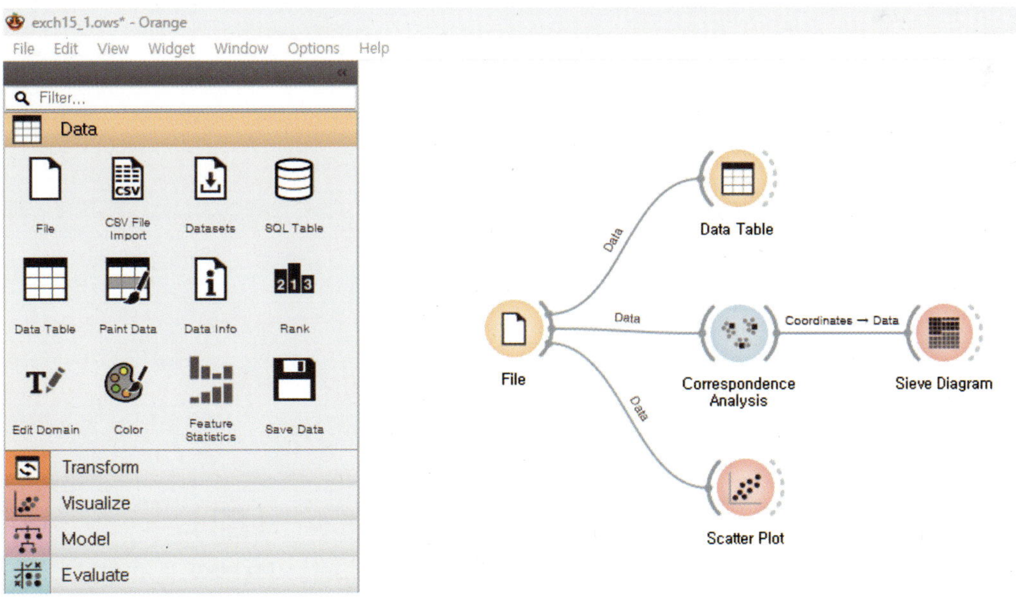

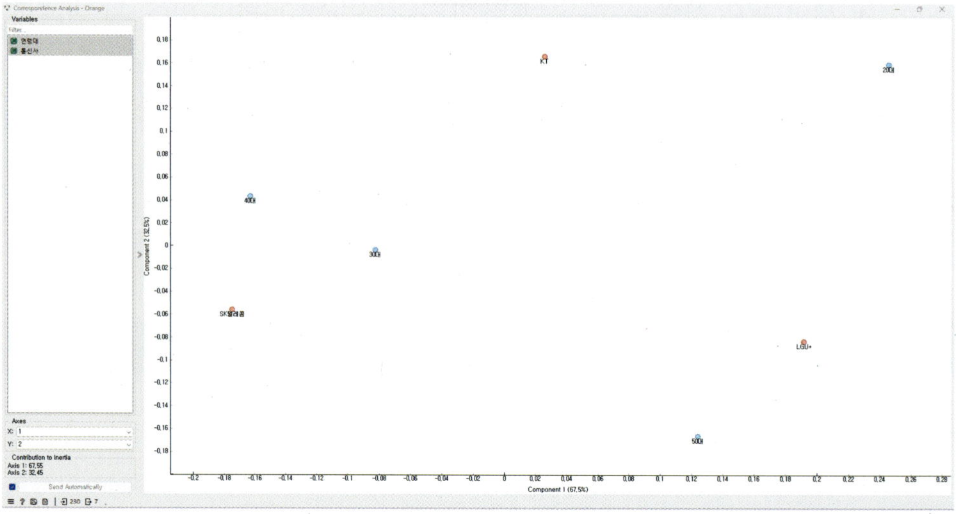

분석결과 30대와 40대는 SK텔레콤을 주로 사용하고 50대에서는 주로 LG U+를 주로 사용함을 알 수 있다.

제16장 텍스트 마이닝

1. 감성분석을 실시하기 위해서 다음과 같은 워크 플로우(exch16-1.ows)를 작성한 다음 데이터 exch16-1.xlss 파일을 Corpus에 연결한다.

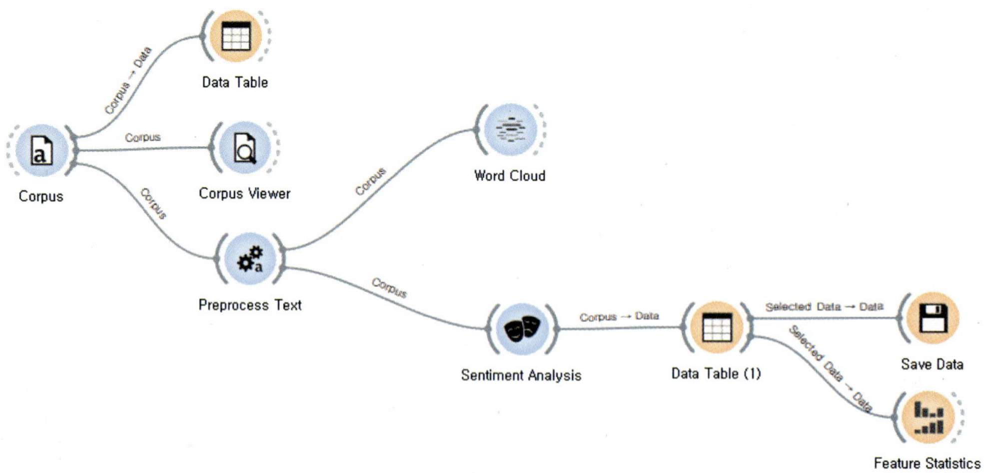

Data Table (1)과 Feature Statistics를 더블 클릭한다.

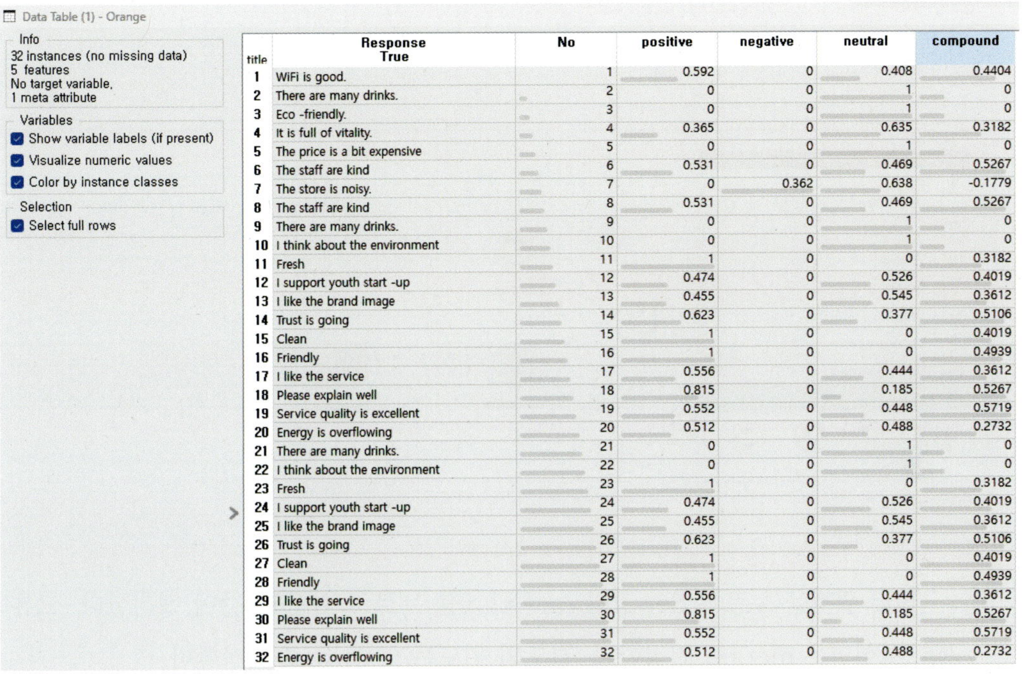

Data Table (1) - Orange

Info
32 instances (no missing data)
5 features
No target variable.
1 meta attribute

Variables
Show variable labels (if present)
Visualize numeric values
Color by instance classes

Selection
Select full rows

title	Response True	No	positive	negative	neutral	compound
1	WiFi is good.	1	0.592	0	0.408	0.4404
2	There are many drinks.	2	0	0	1	0
3	Eco -friendly.	3	0	0	1	0
4	It is full of vitality.	4	0.365	0	0.635	0.3182
5	The price is a bit expensive	5	0	0	1	0
6	The staff are kind	6	0.531	0	0.469	0.5267
7	The store is noisy.	7	0	0.362	0.638	-0.1779
8	The staff are kind	8	0.531	0	0.469	0.5267
9	There are many drinks.	9	0	0	1	0
10	I think about the environment	10	0	0	1	0
11	Fresh	11	1	0	0	0.3182
12	I support youth start -up	12	0.474	0	0.526	0.4019
13	I like the brand image	13	0.455	0	0.545	0.3612
14	Trust is going	14	0.623	0	0.377	0.5106
15	Clean	15	1	0	0	0.4019
16	Friendly	16	1	0	0	0.4939
17	I like the service	17	0.556	0	0.444	0.3612
18	Please explain well	18	0.815	0	0.185	0.5267
19	Service quality is excellent	19	0.552	0	0.448	0.5719
20	Energy is overflowing	20	0.512	0	0.488	0.2732
21	There are many drinks.	21	0	0	1	0
22	I think about the environment	22	0	0	1	0
23	Fresh	23	1	0	0	0.3182
24	I support youth start -up	24	0.474	0	0.526	0.4019
25	I like the brand image	25	0.455	0	0.545	0.3612
26	Trust is going	26	0.623	0	0.377	0.5106
27	Clean	27	1	0	0	0.4019
28	Friendly	28	1	0	0	0.4939
29	I like the service	29	0.556	0	0.444	0.3612
30	Please explain well	30	0.815	0	0.185	0.5267
31	Service quality is excellent	31	0.552	0	0.448	0.5719
32	Energy is overflowing	32	0.512	0	0.488	0.2732

title1의 예를 들면, WIFI is good의 경우는 긍정(positive)은 0.592, 부정(negative)은 0, 중립(neutral)은 0.408, 전체(compound)는 0.4404임을 알 수 있다. 혼합정도(compound)는 -1과 +1 사이에 값을 갖는데 +1에 가까운 값을 보이면 문맥이 전반적으로 긍정적임을 알 수 있다.

기술통계량을 확인하기 위해서 Feature Statistics 위젯을 누른다.

Feature Statistics - Orange

Name	Mean	Mode	Median	Dispersion	Min.	Max.	Missing
No	16.50	1	16.50	0.56	1	32	0 (0 %)
neutral	0.488906	1	0.469	0.680281	0.00	1	0 (0 %)
positive	0.499781	0.00	0.531	0.687204	0.00	1	0 (0 %)
negative	0.0113125	0.00	0.00	5.56776	0.00	0.362	0 (0 %)
compound	0.314859	0.00	0.3612	0.675444	-0.1779	0.5719	0 (0 %)

compound의 값이 0.314로 전반적으로 긍정적인 반응을 보이고 있는 것으로 나타났다.

제17장 지도 시각화

1. 다음과 같은 워크 플로우(seoullibrary.ows)를 작성한다.

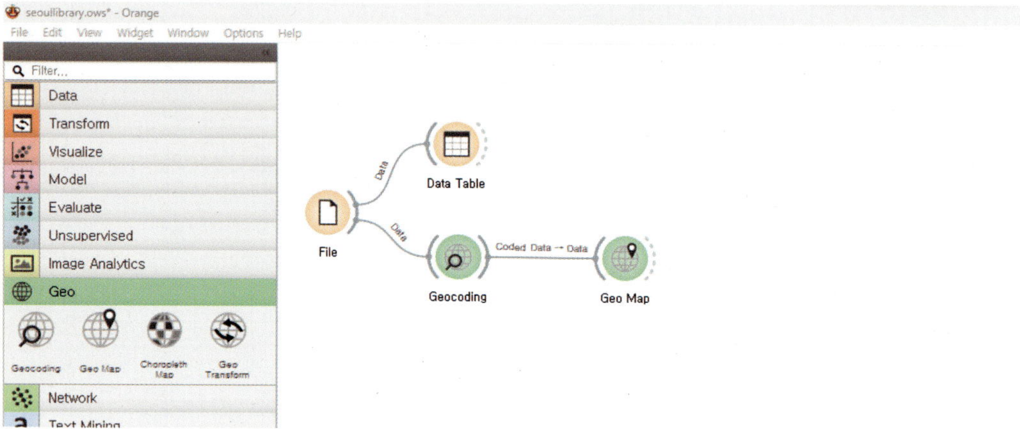

File 위젯을 누르고 Seoullibrary.xlsx를 누르고 다음과 같이 정리한다. 고유번호, 구명, 시설명은 meta로 지정한다. 경도와 위도는 feature로 지정한다.

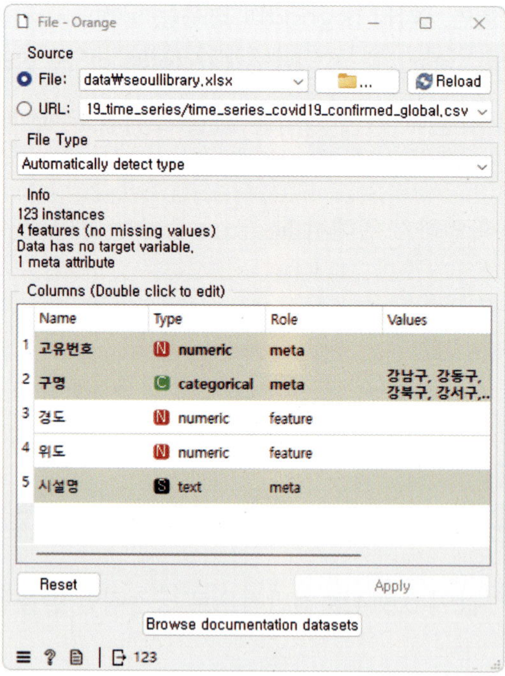

Data Table 위젯을 누르면 다음과 같은 내용을 얻을 수 있다.

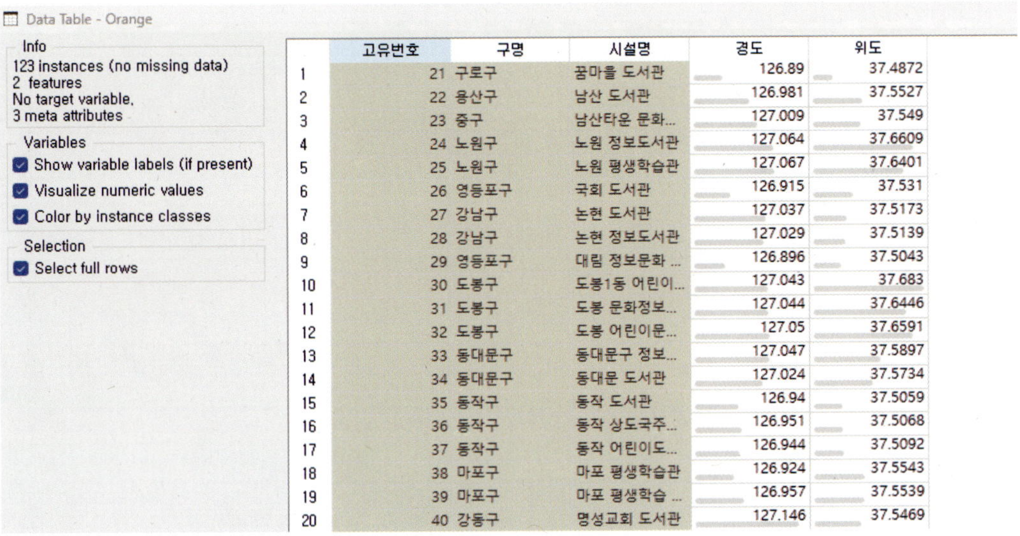

	고유번호	구명	시설명	경도	위도
1	21	구로구	꿈마을 도서관	126.89	37.4872
2	22	용산구	남산 도서관	126.981	37.5527
3	23	중구	남산타운 문화...	127.009	37.549
4	24	노원구	노원 정보도서관	127.064	37.6609
5	25	노원구	노원 평생학습관	127.067	37.6401
6	26	영등포구	국회 도서관	126.915	37.531
7	27	강남구	논현 도서관	127.037	37.5173
8	28	강남구	논현 정보도서관	127.029	37.5139
9	29	영등포구	대림 정보문화 ...	126.896	37.5043
10	30	도봉구	도봉1동 어린이...	127.043	37.683
11	31	도봉구	도봉 문화정보...	127.044	37.6446
12	32	도봉구	도봉 어린이문...	127.05	37.6591
13	33	동대문구	동대문구 정보...	127.047	37.5897
14	34	동대문구	동대문 도서관	127.024	37.5734
15	35	동작구	동작 도서관	126.94	37.5059
16	36	동작구	동작 상도국주...	126.951	37.5068
17	37	동작구	동작 어린이도...	126.944	37.5092
18	38	마포구	마포 평생학습관	126.924	37.5543
19	39	마포구	마포 평생학습 ...	126.957	37.5539
20	40	강동구	명성교회 도서관	127.146	37.5469

Geocoding을 누르고 Decode latitude and longitude into regions:에서 위도와 경도를 지정한다.

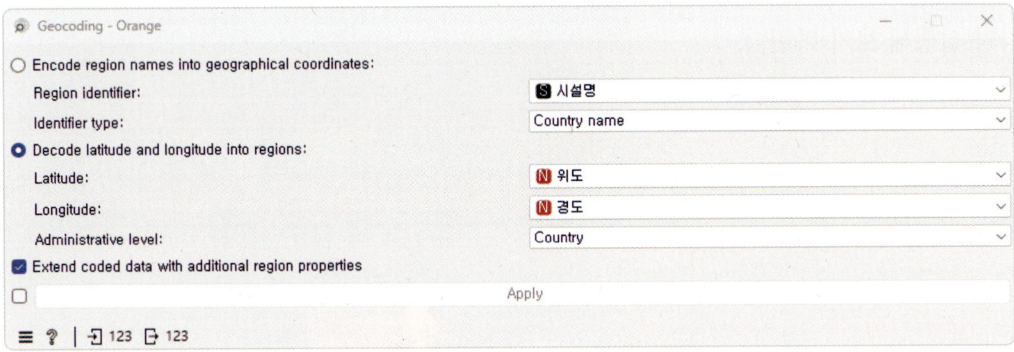

Geo Map을 누르면 다음과 같은 그림을 얻을 수 있다.

제18장 ChatGpt 마이닝

각자 실행해 보기 바란다.

인공지능과 데이터 분석을 위한 **오렌지**

찾아보기

가

나

다

라

마

바

사

아

기타

A

B

C

D

E

N

O

P

R

S